민주주의,
할 수 없는 것과
할 수 있는 것

민주주의, 할 수 없는 것과 할 수 있는 것

1판1쇄 | 2024년 7월 23일

지은이 | 애덤 셰보르스키
옮긴이 | 이기훈, 이지윤

펴낸이 | 정민용, 안중철
편집 | 윤상훈, 이진실, 최미정

펴낸곳 | 후마니타스(주)
등록 | 2002년 2월 19일 제2002-000481호
주소 | 서울특별시 마포구 신촌로14안길 17, 2층 (04057)
전화 | 편집_02.739.9929/9930 영업_02.722.9960 팩스_0505.333.9960

블로그 | blog.naver.com/humabook
엑스, 페이스북, 인스타그램 | @humanitasbook
이메일 | humanitasbooks@gmail.com

인쇄 | 천일문화사_031.955.8083 제본 | 일진제책사_031.908.1407

값 23,000원

ISBN 978-89-6437-461-0 93340

PRZEWORSKI

DEMOCRACY AND
THE LIMITS OF SELF-GOVERNMENT

민주주의,
할 수 없는 것과
할 수 있는 것

애덤 셰보르스키 지음

이기훈·이지윤 옮김

후마니타스

차례

일러두기

- 원서에는 설명 주석은 각주로, 출처 주석은 본문 주로 표기되어 있으나, 한국어판에서는 본문의 가독성을 높이기 위해 본문 주를 미주로 옮기고, 설명 주석과 옮긴이 주석을 각주로 달았다.
- 원서에서 강조하기 위해 이탤릭으로 표시한 곳은 드러냄표로 처리했다.
- 인용한 문헌 가운데 국역본이 있는 경우 쪽수를 찾아 밝혔다.
- 대괄호([ ])는 옮긴이의 첨언이며, 지은이의 첨언인 경우 '-지은이'라고 적었다.
- 원어 병기가 필요한 경우 처음 나올 때만 병기했으나, 정확한 의미 전달이 필요한 경우에는 반복해서 병기했다.
- 인명을 비롯한 고유명사의 원어는 가독성을 고려해 대부분 본문에서는 생략하고 찾아보기에 표시했다.
- 인명은 국립국어원 외래어 표기법과 용례를 따르되, 용례나 국적이 확인되지 않은 경우 통용되는 발음에 가깝게 표기했다.

조앤에게,
오랜 시간이 지나 이제야.

머리말

이 책은 내 개인적인 이력에 뿌리를 두고 있다. 내 이력을 설명하는 것이 이 책을 쓰게 된 동기와 목표를 설명하는 데 도움이 될지 모르겠다.

나는 공산주의 시절 폴란드에서 자랐다. 그래서 민주주의를 [철의] 장막 너머로 어렴풋이 그려 볼 수밖에 없었다. 나는 주로 선거가 주는 전율에 매료됐다. 즉, 선거에서는 여러 정당이 경쟁한다. 어떤 정당은 이기고 어떤 정당은 진다. 승리를 거둘 가능성은 다르지만 그 누구도 게임의 결과를 미리 알 수는 없다. 이 점은 축구와 비슷한데, 당시 나는 축구에도 푹 빠져 있었다. 그래서 나는 마치 외국 축구 경기 결과를 보듯이 외국에서 벌어진 선거 결과를 바라봤다. 정서적 애착을 갖기 위해 나는 선거와 축구에 응원하는 팀을 뒀다. 스웨덴 사회민주당과 [영국 프리미어 리그의] 아스널이다.

내가 민주주의를 처음 경험한 건 1961~63년 미국에 있을 때였다. 당시 대학원생이라면 반드시 읽어야 했던 교과서는 "미국은 전 세계에서 가장 훌륭한 통치 체계를 구비하고 있다."라는 말로 시작했다. 그러나 당시 경험은 이와 거리가 멀었다. 매카시즘에서 회복되고 있었지만, 미국은 자칭하듯 '자유의 요새'가 아니었다. 개인적인 모험담도 있다. 나와 대학원생 몇 명은 성적으로 파격적인 장면을 담고 있는 외국 영화를 상영하지 않는 영화관에 항의하기 위해 피켓 시위를 준비했다. 시위를 조직하기 위해 우리는 '진보적 실천을 위한 학생위원회'라는 정치 단체도 만들었다. 그러자 지역 경찰서장이 우리 위원장을 한밤중에 지하 주차장으로 불렀다. 그는 벌금을 아직 안 낸 주차 위반 딱지가 여러 장 있다며 체포할 수 있다고 협박했다. 그걸로 진보적 실천은 끝나 버렸다. 폴란드에서와 크게 다르지 않은 이런 식의 경찰 탄압보다 더욱 실망스러운 점도 있었다. 민주주의국가인 미국에 사는 시민 다수가 검열과 탄압을 지지했다는 것이다. 폴란드에서는 검열과 탄압 모두 시민의 지지를 받지 못했다. 공산당 지도자들은 성적으로 고상한 척하긴 했지만, 영화를 관람할 수 있는 연령만 제한했을 뿐 별다른 신경을 쓰지 않았다. 어딜 가든 경찰이 있었지만, 폴란드 사람들은 모두 그들을 그저 악당 정도로 여겼다. 그래서 나는 대학원 과정을 충실히 따르는 대신, 토크빌이 말한 다수의 전제tyranny of the majority에 대한 경고나 파시즘을 피해 독일에서 망명한 학자들이 '전체주의적 민주주의'라고 부른 것을 이해하는 데 시간을 보냈다. 일부 교수는 내가 공부하는 것이 '정치학'이 아니라고 봤고, 그 때문에 대학원에서 거의 쫓겨날 뻔도 했다. 몇몇 교수가 나를 변호해 준 덕분에 간신히 대학원 과정을 마칠 수 있었다. 나는 민주주의에 대해 이런 인상을 안고 폴란드로 돌아왔다.

하지만 그렇다고 민주주의에 대한 기대를 완전히 접은 것은 아니었다. 나는 여전히 선거를 통해 지도자를 선출하는 게 좋다고 생각했고, 내 조국도 민주주의를 도입하는 편이 낫다고 생각했다. 분명 폴란드 공산당 지도자 가운데 누군가는 비슷한 생각을 한 것 같다. 1965년 공산당이 갑자기 촌락 수준의 선거를 허용한 것이다. 원래 공산주의자는 기록광狂이기 때문에 자세한 선거 결과를 남겼고, 나는 동료와 함께 이 자료를 분석했다. 분석 결과, 선거에서 새로 뽑힌 사람과 떨어진 사람 사이에는 그 어떤 관찰 가능한 특성의 차이도 존재하지 않았다. 공산당 당적을 포함해서 말이다. 그래서 우리는 이렇게 말했다. "보라, 인민은 자신이 좋아하는 대표를 선택하고, 인기 없는 대표를 쫓아낼 수 있게 됐다. 그런데 아무것도 바뀌지 않았다. 공산주의나 공산당은 어떤 손해도 보지 않았다."

이 논문은 폴란드 통일노동당(폴란드 공산당)의 기관지 『새로운 길』Nowe Drogi에 발표됐다. 2주일 뒤 공산당의 이데올로기 담당 지도자가 폴란드 과학원의 내 상사와 나를 본부로 불러들였다(지금 그 건물은 주식거래소가 됐다). 그는 분명 우리 의도를 간파했던 것 같다. 그가 분노에 떨며 우리를 "개량주의자, 수정주의자, 룩셈부르크주의자"라고 불렀기 때문이다. 또 뭐라 했는지는 잘 기억나지 않는다. 어쨌든 그는 또 "두고 보자."라고도 했다. 우리가 뭘 보게 될 것인지에 대한 말은 분명 아니었다. 결국 나는 출국 금지 처분을 받았다. 그러나 폴란드의 다른 모든 것처럼 억압 체제도 그리 효율적이지 않았다. 그래서 누군가를 아는 누군가를 알면 정치적 제재 대부분을 피할 수 있었다. 출국 금지는 1년도 안 돼 풀렸다.[+]

1967년 미국에 다시 갔을 때 그곳은 완전히 다른 나라였다. 영화관에서 시위하자는 수준의 제안은 '개량주의적'이라며 묵살됐을 것이다. 나라 전체가 혁명의 열기를 뿜어내고 있었다. 정치적인 차원을 넘어, 문화적이며 개인적인 혁명이었다. 그때는 사람들이 자유롭다고 느낀 역사상 드문 순간이었다. 그 까닭은 존 르 카레의 소설 『독일 어느 소도시』 Small Town in Germany 속 등장인물이 한 말로 설명된다. "진정한 자유는 그것을 위해 투쟁할 때 존재한다." 당시 '체제'를 직접 겨냥한 구호는 "인민에

[+] 지금 와서 돌이켜 보면, 나는 왜 그 지도자가 애초에 논문을 실었는지 궁금하다. 직무상 그가 기관지의 편집자였기 때문이다. 또 나에 대한 출국 금지가 상대적으로 쉽게 풀렸던 까닭도 궁금하다. 어쩌면 미리 짜놓은 상황일지도 모르겠다. 아마도 그는 우리가 던진 메시지가 공개되기를 바랐을 것이다. 그러나 우리 메시지가 자신과 연관되는 것은 바라지 않았을 것이다. 그래서 그는 우리를 비난하는 연극을 꾸몄을 것이다.

게 권력을!"이었다. 나는 의아했다. 내가 배운 바로는 그 체제[미국]는 인민에게 권력이 있는 체제였고, 그것이 바로 '민주주의'의 의미였기 때문이다. "인민에게 권력을!"이라고 외치는 사람들이 요구하는 권력이 선거권이 아니라는 것은 분명했다. [그들이 보기에] 선거는 아무런 의미가 없었다. 즉, 민주당과 공화당 사이에 무슨 차이가 있단 말인가? 스스로 자신의 삶을 통제할 수 있는 자유는 선거로 창출된 권력과는 다르다. 나는 자유를 갈망하는 이 같은 목소리에 깊이 공감했다. 또 선거가 진정한 선택지를 주지 않는다는 주장에도 동의했다. 훗날 노르베르토 보비오가 말했듯이 "오늘날 한 나라의 민주주의 발전 수준을 판단하기 위해서는 다음과 같이 물어야 한다. 그것은 '누가 투표하는가?'가 아니라, '어떤 사안에 투표할 수 있는가?'이다."[1] 나는 다음과 같은 점도 알고 있었다. 즉, 보비오의 말을 한 번 더 빌리자면, "자신을 제안하는propose 엘리트와 자신을 강요하는impose 엘리트"가 있는 체제는 서로 다르다는 것을 말이다. 그러나 당시 우리는 [어떤 종류든] 엘리트가 통치하는 체제에서 인민은 아무런 권력도 가질 수 없다고 생각했다.

1970년 나는 칠레로 갔다. 그곳에서 인민은 정말로 권력을 손에 쥐었다. 사람들은 행복에 젖어 다음과 같이 연호했다. "단결한 인민은 결코 패배하지 않는다"El Pueblo unido jamás será vencido.[+] 그러나 이런 귀납적 일반화가 틀렸거나, 인민이 단결하지 못했거나 둘 중 하나임이 분명했다. 살바도르 아옌데 대통령은 서로 견해가 다르고 반목하는 세력이 맺

[+] [옮긴이] 이 노래는 칠레의 음악가 세르히오 오르테가가 작곡했으며, 제목은 콜롬비아의 정치인 호르헤 엘리세르 가이탄이 주창한 어구에서 따왔다. 오르테가는 언젠가 다가올지 모르는 군사 쿠데타를 예감하고 이 노래를 작곡했으며, 1973년 피노체트의 쿠데타 이후 칠레 민중의 저항 가요로 널리 불렸다.

은 선거 연합 출신의 후보로 당선된 것이고, 그나마도 간신히 이겼다. 아옌데는 곧 뒤통수를 맞았다. 자신이 중도파라고 주장하던 기독민주당이 배신한 것이다. 아옌데는 곧 연립정부에 대한 통제력을 상실했는데, 이는 부분적으로 연립정부에 참여한 일부 세력들이 여전히 사회주의혁명이라는 환상에 젖어 있었기 때문이기도 했다. 헨리 키신저는 아옌데가 "칠레 인민의 무책임함 때문"에 당선됐다고 주장했다. 키신저가 민주주의를 이해한 수준은 딱 그 정도였다. 미국 정부는 힘으로 칠레 국민에게 책임감을 되찾아 주기로 했다. 1973년 9월 11일, [미국의 지원을 받은 아우구스토 피노체트가 벌인 군부 쿠데타를 통해] 그 힘이 풀려났을 때, 그 기세는 실로 흉포했다.

칠레에서 참담한 실패를 겪고 난 뒤 좌파는 변했다. 1973년 이전에 좌파는 [사회주의라는] 자신들의 규범적 목표와, 민주주의를 존중하는 것 사이에서 모호한 태도를 보였다. 참고로 아옌데는 확고한 민주주의자였다고 나는 생각한다. '사회주의로 가는 길'에 대한 그의 전망은 한 걸음씩 나아가는 점진적인 과정이었다. 그 보폭은 투표장에서 표현된 인민의 지지에 따라 결정됐다. 그는 선거에서 사회주의적 개혁이 패할 가능성을 준비하고 있었다. 투표 결과에 불복해 권력을 장악하는 일은 생각조차 하지 않았다. 어쨌든 칠레의 비극을 겪고 좌파는 결단해야 했다. 마치 [양차 대전 사이의] 전간기에 사회민주주의자들이 선택에 직면했듯이 말이다. 사회주의가 우선인가? 아니면 민주주의가 우선인가? 이탈리아 공산당은 내부 토론을 거쳐 명료하게 답했다. 그들은 단호하게 민주주의를 택했다. 아마 칠레의 경험에서 비롯된 전략적 교훈에서 이런 답이 나왔을 것이다. 인민 다수의 충분한 지지 없이 사회주의적 강령을 지나치게 몰아붙이면 비극이 발생한다는 것이다.⁺ 그러나 얼마 지나지 않아 민주주의를 무조건 수용해야 한다는 입장을 정당화할 수 있는 철학적·규범적 근거가 갖춰졌다. 즉, 민주주의의 모든 결함에도 불구하고 민주주의만이, 인민이 자신의 권력을 실행할 수 있고 현실에서 정치적 자유를 지킬 수 있는 유일한 [정부/통치] 형태라는 것이다.

이 같은 성찰은 야만이 광범위하게 퍼져 있는, 세계 각지에서 나타나고 있었다. 아르헨티나, 브라질, 칠레, 그리스, 우루과이에서는 잔혹한 군사정권이 집권하고 있었다. 포르투갈과 스페인에서는 권위주의 정권이 인민을 학살하고 있었다. 공산주의 국가들은 이미 충분히 학살을 저질러 놔서 협박만으로도 전제적 지배를 유지할 수 있었다. 이때는 민주주의에 대한 비판적 성찰이 나타나기에 적당한 시기가 아니었다. 당시 우리에게 민주주의란 잃어버린, 현실에 부재한 어떤 것이었다. 그래서 이 야만적인 상황을 어떻게 하면 끝낼 수 있을지를 분석하고, 그에 걸맞은 전략을 짜기 위해, 1979년 일군의 학자들(이들 가운데 상당수는 자국에서 민주화 운동가로 활동하고 있었다)이 미국 워싱턴에 소재한 윌슨 센터에 모였을 때, 우리는 '~로부터의 이행', 즉 권위주의로부터의 이행이라는 관점에서만 생각했을 뿐, 무엇'으로' 이행할지에 대해서는 생각하지 않

✦ [옮긴이] 1973년 10월 이탈리아공산당 지도자 엔리코 베를링구에르가 제시한 이탈리아공산당, 기민당, 이탈리아사회당 사이의 '역사적 타협'을 가리킨다. 당시 발표된 일련의 논설들에서 베를링구에르는, 칠레에서 살바도르 아옌데 정부가 쿠데타로 전복되었듯이, 이탈리아에서도 "국민이 둘로 쪼개질 압력"이 있으며, "칠레의 비극적 경험이 재차 입증했듯이, 민중 세력이 사회와 국가에서 권력의 기본 지렛대를 장악하기 시작할 때, 반민주적 반동은 더 폭력적이고 격렬해지는 경향을 보인다."라고 지적했다. 이런 경향에 맞서, 베를링구에르는 이탈리아 민주주의를 지키고 기민당과 중간계급인 체티메디를 권위주의의 유혹으로부터 격리하기 위해, 1943~47년 시기의 반파시즘 연합과 같은 역사적 타협을 제시한다. 이에 대해서는 폴 긴스버그, 『이탈리아 현대사』, 안준범 옮김, 후마니타스, 2018, 511-513쪽을 참조.

왔다. 우리는 민주주의를 오직 권위주의에 반대되는 것으로만 생각했던 셈이다. 즉, 우리는 민주주의가 무엇인지에 대해서는 묻지 않은 채, 민주주의로의 이행을 연구했던 것이다. 이렇게 한 것은 우리가 처음이 아니다. 이언 샤피로가 지적하듯이, "과거 민주주의 혁명에 대해 존 듀이가 논평한 구절은 우리 시대에도 적용된다. [듀이에 따르면] 과거 민주주의 혁명들은 추상적인 민주적 이상을 실현하는 것보다는, '과거 정치체제에서 경험한 폐해를 해결하는 것'을 목표로 삼았다."[2]

민주주의가 실현되면 반복적으로, 또 필연적으로 [민주주의에 대한] 실망이 나타났다. 실제로 기예르모 오도넬은 민주주의라는 녹색 초원을 누렇게 덧칠해 버렸다. 다시 말해, 그는 민주주의가 불평등, 비합리성, 부정의, 특정인을 표적으로 한 법 집행, 거짓, 혼돈, 기술 관료제적인 정책 결정, 심지어 상당한 수준의 자의적 폭력과 양립될 수 있다고 했다.[3] 민주주의 정치의 일상은 경외심을 자아내는 광경이 아니다. 끊임없이 옥신각신하는 치졸한 야심가들, 진실을 숨기고 왜곡하기 위해 만들어진 번지르르한 말들, 권력과 자본 사이의 부정한 관계, 정의로운 척조차 안 하는 법, 특권을 더 공고하게 만들 뿐인 정책이 민주주의 정치의 일상이라는 것이다. 따라서 [민주화 이행론에서 말하는] 자유화liberalization, 이행transition, 공고화consolidation 단계를 모두 거친 뒤에도, 우리는 여전히 개선해야 할 점을 민주주의에서 발견해 왔다.

'민주주의의 질'quality of democracy이라는 용어가 새로운 구호로 떠올랐다. 그래야만 했다. [민주화를 고민한] 과거와 민주주의의 질을 고민하는 현재를 견줘 보면, 나는 세상이 과거보다 훨씬 나아졌다고 생각한다. 이제야 전 세계의 많은 사람들이 민주주의를 비판적으로 검토할 수 있는 사치를 누리게 됐다. 그리고 정말 비판적으로 보고 있다. 나아가 민주주의가 세계적으로 매우 다양한 조건에서 출현함에 따라, 안일하게 제시되었던 제도적 청사진 역시 흔들렸다. 가장 편협한 지역 연구자인 미국 중심주의자들Americanists조차, 미국 의회 밖의 세계를 탐험했다. 그리고 미국 의회가 얼마나 독특한 제도인지 깨닫게 되었다. 해외 사례에 대한 연구가 초기에는 매우 미숙했고, 몇몇 학자들은 실제로 "미국의 제도를 모방하라"며 오만을 떨기도 했지만, 민주주의가 다양한 형태와 수준으로 나타날 수 있다는 점이 곧 명백해졌다. 민주주의를 이해하려면 칠레, 폴란드, 미국을 동시에 고려할 수 있어야 한다.

내가 두려워하는 것은 민주주의에 대한 실망이, 지난 시절의 [민주주의로 이행만 하면 모든 것이 해결될 것이라는] 희망만큼이나 순진한 생각이라는 점이다. 민주주의에 대한 비판적 시각이 민주주의를 약화할까 봐 걱정하는 것은 아니다. 나는 오늘날 거의 모든 나라에서 민주주의가 환영받고 유지되리라 확신한다. 그러나 민주주의에 대한 불합리한 기대로 말미암아, 사람들은 실현 가능한 개혁들은 보지 못하고, 포퓰리스트들의 유혹에 쉽게 넘어간다.[4]

민주주의의 질은 여러 방향으로 생각해 볼 수 있다. 분명 민주주의의 질은, 온갖 평가 기관들이 말하듯이, "전 세계에서 가장 훌륭한 통치 체계"라는 미국과 얼마나 닮았는지를 의미하지 않는다. 예를 들어, 프리덤 하우스Freedom House에 따르면 미국 시민은 자유롭다. 미국 시민은 자유롭게 투표할 수 있고 자신의 견해를 공개적으로 밝힐 수 있으며, 결사체나 정당을 만들 수도 있다. 그러나 미국 시민은 대통령 선거 때도 거의 절반이 투표하지 않는다. 공적 발언들은 자유롭게[독립적으로] 이루어지는 것이 아니라 이익집단들의 후원을 받는다. [거대 양당을 제외한 다른 신생] 정당이 만들어지는 경우도 거의 없다. 과연 그들이 자유로울까? 로

자 룩셈부르크의 말을 빌리자면, 미국 시민들은 자유로운가? 아니면 자유롭게 행동할 수만 있는가?[+] 이 주제를 계속 다루면 원래 문제에서 너무 벗어난다. 하지만 한 가지 강조하고 싶은 점이 있다. 민주주의는 적극적 권리positive right로 이뤄진 체제다. 그러나 민주주의에서 권리를 행사하는 데 필요한 조건이 자동으로 보장되는 것은 아니다.[5] 예컨대, 존 스튜어트 밀이 말했듯이, "적절한 임금과 대중 교육universal reading 없이는 공론에 따른 정부[민주주의]가 불가능하다."[++] 그러나 민주주의 자체는 적절한 임금과 대중 교육을 보장할 수 없다. 19세기에는 이 문제를 해결하는 방법으로, 권리를 행사할 조건을 갖춘 사람에게만 시민권을 부여했다. 오늘날 시민권은 명목상 보편적으로 주어진다. 그러나 수많은 사람들이 자신의 권리를 행사하는 데 필요한 조건을 확보하고 있지 못하다. 우리는 새로운 괴물과 마주하게 된 듯하다. 그 괴물의 이름은 실효적 시민권effective citizenship 없는 민주주의다.

이 책에서 나는 두 관점을 결합해 접근했다. [첫 번째 관점으로] 나는 대의제가 오늘날 우리가 민주주의라 부르는 것으로 진화한 역사적 과정을 살펴보려고 한다. 나는 우리가 여전히, 과거 대의제의 창설자들이 가

[+] [옮긴이] 로자 룩셈부르크는 1918년 저작인 『러시아 혁명』The Russian Revolution에서 프롤레타리아독재를 비판하면서, "자유는 언제나 오직 다르게 생각하는 사람들의 자유이다."라는 말을 남겼다. 이 대목에서 애덤 셰보르스키는 체제에서 허용한 대로 자유롭게 행동할 수 있다고 해서 그것만으로 정치적으로 진정 자유롭다고 말할 수 없다는 점을 지적하고 있다.

[++] [옮긴이] 여기서 셰보르스키는 1836년 존 스튜어트 밀의 「미국의 사회 상태」State of Society in America에 나온 구절을 조금 바꿔 인용하고 있다. 원문은 "높은 임금과 대중 교육은 민주주의의 두 요소이다. 두 요소를 모두 갖춘 곳에서는, 어떤 정부도, 공론에 따른 정부가 아닐 수 없다."이다. J. S. Mill. ed. J. M. Robson. 1977. The Collected Works of John Stuart Mill, Volume XVII — Essays on Politics and Society. Toronto: Univ. of Toronto Press, p. 99.

졌던 이상을 기준으로 현대 민주주의를 평가하려는 경향이 있다고 생각한다. 그러나 그들이 꿈꾼 이상 가운데 일부는 일관성이 없거나 실현 불가능한 것이다. 그 탓에 우리는 마치 오늘날 민주주의가 불완전하다고 오해한다. 나는 이런 굴레에서 벗어나야 한다고 믿는다. 내가 이런 일을 선구적으로 해냈다는 말은 아니다. 내가 이 글에서 인용하며 그 발자취를 따르고 있는 몇몇 인물들을 소개하고자 한다. 로버트 달은 평생 [민주주의라는] 한 가지 주제에 대해 심사숙고했다. 한스 켈젠, 조지프 슘페터, 앤서니 다운스, 노르베르토 보비오도 나를 지적으로 이끌어 준 이들이다. 그들의 해답이 틀렸다고 생각해 이 책을 쓴 것은 아니다. 그들이 다루지 않은 의문점들이 아직 많기 때문에 이 책을 썼다.

민주주의의 역사와 관련해, 내 설명은 [현재의 분석 틀을 통해 과거의 글들을 살핀다는 측면에서] 때때로 시대착오적인 것으로 보일 수 있다. 이는 사실 내가 의도한 바이기도 하다. 우리는 훗날의 경험을 통해 배운 바가 있다. 그래서 지난 역사 속의 주인공들이 미처 구분하지 못했던 것을 구분할 수 있다. 우리는 이 과정을 거쳐 대의제의 창설자들이 침묵한 것에 목소리를 부여하고, 숨은 가정에 빛을 비추며, 개념적 시야를 분명하게 할 수 있었다. 따라서 이 책에 나오는 말들은 과거 사상가들의 것이지만 이를 분석하는 도구들은 현재 우리의 것이다.

역사는 [민주주의의] 다양한 형태와 수준을 보여 주지만, 그 한계와 가능성은 말해 주지 않는다. 민주주의가 달성할 수 있는 것과 달성할 수 없는 것을 알기 위해서는 [이 책의 두 번째 관점인] 분석적 모형이 필요하다. 그러므로 나는 사회적 선택이론social choice theory이라는 또 다른 발자취를 따라 걷겠다. 케네스 메이는 자신의 연구를 수학적으로 해설한 짧은 글에서 네 가지 공리를 소개했다.[6] 이 네 가지 공리는 민주주의의 한계를 명확하게 규정하고, 가능한 개선 방향을 알아보는 데 분석적으로 도움이 되며 규범적으로도 매력적이다. 그러나 사회적 선택이론은 민주주의를 설명하는 데 한계가 있다. 그것은 민주주의의 중요한 측면인 경제적 평등, 정치 참여의 효과성, 시민에 의한 정부 통제, 집단적으로 결정해야 할 의제의 범위 등을 제대로 다루지 못한다. 따라서 나는 다른 모형도 참조했다.

이 책의 내용은 역사적이며 비교 정치학적이지만, 이 책을 쓰게 된 동기는 규범적이다. 시간이 조금 흐르긴 했지만, 과거 내가 대학원에 다니던 시절 이야기를 해보겠다. 당시 모든 정치학과에는 비교 정치학 수업도 있었고 정치철학 수업도 있었다. 둘을 묶어 "플라톤부터 북대서양조약기구NATO까지"라는 유명한 별명으로 부르기도 했다. 종종 한 교수가 두 과정을 모두 가르쳤다. 당시 비교 정치학은 저명한 과거 사상가가 제기한 거대한 질문들을 다뤘다. 그러나 지난 40년 동안 이 두 과목은 분리됐다. 사실 정치사상사는 교육과정에서 거의 사라지다시피 했다. 그러나 정치사상사란 우리가 중요하다고 보는 근본적인 쟁점들의 역사다. 우리가 정치제도나 사건에 대해 갖게 된 경험적 지식을 사용해, 이 쟁점들을 얼마나 잘 이해하게 됐는지를 질문해 보는 것은 매우 흥미로운 일이라고 나는 생각한다. 우리는 [과거로부터] 배웠고 더 현명해졌다. 우리의 지적知的 선조들보다 여러 가지를 더 분명하게 볼 수 있다. 그러나 이런 지식을 거대한 질문들에 적용해 보지 않는다면 그런 지식은 아무짝에도 쓸모없을 것이다.

이 책에서 나는 문헌 분석, 분석적 모형과 결합한 역사적 서사[+]를 활용했다. 때론 통계 분석도 활용했다. [이처럼 복잡하고 다양한 방법론을 사용하지만] 다른 저자들처럼 나 역시 이 책이 잘 읽히길 바랐다. 그래서 기술적인 자료들을 최대한 숨겼다. 그러다 보니 불가피하게 감수해야 할 단점이 나타날 수 있다. 즉, 몇몇 주장이 그저 [근거 없는] 입담 좋은 말들에 불과한 것으로 보일지도 모르겠다. 그러나 전문성 있는 독자라면 주장의 근거를 쉽게 찾을 수 있을 것이다. 물론 몇 가지 쟁점들, 특히 인과성을 다루는 부분은 순전히 기술적으로 썼다. 나는 역사가 어떤 '주요 원인'이나 '궁극적 심급'에 의해 결정된다고 보지 않는다. 그게 사상이든 생산력이든, 아니면 제도든 말이다. 그러나 이렇게 말하면 모든 것이 [원인과 결과를 구분할 수 없는] 내생적endogenous이라는 식이 돼버린다. 그렇다면 원인을 찾기란 불가능하지 않더라도 매우 어려울 것이다. 그래서 나는 종종 고작해야 사상·경제·정치의 몇몇 측면들이 함께 진화했다는 식으로 말할 수밖에 없다. 원인이 무엇이고 결과가 무엇인지를 구분하려는 시도조차 하지 않고 말이다.

자전적인 내용의 머리말을 쓴 김에, 문헌을 통해 도움받은 것뿐만 아니라 개인적인 만남에서 얻은 지적인 빚에도 감사 인사를 전하고 싶다. 내가 모르는 걸 기꺼이 가르쳐 주고, 잘못 아는 것을 경고해 주는 친구가 있다는 것은 매우 특별한 일이다. 학부 시절에 철학을 전공하기는 했지만 사상사에 대한 내 지식은 그 해박함이 끝이 없는 두 사람, 베르나르 마냉과 파스칼레 파스퀴노에게 지도받은 것이다. 내가 간과한 쟁점에 늘 눈뜨게 해주고 관점을 바꾸게 해준 사람들도 있다. 욘 엘스터, 존 페레존, 러셀 하딘, 스티븐 홈스, 호세 마리아 마라발, 존 로머, 파초 산

✦ [옮긴이] 분석적 모형과 결합한 역사적 서사는 흔히 분석적 서사로 부르기도 한다. 이에 대해서는 애덤 셰보르스키 외, 『그들은 어떻게 최고의 정치학자가 되었나』 제3권(후마니타스, 2012)을 참조. 특히 85쪽 이하와, 이 책에 함께 실려 있는 로버트 베이츠의 인터뷰 글, 136, 137쪽을 참조.

체스-쿠엥카가 그들이다. 루이스 카를루스 브레세르 페레이라, 페르난도 코르테스, 존 던, 제임스 피어런, 크시슈토프 오스트로프스키, 이언 샤피로, 예지 J. 비아트르 등과 대화를 나누며 많은 것을 배웠다. 마지막으로 닐 벡은 내게 통계학을 가르쳐 줬고, 제스 벤하비브는 경제학 과외를 해줬다. 깊은 감사를 표한다.

또한 나는 운 좋게도 과거 제자들에게도 배웠다. 이 책 전체는 나와 제자들의 합작품이다. 마이크 앨버레즈, 제 체이법, 캐롤라이나 커베일, 젠 간디, 페르난도 리몽기, 코바돈가 메세게르, 세바스티안 사예, 제임스 브릴랜드, 고故 마이클 월러스틴이 그들이다. 의회에 대한 나의 지식과 견해도 알제리나 피게이레두, 페르난도 리몽기, 세바스티안 사예의 도움을 받았다. 라틴아메리카 입헌주의에 대해서는 호세 안토니오 아귈라 리베라, 로버트 바로스, 로베르토 가르가렐라에게 배웠다. 나는 아르헨티나 정치를 카를로스 아쿠냐, 훌리오 사구르, 한국 정치를 임혁백과 이정화, 중국 정치를 추이즈위안, 허가오차오, 칠레 정치를 파트리시오 나비아, 멕시코 정치를 호르헤 부엔디아, 브라질 정치를 페르난도 리몽기에게 배웠다. 타마 아사두리안, 안잘리 토머스 볼켄, 캐롤라이나 커베일, 서니 쿠니야투는 이 책에 나온 역사 자료를 모으는 데 참여했다.

앞으로 이어질 한 장 한 장에 이들의 도움이 담겨 있다. 도움을 준 기관도 있다. 미국국립과학재단은 이 책에 대한 자금을 지원해 줬다. 뉴욕 대학교는 내가 연구하고 글을 쓸 수 있도록 충분한 기회를 제공했다.

한 번 더 반복하자면 나는 행운을 누렸다. 무엇보다 최고의 행운은 폴란드, 칠레, 프랑스, 미국에까지 이어진 인생 대부분을 바로 그녀와 보냈다는 점이다. 그녀에게 이 책을 바친다.

1

서론

들어가며

오늘날 우리는 대의제 정치체제에서 살고 있다. 이 체제는 18세기 후반, 세계를 뒤흔든 혁명적 사상에서 비롯되었다. 이른바 인민이 스스로 통치해야 한다는 사상이 그것이다. [그 사상에 따르면] 평등한 시민이 자신이 따라야 할 법을 스스로 정할 때에만 그들은 자유로울 수 있다. 게다가 자유는 궁극의 정치적 가치이자, 많은 이들이 말하듯이, '모든 것'이다. 하지만 오늘날 민주주의국가들을 자기 통치(자치), 평등, 자유라는 이상적인 가치로 평가해 보면 우리는 현실의 민주주의가, 원래 꿈꾼 것과 다르다는 사실을 알게 된다. 그렇다면 애초 꿈꿨던 것은 과연 실현 가능한 것이었을까? 만약 그렇다면 우리는 오늘날 자치, 평등, 자유라는 이상을 더 잘 실현할 수 있을까? 이런 질문에 답하는 것이 이 책을 쓴 동기이자 핵심 내용이다.

우리는 대의제 창설자들이 꿈꿨던 이상과, 실제로 존재하는 제도에 대한 설명을 혼동하는 경향이 있다. 이런 이데올로기적인 장막이 [민주주의에 대한] 우리의 이해와 평가를 왜곡하고 있다. 이는 정치적으로 유해한 영향을 미치는데, 그 까닭은 환영에 불과한 기획을 하게 하는 불합리한 희망을 부추기고, 그 결과 실현 가능한 개혁 방향을 보지 못하게 하기 때문이다. 내가 하려는 것은 [민주주의의] 탈신비화이다. 대의제 창설자들이 민주주의에 대해 생각한 바와 현실 민주주의를 분리해서 이해하도록 돕고자 한다.

'민주주의'는 그 의미가 끊임없이 변화해 왔지만 계속해서 네 가지 도전과 마주했다. 이 도전은 오늘날에도 광범위하고 강렬한 불만을 불러일으키곤 한다. 네 가지 도전에 대해 민주주의가 보여 주는 무능력은 다음과 같다. ① 사회경제적 영역에서 평등을 이루지 못한다는 점, ② 인민이 자신의 정치 참여가 결과에 아무 영향을 미치지 않는다고 느낀다는 점, ③ 정부로 하여금 약속한 일을 하도록 하고, 권한을 위임받지 않은 일은 하지 못하도록 보장할 수 없다는 점, ④ 질서와 불간섭non-interference 사이에서 균형을 잡지 못한다는 점이 그것이다. 이와 함께 민주주의는 희망이라는 불에 끊임없이 기름을 붓는다. 우리는 매번 공약에 현혹되며, 선거라는 내기에 판돈을 걸려고 안달이 나있다. 그저 그런 수준의 경기이지만 여전히 스릴 넘치고 관중의 마음을 끌어당긴다. 심지어 소중히 여기고 옹호하며 찬양하기도 한다. 사실, 민주주의가 실제 작동하는 방식에 불만을 가진 사람일수록 민주주의가 모든 상황에서 최고인 체제로 보지 않을 가능성이 높다. 그럼에도 불구하고 민주주의 제도가 개선될 수 있고, 민주주의에서 소중한 가치들이 모두 유지될 수 있으며, 오작동은 제거될 수 있다는 희망은 커지고 있다. 이런 희망이 과연 합당한지 살펴보자.

이를 위해 제기해야 하는 핵심 질문은 위의 네 가지 '무능력' 가운데 무엇이 조건부적contingent 무능력이고, 무엇이 구조적 무능력인지이다. 조건부적 무능력은 특정 조건이나 제도 때문에 발생하며, 따라서 바로 잡을 수 있다. 반면 구조적 무능력은 그 어떤 대의제 정부도 피할 수 없다. 내가 궁극적으로 관심을 갖는 것은 [민주주의가 할 수 있는 일의] 한계선을 긋는 것이다. 즉, 민주주의는 어느 정도의 사회경제적 평등을 창출할 수 있을까? 다양한 유형의 참여는 [집단적 의사 결정에] 어느 정도나 효과적일 수 있을까? 민주주의에서 시민은 얼마나 효과적으로 정부로 하여금 최선의 시민 이익을 위해 행동하게끔 하고, 얼마나 효과적으로 정부를 통제할 수 있을까? 민주주의에서 시민들은 서로 간에, 또 정부에게서 얼마만큼 보호받을 수 있을까? 우리는 민주주의에 어느 정도 기대를 해도 되는가? 꿈꾸고 실현해 볼 만한 것은 무엇이고, 꿈꿔 봐야 소용없는 것은 무엇일까?

확실히 민주주의는 다양한 형태로 나타나며, 앞서 제시한 무능력의 정도도 저마다 다르다. 민주주의의 다양성을 가늠하기 위해 나는 근대 이후 세계에 존재한 모든 민주주의국가에 관심을 기울였다. 민주주의의 역사와 관련된 문헌들을 살피다 보면, 누구든 몇 안 되는 나라들의 경험에 대부분 초점을 맞추고 있다는 것을 쉽게 알 수 있다. 고대 그리스, 영국, 미국, 프랑스 정도다. 민주주의 역사에 대한 미국식 독해는, 고대 그리스에서 출발해 영국을 거쳐 미국, 즉 '새로운 아테네'에서 정점을 찍는 계보를 그린다. 이 계보는 자민족 중심적일 뿐만 아니라 부정확한 것이기도 하다. 반면 유럽인들은 자신들이 경험한 두 가지 중요한 역사적 경로 — 영국에서 발전한 입헌군주제와 프랑스혁명에서 등장한 공화주의 — 를 민주주의로 가는 출발점으로 간주한다. 하지만 이는 대부분의 유럽 국가들보다 라틴아메리카에서 먼저 대의제를 시도했다는 불편한 진실을 외면하는 것이다. 따라서 민주주의가 무엇인지, 또 어떻게 작동하고 무엇을 하는지 이해하려면 우리는 시야를 넓혀야 한다. 존 마크오프가 지적하듯이, "모든 일이 강대국들에서 제일 먼저 발생한 것은 아니다."[1]

그러나 나는 전 세계를 돌아다니며 다양한 '민주주의적 전통들'을 찾는 것이 그다지 매력적인 일이라고 생각하지는 않는다.[2] 이른바 민주주의적인 요소들은 고대 인도,[+] 중세 아이슬란드, 식민지 시대 이전의 아프리카에서도 쉽게 찾을 수 있다. 그러나 이 나라들의 현대 정치가 그들 자신의 오랜 전통에서 기원했다는 주장은 견강부회일 뿐이다. 실제로 현대 그리스 민주주의는 고대 그리스 민주주의에 뿌리를 두고 있지 않다. 오히려 현대 그리스 정치사에는 영국 입헌군주제가 아테네 정치보다 더 큰 영향을 미쳤다. 나는 자국에서 민주주의의 뿌리를 찾으려는 노력의 이면에 깔린 정치적 의도를 충분히 이해한다. 즉, 민주주의를 최대한 서양의 창조물이 아닌 것처럼 보이게 하려는 것 말이다. 특히 요즘에는 '민주주의'라는 말이 다른 나라에 대한 미국의 제국주의적 개입을 정당화하는 도구로 전락해 버렸기 때문에, 민주주의가 자국 전통에 뿌리를 두고 있다는 주장이 민주주의에 활력을 줄 수도 있다. 그러나 20세기에 독립한 대다수 나라에서 대의제는 [제국주의 열강들이 부과한] 수출품이었거나, [신생 독립국이 받아들인] 수입품이었다. 외국의 식민 지배를 받지 않고 정치제도를 스스로 설계한 나라들에서도 마찬가지다. 그 제도는 당시의 세계사적 맥락 속에서 설계됐기 때문이다. 선택할 수 있는 제도들의 목록은 전 세계의 유산이었지 자국의 전통에서 나온 것이 아니었다. 간혹 제도적 혁신이 일어나기도 했지만, 어느 나라에서나 가능한 선택지는 대부분 주변 나라들의 제도에 국한되었다. 예를 들어, 인도에서 1950년 일부 정치인은 인도 헌법이 [전통 촌락 자치 제도인] 판차야트 라지 panchayat raj를 근간으로 해야 한다고 주장했다. 그러나 결과적으로 인도

[+] 1946~49년 인도 제헌의회에서 몇몇은 "나뭇잎을 투표용지로, 항아리를 투표함으로 사용했다고 언급한" 1000년 전의 문구를 끄집어냈다(Guha 2008, 121).

26

헌법은 "인도의 선례보다는 유럽과 미국의 선례를 따르게 됐다."[3] 그렇지만 후발국의 경험이라고 해서 덜 가치 있는 것은 아니며, 여전히 그 자체로 민주주의에 대한 풍부한 정보를 제공한다. 따라서 내 두 번째 목표는 시야를 전 세계로 넓혀, 민주주의의 역사에 대한 연구를 자민족 중심의 편향에서 해방하는 것이다.

하지만 민주주의의 한계는 관찰을 통해 귀납적으로 도출할 수 없다. 심지어 모든 역사적 사례를 본다고 해도 그렇다. 우리가 관찰한 최상의 민주주의라 해도, 실현 가능한 최선의 민주주의와 거리가 있을 수 있기 때문이다. 따라서 민주주의의 한계를 알려면 분석적인 모형이 필요하다.

민주주의와 '민주주의'

대의제가 처음 설립되었을 때 그것은 오늘날 우리가 알고 있는 민주주의가 아니었다. 대의제 창설자들 역시 그것을 민주주의로 보지 않았다.[4] 존 던이 지적했듯이, 이 사실은 구분해야 하는 두 가지 질문을 제기한다. ① 왜 정치제도가 주기적인 선거에서 정당들이 경쟁하고, 그 결과에 따라 공직에 취임하는 식으로 발전했는가? ② 어째서 우리는 이런 정치제도를 '민주주의'라고 부르게 됐는가? 게다가 현실의 제도들과 이를 부르는 이름이 동시에 발전했다고 가정할 근거도 없다. 즉, 단어와 현실은 각자의 고유한 역사를 갖는다.

두 번째 질문을 먼저 생각해 보자. 이 질문이 비교적 답하기 쉽고 근본적으로는 덜 중요한 문제이기 때문이다. 이에 대한 이야기는 황당하다. '민주주의'라는 단어는 기원전 5세기 유럽 남동부의 작은 도시 정부

[아테네]에서 처음 등장했는데, 이 단어는 곧 나쁜 평판을 얻었고, 그 때문에 이미 로마 시대부터 쓰이지 않았다. 『옥스퍼드 영어 사전』에 따르면, '민주주의'가 영어로 처음 쓰인 것은 1531년이다. "민주적인democrat-ical 또는 인민의popular 정부"라는 말은 1641년 미국 로드아일랜드주 헌법에서 처음 언급되었다. 유럽에서는 1780년대가 돼서야 공론장에서 이 단어가 쓰였다. 주목할 점은 이와 동시에 '귀족 지배'aristocracy라는 단어가 민주주의의 반의어로 흔히 쓰이기 시작했다는 것이다.[5] 즉, '민주주의자'democrats는 모든 사람이 귀족과 동등한 권리를 누리길 바라는 이들이었다. 통치 제도로서 '민주주의'는 여전히 거의 전적으로 고대에 쓰였던 의미에 준거해 사용되었다. 『브리태니커 백과사전』 초판본(1771년)에는 이렇게 적혀 있다. "민주주의는 인민의 정부와 같은 의미로, 인민의 수중에 최고 권력이 있는 체제다. 고대 로마나 아테네가 그랬다 …" (강조는 셰보르스키).[6] 민주주의라는 단어에는 계속해서 부정적인 함의가 담겨 있었다. 그래서 미국과 프랑스에서 새로운 체제를 수립할 때, 그것을 민주주의와 구분해 '대의제 정부'representative government 혹은 '공화국'republic이라고 불렀다.+ 제임스 매디슨은 『페더럴리스트』Federalist 14번 논설++에서 이렇게 불평했다. "명칭을 혼란스럽게 만든 결과 오직 민

+ 라틴아메리카에서는 1827년 페루의 입헌주의자 마누엘 로렌초 데 비다우레가 처음으로 '공화국' 대신 '대의제 정부'라는 용어를 쓰자고 생각한 것 같다(Aguilar Rivera 2009 참조).

++ [옮긴이] 이 논설에서 매디슨은 민주정과 공화정의 진정한 차이는, 민주정에서는 인민들이 정부를 직접 움직이는 반면, 공화정에서는 인민들의 대표가 정부를 운영한다는 점을 들었다. 따라서 민주정은 좁은 장소에 국한되지만 공화정은 넓은 지역으로 확장될 수 있다는 것이다. 매디슨은 아메리카가 대의제를 광대한 공화국의 기초로 만든 업적을 달성했다고 주장했다.

주주의에만 적용할 수 있는 견해를 공화국에 손쉽게 전이시킬 수 있었다."[7] 민주주의국가로서 고대 그리스를 긍정적으로 바라보는 관점은 19세기 초반에 이르러서야 나타났다.[8] 그러나 민주주의와 좋은 정부를 동일시하는 관점은 제1차 세계대전 이후에야 일반화됐다. 당시 우드로 윌슨의 대대적인 선전을 통해 "민주주의라는 단어는 그 전에는 상상할 수 없을 만큼 흔하게 사용되었다. 이 무렵 언론을 살펴보면, 미국뿐만 아니라 다른 동맹국들에서도 이 단어는 윌슨이 의도했던 대로, 존중할 만하고 또 실현 가능한 것이라는 의미로 쓰이는 경향이 있었다."[9] 에레즈 마넬라에 따르면,[10] 윌슨은 레닌이 주장한 '자결'self-determination이라는 개념을 받아들였지만, 여기에 '피치자의 동의'라는 의미를 덧붙였고, 이를 통해 레닌이 주장한 자결이라는 개념이 미치는 정치적 충격+에 대응하고자 했다. 그 결과 윌슨은 민주주의라는 말을 "좀 더 일반적이고 모호하게 사용했다. 그는 민주주의를 인민주권popular sovereignty과 동일시하면서, 이로부터 민주적인 형태의 정부에 기초한 국제 질서를 구상했다." 결국 '민주주의'라는 단어는 모든 정부가 자칭할 수 있는 이름표가 되기에 이르렀다. 심지어 '북조선 인민민주주의 공화국'++마저도 로드아일

+ [옮긴이] 여기서 말하는 정치적 충격이란, 피식민 국가들의 독립과 자결 요구를 가리킨다. 마넬라의 설명을 추가하자면, 레닌을 비롯한 볼셰비키들은 대체로 자결을 '민족'national 자결의 의미로 사용했으며, 이는 제국주의적 식민 지배를 혁명적으로 전복하는 것을 의미했다. 반면, 윌슨은 자결이라는 단어를 받아들이면서도, 여기에 '피치자들의 동의'라는 의미를 결합했다. 이렇게 되면, 자결은 피식민지민들의 독립, 통치하는 자와 통치받는 자의 민족적 동일성 또는 전후 새로 그려지게 될 영토선의 민족적 동일성이 중요한 것이 아니라, 피치자들의 동의 여부가 중요한 것이 된다. 이 점에서 윌슨은 특정 민족의 정당한 자결권에 대해서는 거의 언급하지 않은 채, 이 단어를 자신이 구상하는 새로운 세계 질서의 차원에서만 정의하려 했다. 이에 대해서는 마넬라(Manela 2007, 42)를 참조.

++ [옮긴이] 셰보르스키는 북한의 정식 영어 명칭을 Democratic and Popular Re-

랜드주가 자신을 부르던 명칭을 그대로 모방한다. 나는 여기서 그저 존 던이 놀라워하며 한 말을 반복할 수밖에 없다. "내가 강조하고 싶은 것은, 전 세계적으로 정당성의 기준[정당한 정부의 기준]이 단 하나[민주주의]라는 생각이 믿기 어려울 뿐만 아니라, 우리가 택한 이 정당성의 기준이 당시로서는 매우 낯선 것이었다는 점이다. 최악의 환경을 제외하면, 전 세계 어디에서든 반드시 수행되어야 할 정치의 방식에 붙는 이름으로 민주주의라는 단어가 선택됐다는 것은 … 정말 불가사의한 일이다."[11]

어떤 것의 명칭words에 대해 말할 때는, 그것이 누구의 것인지 물어야 한다. 누가 '민주주의자'였는가? 매디슨은 민주주의자였는가? 로베스피에르나 시몬 볼리바르는? 이 질문 자체는 흥미롭지 않다. 민주주의를 어떻게 정의하는지에 따라 답이 즉각 결정되기 때문이다. 로버트 달이 매디슨이 36세 때보다 80세에 더 민주주의자다워졌다고 봤다면,[12] 달 자신이 민주주의에 대한 특정 개념을 갖고 있기 때문이다. 다른 사람은 다르게 주장할 수 있다. 예를 들어, 게리 윌스는 매디슨이 필라델피아 제헌회의 때도 노년 시절 못지않게 민주주의자다웠다고 주장한다.[13] 가르가렐라는 매디슨이 평생 민주주의자가 아니었다고 생각한다.[14] 지금 여기서 매디슨을 놓고 토론하자는 것은 아니다. '민주주의자'의 정의를 다뤄 보자는 것이다.

1955년『브리태니커 백과사전』제15판은 '민주주의'를 이렇게 정의했다. "인민의 자치self-rule에 기초한 정부 형태. 현대에는 자유로운 투표로 선출돼 인민에게 책임지는 대의 기구와 행정부, 모든 개인이 평등하

---

public of North Korea로 표기하고 있지만, 북한의 정식 명칭은 '조선민주주의인민공화국'Democratic People's Republic of Korea이다.

고 생명, (사상과 표현의 자유를 포함한) 자유, 행복 추구에서 동등한 권리를 누려야 한다는 근본 가정이 전제된 삶의 방식에 기초한 정부 형태를 말한다." 이 정의는 오늘날의 감수성에도 잘 들어맞는다. 즉, 오늘날 민주주의자란 대의제, 모든 이들의 평등, 모두를 위한 자유라는 삼총사를 매우 중요하게 생각하는 사람이다. 그러나 '민주주의'라는 말은 우리 시대 고유의 것이지 역사 속 주인공들의 것이 아니다. 우리가 그들의 견해나 실천을 살펴볼 필요가 있더라도 말이다. 그들은 아마 자신을 왕당파나 공화파, [프랑스혁명 시기] 산악당파Montagnards나 지롱드파Girondins, 연방주의자나 반연방주의자, 보수주의자나 자유주의자라 여겼을 것이다. 이들은 스스로를 민주주의자 또는 반反민주주의자로 보지 않았다.

민주주의는 '민주주의자'가 만들지 않았다. 고대 그리스라는 부정적 사례 때문에 민주주의자라는 이름표는 불길하게 여겨졌다. 매디슨은 『페더럴리스트』 55번 논설에서 이렇게 주장했다. "모든 아테네 시민들이 소크라테스였다고 할지라도, 아테네인 모두가 모인 집회는 한 무리의 군중에 불과했을 것이다."[15] 프랑스혁명으로 말미암아 미국뿐만 아니라 유럽·라틴아메리카에서도 이 같은 두려움이 확고해졌다. 프랑스혁명에서 '민주주의자'는 곧 '자코뱅'Jacobins이었다. 자코뱅은 인민의 권력에 아무런 제한도 두어서는 안 된다고 믿었는데, 이는 개인의 자유를 치명적으로 위협했다. 한 사람의 폭정despotism과 다수의 전제는 거울에 반사된 듯 닮았다. 현대 대의제의 창설자들 대부분이, 비록 [미국을 건국하기 위해] 영국에 맞서 반란을 일으키기는 했지만, 당대의 영국을 세계에서 가장 이상적이며 본받을 만한 정치체제로 생각했다. 현대 대의제 창설자들이 고대에서 가져온 것은 민주주의가 아니라 혼합정의 이상이었다. 혼합정에서는 인민의 영향력이 순화되고 균형 잡힐 수 있다. 군주정이나 귀족정이 그런 역할을 하지 못한다고 해도, 최소한 대의제 구조가 그 역할을 한다. 혼합정에서 '민주주의'는 고작해야 일부분에 불과하다. 혼합정에서 민주적 또는 인민적 요소는 날것 그대로의 인민의 의지가 아니라 다듬고 걸러지고 견제된 것이다.

누가 비非민주주의자였는지 질문하는 편이 더 유용할지 모르겠다. 법이란 신 또는 자연에 의해 주어졌기 때문에 인간은 법을 만들 수 없으며, 만들어서도 안 된다고 생각한 이들이 분명 비민주주의자들의 반열에 포함된다. 그럼 일단 정부를 선출하면, 그다음에는 모두가 조용히 정부에 복종해야 한다는 견해는 어떨까? [대의제, 자유, 평등이라는] 현대 '민주주의'의 세 구성 요소가 반드시 일관된 것은 아니다. 모겐스 헤르만 한센은 이렇게 말했다. "고대 아테네에서, 그리고 우리 시대에 자유, 평등, 민주주의는 나란히 쓰이곤 한다. 그러나 몽테스키외의 저술에서든, 디드로의 『백과전서』에 실린 민주주의에 대한 루이 드 조쿠르의 글에서든, 혹은 다른 자료에서든, 민주주의는 자유가 아니라 평등과 연관된다. 자유와 연관되기는커녕 오히려 반대다. 민주주의는 자유를 위협한다고 봤다."[16] 과거에는 현대 민주주의의 필수 매개체인 정당, 결사체, 노동조합 등은 분열을 초래하는 것으로, 그래서 국가 공익을 해치는 것으로 여겨졌다. 인민의 역할은 정부를 선출하는 것이지 통치에 참여하는 것은 아니었다. 제헌회의 시절 매디슨뿐만 아니라 프랑스혁명기의 혁명가들, 라틴아메리카의 보수주의자들도 이렇게 생각했다.

단순히 이름표의 문제라면 우리가 다루는 역사 속 주인공들이 자신을 어떻게 생각했는지는 무시해도 별 상관 없을지 모른다. 오늘날 우리가 '민주주의'라고 부르는 체제를 받아들이는 사람이 곧 '민주주의자'라고 해버리면 그만이다. 최초의 민주주의자들이 고대 그리스에 대한 부정적 관점 때문에 스스로를 민주주의자라고 생각하지 않았지만, 오늘날 기준으로는 사실 민주주의자였다고 주장할 수도 있다. 분명 최초의 민주주의자들이 그리스 민주주의를 충분히 알지 못했고, 잘못된 견해를 가졌다는 것을 우리는 이제 안다. 페리클레스는 아테네 민주주의를 이렇게 묘사했다. "우리의 정체는 민주주의라고 불린다. 정부가 소수의 손에 있는 것이 아니라 다수 시민의 손에 있기 때문이다. 사적인 분쟁을 수습해야 하는 문제가 있을 때는 모두가 법 앞에 평등하다. … 우리의 공적인 생활은 자유롭다."[17] 그들이 페리클레스의 이 말을 알았다면, 고대 아테네를 묘사한 바가 『브리태니커 백과사전』의 민주주의 정의와 거의 같다는 사실을 눈치챘을 것이다.

한편 우리는 계보학적으로, 즉 민주주의에 대해 오늘날 우리가 가진 생각에서 출발해 그 역사적 기원까지 거슬러 올라가 살펴볼 수도 있다. 그래도 여전히 난관에 부딪힐 것이다. 우리 모두는 민주주의가 자치, 평등, 자유로 이뤄진다는 생각에 동의할 것이다. 그러나 이를 기준으로 구체적인 인물과 사상, 제도를 판단하려고 하면 곧 의견이 엇갈린다. 로버트 달이 현실 세계에는 경쟁적 과두정이나 다두제polyarchy*만이 있을 뿐이라고 주장했을 때,[18] 그는 당시의 민주주의자들 사이에서 보편적으로 공유되지 않은 규범적 이상[예컨대, 포괄성과 경쟁]에 관심을 가지고 있었다. 예를 들어, 슘페터는 [엘리트 간 경쟁에 기초한] 경쟁적 과두정이 민주주의가 도달할 수 있는 최대한이라고 주장했다.[19] 어떤 이는 위헌법률심사

✦ [옮긴이] 달이 도입한 개념으로, 이상적인 민주주의에 못 미치지만 현실에서 관찰 가능한 민주주의를 뜻한다. '폴리아키'polyarchy는 다수파에 의한 지배이지만, 그 다수파가 경쟁을 통해 다원적으로 구성된다는 의미에서 다두제多頭制로 옮겨지기도 한다.

처럼 다수 지배에 그 어떤 제한을 가하는 것도 반민주적이라 생각한다. 반면 어떤 이는 다수 지배를 제한하는 것이 민주주의의 필수 구성 요소라고 생각한다. 오늘날 우리는 민주주의가 무엇인지를 둘러싸고 대의제의 창설자들이 과거에 그랬듯이 갈등을 겪고 있으며, 우리 사이에 존재하는 이견들 가운데 많은 부분은 그들이 보여 준 이견과 다르지 않다. 그들이 좋은 제도가 무엇인지 합의할 수 없었던 것처럼 우리도 마찬가지다. 어떤 기준에서 미국이 '민주주의'가 아니라 단지 '폴리아키'에 불과하다고 할 수 있겠는가? 고대 그리스? 루소 또는 자코뱅의 기준에서? 예를 들어 보자. 가르가렐라는 19세기 미국에서 오직 '급진주의자'만이 진정한 민주주의자였다고 했다.[20] 급진주의자들은 어떤 제약도 받지 않는 다수 지배를 신뢰했는데, 그들은 이 같은 다수 지배가 보통선거로 선출된 단원제 의회의 주권에 의해 실행될 것이라고 생각했다. 가르가렐라는 이 기준에 따라, 매디슨 등 '자유주의자'는 민주주의자가 아니라고 보았다. 자유주의자는 양원제를 도입해 의회를 약하게 만들고, 행정부에 거부권을 부여해 의회 권력을 제약하려 했다. 심지어 오늘날에도 평등, 자치, 자유라는 삼총사가 일관되게 서로 조화를 이룰 수 있는 것은 아니다. "자치에 참여한다는 것은, 정의justice가 그러하듯이, 인간에게 필요한 기본적 요청이자 본원적 목적에 해당한다. 따라서 전제정이 (설령 아무리 관용적이라 할지라도) 적극적 자유를 파괴하고 피통치자의 존엄을 훼손하는 것과 마찬가지로, 자코뱅식의 '억압적 관용'은 개인의 자유를 효과적으로 파괴해 버린다." 즉, "개인의 자유와 민주적 지배 사이에 필연적인 연관은 없다."[21]

[현대의 기준으로 과거를 평가하는] 회고적 기준은 적절하지 않다. 200년 전 어느 누구도 장차 민주주의가 어떻게 될지 상상할 수 없었기 때문이

다. 대의제 설계자들의 의도가 무엇이든, 그들이 만든 제도는 그들의 의도대로 발전하지 않았다. 이는 단순히 장기적인 사회경제적 변화 때문만이 아니다. 거의 즉각 드러난 것처럼, 그들이 그린 청사진에 따라 제도를 만들 때 나타날 수밖에 없는 결과를 설계자들이 제대로 예측하지 못했기 때문이기도 하다. 이렇게 볼 때 매디슨을 옹호하는 게리 윌스의 주장은 설득력이 떨어진다. 1788년 매디슨은 정치적 파당을 비난했다. 그러나 고작 3년 뒤, 매디슨은 자신이 [정치적] 경쟁에서 지고 있다는 걸 알고 스스로 정당을 만들었다. 매디슨은 과거 인민들이 통치에 참여하는 것을 막으려 했다. 그러나 나중에는 정부를 통제할 수 있는 마지막 버팀목이 인민들이라는 것을 알게 됐다. 또한 그는 한때 부유한 이들에게만 선거권을 주는 것을 받아들였지만, 나중에는 선거권 제한이 불공정하고 비효율적이라고 생각했다. 매디슨은 헌법이 재산권을 보호할 것이라고 확신했고, 다른 이들에게도 이 점을 단언했다. 그러나 나중에는 인민이 정부 내에서 발언권을 가질 때 재산권은 언제나 위험에 처할 수밖에 없음을 인정했다. 매디슨은 당대의 그 누구보다 똑똑하고 많은 지식을 갖고 있었음에도 그랬다. 미국에서뿐만 아니라, 대의제의 '창설자'들은 진정으로 새로운 일을 했다. 그들이 여러 번 한탄했듯이, 그들이 참조할 수 있는 것은 오직 아득한 먼 옛날의 경험뿐이었다. 그들은 자신들이 그린 청사진이 어떤 결과를 낳을지 예측할 수 없었으며, 또 예측하지도 않았다. 대의제 창설자들은 자신이 틀릴 수 있다는 것을 알고 있었다. 헌법이 개정될 수 있도록 여지를 만들어 놓은 것도 이 때문이다.[22] 현대 민주주의를 본다면 그들은 무슨 말을 할까. 분명 민주주의가 이런 모습이 되리라고는 결코 생각하지 못했다고 말할 것이다.

200년 전 자신을 민주주의자라고 규정한 사람들은 거의 없었으며,

그런 사람들이 있었다 해도 그들의 행위가 반드시, 오늘날 우리가 살고 있는 세계에 어떤 결과를 가져온 것도 아니다. 반대로 우리가 역사 속 주인공들의 마음을 읽을 수 있어서 그들에게 현대 민주주의에 대한 견해를 물어본다면 그들은 혼란스러워할 것이다. 어느 쪽도 우리가 답을 찾는 데 별 도움을 주지 못한다. 그래도 수수께끼를 해결할 방법이 있다고 생각한다. 우리는 그들이 스스로를 어떻게 생각했는지 따지지 않고, 동시에 오늘날의 기준도 사용할 필요가 없다. 대신에 우리는 이런 질문을 해야 한다. 대의제를 만들고, 또 그것을 오늘날 우리 시대의 민주주의로 이끈 이상은 무엇인가? 지난 200년 동안 역사 속 주인공들에게 동기를 부여한 이상은 무엇인가? 어떤 이상 때문에 대의제에서 '민주주의'가 나왔는가?

내가 보기에, 그 이상은 바로 인민의 자치다. 물론 어원으로 보면 인민의 자치가 곧 '민주주의' — 민주주의demokratia는 인민demos; people과 지배kraiten; rule의 합성어다 — 다. 그렇지만 자치라는 이상이 고대 그리스에서 수입된 것이 아니라는 점을 기억하는 게 중요하다.[+] 자치라는 이상은 점진적으로 발전해 새로운 건축물이 됐는데, 여기서는 자유가 최상의 정치적 가치로 자리 잡았다. 나아가 자유라는 가치는 오직 인민이 그들 스스로 결정한 법에 따라 통치될 때에만, 또한 모두가 법 앞에서 평등할 때에만 획득될 수 있다는 주장으로 이어졌다. 칸트의 정식화를 인용해 보자.[23] "시민적 정체"civil constitution는 다음과 같은 점에 기초해야 한다. "① 인간Man으로서 모든 사회 구성원의 자유, ② 국민Subject으로서

+ 한센에 따르면, 미국과 프랑스의 대의제 창설자들이 아테네 민주주의에서 영감을 받았다는 신화는 한나 아렌트가 『혁명론』On Revolution에서 만들어 낸 것이다(Hansen 2005).

모든 사회 구성원 간의 평등, ③ 시민Citizen으로서 모든 공화국 구성원의 자립self-dependency[자기 결정self-determination-지은이]." 인민이 유일한 주권자여야 한다. 인민이 스스로 통치해야 한다. 모든 인민은 동등하게 대우받아야 한다. 인민의 삶은 정부를 비롯한 타인의 부당한 간섭으로부터 자유로워야 한다. 이런 이상은 과거 대의제 창설자들이 가졌고 또 오늘날 우리도 그렇다. 약 200년 뒤 퀜틴 스키너가 말했듯이,[24] 민주주의는 인민이 통치하는 체제다. 그 외의 다른 무엇도 아니다.

이상, 행위, 그리고 이해관계

분명, 어떤 관념은 제도보다 앞서 존재한다. 정치제도는 언제나 의도적인 행위deliberative act를 거쳐 창조되는데, 그 궁극적 형태는 헌법 제정이다. 따라서 정치제도는 관념들을 물질화한 것이다. 그러나 헤겔의 말과 달리, 역사는 관념이라는 하나의 원인에 따라 추동되지 않는다. 그러기에는 관념들이 일관되게 정리되어 있지 않다. 역사 속 주인공들이 이미 만들어 놓은, 논리적으로 일관된 청사진에 따라 행동했을 것이라 가정하면 안 된다. 분명 시에예스, 매디슨, 볼리바르는 자신의 글에 '위대한 사상가들'을 참조했다고 자주 썼다. 로크, 몽테스키외, 흄, 루소 등이 그들이다. 게다가 200년 전부터 지금까지 들려오는 많은 구호는 상당수가 이 사상가들의 말을 반복하고 있다. 그렇다면 이는 대의제의 창설자들이 [기존에 존재하던] 철학적 체계를 현실에서 실현하려고 노력했다는 뜻일까? 우리는 인과관계의 방향이 반대라고 생각할 수도 있다. 즉, 대의제 창설자들이 뭔가 다른 이유로 행동했고, 자신을 정당화하려고 철학자들을 이용했다는 것이다.[+] 로버트 로스웰 팔머가 칸트에 대해 말했듯이,[25] 철학은 현실의 혁명이 아니라 단지 "정신의 혁명"에 불과할지 모른다.[++] 대의제 창설자들의 사고가 혼란스럽고 행동이 일관되지 않은 이유는 철학자들의 사상을 이해하지 못했기 때문일까? 루소를 연구한 저명한 프랑스 역사가는 이렇게 주장했다. "『사회계약론』의 모든 주장은 — 이것이 이 책의 가장 이해하기 어려운 부분인데 — 시민이 자신을 일반의지에 복속시킴으로써 자유로울 수 있다는 것처럼 보인다"(강조는 셰보르스키).[26] 대의제 창설자들은 이처럼 복잡한 루소의 주장을 이해하지 못했던 것일까? 아니면 단지 루소가 말도 안 되는 이야기를 한 것일까? 팔머는 존 애덤스가 1765년에 일찌감치 『사회계약론』을 읽었고, 나중에는 그의 서재에 네 권이나 꽂아 뒀다고 했다.[27] 그러나 팔머는 이렇게 말했다. "다른 이와 마찬가지로 애덤스는 『사회계약론』의 많은 내용을 이해할 수 없거나 별나다고 간주했으며, 그 가운데 몇몇 구절들만이 자신의 신념을 멋지게 표현했다고 생각했던 것 같다."

관념이 제도에 앞선다고 해도 사상thought의 역사에서 실제 행동의 역사를 유추하면 안 된다. 곧 명백히 밝혀지겠지만, 대의제 창설자들은 어둠 속을 더듬으며 나아갔다. 그들은 먼 과거의 경험에서 영감을 얻으

[+] 일화를 하나 소개하겠다. 얼마 전 나는 과거 제자로부터 이메일을 받았다. 그는 유럽 한 국가의 총리 밑에서 일하고 있었다. 그 총리는 이혼, 임신중절, 동성 결혼, 안락사의 조건을 완화하는 정책을 펴기로 했다. 내 제자는 그런 정책을 정당화하는 데 어떤 철학자의 주장을 이용할 수 있을지 질문했다.

[++] '정신의 혁명'이라는 말은 팔머가 독일에 관해 쓴 장의 제목이다. 팔머(Palmer 1964, 447)는 이렇게 말했다. "칸트는 비판받을 점이 있다. 의심의 여지 없이 그는 당대 사건을 잘 알고 있었다. 그런데도 그의 철학은 두 영역 사이에 건널 수 없는 경계를 그었다. 경계 한편에는 자유와 정치적 행위에 대한 사상을 놓았고, 다른 편에는 경험적 지식과 개개인들의 현실적인 생각을 두었다."

려 했고, 난해한 주장을 펼쳤으며, 추상적인 관념으로 개인적 야심을 감추려 했다. 때론 순전히 정념에 따라 움직이기도 했다. 그들 사이에서는 종종 의견이 엇갈리기도 했는데, 이 점에서 그들이 만든 제도는 타협의 산물이었다. 그들은 자신이 만든 고안물에 여러 번 깜짝 놀라곤 했다. 때로는 놀랍도록 재빨리 마음을 바꾸기도 했다. 실수를 바로잡기에 너무 늦은 때가 종종 있었지만 말이다.

무엇을 관찰할 수 있고 무엇을 관찰할 수 없는지를 질문해 보면, 관념과 행동 사이의 관계를 이해하는 데 도움이 된다. 우리는 역사 속 주인공들의 발언과 행위를 살펴볼 수 있다. 그러나 그들이 마음속으로 원한 것이나 생각한 것은 관찰할 수 없다. 그들은 종종 때에 따라 말을 바꿨다. 또는 말과 다르게 행동했다. 또는 자신이 하지 않은 일을 큰소리로 외치고, 정작 자신이 한 일은 조용히 소곤거리기도 했다. [프랑스혁명 직후인] 1789년 프랑스의 '인간과 시민의 권리선언'의 첫 두 문장을 떠올려 보자. 첫 문장["인간은 자유롭고 평등한 권리를 지니고 태어나서 살아간다."]은 모두가 평등하다고 큰소리로 외친다. 두 번째 문장["사회적 차별은 오로지 공공 이익에 근거할 경우에만 허용될 수 있다."]은 시민을 불평등하게 대하는 것에 대해 조용히 소곤거린다.

말과 행동이 다를 때, 이해관계가 영향을 미쳤다고 의심해 봄 직하다. 사실 회의주의적인 사회과학자는 말보다 행동을 봐야 그 사람의 의도를 이해할 수 있다고 믿는다. 이해관계가 엇갈릴 때 말은 신뢰할 수 없다. 우리 모두 공동의 목표를 공유한다고 말하는 정치인을 생각해 보라. 그가 말한 목표는 그 자신의 것이지, 우리 모두의 것이 아닐 수 있음을 우리는 안다.

지금까지의 논의를 통해 우리는 아래에 제시된 두 가지 주장을 입증하는 데 어떤 어려움이 있는지 이해하게 되었을 것이다. 나는 두 명제를 주장한다.

1. 대의제 설립을 정당화하고, 대의제가 민주주의로 점진적으로 발전하는 것을 정당화하는 것처럼 보이는 이상理想은 논리적으로 일관되지 않고, 실천적으로 실현 불가능했다.
2. 대의제 창설자들은 자신의 이해관계를 정당화하는 식으로 행동했다고 볼 수 있다. 구체적으로 말하면, 그들이 만든 제도는 그들의 특권을 보호했다.

그러나 대의제 창설자들의 말이 정말 자신의 이해관계를 합리화하기 위한 것인지는 알 수 없다. 예를 들어, 항상 사람의 동기에 회의적인 태도를 취했던 에드먼드 모건은 "대표자들이 인민주권을 발명한 까닭은 자신을 위해 인민주권을 써먹기 위해서라고 해도 과언이 아니다."라고 말한 바 있다.[28] 물론 나는 대의제를 건설한 이들이 의도적으로 음모를 꾸미며 자신들의 이익을, 안토니오 그람시의 언어로 말하자면,[29] 보편적으로 확장하는 동력으로 제시했다고 생각하지는 않는다. 실제로 그들이 자신의 말을 진심으로 믿었다고 볼 이유는 수없이 많다. 더 나아가, 대의제를 창설한 이들에게 반대한 사람들조차 창설자들의 이상을 공유했으며, 그 이상을 활용해 자신들의 투쟁을 정당화했다. 노동계급의 지도자들은 평등과 자치의 이름으로 사회주의를 정당화했다. 장 조레스는 이렇게 생각했다. "사회주의의 승리는 프랑스혁명의 중단이 아니다. 오히려 프랑스혁명이 새로운 경제적 조건 아래에서 완성되는 것이다."[30] 에두아르트 베른슈타인은 사회주의가 "민주주의의 논리적 귀결"이라고 봤다.[31] 1791년 올랭프 드 구즈(본명은 마리 구즈)가 쓴, '여성과 여성 시민의 권리선언'은 1789년 인권선언과 동일한 원칙을 성별만 바꿔 적용했다. 독립운동 지도자도 식민자colonizers의 가치에 호소했다. 호치민이 쓴 '베트남 민주공화국 독립선언문'은 미국 독립선언문과 프랑스 인권선언을 인용하며 시작한다. 마틴 루서 킹의 꿈은 "아메리칸드림에 깊이 뿌리박혀 있다." 그는 이렇게 요청했다. "지금이 바로 민주주의의 약속을 실현할 때다."

수수께끼는 쉽게 풀리지 않는다. 우리는 대의 정부의 창설자들이 자치, 모든 이들의 평등과 모두를 위한 자유를 말했다는 것을 안다. 그러나 동시에 그들이 전체 인구 가운데 다수를 배제하는 제도를 만들었고, 인민의 의지로부터 현 상태를 보호하려 했다는 것도 안다. 우리는 그들이, 자신들이 배제하려 했던 이들을 두려워했으며, 자신들이 만든 제도가 재산권을 지켜 주길 바랐다는 점 ― 이에 대해서는 이어질 내용에서 많은 증거를 제시하겠다 ― 을 안다. 이 같은 사실들로 미루어 볼 때, 대의제 창설자들이 자신들의 이해관계에 따라 행동했다고 결론 내리기에 충분해 보인다. 그러나 동시에 우리는 평등, 자유, 자치라는 이상이 200년 넘게 수많은 이들의 정치적 삶을 이끌었다는 것 역시 알고 있다. 아마 이 수수께끼에 대한 가장 그럴듯한 해답은 그람시가 제시한 '헤게모니적 이데올로기' 개념에서 찾을 수 있을 것이다.

특정한 집단의 발전과 팽창이 보편적 팽창, 즉 '국민적' 에너지의 발전으로 파악되고 또 그렇게 제시된다는 점이다. 다시 말해, 지배 집단은 종속적 집단들의 일반적인 이익과 구체적으로 통합되고, 국가의 삶은 기본적 집단fundamental group의 이익과 종속적 집단들의 이익 사이의 불안정한 균형 — 지배 집단의 이익이 우세하기는 하지만 그것은 어느 한계 내에서, 다시 말해 지배 집단의 이익이 인색한 조합주의적·경제적 이익으로까지 나아가지는 않는 범위 내에서의 균형 — 을 끊임없이 새로 형성하고 폐기하는 과정으로 파악된다.[32]

모건이 그람시를 인용한 적은 없다. 아마 그람시의 글을 읽은 적도 없을 것이다. 그러나 모건은 그람시와 같은 방식으로, 영국과 미국의 자치의 기원을 해석했다.[33] 이 내용은 거장다운 솜씨로 쓴 아이러니한 제목의 책 『인민의 발명』*Inventing the People*에 담겨 있다. 모건은 이렇게 봤다. "정부는 환상make-believe이 필요하다." [어떤 환상이냐면] "왕은 신성하다는 환상, 왕은 결코 잘못을 저지를 수 없다는 환상, 인민의 목소리는 곧 신의 목소리라는 환상, 인민이 목소리를 가지고 있다는 환상, 인민의 대표가 인민과 같다는 환상"(강조는 모건) 말이다. 그렇지만 이데올로기가 그럴듯하게 보이려면, 현실 세계에서의 경험과 무언가 맞아떨어져야 한다. 즉, "허구적인 것이 효과가 있으려면 … 어느 정도 현실을 닮아야 한다." 대체로 우리는 허구적인 것을 어느 정도 사실에 부합하게끔 고친다. 그러나 때로는 사실을 허구적인 것에 맞게 조정해야 한다. 즉, 허구적인 것이 사실[의 변화]을 만들 수 있다. 다시 말해, "허구적인 것은 필요하다. 우리는 그것 없이 살 수 없다. 따라서 우리는 종종 허구적인 것이 붕괴되지 않도록 그것에 걸맞게 현실을 바꾸려고 노력하며, 우리가 사는 실제 세상을 우리가 살고자 하는 세상에 좀 더 가까워지도록 만든다. … 허구적인 것이 현실을 지휘하고 재구성한다." 이것이 의미하는 바는, 모건의 글을 다시 인용해 보면, 다음과 같다. "정치적 환상과 현실이 오묘하게 혼동되면서, 지배받는 다수만큼이나 지배하는 소수도 그들의 권위가 기대고 있는 허구적인 것의 제약을 받는다는 사실을 알게 될 것이다. 어쩌면 제약하는 수준을 넘어 [정치] 형태까지 바꾼다고 말할 수 있다.”

민주주의가 세 가지 이상 — 평등에 기초하며, 자유를 뒷받침하는 자치 — 을 실현한 것이라고 믿으려면, 어느 정도 사실이 이 같은 믿음을 뒷받침해야 한다. 나아가 우리가 이렇게 생각한다면, 어떻게 이상이 사실을 추동하는지뿐만 아니라, 어떤 사실이 그 이상을 신뢰할 만한 것으로 만드는지도 살펴봐야 한다.

평등, 참여, 대표, 자유

자치라는 이상은 원래 (광범위한 영향을 미친) 루소와 (거의 영향을 못 미친) 칸트가 정교하게 다듬었다. 이 이상에 따르면 인민은 스스로 통치할 때, 다른 누구도 아닌 자기 자신에게 복종하는 것이기 때문에 자유롭다. 자치라는 이상은 여기서 출발했지만 논리적·실천적·정치적 문제에 봉착한다. 모든 사회 구성원이 그 속에서 살기를 바라는 법질서가 같을 경우에만 자치라는 이상은 논리적으로 일관된다. 그러나 단수로서의 인민이 자신을 통치한다는 원칙을, 복수로서의 인민들이 자신들을 통치하는 제도적 체계로 전환하는 것은 쉽지 않았다. 오직 몇몇의 사람들만이 통치하는 대의 기구를 통해 이 같은 이상이 실현될 수 있는지 여부가 논쟁의 주제가 되었다. 인민이 사회적·경제적·정치적으로 분열되어 있는 현실이 명백해지면서, 누군가가 모든 인민을 동시에 대표할 수 있다는 관념은 유지될 수 없었다. 주기적인 선거로 선출되는 일군의 정치인들이 통치하는 것이 차선의 선택지가 됐다. 선거라는 절차를 거쳐 정부를 선택하는, 인민의 집단적 권력은, 인민이 궁극적인 통치 결정권자라고 믿게끔 할 정도로 그럴듯했다. 존 던이 말했듯이, 누구도 지배받기를 원하지 않는다.[34] 그러나 지배받는 걸 피할 수 없다면, 최소한 주기적으로 분노를 표출해 악당을 내쫓을 수 있어야 한다.

[오늘날 국민국가와 같은] 대규모 사회에서는, 매우 짧은 순간이라도, 모든 사람이 통치할 수 없다. 따라서 대다수의 사람들은 타인의 통치 아래에서 살아간다. 그리고 가치, 열정, 이해관계도 사람마다 다르다. 이 모든 점을 고려하면 우리 자신에게 복종하는 것을 대신할 차선책은, 개인의 선호를 가장 잘 반영하고 그래서 최대 다수가 자유로울 수 있는 집단적 의사 결정 체계다. 이는 차선책이다. 왜냐하면 개인의 선호는 모두 다르므로 누군가는 최소한 잠시라도 그가 원하지 않는 법 아래에서 살아야 하기 때문이다. 결과적으로 개인 선호를 가장 잘 반영하고, 그래서 최대한 다수의 사람들이 자유로울 수 있는 집단적 의사 결정 체계는 다음 네 가지 조건을 충족해야 한다. 모든 참여자는 집단적 의사 결정에서 동등한 영향력을 행사해야 한다. 모든 참여자는 집단적 의사 결정에 효과적으로 영향을 미칠 수 있어야 한다. 집단적 의사 결정은 그 결정을 실행하도록 선출된 사람에 의해 실행돼야 한다. 법적 질서 아래에서 부당한 간섭 없이 안전한 협력 관계가 가능해야 한다.

민주주의의 한계를 규명하려면 이 네 가지 조건들이 어떤 제도들의 체계에 의해, 각기 그리고 결합하여, 충족될 수 있는지 살펴봐야 한다.

여기서 내 핵심 주장을 간략히 소개하겠다. 대의제 창설자들이 평등이라는 말을 썼지만, 사실상 그들이 말한 것은 의미가 달랐다. 그것은 기껏해야 익명성anonymity이다. 익명성은 정치에서 [이미 존재하는] 사회적 차이를 무시한다. 모두가 평등하다는 고결한 선언에도 불구하고, 창설자들이 생각한 평등이란 형식적인 정치적 평등, 집단적 의사 결정 결과에 영향을 미칠 절차적 기회의 평등, 법 앞의 평등에 그쳤다. 사회적 혹은 경제적 평등은 아니었다. 그러나 정치적 평등은 경제적 불평등 때문에 망가질 수 있다. 또 효과적인 정치적 평등은 재산권을 위협한다. 민주주의에는 이런 긴장이 내재하며, 오늘날에도 과거와 마찬가지로 지속되고 있다. 우리에게 남겨진 수수께끼는 다음과 같다. 왜 민주주의는 사회를 좀 더 경제적으로 평등하게 만들지 못하는가? 이에 대해 몇몇 사람들은, 가난한 이들이 여러 이유로 평등에 관심을 갖지 않는다고 말한다. 또다른 설명에 따르면, 부자가 대의 기구를 장악하고, 그들이 머릿수에 비해 과도한 정치적 영향력을 가지고 있기 때문에 평등을 가져오는 정책이 채택되지 않는다고 한다. 또는 대의 기구의 초다수제적 특성⁺으로 말미암아, 누가 그 제도를 지배하느냐에 상관없이, 현상이 유지된다고 설명하기도 한다. 반면 단지 경제적인, 더 나아가 기술적인 장애물 때문에 경제적 평등이 이뤄지지 않을 수도 있다. 토지가 가장 중요한 소득 원천이 아닌 현대사회에서 생산 자산을 균등하게 분배하긴 어렵다. 심지어 소득 창출 능력을 평준화한다 해도 시장경제에서는 또다시 불평등이 발생할 것이다. 단순하게 말해 평등은 경제적 평형 상태의 실현이 아닐 수도 있다. 그 어떤 정치체제든 상상으로도 해낼 수 없는 과제를, 민주주의

✦ [옮긴이] 단순 다수제simple plurality system는 다른 후보다 한 표라도 더 득표하면 승리하는 것을 말하고, 절대 다수제majoritarian system는 총 유효표의 2분의 1을 초과해(50퍼센트＋1) 득표하면 승리하는 것을 말한다. 초다수제supermajoritarian system는 승리하기 위해선 절대다수보다 더 큰 특정 수준의 득표를 요구하는 것을 말한다. 대의 기구가 초다수제로 운영될 때 법안의 제정·개정은 좀 더 엄격한 요구 조건을 충족해야 하지만, 다른 한편 그 조건을 달성하기 위한 정당 간의 합의를 촉진하거나 강제할 수도 있다.

가 해낼 거라 기대해서는 안 된다. 물론 명백하고 참기 어려울 정도로 불평등이 심각한 민주주의국가는 많다. 이 나라들에서 불평등을 줄이는 것이 불가능하다는 말은 아니다. 게다가 경제적 불평등은 정치에 스며들 수도 있다. 따라서 정치적 평등이 실현되려면 규제를 통해, 또는 가난한 사람들을 정치적으로 조직해 정치에 돈이 스며드는 것을 막을 수 있어야 한다.

날것 그대로의 인민의 의지에 대한 광범위한 불신으로 말미암아 정치적 권리의 제한, 인민의 의지에 대한 제도적 견제가 생겼다. 이때 제기되는 문제는 이런 것이다. 선거를 통해 자치가 실행되는 대의제에서 좀 더 효과적인 정치 참여는 가능한가? 선거에서 경쟁하는 이들이 명확한 정책 공약을 제시한다고 해도, 유권자는 단지 누군가가 제안한 것들 가운데서만 선택할 수 있을 뿐이다. 가능한 모든 선택지 가운데 원하는 걸 선택하는 게 아니라는 이야기다. 또 선거 경쟁으로 인해 정당은 불가피하게 서로 비슷한 강령을 발표하게 된다. 그래서 선거에서 제시되는 선택지는 빈약한 법이다. 게다가 유권자가 [자신이 원하는] 선택지를 만난다고 해도 한 개인이, 특정 대안이 [집단 결정으로] 선택되도록 만들 수 없다. 그러나 비록 유권자가 투표를 할 때 [가능한 모든 선택지 가운데서] 선택할 수 없다 할지라도, 또한 결과에 인과적인 영향을 미칠 수 없다고 해도, 이런 과정을 거쳐 이루어지는 집단적 의사 결정은 개인들의 선호 분포를 반영한다. 그러므로 이렇게 만들어진 집합적 선택에 많은 사람들이 반대하는 상황을 이해하기란 쉽지 않다. 이들은 마치 집합적 선택의 결과와는 상관없이 스스로 적극적인 선택을 하는 것에 높은 가치를 부여하는 것처럼 보인다. 이런 반응은 어쩌면 선거라는 메커니즘을 제대로 이해하지 못하기 때문일 수 있다. 하지만 그렇게 오인한다고 해서 [선거

제도라는 벽에 부딪히는] 유권자의 박탈감이 덜해지는 것은 아니다. 현대 민주주의는 효과적인 참여에 대한 향수에 계속 사로잡혀 있다. 그러나 만장일치를 제외한 그 어떤 집단적 의사 결정 방식에서도, 한 개인의 참여가 결과를 뒤집을 수는 없다. 집단적 차원에서 자치가 이뤄진다는 것은, 모든 유권자 개개인이 최종 결과에 인과적인 영향을 미칠 수 있다는 것을 의미하지 않는다. 그것은 개개인의 의지를 집계한 결과로 그 집단의 결정이 이루어진다는 것을 뜻한다.

우리 제도는 대의제다. 즉, 시민이 [직접] 통치하지 않는다. 시민은 다른 이에게 통치된다. 아마 통치하는 이는 매번 바뀔 것이다. 그래도 다른 이가 통치한다는 사실 자체는 변함없다. 다른 이가 우리를 통치하더라도, 우리 전체가 우리 스스로를 통치하는지를 평가하려면 두 가지 관계를 고려해야 한다. 정부의 여러 부문들 간의 관계, 시민과 정부 간의 관계가 그것이다. 논리적으로, 정부의 구조는 정부와 시민 사이의 관계에 우선한다. 시민이 정부에 무엇을 요구하거나 기대할 수 있는지는, 정부가 무엇을 할 수 있고 무엇을 할 수 없는지에 따라 정해지기 때문이다. 정부가 무엇을 할 수 있는지는 정부가 조직되는 방식에 따라 정해진다. 권력이 분립된 정부는 선거에서 나타난 다수의 의지에 반응하지 못할 수도 있다. 특히 선거에서 다수가 요구한 것이 [현 상태의] 변화일 때 더 그렇다. 여러 초다수제적, 혹은 노골적으로 반反다수제적인 제도는 표면상 소수자를 보호하기 위한 것이다. 오늘날 소수자라는 명칭은 여러 이유로 소외 계층underprivileged을 지칭하는 데 쓰는 것이 정치적으로 올바르다고 여겨진다. 심지어 수적으로 다수인 집단, 즉 여성을 언급하면서도 소수자라는 말을 쓴다. 그러나 우리가 잊고 있는 것은, 원래 초다수제적 제도가 지키려 했고, 계속 보호해 온 바로 그 소수자는 부유층이라는 점이다. 또 정부가 선거를 통해 권한을 부여받은 일을 모두 할 수 있다고 해도, 어느 정도의 대리인 비용agency cost은 불가피하다. 시민은 정부에 어느 정도 재량을 보장해야 한다. 선거는 기껏해야 간헐적으로만 있다. 선거에서 쟁점들은 묶음으로 제시된다. 자치는 [특정 이슈에 대한 견해를 묻는] 일련의 국민투표로 실천되지 않고, 주기적인 선거에서 개략적이고 때로는 막연한 위임으로 실천될 뿐이다. 그래서 [선호의 강도가] 강렬한 소수파는 종종 정부 결정에 반대하며 항의한다. 그렇지만 사람들의 선호의 강도를 비교할 방법은 없다. 우리가 할 수 있는 것은 사람들의 숫자를 세는 것뿐이다.

결국 인민이 스스로 통치할 때 비로소 자유롭다는 연역적 추론에는 문제가 있는 것으로 나타났다. 자유의 개념은 과거부터 현재까지 정교하게 철학적으로 구성된 것이지만, 대의제 창설자들에게 자유의 의미란 정부가 안정적인 질서를 만들어 사람들이 협력할 수 있으면서, 동시에 개인의 자유를 자의적으로 또는 불필요하게 침해하지 않는다는 것이었다. 그렇지만 질서와 불간섭 사이에서 균형을 잡기는 어려운 것으로 밝혀졌다. 특히 다양한 위험에 마주칠 때 더 그렇다. 질서와 불간섭 사이의 균형은 일련의 불안정한 평형 상태들로 이루어져 있다. 그 어떤 제도 설계도 이 문제를 단숨에 해결하지 못한다.

따라서 민주주의는 경제적 평등, 효과적 참여, 완벽한 대리인, 자유라는 네 가지 점에서 모두 한계가 있다. 그러나 나는 어떤 정치체제도 민주주의보다 나을 수 없다고 믿는다. 현대사회에서, 많은 사람들이 원하는 만큼 경제적 평등을 만들어 내고 유지할 수 있는 정치체제는 없다. 사람들의 정치적 참여가 개별적으로 모두 결과에 영향을 미칠 수 있는 그런 정치체제는 없다. 정부로 하여금 완벽한 시민의 대리인이 될 수 있게 하는 정치체제도 없다. 민주주의에서는 질서와 불간섭이 불편하게 공존하지만, 그 어떤 정치체제도 이 문제를 민주주의만큼 잘 해결할 수 없다. 모든 정치체제는 사회의 모습을 만들고 바꾸는 데 한계가 있다. 이건 삶의 진실이다.

나는 이 같은 민주주의의 한계를 아는 게 중요하다고 믿는다. 그래야 그 어떤 정치체제도 할 수 없는 일을 하지 못한다는 이유로 민주주의를 비난하지 않을 수 있기 때문이다. 그렇다고 현 상황에 안주하라는 말은 아니다. 어떤 한계가 있는지 알면, 우리는 이런 한계를 극복하는 데 노력을 집중할 수 있다. 실현 가능한 개혁의 방향을 알 수 있는 것이다. 내가 민주주의의 한계를 명료하게 파악했다고 확신하는 것은 아니다. 많은 개혁 조치가 실천되지 않는 이유가, 그것이 특수한 이해관계를 침해하기 때문이라는 점도 안다. 그럼에도 불구하고 나는 민주주의의 한계와 가능성 모두를 아는 것이 정치적 실천을 위한 유용한 지침을 마련하는 데 도움이 된다고 믿는다. 요컨대 민주주의는 하나의 틀에 불과하다. 하지만 그 틀 속에서 인민이 다소나마 평등하고 자유롭게, 그리고 어느 정도 효과적으로 참여하여, 서로 다른 희망·가치·이익에 따라 더 나은 세상을 만들기 위해 평화적으로 투쟁할 수 있다.

2

인민의 자치

자치라는 이상

현대 대의제의 창설은 '인민의 자치'라는 이상에 따라 정당화됐다. 루소가 제기한 것처럼, 해결해야 할 문제는 "공동의 힘을 다해 각 회합원asso-cié의 인격과 재산을 지키고 보호하며, 각자가 모두와 결합함에도 오직자기 자신에게만 복종하기에 전과 마찬가지로 자유로운 회합 형식을 찾는 것"이었다.[1] 이 문제에 대한 해결책이 인민의 자치라는 것이다. 자치가 바람직한 까닭은, '자율'autonomy이라는 특수한 관점으로 이해된 자유— 우리는 오직 우리가 선택한 법 이외에 다른 것에 구속되지 않을 때에만 자유롭다 — 를 최대한 증진하는 체제이기 때문이다. 존 던이 지적했듯이,[2] 자율이라는 관념이 "민주주의가 가진 힘과 매력"의 근원이다. 다른 현대 사상가는 이렇게 말했다. "독재라는 대안과 달리, 민주주의는모든 시민에게 동등한 권한을 부여하려고 한다. [실제] 민주주의가 이 주장에 못 미칠지언정, 이 같은 목표, 곧 자율이 규범적·경험적 관점에서민주주의의 가장 중심적인 특징이다."[3]

자치라는 이상이 처음 그 모습을 드러냈을 때, 그것은 논리적으로일관되지 않고, 현실적으로 실현 가능하지도 않았다. 그 이상에 따르면,우리가 집단적으로 통치될 때, 우리 각자는 스스로에게만 복종할 뿐 다른 것에는 복종하지 않는다. 하지만 스스로의 자유로운 선택이란 현실 민주주의를 평가하는 데 적합한 기준이 아니다. 그러나 자치의 원래 이상이 실현될 수 없다면 가능한 최선은 무엇일까?

이 질문에 대한 답을 대략 제시해 보면 다음과 같다. 처음 자치라는 개념이 나타났을 때, 그 논리적 전제는 각자 그리고 모두가 자신이 그 아래에서 살고 싶어 하는 동일한 법적 질서를 선호한다는 것이었다. 그러나 동질성에 대한 이 같은 가정은 무너졌다. 가치, 이해관계, 규범을 둘러싼 갈등이 만연하다는 사실이 너무나 명백하기 때문이다. 그러나 약한 의미에서의 자치 개념은 여전히 논리적으로 일관적이다. 즉, 집단의 이름으로 내린 결정이 집단 구성원의 선호를 반영한다면, 그 집단은 스스로 통치한다는 개념이다. 이렇게 보는 것이 그렇게 새롭지는 않지만, 차선책을 구체화하기 위해 중요하다. 즉, 일부의 구성원들은 자신은 좋아하지 않더라도 다른 구성원들이 선호하는 법에 따라야 하며, 가능한 최선의 자치는 이 조건하에서 생각해야 한다는 것이다.

이를 좀 다르게 표현해 보자. 아마 존 스튜어트 밀은 모든 이가 동시에 통치할 수 없다는 사실을 최초로 알아챈 인물일 것이다.[4] 켈젠이 발전시킨 것도 바로 이 지점이었다.[5] [선호가] 이질적일 때에는 누가 통치하느냐가 중요하다. 고대 그리스에서 사용된 해법은 모든 사람이 번갈아 가며 통치하고 통치받는 것이었다. 그러나 대규모 사회에서는 순환제를 실현할 수 없다. 대다수 사람에게 통치할 차례가 돌아오지 않기 때문이다. [대규모 사회에서] 실현할 수 있는 것은, 스스로 통치할 일 없는 사람들이 통치자를 선택하고, 만약 그들이 원한다면 시기마다 다른 통치자를 선택할 수 있는 메커니즘이다. 오늘날 우리가 알고 있는 민주주의가 바로 이렇다.

이 장은 우선 사상사로 시작한다. 대의제 정부 창설자들은 민주주의가 미래에 어떤 모습을 갖게 될지 상상조차 못 했다는 증거를 제시하기 위해서다. 1절["'인민의 자치'"]에서는 자치의 원래 개념을 분석한다. 2절["선호가 이질적일 때의 자치"]에서는 민주주의를 갈등 해결의 메커니즘으로 보는 데 내재한 논점에 주목한다. 3절["차선의 자치"]에서는 아테네 민주주의를 가볍게 둘러봄으로써 자치에 대한 현대적 개념화의 대안을 보여 준다. 이런 역사적 배경과 함께, 개인들의 선호가 이질적인 대규모 사회에서 어떤 조건을 충족해야 자치가 이뤄진다고 말할 수 있는지를 논한다.

'인민의 자치'

자치라는 이상은 점진적으로 나타났다. 여기서 그 역사적 과정을 최대한 간략히, 어떤 색깔도 가미하지 않고, 그려 보겠다.

1. 인민, 또는 그 당시 표현으로 '인간'man은 결코 사회 밖에서, 즉 '자연 상태'에서 살 수 없다. 사상가들은 저마다 다른 이유로 자연 상태가 불가능하거나 바람직하지 않다고 했다. 즉, 사람들은 재산을 뺏으려고 서로에게 물리적인 공격을 가할 수 있다. 혹은 협력에 따르는 이득 따위는 도외시할 수도 있다. 자연 상태는 곧 무정부 상태이며 사람들은 그것이 어떤 종류든, 질서 아래에서 더 잘살 수 있다. 사람들은 사회 밖에서 타인과 무관하게 살 수 없다. 그런 세계는 실현 불가능하다. 루소는 자연 상태와 사회를 비교할 때 "전과 마찬가지로"as before; q'aupauravant라는 표현을 반복해 쓰지만, 자연 상태란 반사실적인 준거점에 불과하다. 즉, 규범적 판단을 할

기준점 역할만 하는 것이다.

2. 이 같은 자연적인 자유는 실현 불가능하기 때문에 우리가 자유로울 수 있는 유일한 길은 법 아래에서 사는 것이다. "오직 국가의 힘이 그 구성원의 자유를 만든다."[6] 유일한 논점은 과연 사회에서도 자유로울 수 있는지의 여부다. 모든 사람이 자유로울 수 있는 질서가 있는가?

3. 질서는 강제를 수반한다. 즉, 사람들은 원하는 무언가를 하지 못하게, 원하지 않는 무언가를 하게끔 강요받는다. 강제력을 행사하는 권위체가 한 개인이 될 수도 있다. 이때 그는 질서의 수호자가 된다. 그러나 이 해법은 토머스 홉스가 직면한 문제를 일으킨다. 주권자의 권력 남용을 누가 막을 수 있는가라는 문제 말이다. 존 던이 말했듯이, 홉스의 해법은 [개인 간의 폭력이 있을 수 있다는] '수평적' 위험을 [지배자가 피지배자에게 폭력을 가할 수 있다는] '수직적' 위험으로 대체하는 것이다.[7]

4. 대안은 권위를, 권위 행사의 대상이 되는 모든 사람의 수중에 두는 것이다. 즉, 인민의 손에 권위를 두는 것이다.

그러나 '인민이 스스로를 통치한다'라는 말은 무엇을 의미하는가?[+] 이런 표현에서 '인민'은 언제나 단수형이라는 사실에 주목해야 한다. le peuple, el pueblo, das Volk, lud 등을 보라. [미국 헌법의 첫 구절로 나오

[+] 재귀적 명제reflexive proposition, 즉 "나는 스스로를 (　)한다."라는 형식의 문장에서 동사 자리에는 '명령하다', '복종하다' 혹은 더욱 일반적으로 '통치하다'가 오는 게 정치적으로 적합하다는 분석이 있다. 이에 대해 훌륭한 언어학적 분석을 보려면 뱅상 데콩브(Descombes 2004)를 참조하라.

는] '우리, 인민'We, the People은 단일한 실체다. 단수형으로서의 인민은 자신을 지배하는 법을 제정할 수 있는 유일한 권위체다. 몽테스키외는 이렇게 말했다. "인민만이 입법 권력을 가져야 한다는 것, 그것은 민주정체의 기본법이다."[8] 루소는 달랑베르에게 보낸 편지에서, 민주주의에서 "주권자와 신민은 동일한 사람들을 다른 관계에서 고찰한 것일 뿐이다."라고 했다.[9] 분명 모든 명령이 법이 되는 것은 아니다. 법으로서 자격을 갖추려면, 론 풀러가 말했듯이, 몇 가지 실질적 기준을 충족해야 한다. 또한 통치에는 법 이외의 명령도 수반되기 마련이다.[10] 다시 말해, 통치는 입법에 국한되지 않는다는 뜻이다. 그럼에도 오직 인민만이 법을 제정할 수 있다면 인민은 항상 자신이 만든 법에 의해서만 구속된다. 또한 자신이 만든 법에 따라 구속되기 때문에 인민은 자유롭다. 이런 동어 반복의 결과, 인민은 자신이 선택한 법에 따라 통치될 때, 즉 스스로를 통치할 때 자유롭다는 결론이 나온다. 칸트는 이렇게 말했다. "오직 모두에 대한 모든 것을 모든 이가 결정할 때에만 각자가 결과적으로 스스로에 관해 결정하는 것이다."[11]

그러나 단수형으로서의 인민은 [이론적·이념적 개념이기 때문에] 행동할 수 없다. 조물주Demiurge로서 인민은 감정을 갖지 않는 존재다. 그래서 루소는 용어를 다음과 같이 구분할 필요가 있었다. "회합원들은, 집단으로서는 인민people이라는 이름을 가지며, 개별적으로 지칭될 땐 주권의 권한에 참여하는 자로서는 시민citizens으로, 국가의 법에 종속된 자로서는 신민subjects으로 불린다."[12] 칸트도 비슷하게 구분했다. 그는 인간으로서 모든 이의 자유, 신민으로서의 평등, 시민으로서의 자립(자기 충족, 자율)을 말했다.[13] 그럼에도 복수형으로서의 인민들이 어떻게 단수형으로서의 인민의 의사를 결정할 수 있을까? 한 개인이 스스로 통치할 때 그는 자유롭지만, 인민이 통치할 때에도 그는 자유로울까?

분명, 모든 개인들이 서로 충분히 닮았다면 이 질문을 던질 필요가 없을 것이다. 자신이 복종해야 할 질서를 선택하는 주체들이 그저 하나의 종을 복제해 놓은 것처럼 똑같다면 말이다. 뱅상 데콩브는 이렇게 말했다. "주체로서의 인간은, 이 사람 또는 저 사람이 아니라 인간 개개인들 사이에서 발견되는, 어디서나 똑같은 일종의 합리적 자질rational faculty이다."[14] 칸트의 관점에 따르면, 보편 이성의 인도에 따라 각각의 그리고 모든 개인들이 동일한 법 아래에서 살 것이다. "이성 그 자체가 이것을 원하기 때문이다." 모든 사람이 동일한 법질서가 최선이라고 생각한다면, 각자는 다른 모두와 동일하게 결정할 것이다. 분명, 타인들이 같은 것을 원한다는 사실은 그렇게 중요하지 않다. 즉, 타인이 내게 명령하는 것이 내가 나 자신에게 명령하는 것과 같다면, 나는 다른 누구도 아닌 나 자신에게 복종하는 것이다. 게다가 입법 절차는 결과에 아무런 영향도 미치지 않을 것이다. 모두가 똑같은 것을 원한다면, 어떤 절차를 거치든 결과는 같을 것이기 때문이다. 각 개인이든, 전체의 어느 부분이든, 다른 모두에게 그들의 동의 아래 명령을 내릴 수 있다. 마지막으로, 모두가 이 결정을 자발적으로 준수할 것이다. 다시 말해, 모든 개인이 자신이 선택한 법 아래에서 산다면 누구도 그 법을 따르도록 강제될 필요가 없다.

따라서 복수형으로서 인민들이 스스로를 통치하며 자유로울 수 있는 조건, 즉 집단적으로 자율적일 수 있는 조건은 각자가 그리고 모두가 동일한 법 아래에서 살기를 원하는 것이다. 대의제 정부는 이처럼 사회의 이해관계가 조화롭다고 상정하는 이데올로기 아래에서 태어났다.

대의제 창설자들이 갈등에 눈을 감았다고 말하는 것은 아니다. 즉, 모든 이가 모든 점에 동의하는 것은 아니라는 명백한 사실을 그들이 몰랐다는 의미가 아니다. 몇 가지 사회적 분열은 불가피한 것으로 간주되었다. 흄에게서 영감을 받았던 매디슨은 『페더럴리스트』 10번 논설[국역본, 81쪽]에서 이렇게 말했다. "파벌faction의 잠재적인 원인들은 … 인간의 본질에 심어져 있다." 흄 자신은 물질적 이해관계에 기반한 분열이 특히 종교적 가치 같은 원칙이나 정서에 기반한 분열보다 덜 위험하다고 봤다.[15] 시에예스도 [인민이] 모든 쟁점에 합의해야 한다고 말하지는 않았다. "사람들이 공통의 이해관계로 뭉쳐 있다는 것이 공통적인 것 앞에서 모든 사적 이익을 내려놓아야 한다는 의미는 아니다."[16] 콩도르세는 이렇게 지적했다. "법률이 만장일치로 채택된 것이 아니라면, 그것은 인민들로 하여금 자신과 다른 견해나 자신의 이해관계에 어긋날 것으로 생각되는 결정에 따르도록 하는 것일 수밖에 없다."[17] 이처럼 고전적인 사상가들은 사람들이 많은 쟁점에서 의견이 다를 수 있음을 인정했다. 대신에 그들은 어떤 가치 또는 이해관계가 인민들을 강하게 결속하고, 그 공유하는 바가 다른 모든 갈등을 압도할 수 있다고 주장했다. 어떤 기초적인 것에만 합의하면 된다. 혹은 루소의 표현을 빌리자면, "모든 이해관계가 일치하는 어떤 지점"[18]에 대한 합의만 있으면 된다.

그러나 사회적 분열이 불가피하다고 인정한 이들조차, 파당이나 파벌은 자연적으로 통합되어 있는 몸[공동체]body을 허위로 분열시키는, 정치인들의 야심이 낳은 결과물이라고 봤다. 정치 이전에 존재하는 차이나 갈등을 반영한 것으로 생각하지 않았다.[+] [그들이 보기에] 인민은 하나의

[+] 낸시 로젠블럼(Rosenblum 2008, 1부)은 반정당주의antipartyism의 두 가지 전통을 구분한다. 하나는 전체론holyism으로, 이해관계의 조화를 가정한다. 다른 하나는 다원론적pluralist 반정당주의로, 분열을 인정하지만 그것을 비도덕적인 것으로 본다. 로젠블럼은 반정당주의적 견해에 대한 광범위한 증거를 제시한다.

몸이다. "신체든 정치든 어떤 몸도 각 구성 부문이 서로 다른 목적을 추구하면 살아남을 수 없다."[19] [공동체를] 몸에 비유하는 것은 중세 후기에 처음 등장해 최근까지도 널리 쓰이고 있다. 심지어 계약론적인 관점이 유기체적 관점을 대체한 이후에도, 신약covenant 혹은 계약의 당사자들은 전체를 구성하는 한 부분으로 여겨졌지, 일종의 분열로 간주되지 않았다. 대의 정부의 창설자들은 인민이 자연적으로 통일되어 있으며, 오직 인위적으로만 분열될 수 있다고 보았다. 리처드 호프스태터가 지적하듯이, 18세기 사상가들은 "사회가 화합으로 가득 차있을 것이며, 사회에 대한 통치행위가 만장일치는 아니더라도 거의 그것에 가까운 수준의 합의에 따라 이루어질 것이라고 상정했다.[20] 파당과 그것이 만들어 내는 사악하고 거짓된 기풍은, 파당이 없었더라면 생기지 않았을 사회적 갈등을 만들어 낼 뿐이라고 믿었다." 조지 워싱턴은 [1796년 9월 17일] 고별 연설에서 다음과 같이 설교했다.[21] 즉, "파당주의spirit of party는 항상 연방 의회의 관심을 딴 곳으로 돌리고 연방 행정부를 약화합니다. 파당주의는 근거 없는 시기와 그릇된 경계심으로 공동체를 동요시키고, 다른 파당을 향한 한 파당의 적개심에 불을 붙이며, 때로 폭동과 반란도 조장합니다. 파당주의는 외세의 영향력과 부패에 문을 열어 줍니다." 그의 후임자 존 애덤스는 이렇게 말했다. "공화국이 두 거대한 파당으로 분열되고, 두 세력이 각 파당의 지도자 아래로 집결하여 상대와 겨루기 위해 힘을 모으는 것, 나는 이것이 가장 두렵다."[22] 역설적이게도 파당적 분열을 해결하는 한 가지 방법은 단일한 파당이다. 즉, 모든 사람이 공동선을 추구하며 하나의 파당에 모이는 것이다. 호프스태터에 따르면 제임스 먼로가 이 해법의 주된 지지자였다. "먼로는 파당 간 갈등은 유해하다고 보았다. 그러나 그는 단일 파당은 칭찬할 만하고, 유용할 수 있다고 생각했다. … 단일 파당이 충분히 보편적이고 강력해서, 그 자체가 공동의 이해관계를 구현하고 파당 간 불화를 잠재울 수 있다면 말이다."²³ [사회 구성원 간의] 통일성이 어떻게 달성되든, 통일성이 지배적이어야만 했다.

파당적 분열은 적절히 고안된 대의제도를 통해 누그러지고 완화되어야 했다. 흄은 이렇게 예측했다. "만약 개별 이익이 견제되지 않고, 공적인 것으로 인도되지 않는다면, 그런 정부에서 우리는 오직 파벌, 무질서, 전제tyranny만을 보게 될 것이다." 매디슨은 『페더럴리스트』 10번 논설에서 미국 헌법의 장점을 추켜세우면서, "[잘 구성된 합중국이 약속하는 여러 이점 가운데] 파벌의 난폭함을 약화하고 통제하는 경향만큼 더욱 정밀하게 개발할 만한 것은 없다."고 했다[국역본, 79쪽]. 매디슨은 어디서든 정념과 이해관계의 차이가 존재하며, 이를 피할 수 없다는 사실을 인정했다. 나아가 이 같은 차이의 가장 흔하고 지속적인 근원은 "부의 다양하고 불평등한 분배"라는 것도 인정했다. 그렇지만 이 같은 차이가 정치의 영역에 들어와서는 안 된다. 그렇지만 이런 차이를 아예 금지하면 자유의 상실이라는 대가를 치러야 한다. 따라서 매디슨은 이렇게 결론 내렸다. "파벌의 원인은 제거될 수 없으며, 그것의 영향을 제어하는 수단을 통해 경감을 추구할 수 있을 뿐이다"[국역본, 83쪽]. 어원상 파벌faction과 정당parties은 다른 단어다.²⁴ 그러나 그 당시 '파벌'은 오늘날 우리가 '정당'이라고 이해하는 것과 같았다.⁺ 매디슨은 이렇게 정의했다. "내가 생각하는 파당parties이란, 전체 중에서 다수파에 해당하든 소수파에 해당하든 상관없이, 다른 시민들의 권리나 공동체의 영속적이고 집합적인

⁺ 그러나 분명 '파벌'에는 좀 더 불쾌한 어감이 담겨 있다. 볼링브로크가 말했듯이, "파벌과 정당의 관계는 최상급과 원급의 관계와 같다. 즉, 정당은 정치적 악덕이다. 그리고 파벌은 모든 정당 가운데 최악이다"(Hofstadter 1969, 10에서 인용).

이익에 반하는 어떤 정념이나 이해관계 등과 같은 공통의 욕구에 의해 결합해 행동하는, 상당수의 시민들을 말한다"[국역본, 80쪽].『페더럴리스트』10번 논설에서 매디슨은 충분히 넓은 선거구에서 각 대표자는 서로 다른 이해관계를 반영할 것이므로, 그리고 대표자들 간의 토론을 통해 파벌을 통제할 수 있다고 주장했다. 사실 [매디슨이 보기에] 의회의 역할은 다음과 같았다[국역본, 85쪽].

[의회의 역할은] 대중의 의견을 선출된 시민 집단이라는 매개체에 통과시킴으로써 정제하고 확대하는 것이다. 선출된 집단의 현명함은 자국의 진정한 이익을 가장 잘 분별해 낼 것이며, 그들의 애국심과 정의에 대한 사랑은 그것[즉, 진정한 국익]을 일시적이거나 부분적인 이유 때문에 조금도 희생시키지 않을 것이다. 그런 조정 아래에서, 인민의 대표에 의해 표명되는 공중의 목소리는, 같은 목적으로 소집된 인민 스스로에 의해 표명되는 경우보다, 더 공익에 부합할 수 있을 것이다.

프랑스인은 자유에 대한 관심이 덜했다. 1791년 프랑스 제헌의회는 마지막 명령에서 이렇게 선포했다. "어떤 협회, 클럽, 결사체도, 그 어떤 형태로든 정치적으로 존재할 수 없다. 또 이런 단체는 헌법 제정 권력 및 입법 권위체의 행동을 어떤 방식으로도 감시할 수 없다. 어떤 구실로도 집단의 이름으로 청원하거나, 대표단을 꾸리거나, 공적 행사에 참여하거나, 어떤 다른 목표도 추구할 수 없다."[25] 다른 나라가 이 원칙을 모방한 듯한 사례도 보인다. 1830년 우루과이 헌법도 시민들이 결사체를 결성하는 것을 불법으로 규정했다.[26]

정당에 대한 적개심은 매우 뿌리 깊었다. 1842년 독일의 공국들은 정당을 금지했다. 몇몇 국가에서는 1914년까지 의회에서 정당을 언급하는 것도 불법이었다. 프랑스는 1901년에서야 대중정당을 합법화했다. 1770년 에드먼드 버크가 다음과 같이 정당을 옹호했을 때, 그것은 다른 모든 사람들이 꿈같은 소리라고 생각한 것으로 되돌아가는 셈이었다. "정당은 그들 모두가 동의하는 원칙에 따라 공동으로 국익을 증진하기 위해 모인 사람들의 집합체다."[27]+ 1839년 브로엄 경인 헨리 피터[28]는 정당 정부party government에 대해 이렇게 말했다. "[정당 정부는] 가장 이상한 상태다. 이런 식으로 정치를 하면 각 연령대의 훌륭한 사람들 가운데 최소 절반이 국가에 봉사하지 못하고 체계적으로 배제된다. 또한 전체 이익을 증진하기보다는 양 계급이 서로 끝없이 갈등하게 된다." '정당 정부'는 부정적인 표현이었다. 그 말에 담긴 어감은 정치인의 개인적 야심 때문에 생기는 갈등, "선거에서 승리해 권력을 장악하려는 집착",++ 개별 이익의 추구 등 전체적으로 꽤나 비도덕적인 것이었다. 종합해 보면 다소 불쾌한 모습이다. 정당 정부에는 해결책이, 다시 말해 중립적이고 중재자 역할을 하는 권력기관이 필요했다. 1824년 브라질 헌법에서의 황제, 바이마르공화국의 대통령이 이와 같은 권력기관의 사례들이다.+++

+ 호프스태터(Hofstadter 1969, 34)가 봤듯이, 미국에서 이 견해는 고작해야 미미한 반향만 일으켰다.

++ 독일의 리하르트 폰 바이츠제커 대통령이 했던 말을 수전 스캐로(Scarrow 2002, 1)에서 인용했다.

+++ 정당의 등장과 중재자 역할을 하는 권력의 필요 사이의 관계는 1738년 볼링브로크 자작인 헨리 세인트 존이 주로 다룬 주제였다. "어떤 정당도 지지하지 않고, 인민 모두의 아버지처럼 통치하는 것은 애국왕Patriot King의 핵심 특성이다. 왕이 그렇게 하지 않으면 그 지위를 잃는다." 워싱턴은 고별 연설에서, 파당[정당]은 왕이 중재할 수 있는 군주정하에서는 장점을 갖지만, 민주주의에서는 그렇지 못하다고 말했다.

그러나 카를 슈미트가 지적했듯이,[29] 정당정치는 심지어 이 같은 해법마저도 집어삼켜 버렸다. 결국 대통령도 정당에 의해 선출된 것이다. 이 해법이 실패하자 독립적인 사법부의 위헌법률심사가 정당 정부를 견제하기 위한 방안으로 등장했다.[30]

대의제 정부에서는 인민들이 선거를 통해 현 정부를 몰아낼 수 있도록 단결할 권리가 있다. 그러나 선거와 선거 사이 기간에 인민의 적절한 역할이 무엇인지는 여전히 모호하다. 매디슨이 보기에 미국이 고대 공화정과 다른 점은 "[아메리카] 정부들 내의 어떤 역할로부터도 집단으로서의 인민이 완전히 배제된 데 있다."라는 것이다.[31] 그가 하려고 한 말은 문자 그대로였던 것 같다. 즉, 인민은 대표자들에게 통치를 일임해야 한다는 것이다. "인민들을 그들 자신의 일시적 실수나 착각으로부터 보호하는 방어 수단으로서"[국역본, 474쪽] 말이다. 호프스태터는 이렇게 말했다. "[미국 헌법의 창설자들이] 일을 시작했을 때, 그들은 자유에 대해 여러 번 ─ 사실 거의 끊임없이 ─ 말했다. 또한 그들은 자유를 위해서는 반대할 자유 또한 있어야 한다는 점을 이해했다. 그러나 그들은 반대가 어느 정도의 영향력을 가져야 하는지에 대해서는 분명히 하지 않았는데, 이는 그들이 사회적 통합이나 조화 역시 중시했기 때문이며, 또한 반대파, 특히 조직화된 대중정당의 형태로 등장한 반대파가 사회적 조화를 크게 해치지 않으면서도 자유를 보존할 수 있다는 견해에 아직 도달하지 못했기 때문이다."[32] 나아가 필리프 라보는 이렇게 말했다. "루소의 『사회계약론』의 전통을 따르는 민주주의관이 반드시, 소수파가 반대파 역할을 한다고 간주하는 것은 아니다. 민주주의를 통치자와 피통치자가 일치하는 것으로 볼 경우, 반대파의 권리를 인정할 여지는 없다."[33] 다수파가 선출한 정부에 대해 인민이 자유롭게 반대할 수 있다는 개념은 미국을 포함한 모든 곳에서 점진적으로, 또한 고통스러운 경험을 거치며 나타났다. 결국 호프스태터[34]가 옳았던 셈이다. "조직된 반대파는 본질적으로 파괴적이고 불법적이라고 보는 것은, 여러 정부의 정상적인 관점이었다."[+]

선호가 이질적일 때의 자치

1. 갈등 처리 방식으로서의 민주주의

존 스튜어트 밀은 이미 모든 시민이 동시에 통치할 수는 없다는 사실을 알았다.[35] 한스 켈젠은 이 사실이 민주주의 이론의 출발점이 됐다고 주장했다.[36] 즉, "국가의 규범에 따라 강제당하고 지배받는 모든 개인이 그 규범을 만드는 데 참여하기란 불가능하다. 이는 권력 행사에 있어 필연적인 양상이다. 이는 너무 명백해 민주주의 이데올로기 신봉자 대부분은 종종 [단수형으로서의 인민과 복수형으로서의 인민들이라는] 두 종류의 '인민'을 하나로 취급할 때, 어떤 깊은 차이가 감춰지는지 의심하지 않았다." 인민은 누군가에 의해 대표되어야만 하며, 오직 정당만이 인민을 대표할 수 있다. 여기서 정당이란 "동일한 견해를 가진 사람들이 공적 사안의 관리

+ 인도네시아 첫 대통령인 아크멧 수카르노는 의회 민주주의가 "적극적인 반대라는 개념을 포함하고" 있기 때문에 서구에서 수입된 것이라고 생각했다. 그는 이어서 "지난 11년간 우리가 겪은 어려움은 바로 이 개념이 덧붙여진 데서 비롯되었다." 라고 말했다(Teik 1972, 231에서 인용).

에 실질적인 영향력을 행사하기 위해 뭉친 집단",[37] 혹은 "정치권력을 얻기 위한 경쟁적 투쟁에서 승리하기 위해 그 구성원들이 합심하여 행동하기로 한"[38] 집단, 혹은 "정당한 절차에 따라 시행되는 선거를 통해 공직을 얻음으로써 통치 기구의 통제권을 추구하는 사람들이 모인 하나의 팀"[39]이다. 고립된 개인은 일반의지를 형성하는 데 그 어떤 영향력도 행사할 수 없다. 오직 정당을 통해서만 인민은 정치적으로 존재할 수 있다.[40]

　민주주의 이론에서 정당에 대한 관점만큼이나 급격한 반전이 발생한 사례는 없다. 매디슨에 대해 생각해 보자. 1791년 봄 무렵 알렉산더 해밀턴의 정책에 반대한 매디슨은 순전히 정당을 만들기 위해 토머스 제퍼슨과 함께 뉴욕, 버몬트 등을 여행했다.[+] 매디슨은 이상적으로는 경제적 격차가 줄어들면 정당이 필요 없어질 것이라고 믿었다. 그러나 "정치인의 위대한 기예는 한 정당이 다른 정당을 견제하게 하는 것"[41]임을 인정하게 됐다. 그는 곧 자신이 만든 정당의 정책 지향을 명확하게 하기 위해 '공화당'이라는 명칭을 사용했다. 노년기의 매디슨은 1821~29년 사이의 어느 시점에 이르러 다음과 같은 결론에 도달했다. "정당이

+ 이 설명은 수전 던(Dunn 2004, 47-61)에 따른 것이다.

　[옮긴이] 1787년 필라델피아 제헌회의에서 함께 연방주의를 주장했던 해밀턴과 매디슨은 이후 정책과 정치적 지향의 차이로 인해 갈라선다. 해밀턴과 매디슨은 공화주의적 이상을 공유했지만, 공화국 정부와 인민의 능력에 대한 평가에서 관점의 차이를 보였다. 해밀턴은 매디슨이 제안했던 넓은 영토의 광역 공화국과 대의제가 다수의 전제를 막는 데 충분하지 않다고 봤고, 매디슨은 해밀턴이 주장하는 공공선의 정치가 결국 소수의 사적인 이익을 위한 정치가 될 것이라고 경계했다. 해밀턴은 인민의 역할을 훌륭한 대표를 선출하는 데 국한하고, 국민들에게 신뢰와 복종의 습관을 고취시키고자 했다. 이런 해밀턴의 주장에 대해 반대하면서 매디슨은 다수 지배를 좀 더 신뢰하는 방향으로 이동했다. 해밀턴과 매디슨의 대결은 미국 정당정치의 기원이 되었다(박성우, 「공공선의 정치와 여론 정치의 대결 혹은 수렴: 매디슨 대 해밀턴 논쟁을 중심으로」, 한국의회발전연구회, 2012 참고).

없는 자유 국가는 존재한 적이 없다. 정당은 자유의 자연스러운 결과물이다."[42]

영국에서는 1679~1780년 처음으로 서로 분리된 정당 조직이 나타났다.[+] 스웨덴에서는 1740년 즈음 두 개의 정당이 조직돼 신분제 의회 Estates에서뿐만 아니라 선거 사이의 기간에도 활동했다.[43] 미국에서는 1794년 대對프랑스 정책을 둘러싸고 견해 차이가 생기면서 정당들이 등장했다. 이후 연방당Federalist Party이 1800년 [대통령 선거에서] 패배한 뒤 [1820년대에] 해체되면서 사반세기 만에 [오늘날과 같은] 양당 체계가 자리 잡았다.[++] 프랑스에서는 1828년에야 정당들이 조직을 갖추었다. 일부

[+] 피터 라슬렛(Laslett 1988, 31)은 1681년의 글 「국가의 기사가 의회에서 해야 할 일에 관한 지시」Instructions to the Knights of the Country: for their Conduct in Parliament 가 최초의 정당 문건이라고 본다. 아마 로크가 이 글을 쓴 것 같다.

[++] [옮긴이] 1790년대부터 해밀턴의 연방당과 제퍼슨·매디슨의 민주공화당Demo-cratic-Republican party이 대립했지만, 현대적 의미의 양당 체계를 형성했다고 보기는 힘들다. 의회 내에서의 당파적 갈등은 있었지만, 선거구 조직이나 당에 의한 후보자 공천 등은 전혀 이루어지지 않았다. 예컨대 1796년 의원 후보들은 대부분 정당 명칭과 관계없이 출마했고, 공직자 중에도 정당 출신은 한 명도 없었다. 정당의 구성에서 연방당은 느슨한 동맹 수준 이상을 유지한 적이 없었고 자신들을 정당이라고 생각하지도 않았다. 반면 민주공화당은 상대적으로 대중적이었고 상당한 수준의 조직을 이루고 있었다. 1800년 선거에서 연방당은 민주공화당이 프랑스혁명을 지원한 것을 들어 지나치게 급진적이라고 공격했고, 민주공화당은 연방당이 귀족적이며 반민주적이라고 비난했다. 선거 결과 부통령이었던 제퍼슨이 연방당의 후보였던 대통령 존 애덤스를 이겨 정권이 교체되었다. 이후 1824년까지 민주공화당이 대통령 선거에서 승리했으며, 연방당은 만년 야당으로 있다가 1820년 선거에서는 대통령 후보를 내지 못했고, 1825년 연방당 의회 코커스마저 해체되었다. 1816년부터는 사실상 일당제였던 셈이다. 1824년 대통령 선거에서 민주공화당은 앤드루 잭슨과 존 퀸시 애덤스의 심각한 당내 경쟁으로 분열하기 시작했고, 1828년에 이르러 잭슨이 이끄는 민주당과, 애덤스가 이끄는 휘그당으로 갈라지면서 본격적인 양당 체계가 성립되었다. 이후 휘그당은 노예제 문제를 둘러싸고 이를 반대했던 북부인들을 중심으로 1854년에 공화당으로 재편되었다.

라틴아메리카 국가에서는 독립 전쟁 과정에서 정당이 등장했다. 국가도 생기기 전에 정당부터 등장한 셈이다. 특히 콜롬비아와 우루과이가 그랬다.[44]

1929년 무렵 켈젠은 "현대 민주주의는 전적으로 정당에 기초한다." 라고 전망했다.[45] 1945년 이후 제정된 몇몇 헌법은 정당을 민주주의에 필수적인 제도로 간주했다.[46+] 게다가 정당은 의회 내에서 소속 의원의 행동을 규율하는 능력을 발달시켰고, 그래서 개별 의원은 자신의 뜻대로 행동할 수 없게 되었다. 실제 몇몇 국가는 의원이 당적을 옮기면 의원직을 상실한다고 법으로 규정하고 있다. 즉, 그들이 단지 정당의 구성원으로 복무할 뿐이라는 점을 법이 인정한 셈이다.

정당에는 평당원과 지도자가 있다. 지도자는 선거로 [인민의] 대표자가 된다. 이들이 인민을 위해 일한다. 켈젠은 이렇게 말했다. "의회제란 인민이 선출한 합의제 기구[의회]를 통해 국가의 의지를 만드는 것이다. … 의회가 만든 국가의 의지는 인민의 의지가 아니다."[47] 슘페터 역시 이런 생각에 동의했다. 그는 "[고전적 이론에서] 대표를 선출하는 것은 민주적 제도의 이차적인 의미이고, 유권자들이 정치적 문제를 직접 결정한다는 것이 일차적인 의미였다. 우리가 이 순서를 바꾼다고 가정해 보자." 라고 언급한다.[48] 고전적인 [민주주의] 이론에서는 "민주주의적 방식은 정치적 결정에 도달하기 위한 제도적 장치이다. … 이 과정에서 인민은 그들을 대리할 개인들을 선거로 선출함으로써 [공동선에 관련된] 문제들

+ 1947년 제정된 이탈리아 헌법은 최초로 "국가정책 결정"(2조)에서 정당의 역할을 언급했다. 1949년 제정된 구♢서독 헌법(21조)과 1978년 제정된 스페인 헌법은 정당에 헌법적 지위를 부여했다. 1974년 제정된 스웨덴 헌법은 민주적 의사 형성 과정에서 정당이 하는 중요한 역할을 언급했다.

을 결정하고, 선출된 개인들은 함께 모여서 인민의 의지를 실행한다."라고 말하지만, 그럼에도 사실 민주주의적 방식이란 인민을 위해 모여서 일하겠다는 사람들이 선거로 선출되는 제도라는 것이다.[49]

이제까지 제시된 견해는 슘페터가 말하는, 민주주의에 대한 고전적인 관점과 그렇게 다르지 않다. 매디슨이나 시에예스가 비록 이해관계나 정당을 강조하는 것을 불편하게 여겼을 수는 있지만, 그들 역시 대표자의 역할이, 때로는 인민의 의지를 거스를지라도, 인민을 위해 무엇이 좋은지를 결정하는 것이라는 데 동의했을 것이다. 그러나 이제 고전적인 전통과 결정적으로 단절하는 지점이 나온다. 그것은 어떤 개인이나 단체도 전체 인민의 의지를 대표할 수 없다는 것이다. 켈젠, 슘페터, 보비오, 달, 다운스 등은 모두 여기에 동의했다. 이 이론가들은 고전적인 관점과 날카롭게 대립하면서, 정당은 오직 개별 이익만을 대표한다고 주장한다. [이들이 보기에] 공동선을 가정하는 민주주의 이론은 논리적으로 일관되지 않다. 주디스 슈클라는 「위선자가 되지 말자」라는 논문에서 이렇게 썼다. "과거에 가졌던 희망과 달리, 인민은 정치적 실체entity가 아니다. 정당들, 조직된 선거 유세, 정치 지도자가 선거 체계의 현실을 구성한다. 그들이 내건 약속까지 그러지는 않더라도 말이다."[50]

[모든 구성원의] 합의에 토대를 둔 자치에 대한 이론에 처음 체계적으로 도전한 사람은 아마 켈젠일 것이다. "인민은 민족적·종교적·경제적 차이로 나뉜다. 그래서 사회학자의 눈에 인민은 하나로 응집되어 있는 무리가 아니라 다수의 개별적인 집단으로 보인다."[51] 켈젠 역시, 슘페터라면 '[민주주의에 대한] 고전적인 관점'이라고 불렀을 시각을 강력히 거부했다. "집단들, 즉 정당들의 이해관계보다 우월하고 이를 초월하는 일반 이익이라는 이상, 종교·민족·계급 등의 구분 없는 공동체 구성원 전체

의 단합된 이해관계라는 이상은 형이상학적metaphysical이다. 좀 더 정확히 말하면 정치를 초월한metapolitical 환상이다. 이런 환상은 습관적으로 지극히 모호한 용어인 '유기체적' 집단, 또는 '유기체적' 구조라는 식으로 표현된다."[52]

슘페터는 네 가지를 지적하며, 공동선 혹은 일반의지라는 개념을 체계적으로 비판한다.[53] ① "모든 인민이 동의할 수 있거나, 합리적인 논의를 통해 동의를 얻을 수 있는, 유일하게 결정된 공동선과 같은 것은 존재하지 않는다."[54] ② 공리주의자는 자신의 공동선 개념을 정당화하기 위해 개인 선호[라는 개념]를 채택한다. 그런데 개인 선호는 자율적이지 않고 설득을 거쳐 만들어진다. 즉, "진정한 의지가 아니라 만들어진 의지인 것이다."[55] ③ 민주적 과정을 통해 공동 의지가 도출된다 해도,+ 그것이 반드시 공동선을 찾아냈음을 보증하는 것은 아니다. 대중 심리의 병폐를 고려해 보면, 인민이 자신들에게 가장 좋은 것을 알아낸다고 보장할 수 없다는 것이다. ④ 우리가 공동선을 알 수 있다고 해도 어떻게 그것을 실현할 것인지에 대한 논쟁이 여전히 남아 있다.

의회든 행정부든 그 어떤 기구도 전체 인민을 대표할 수 없다면, 민주주의는 우연히 수적으로 다수가 된 사람들의 의지를 나머지에게 강요하는 방법일 뿐인가? 슘페터는 이 질문을 던지고 곧바로 그렇다고 긍정했다. 그는 이렇게 말했다. "분명 다수 의지는 다수 의지에 불과하다. '인민'의 의지가 아니다."[56] 그는 일부 학자들 — 분명 켈젠[57]을 염두에 뒀을 것이다 — 이 비례대표제를 도입해 이 문제를 해결하려 한다고 언급했

+ 슘페터가 그의 책[『자본주의·사회주의·민주주의』]을 쓰고 단 9년이 지난 뒤, 케네스 애로는 공동 의지를 식별하는 데 따르는 난제를 발견했다(Arrow 1951).

다. 그러면서 그는 비례대표제는 소기의 성과를 거둘 수 없다고 주장했다. [비례대표제는] "민주주의의 원활한 통치를 방해하며 위기 시에는 위험을 자초할 가능성이 있"기 때문이다. 슘페터는 "민주주의의 원리가 의미하는 것은 정부의 지배권이, 경쟁하는 개인 또는 팀 가운데 더 많은 지지를 얻는 사람들에게 이양되어야 한다는 것뿐"이라고 주장했다.

켈젠은 정당 간 타협이라는 한 가지 해법을 제시했다.[58] 그는 이렇게 주장했다. "일반의지는, 그것이 단일하고 독특한 어느 한 집단의 이익을 표현하는 것이 아니라면 일정한 대립의 결과, 즉 서로 대립하는 이해관계들 사이의 타협의 산물일 수밖에 없다. 인민이 구성한 정당이라는 형태는 사실 그런 타협을 실현하는 데 필수적인 조직이다. 이를 통해 일반의지는 [갈등하는 이익의] 가운데로 움직일 수 있게 된다." 켈젠은 또한 "다수 지배의 원칙을 적용하는 데에는 거의 자연적인 한계가 따른다. 합의를 이루고자 한다면, 다수파와 소수파는 서로를 이해해야 한다."라고 주장했다.[59] 그러나 여기서 그는 곤란한 문제와 마주쳤는데, 이 문제를 해결하기 위해 '무의식'이라는 프로이트 심리학까지 동원하게 된다. 그 문제란, 사실상 다수파가 소수파에 양보하는 것을 뜻하는 '타협'이 유독 민주주의 체제만의 특징인 이유가 무엇이냐는 것이다. 그는 독재 체제에서는 타협이 이루어지지 않는다고 주장 ─ 최근 연구를 통해 이는 틀린 것으로 드러났다.[60] ─ 했다.✝ 켈젠이 들 수 있었던 유일한 근거는 심리적인 것이었다. "민주주의와 독재는 각각의 정치적 상태에 따른 심리

✝ [민주주의와 독재 체제라는] 두 체제가 다른 점은, 타협이 민주주의에서만 존재하고, 독재 체제에서는 소수가 통치할 수 있으며 실제 그렇게 한다는 것이 아니다. 독재자 역시 지배를 유지하기 위해 억압뿐만 아니라 포섭도 활용한다(Gandhi and Przeworski 2006).

적 차이에 의해 구분된다."[61] 그러나 양보를 통해 정치적 지배를 유지한다는 해법이 민주주의에서만 가능한 것이 아니라면, 켈젠이 제시한 민주주의의 핵심 가치는 사라져 버린다.

노르베르토 보비오는 막스 베버를 따라 다음과 같이 주장했다.[62] 즉, 민주주의에서 통상적인 의사 결정은 다수파의 투표로 의회에서 이루어지는 것이 아니다. [그 이전에] (노동조합 등) 사회 세력을 대표하는 집단과 (정당처럼) 정치 세력을 대표하는 집단이 협상과 합의를 통해 집합적인 결정이 이루어진다. 게다가 정당 지도자들이 협상할 때 유권자들은 아무런 역할도 하지 않는다. 유권자가 할 수 있는 것은 "다른 곳에서 협상을 거쳐 도달한" 합의 사항을 비준하는 데 지나지 않는다.

유권자가 주기적으로 정당 지도자들 간의 타협을 비준하는 것, 이것이 켈젠과 보비오가 자치에 대한 고전적 관념에서 가져올 수 있는 최대한이었다. 오늘날 자치는 의회에 진출한 정당들의 통치를 의미한다. 정당들은 공통의 이해관계를 추구하지 않는다. 대신에 갈등하는 이해관계들 사이의 타협을 추구한다. 협상이 숙의deliberation를 대체한다. 협상 결과는 선거 결과와는 상당 부분 무관하다. 이럴 때 민주주의가 다른 체제와 다른 점은, 이런 협상이 때때로 유권자의 승인을 받아야 한다는 것에 지나지 않게 된다. 이처럼 승인을 한다 해도 유권자가 할 수 있는 것은 정당 지도자들끼리 협상해 도달한 거래를 승인하거나 악당들을 내쫓아 버리는 것, 둘 중 하나를 택하는 것밖에 없다. [두 번째 선택의 경우] 최근 아르헨티나에서 정치 계급political class에 대한 분노가 폭발하면서 회자된 표현을 빌리면 이렇다. "모두 나가!"fuera todos! 그런데 그렇게 되면 빈자리는 누가 채울 것인가?

이하의 내용에서 나는 대안적인 견해를 제시하려고 한다. 특정 시점

72

에서 정부는 [전체가 아닌] 일부만 대표하겠지만, 그것은 최대한 많은 이를 대표하는 것이다. 다수가 원하면 정부는 바뀐다. 그렇게 되면 대다수는 어느 시점엔가는 대표된다. 비록 인민이 스스로 통치하지는 않지만, 서로 다른 이가 번갈아 그들을 통치한다.

2. 자치와 공직 순환제

고대 그리스를 살펴보면 자치의 현대적 개념을 이해하는 데 도움이 된다. 이어질 내용은 한센의 연구[63]에 기초하고 있다. 아리스토텔레스가 보기에 민주주의와 자유를 연결해 주는 메커니즘은 곧 모든 사람이 "번갈아 지배하고 지배받는다."라는 것이었다. 핵심적인 문구는 다음과 같다.

> 민주정적 정체의 기본 원리는 자유다. 사람들은 흔히 이렇게 말하며, 이때 그 의미는 이런 정체에서만 사람들이 자유를 함께 나눌 수 있다는 것이다. 이런 이유로 사람들은 모든 민주정이 목표로 하는 것이 자유라고 말한다. 자유의 한 요소는 번갈아 가며 지배하고 지배받는 것이다. … 자유의 또 다른 요소는 자기가 원하는 대로 사는 것이다. … 따라서 이것이 민주정을 정의하는 두 번째 원리다. 그리고 이로부터 가능한 최대한으로 그 누구에게도 지배받지 않아야 한다는 것과 그렇지 않으면 적어도 번갈아 가며 [지배하고 지배받아야 한다는] 이상이 나왔다.[64]

그리스의 자치 개념과 현대의 자치 개념 사이에는 두드러진 차이가 있다. 코르넬리우스 카스토리아디스는 이렇게 썼다. "나는 여기서 인류

human being; anthropos라는 말을 … 자율적인 존재라는 의미로 사용한다. 아리스토텔레스를 떠올린다면, 지배할 수 있고 지배받을 수도 있는 존재라고 말할 수 있다."[65] 데콩브는 이 말에 대해 이렇게 논평했다. "현대적 의미의 자율을 지지하는 사람이라면 당연히 [인류를] '스스로 통치할 수 있는 존재'라고 했을 것이다. 그러나 카스토리아디스가 이렇게 말하지 않았다는 점은 주목할 만하다. … [카스토리아디스에게] 좋은 시민이란 통치할 수 있는 존재인 만큼이나 복종할 수 있는 존재이기도 하다."[66] 마냉은 이렇게 표현했다. "민주주의적 자유는 자기 자신에게 복종하는 게 아니라, 내일이면 자신이 차지할 그 자리에 오늘 앉아 있는 누군가에게 복종하는 것이다."[67]

아테네에서 번갈아 가며 통치하고 통치받기 위해 쓰인 제도적 특징은 공직 순환이었다. 즉, 공직을 추첨으로 선출하고, 그 임기는 짧게 하며, 재임再任을 제한하는 것이다. 그래서 매년 초 배심원 6000명을 추첨으로 뽑아 놓고, 그중에서 추첨으로 특정한 날에 필요한 만큼을 뽑았다. 500인 평의회의 결정을 준비하고, 그 결정을 집행하는 역할을 했던 약 540명의 행정관은 1년 임기로 추첨으로 선출됐다. 두 번 (혹은 기껏해야 몇 번 정도) 이상 그 자리를 차지할 수 없었다. 500인 평의회 의원은 출마한 사람 가운데서 1년 임기로 추첨으로 선출됐다. 평생 두 번까지 할 수 있었지만, 연달아 할 수는 없었다.[+] 마지막으로 아테네 국새와 금고 열쇠를 보관하고, 외교상 아테네를 대표하는 [행정을 담당하는] 50인 위원회 의장epistates이라는 의전 지위는 임기가 고작 단 하루였고, 평생 딱 한 번

[+] 모지스 핀리에 따르면, 10년 동안에 30세 이상 시민 중 4분의 1에서 3분의 1 정도가 [500인] 평의회 의원을 했다. 그리고 3퍼센트 이하만 두 번 봉직했다(Finley 1983, 74).

밖에 재직할 수 없었다. 한센은 이런 방식을 다음과 같이 요약했다.

평생 두 번을 초과해 500인 평의회 의원을 할 수 없다는 규칙은, 30세 이상 시민 둘 중 하나는 … 최소 한 번은 평의회 의원으로 봉직할 수 있다는 의미다. 또 어느 해든 평의회 의원 가운데 4분의 3은 하루 동안 [행정을 담당하는] 50인 위원회 의장이 되어야 했다. 그러나 한 번 더 할 수는 없었다. 단순히 계산해 보면 놀라운 결과를 알 수 있다. 모든 아테네 성인 남성 시민 넷 중 하나는 이렇게 말할 수 있었다. "나는 24시간 동안 아테네의 의장Presidents 이었어!" 그러나 그 어떤 아테네 시민도 하루 넘게 그런 식으로 뽐낼 수는 없었다.[68]

[고대 아테네에서의] 공직 순환은 현대 민주주의에서 [시민들이] 번갈아 공직에 취임하는 제도적 형태로 자리 잡지 못했다. 현대 민주주의가 대규모 공동체에서 작동하기 때문이다. 1776년 미국 펜실베이니아주 헌법은 현대에 들어 공직 순환제의 이상에 가장 가까운 것이었다. 주 의회 의원, 보안관, 검시관, 세무관, 치안 판사 임기는 1년, 행정평의회 평의원 임기는 3년이었다. 이 모든 공직은 재임에 대한 일정한 제한을 받았다. 그러나 아무도 재임하지 않았다고 가정해도 기껏해야 13분의 1 정도만이 공직을 맡을 수 있었다.✝

✝ 나는 선출되는 인원이 1000명이라고 가정했다. 1790년 펜실베이니아 인구가 43만 4373명이었으므로, 1776년 인구를 40만 명으로 추정했고, 당시 성인이 된 이후의 수명이 30년이라고 가정했다. 1992년 미국에서 선거로 선출된 지방 공직자는 51만 1039명이며(www.census.gov), 주 의회 의원은 7382명이고, 연방의회 의원은 535명, 모두 합치면 51만 8956명이다. 성인으로서의 수명이 50년이라고 가정해 보자. 모든 임기가 딱 1년이며 재임할 수 없다면, 시민 가운데 약 7분의 1 정

    아테네 민주주의와 현대 민주주의는 다양한 측면에서 대비된다. 그리스 민주주의는 직접민주주의였고, 현대 민주주의는 대의 민주주의라는 것이 가장 표준적인 구분이다. 마냉은 공직 선출 방식에 주목한다.[69] 아테네는 주로 추첨을 사용했다. 반면 현대 민주주의의 특징은 선거를 치른다는 것이다. 그러나 추첨의 힘은 찰스 베이츠[70]가 말한 '단순한 정치적 평등', 즉 절차적인 기회의 평등에서 나오는 것이 아니다. 추첨의 힘은 공직자 순환, 즉 짧은 임기의 공직과 재임 금지에서 비롯된다. [이런 조건과 무관하게] 어쨌든 세습 군주도 추첨으로 뽑을 수는 있기 때문이다. 내 생각에 [고대 그리스 민주주의와 현대 민주주의의] 가장 큰 차이는, 아테네 민주주의에서는 대다수 시민이 번갈아 가며 지배하고 지배받을 수 있었지만, 현대 민주주의 정신에는 그런 요소가 전혀 들어 있지 않다는 사실이다. 심지어 공직 임기가 짧고 재임이 금지된 경우에도 그것은 현직자가 계속 그 자리에 눌러 앉는 것을 막기 위한 것이지, 모든 이에게 통치할 기회를 부여하기 위해서가 아니다. 루소가 적절히 이해했듯이,[71] 그리스 민주주의는 "개별적인 단순 시민보다 행정관을 겸하는 시민이 더 많"았다.✦ 비록 토머스 페인이 미국의 정부 체제를 "민주주의에 대의제를 접목한 것"이라고 말하기는 했지만,[72] 이와 같은 접목으로 말미

도가 통치할 수 있다. 그것도 단 1년 동안 말이다.

✦ [옮긴이] 루소는 다음과 같이 이야기한다. "주권자는 정부를 인민 전체 혹은 인민의 가장 큰 부분에 위탁할 수 있다. 그러면 개별적인 단순 시민보다 행정관을 겸하는 시민이 더 많아진다. 이런 정부 형태를 민주정이라는 이름으로 부른다. 혹은, 주권자가 정부를 축소해 소수의 수중에 둘 수 있다. 그러면 행정관보다 단순 시민의 수가 더 많아진다. 이런 형태는 귀족정이라는 이름으로 부른다. 마지막으로, 주권자는 정부 전체를 단 한 명의 행정관 수중에 집중한 다음 다른 모든 행정관이 그에게서 권력을 받도록 할 수 있다. 이 세 번째 형태가 가장 보편적이며, 왕정 혹은 왕의 정부라 부른다"(『사회계약론』, 국역본, 82쪽).

암아 전체 몸통이 변형되었다. 공동선, 이상적인 선호, 집단적 의지에 관한 정교한 [이론적] 구성물은 모두 다음과 같은 기본적인 사실을 은폐한다. 즉, 민주주의에 대한 현대적 개념화는, 누군가는 늘 통치만 하고 누군가는 늘 통치받기만 할 가능성을 배제하지 않는다는 사실 말이다.[+] 조지 워싱턴은 자랑스럽게 "나는 8년 동안이나 대통령이었어."라고 말할 수 있었지만 거의 모든 미국인은 단 하루라도 대통령을 해봤다고 말할 수 없다.

차선의 자치

자치에 대한 애초의 개념화는 논리적으로 일관되지 않고, 실현 불가능한 가정에 기초했다. 즉, 자신들이 살고 싶어 하는 법적 질서가 무엇인지에 대해 모든 사람이 동일한 선호를 가진다는 가정 말이다. 물론 자치에 대한 고대 그리스의 개념화는 [선호의] 동질성을 가정하지는 않았다. 그러나 고대 그리스에서 자치를 실현한 메커니즘은 대규모 공동체에서 실현될 수 없다. 그러므로 선호가 이질적인 대규모 사회에서 자치의 이상을 규정하려면 차선의 선택지를 찾아야 한다. 그것은 여전히 개인의 선호를 가장 잘 반영하고, 최대한 많은 사람이 가능한 한 가장 자유로울 수

[+] 사실 시에예스는, 인민은 전문 지식을 가진 입법자를 원한다면서 대의제를 정당화했다. 현대사회에서 모든 개인은 전문 지식을 가져야 한다고 본 시에예스는 이렇게 결론 내렸다. "사회 상태의 향상이라는 공동의 관심사 그 자체가 우리에게 통치를 어떤 특별한 전문적 직업으로 만들 것을 요구하고 있다"(Manin 1997, 3[국역본, 15쪽]에서 인용). 시에예스의 견해에 대한 좀 더 상세한 논의는 파스퀴노(Pasquino 1998)를 참조하라.

있는 집단적 의사 결정 체계여야 한다. 이 집단적 의사 결정 체계가 차선책인 까닭은 선호의 이질성을 전제할 때, 누군가는 최소한 일시적으로라도 자신이 선호하지 않는 법 아래에서 살아야 하기 때문이다.

결국 개인의 선호를 가장 잘 반영하고, 최대한 많은 사람이 가능한 가장 자유로울 수 있는 집단적 의사 결정 체계라면 반드시 다음과 같은 네 가지 조건을 충족해야 한다. [첫째,] 모든 참여자는 집단적 의사 결정에 동등한 영향력을 행사해야 한다(평등). [둘째,] 모든 참여자는 집단적 의사 결정에 효과적으로 영향을 미칠 수 있어야 한다(참여). [셋째,] 집단적 의사 결정은 그 결정을 집행하도록 선출된 사람에 의해 시행되어야 한다(대표). [넷째,] 법적 질서 아래에서 부당한 간섭 없는 안전한 협력 관계가 가능해야 한다(자유).

사회적 선택이론의 두 가지 정리가 이 조건을 분석하는 데 도움이 된다. 메이의 정리에 따르면,[73] 평등성, 중립성, 반응성, 결정성이라는 네 가지 공리를 모두 충족하는 집단적 의사 결정의 규칙은 단순 다수제밖에 없다. 그러므로 이 공리들이 바람직하다면 단순 다수제 역시 바람직하다. 게다가 이 네 가지 공리의 규범적 중요성은 단순 다수제라는 규칙 그 이상이다. 단순 다수제는 최대한 많은 이가 자신이 원하는 법적 질서 아래에서 살고 있음을 의미하기 때문이다.[74] 즉, 이 공리들이 충족되면 집단적 의사 결정은 개인의 선호를 반영하고, 나아가 최대한 많은 이들이 자신이 원하는 법 아래에서 삶을 영위한다. 그러나 사회적 선택이론은 여러 문제에 침묵한다. 어떤 조건을 충족해야 평등이 실질적일 수 있는지, 어떤 조건을 충족해야 참여가 효과적일 수 있는지에 답하지 않는다. 또한 타인에게 통치받을 수밖에 없다는 사실에서 필연적으로 나타나는 대리인 문제[+]에 대해서도 마찬가지다. 집단이 결정해야 하는 사안의 범위가 어디까지인지에도 대답하지 않는다.

1. 두 가지 정리

우선 메이의 네 가지 공리를 살펴보자.[75]

평등-익명성. 평등은 모든 개인이 집단적 의사 결정에 동등한 비중의 영향력을 가져야 한다는 것을 의미한다. 익명성은 누구든 두 개인이 서로 선호를 바꾸더라도 집단적 의사 결정[의 결과]은 여전히 동일한 것을 의미한다. 가능한 모든 방식으로 개인들을 한 쌍으로 묶는다고 가정했을 때(이를 '공개 영역'open domain이라 한다), 여기에 익명성이 적용될 수 있으려면 모든 사람의 비중은 동등해야 한다. 따라서 공개 영역[이라는 가정] 아래에서 평등과 익명성은 같다.[+] 그러나 이때의 평등은 형식적일 뿐만 아니라 효과적이기도 해야 한다는 점에 주목해야 한다.

중립성. 그 어떤 대안도 개인들의 [실제] 선호와 무관하게 더 중요하게 다뤄져서는 안 된다는 것이 중립성 조건의 핵심이다. 이 조건은 의사 결정이, 대안의 명칭에 의해 좌우되어서는 안 된다는 식으로 종종 표현된다. 다수가 'S'를 'A'보다 좋아한다고 해보자. 집단 구성원의 선호가 그대로라면 두 대안의 명칭이 뒤바뀔 경우 'A'가 이겨야 한다. 중립성 조건

+ [옮긴이] '대리인'에 대해서는 이 책 6장에서 자세히 다룬다.
++ 데이비드 오스틴-스미스가 내게 공개 영역의 가정이 중요하다는 점을 알려 줬다.

은 아무런 문제를 일으키지 않는 것처럼 보이지만 실은 그렇지 않다. 중립성 조건의 대상이 현 상태와 관련되기 때문이다. 가령 사형제 허용이 현 상태이고 사형제 폐지가 대안이라고 해보자. 또한 다수가 사형제 허용을 선호한다고 하자. 그리고 이제 ['허용'과 '폐지'를 바꾸는 식으로] 둘의 명칭이 뒤바뀐다고 가정해 보자. 중립성 조건이 지켜진다면, 사형제 허용이 현 상태이든 아니든 [다수의 선호에 따라, 그것이 '폐지'라는 명칭을 달고 있더라도] 사형제 허용이 이겨야 한다. 그런데 현 상태가 바뀌면 개인 선호도 바뀔 수 있다는 점에 주목해야 한다. 사형제도 그런 것으로 보인다. 개인들의 선호가 달라졌기 때문에 집단 결정의 결과가 달라진다면 중립성을 위반하는 것이 아니다. 선호가 동일함에도, 대안의 명칭이 바뀌어 [집단의] 결정 역시 바뀔 때에만 중립성이 위반된다.

결정성. [개인의 선호가 고정돼 있을 때] 집단적 의사 결정 규칙을 적용해 공동체가 해야 할 바를 알 수 있다면 그 규칙은 결정성이 있다. 좀 더 조심스럽게 말해 보자. 각 개인 선호의 조합마다, 모든 가능한 대안 가운데 하나를 [집단적 의사 결정의 결과로] 선택할 수 있다면 그 규칙은 결정성이 있다. 이 공리는 복잡한 문제를 건드리고 있다. 이에 대해서는 나중에 좀 더 자세히 살펴보도록 하자.

반응성. 기술적으로는 이 조건이 가장 까다롭다. 그리고 이 조건의 형태는 다양하다.[76] 간단하게 말해, 반응성은 (최소한) 한 개인의 선호가 변할 경우에도 집단의 선호가 그대로 유지되는지, 아니면 [그 사람이 어디에 표를 던지느냐에 따라 결과가 바뀌는] 결정적 투표자가 선호하는 방향(오스틴-스미스와 제프리 뱅크스에 따르면 '긍정적 반응성'[77])으로 균형이 깨지는지를 의미한다. 그러나 이 조건은 [구성원이 직접 의사 결정에 참여하는] 위원회 상황에 적용되는 것이다. 따라서 대의제라는 틀에 적용하려면 대리인 문제를 고려해야 한다.

이 공리들에서 두 가지 정리定理가 도출된다.

다수결. 메이의 정리는 매우 분명하고 잘 알려져 있어서 굳이 여기서 다시 설명할 필요는 없을 것 같다. 다만 이 정리는 대안이 딱 두 개만 있을 때, 또 유권자가 둘 중 하나를 더 선호하거나 둘 사이에 선호의 차이가 없을 때에만 적용된다는 점을 기억해야 한다. 이론적으로는 비기는 것도 가능하기 때문에, [어느 쪽이 더 우선하는지를 가리기 위해] 일종의 균형을 깨는 절차도 필요하다. 그러나 의사 결정자 수가 많을 때 이런 문제는 사소한 것이 된다.

단순 다수제를 정당화하는 정리는 메이의 정리 외에도 있다. 어떤 정당화가 시도되었는지를 이해하기 위해 잠시 역사를 살펴보자.[+]

[민주주의의] 고전적인 관점에서, 대표자의 역할은 모든 이의 진정한 공동 이익을 찾는 것이었다. 슘페터는 적절하게 그 특징을 짚어 냈다. "18세기의 민주주의 철학은 이렇게 주장했다. … 하나의 공동선이 존재한다. 이 공동선은 정책을 안내하는 분명한 횃불이다. … 공동선을 보지 못하는 데 대한 변명은 있을 수 없다. 무지(이것은 제거될 수 있다), 우둔, 반사

[+] 브와디스와프 코노프진스키(Konopczyński 1918)는 다수결의 기원을 다룬 고전적인 논문에서, 이 규칙은 어디서도 공식적으로 반포된 적이 없으며, 무언가를 모방한 것도, 누군가가 계속 주장한 것도 아님을 강조한다. 다수결은 각 나라마다 독립적이고 자생적으로 발생한 것으로 보인다.

회적 이익의 경우를 제외하면 그것을 보지 못하는 사람들은 있을 수 없다."[78] 그러나 공동선을 찾았는지, 그리고 언제 찾았는지를 그들은 어떻게 알 수 있을까? 컴퓨터 과학 용어로 표현하면, 그들 숙의가 '종료되었다는 신호'stopping signal는 무엇일까?

객관적 진실이 주관적으로도 설득력 있는 해법일 수 있다. 적어도 천부적으로 이성을 갖춘 사람에게는 말이다. 그래서 존 밀턴은 이렇게 주장했다. "[진실과-지은이] 허위가 대결하게 하자. 자유롭고 공개적인 대결에서 진실이 패배하는 것을 본 사람이 있는가?"[+] 로크는 이렇게 믿었다. "진실은, 그 자체만으로 작동할 수 있도록 놓아두기만 하면 충분히 스스로를 입증할 것이다." [미국 건국 초기 반연방주의자의 필명이었던] 카토Cato는 이렇게 썼다. "진실은 오류에 비해 수많은 장점이 있다. 그래서 진실은 나타나기만 하면 찬사와 존경을 받기 마련이다." 제퍼슨은 이렇게 주장했다. "진실은 위대하고, 그 자체로 승리할 것이다." 진실은 명백하므로 모든 사람이 그것을 인식할 수 있어야 한다. 그러므로 만장일치는 바로 진실이 발견됐다는 가장 명백한 신호다. 실제로, 만장일치라는 기준은 중세 초기에 널리 쓰였다. 비교적 최근(1962년)에도 제임스 뷰캐넌과 고든 털록은 시간의 압박만 없다면 숙의는 만장일치를 가져올 것으로 보았다.[79] 심지어 오늘날에도 몇몇 정치적 숙의 이론이 이렇게 가정한다. 숙의 과정에 참여한 사람이 이성적일 뿐만 아니라, 모든 사람은 평등하다고 생각하고 도덕적 호소를 받아들일 준비가 돼있다면 그들의 선호를 투표로 '집계'할 필요가 없다는 것이다. 왜냐하면 그들은 똑같은 결정에 도달할 것이기 때문이다. 따라서 조슈아 코언의 표현처럼, "숙의의

+ 이 인용구와 그다음 인용구는 홈스(Holmes 1995, 169, 170)에서 인용했다.

목표는 합리성에 따른 합의, 즉 모든 이에게 설득력 있는 생각을 찾는 것이다."[80]

그러나 '합의'consensus와 만장일치는 다르다.[81] 결정에 도달했다는 하나의 신호로서 합의는, 추정되는 결론에 누구도 반대하지 않을 때 이뤄진다. 그러나 침묵이 곧 명시적 동의는 아니다. 단지 반대 의사를 표명해 봤자 이제 소용없다고 인정하는 것이다. 그러나 만장일치에 도달할 수 없다면 진실은 의심받을 수 있다. 게오르크 지멜은 이렇게 말했다. "단순 과반수가 찬성한 결정은 여전히 완전한 진실은 아닐 것이다. 만약 완전히 진실이라면 그 결정은 모든 표를 얻을 것이기 때문이다."[82] 의견 불일치는 진실이 명백하지 않다는 것을 나타낼 수도 있다. 이는 어떤 결정이든 틀릴 수 있다는 것을 의미한다. 그래서 콩도르세는 진실을 알아내는 데 삶과 죽음이 걸려 있을 때에는 만장일치가 필요하다고 했다.[83] 다른 경우에는 그보다 덜 합의된 결정을 받아들였지만 말이다. 즉, [배심원의 의견이 엇갈려 판결을 내리지 못하는] 평결 불능hung jury처럼 모든 가능한 숙의를 거치고 나서도 만장일치에 도달하지 못할 경우, 각자 그리고 모두가 어떻게 해야 하는지를 확실히 말해 주는 안내는 없다. 누군가는 이것을 하길 원하고 또 누군가는 다른 것을 하고 싶어 한다면, 우리가 공동으로 해야 할 일은 무엇일까?

슘페터가 말했던 주의 사항에 주목해 보자. 즉, [공동선이라는] 횃불이 분명할 때도 무지, 우둔, 반사회적 이익 때문에 만장일치에 도달하지 못할 수 있다는 것 말이다. 만장일치에 도달하지 못했을 때 그 까닭이, 진실이 무엇인지가 명백하지 않아서인지, 아니면 앞서 말한 부적절한 이유들 때문인지 과연 어떻게 판단할 수 있을까? 한 가지 해법은 [의견을 주장하는] 사람들과, 그들이 제시하는 이유들을 구분하는 것이다. 초기 독일 법 이론과 교회법은, 수numbers; numerus 외에도, 권위authority; auctorita, 능력merit; meritus, 강도intensity; zelum에 따라서도 [올바른 결정에 도달했는지의 여부를] 구분할 수 있다고 주장했다. 중세 초기 영국 이론에서 이 기준의 목록은 [의견을 주장하는 사람들의] 신분, 평판, 그리고 판단[의 공정성] judg-ment이 되었다. 어떤 의견이 단지 [지지자의] 수가 더 많다는 이유로 결정되어서는 안 되고 더 타당한 의견, 즉 더 훌륭하고 건전한major et sanior 의견에 따라 결정해야 한다는 것이다.

그러나 모든 견해가 질적으로 같은 수준이 아니더라도 [특정 견해를 지지하는 사람의] 수가 압도적이면, 모든 관련 사항을 고려한 상태에서 그 결정을 내렸다고 충분히 인정할 만하다. 존 길버트 하인버그에 따르면,[84] 바로 그 이유로 13세기 이탈리아 자치도시들은 각기 다른 초다수제를 사용했다. 제노바는 일반적으로 만장일치를 요구했다. 브레시아, 이브레아, 볼로냐는 3분의 2[의 찬성]를 요구했고, 다른 자치도시들은 7분의 4를 요구했다. 그리고 가톨릭은 교황을 선출할 때, 1159년에도 [만장일치를 요구해] 알렉산데르 3세를 선출하는 데 27명 가운데 24명이 찬성했다는 이유로 종파 간 분열이 나타나기도 했지만, 그 뒤로는 3분의 2 규칙을 사용했다.✝

이상의 모든 설명은 찾고자 하는 [집단적 의사 결정] 규칙이 다음과 같

✝ [옮긴이] 가톨릭에서 교황을 선출하는 제도를 콘클라베Conclave라 하며 만장일치를 요구했다. 교황 아드리안 4세의 죽음 이후 1159년 교황 선거는 만장일치에 도달하는 데 실패했다. 대다수 추기경은 알렉산데르 3세를 선출했지만, 소수의 추기경은 이를 거부하고 빅토르 4세를 교황으로 선출했다. 분열은 1178년 빅토르 4세의 후계자인 칼리스투스 3세가 교황권을 포기함으로써 해소되었다. 이후 1179년 제3차 라테란공의회에서 알렉산데르 3세는 기존의 만장일치제를 폐지하고 선거에 참여하는 추기경 3분의 2의 찬성으로 교황을 선출한다는 규칙을 확립했다.

은 성격을 가져야 한다는 점을 전제한다. 즉, 이성에 비춰 설득력이 있어야 하며, 집단의 공동 이익에 대한 해석으로서 타당하다고 여겨질 수 있어야 한다는 것이다. 그러나 집단적 의사 결정 규칙은 공동의 이익이 없는 상황, 다시 말해 이해관계가 갈등하는 상황에서도 적용될 수 있어야 한다.+ 만장일치로 결정이 내려졌을 때 그것은 진실이 분명해졌다는 의미일 뿐만 아니라, 그 결정이 자기 실행적self-implementing이라는 뜻이기도 하다. 즉, 각자와 집단 전체에 무엇이 최선인지에 대해 모든 사람이 동의한다면, 각 개인과 모두는 결정된 사항에 따라 행동할 것이다. 그러나 만장일치에 도달하지 못할 때는 사람들이 그 결정에 따를 것인지의 문제가 부각된다. 이를테면, 초기 게르만 부족들은 투표에서 자신이 찬성하지 않은 결정은 따를 필요가 없다고 생각했다. 16세기 영국 귀족은 자신들이 세금을 인상하는 데 반대했거나 결정 과정에 불참했다면, 세금을 낼 필요가 없다고 생각했다. 그러나 집단이 무엇인가를 결정할 때, 그 결정은 그것에 동의한 사람들에게만 적용되는 것은 아니다. 지멜은 "투표 — 특히 소수파가 그 결과에 따르기로 동의한 투표 — 의 의미는, 어떤 상황에서도 신념과 이해관계에 따른 갈등보다 전체의 통합이 우위에 있어야 한다는 것"이라고 말했다.[85] 그런데 왜 소수파가 다수파의 결정에 따라야 하는가?

그러므로 또 다른 계보의 역사 연구는 다수결을, 물리력을 특정 방식으로 재해석함으로써 폭력적인 갈등을 피하려는 장치로 해석한다. 제임스 브라이스에 따르면, 헤로도토스는 민주주의의 개념을 "오래되고

+ 여기에 대한 매혹적인 예시가 있다. 16세기에 공동체가 가톨릭으로 남을지, 아니면 개신교로 개종할지 결정하는 데 과반수 투표가 사용됐다는 것이다. 올리비에 크리스틴(Christin 1997)을 보라.

엄격한 의미로 사용했다. 즉, 자격을 갖춘 시민 다수의 의지가 통치하는 정부라는 의미로 말이다. … 이를 통해 (넓은 의미에서) 시민의 물리력과 시민의 투표가 갖는 힘이 일치한다"(강조는 셰보르스키).[86] 오토 폰 기르케에 따르면, 게르만 부족들은 다수결을 사용했지만, 다수파가 내릴 결정이 법적으로 혹은 도덕적으로 소수파를 구속한다고는 전혀 생각하지 않았다. 오직 다수파가 물리적으로 [다수파의 결정을] 강제할 수 있을 때에만 그들 의사가 지배적일 수 있었다. 콩도르세 역시 현대에서 투표는 이성을 읽어 내는 방법이라고 여겼지만 잔혹했던 고대에서는 달랐다고 봤다. 즉, [고대에는 투표를 통해] "평화와 공익이라는 공동선을 위해 힘[물리력]을 가진 자들에게 권위를 부여해야 했다."[87] 이는 또한 지멜의 관점이기도 했다. 그는 이렇게 생각했다. "유권자 각 개인은 동등하다고 간주된다. 그러므로 [유권자의 수를 힘으로 환산하면] 다수파는 소수파에게 자신의 뜻을 강제할 물리력도 가진다고 할 수 있다. … 투표의 목적은 힘들의 즉각적인 다툼을 피하고 득표를 계산함으로써, 물리력으로 다퉜을 때의 예상 가능한 결과를 찾아내는 것이다. 그리하여 소수파가 실제로 저항해 봤자 아무 쓸모가 없다는 것을 스스로 확신할 수 있도록 하는 것이다."[88]

수적 다수가 곧 진정한 공통의 이해관계를 의미하기 때문이든, 혹은 불복종해도 아무 소용 없기 때문이든, 다수결은 기껏해야 합의를 대신하는 방편으로 여겨졌을 뿐이다. 분열은 심각한 병폐의 신호였다. 그 병폐가 불완전한 지식이든, 특수주의에 매몰된 이해관계든 말이다. 메이의 정리가 이바지한 바는 몇 가지 속성을 들어 단순 다수제를 정당화한 것이다. [메이의 정리에 따르면] 그 속성들은 단순 다수제를 적용했을 때의 결과와 상관없이, 그것이 진실을 위한 것이든 시민들 사이의 평화를 위한 것이든 규범적으로 매력적이라는 것이다. 개인의 선호들을 반영해 집단적 의사 결정을 내리는 규칙이 단순 다수제만 있는 것은 아니다. 그러나 자치의 의미가 모든 사람이 결과에 동등한 영향력을 행사해야 하고, 어떤 대안이든 개인 선호와 무관하게 더 선호돼서는 안 된다는 것이라면 단순 다수제야말로 자치를 실천하는 규칙이다.

자율. 더글러스 레이의 정리는 단순 다수제가 자신이 원하는 법 아래에서 사는 사람의 수를 극대화한다고 주장한다.[89] 주목할 만한 점은 한스 켈젠이 이미 1929년에 이런 생각을 예고했다는 사실이다. 켈젠은 이렇게 표현했다. "합리적인 방식으로 다수제 원칙을 채택하도록 유도하는 유일한 생각이 있다. 모든 개인은 아니더라도, 적어도 가능한 가장 많은 개인이 자유로워야 한다는 생각이다. 달리 표현하면, 사회질서는 가능한 한 가장 적은 사람이 반대하는 것이어야 한다는 생각이다."[90] 사실 켈젠은 같은 책의 다른 부분에서 단순 다수제와 자율 사이의 관계를 거의 정리에 가깝게 정식화했다.[91]

> 사회 전체의 의지와 일치하는 의지를 가진 개인이 그렇지 않은 개인보다 많을 때, 자율이라는 관점에서 바라본 자유가 가능한 최대치에 도달한다. 그리고 우리가 살펴본 대로, 이는 다수제가 적용될 때이다.

켈젠의 추론은 이렇게 전개된다. 언제나 그렇듯 현 사회질서가 다음과 같다고 가정해 보자. 총 n명[예컨대, 10명]의 사람이 있다. 현 상태를 바꾸기 위한 규칙이 만장일치라면, $n-1$명[9명]이 바꾸기를 원한다 해도 바꿀 수 없다. 그러면 $n-1$명[9명]은 그들이 원하지 않는 사회질서 아래에서 살게 된다. 이제 현 상태를 바꾸는 규칙이 변해 최소한 $n/2+2$명 [7명]이 찬성해야 바꿀 수 있다고 가정해 보자. 그러면 $n/2+1$명[6명]은 여전히 그들이 싫어하는 현 사회질서 아래에서 살아야 한다. 이제 필요한 숫자가 $n/2-1$[4명]이라고 해보자. 그러면 현 상태를 바꿀 수 있다. [현 사회질서 아래에서 살기를 원하는] $n-(n/2-1) = n/2+1$명[6명]이 불행한 채로 말이다. 그러나 단순 다수제 아래에서 결정할 수 있는 수는 $n/2+1$명 [6명]이다. 그러면 최대한 $n-(n/2+1) = n/2-1$명[4명]만 불만을 가진다. 그러므로 단순 다수제는 원하지 않는 법 아래에서 사는 사람을 최소화한다.

레이는, 다른 모든 이의 선호가 불확실하다고 가정했을 때, 자신이 승자 집단에 속할 가능성을 극대화하는 집단적 의사 결정 규칙을 선택하고 싶어 하는 개인의 관점에서 이 문제를 개념화했다. 단순 다수제는 "인민 다수가 소수에게 투표로 질 개연성을 사전에 차단하는 유일한 결정 규칙"[92]이기 때문에, 이 문제를 해결한다. 레이는 아마 켈젠의 주장을 몰랐던 것으로 보이며, 그래서 다른 표현을 사용했다. 켈젠이 "자율"이라고 부른 것을 레이는 "정치적 개인주의"라고 불렀다. 그러나 그 직관은 같다. 즉, 레이는 단순 다수제의 장점이 "개인의 가치와 집단의 정책 사이의 관련성correspondence을 최적화"[93]하는 것이라고 주장했다.✝

단순 다수제는 자율을 극대화하는데, 이는 단순 다수제가 개인이 선호를 바꿀 때 그에 반응하기 때문이다. 즉, 만약 충분한 수가 자신의 선

✝ 켈젠은 "사회질서" 혹은 "사회 전체의 의지"라는 표현을 썼고, 레이는 "집단의 정책"이라는 표현을 썼다는 사실에 주목하라. 이 용어를 단지 집단이 택하는 법만을 다루겠다고 의도적으로 쓴 것인지, 아니면 정부 구성을 포함한 정치적 결정의 다른 측면까지 포괄하는 것인지는 분명하지 않다.

호를 바꾼다면 집권당은 쫓겨날 수 있고 현 상태는 바뀔 수 있다. 자치는 집권당을 교체할 수 있어야 가능하다. 사족일 수 있지만, 이 점을 명확히 하기 위해 [정권의] 교체가 자율을 극대화하는 데 무슨 역할을 하는지 생각해 보자. 한 사회에 두 대안적인 법질서 A와 B가 있고, 정당 A와 정당 B가 각각을 주장한다고 해보자. $v(t)$는 t 시점에 A를 지지하는 시민의 비율이라 하자. 그리고 [t 시점에서 A를 지지하는 비율이 과반을 넘으면] $v(t) = 1/2 + \epsilon(t)$이고, [$t+1$ 시점에서 A를 지지하는 비율이 과반에 미치지 못하면] $v(t+1) = 1/2 - \epsilon(t+1)$이라고 하자. 여기서 $\varepsilon(t)$, $\varepsilon(t+1) > 0$이다. 만약 [t 시점에서 A를 지지하는 비율이 과반을 넘음에도 정당 B가 집권했고, $t+1$ 시점에서는 A를 지지하는 비율이 과반 아래로 떨어졌는데] $t+1$ 시점에서 [정당 B가 계속 집권해] 정권 교체가 없다면, 두 선거 시기에 걸친 자율의 정도는 [$1/2 + \epsilon(t)$] $+ [1/2 - \epsilon(t+1)] = 1 + \epsilon(t) - \epsilon(t+1)$이다. 반면 [정당 B에서 정당 A로] 정권이 교체되면, $[1/2 + \epsilon(t)] + [1/2 + \epsilon(t+1)] = 1 + \epsilon(t) + \epsilon(t+1)$이다. 반대로 [$A$를 지지하는 비율이 과반을 넘고 집권당도 정당 A인 경우] $v(t) = v(t+1) = 1/2 + \epsilon > 1/2$인데도 [정권이] 교체되었다고 생각해 보자. 이때 자율의 정도인 $(1/2 + \epsilon) + (1/2 - \epsilon) = 1$은 [정권] 교체가 없었을 때 자율의 정도인 $1 + 2\epsilon$보다 작다. 지금까지 말한 것은 너무나도 뻔한 것이지만 그래도 중요하다. 왜냐하면 현재의 다수파에 따라 집권당이 바뀔 때, 자율이 극대화한다는 것을 보여 주기 때문이다.

그러나 [앞에서 설명한 아테네의 경우와 같은] 공직 순환제와 달리, 단순히 [정권] 교체의 가능성만 주어지는 것은 서로 다른 사람이 번갈아 집권한다는 것을 보장하지 않는다. 고대 그리스는 추첨을 활용해 모든 사람이 통치에 참여할 동등한 기회를 보장했다. 또 공직 임기를 짧게 해 이 기회를 현실화했다. 대의제 정부는 그런 보장을 하지 않는다. 어떤 사람은 무한히 기다려야 할 수도 있다. 사실 조상의 선호를 자손이 그대로 물려받는 유권자 집단이 있다면, 이 유권자 집단을 완벽히 대표하는 어떤 정당은 영원히 집권할 것이다. 종족적으로 분열된 사회의 민주주의에서는 이런 가능성이 유령처럼 떠돌아다닌다. [정권] 교체가 가능하려면, 즉 특정 대안이 승리할 가능성이 불확실하려면 개인의 선호가 변하거나, 현직자가 그들을 대표하는 데 실패하거나 둘 중 하나여야 한다.[+] 그런 경우라 할지라도, 불운하게도 인기 없는 선호를 가진 인민이라면 자신의 선호가 실현되는 것을 절대 못 볼 것이다. 그래도 단순 다수제는 정당 간 정권 교체의 개연성을 극대화한다. 승자는 패자에게 이렇게 말할 수 있다. 즉, [다른 집단적 의사 결정 제도에 비해 단순 다수제에서는] "가능한 최소한의 사람들만 마음이 바뀌어도 당신이 이길 거야."

2. 주의할 점

민주주의에 대한 가장 평범한 정의는, 정부가 실행하는 결정이 시민의 선호를 반영하거나, 그에 조응하거나, 반응하거나, 또는 여타 근접성proximity의 관계를 맺는 체제라는 것이다. 이 책에서 말하는 자치에 대한 개

[+] 니컬러스 밀러(Miller 1983)의 연구를 따라, 정책 변화가 [집단 의사 결정의] 순환cycle의 긍정적 결과라고 주장하는 이들이 있다. 내가 보기에 이 주장은 애로의 정리를 잘못 이해한 것이다. 애로의 정리는 [집단 의사 결정의] 순환의 발생 여부에 대해 어떤 것도 주장하지 않는다. 애로의 정리는 단지 집단 의사 결정이 불확정적임을 주장할 뿐이다(Austen-Smith and Banks 2000, 184). 순환은 발생할 수도 있고 아닐 수도 있다. 앤서니 맥건(McGann 2006)은 [집단 의사 결정의] 순환이 자주 나타난다고 했지만 나는 그리 설득력이 있다고 생각하지 않는다.

념화의 토대 역시 [시민 선호와 정부 정책 사이의] 근접성이라는 측정 기준이다. 그러나 윌리엄 라이커가 '포퓰리즘적'이라 불렀던,[94] 민주주의에 대한 이 같은 개념화는 그 자체로 애로의 정리[95]와 대립한다. 이 책의 맥락에서 볼 때, 애로의 정리는 개인의 선호와 집단적 의사 결정 사이의 근접성이라는 용어는 그 자체로 무의미하다는 것을 뜻한다.

많은 이가 여러 차례 주장했듯이, 애로의 정리[+]는 우리가 민주주의를 이해하는 방식에 근본적인 영향을 미쳤다. 하지만 우리가 [개인들의 선호와 집단적 의사 결정 사이의] 근접성이라는 용어를 포기한다고 해보자. 그러면 민주주의와 다른 정치체제를 어떻게 구분할 수 있을까? 민주주의를 오직 제도적 절차 ─ 경쟁적 선거 ─ 와만 동일시할 경우, 그것을 어

[+] [옮긴이] 경제학자 케네스 애로가 1951년 논문 「사회적 선택과 개인의 가치」Social Choice and Individual Values에서 제시한 정리로 그의 이름을 따 '애로의 정리' 혹은 '애로의 불가능성 정리'로 불린다. 애로는 개인들의 선호 집합에 대응해 사회가 선택하는 순위를 사회 후생 함수라고 부른다. 먼저 그는 개인적 순위들이 어떻게 사회적 순위로 연결될 수 있는가를 고찰하기 위해 다음의 두 가지를 전제한다. ① 임의의 두 선택 대상은 언제나 서로 비교 가능하다. 즉, 모든 x와 y에 대해 선호 관계가 존재한다(완비성). ② 선택 대상 간의 선호가 일관성을 가지기 위해서 x가 y에 대해 선호되고 y가 z에 대해 선호된다면, x는 z에 대해 선호되어야 한다(이행성). 그리고 사회 후생 함수가 갖춰야 할 다섯 가지 조건을 제시한다. ① 무제한적인 변역unrestricted domain: 개인적 순위 관계에 관한 모든 집합이 그 변역으로 허용 가능해야 한다. ② 양의 관계positive association: 사회 내의 모든 개인적 순위에 있어서 선택 대안 중 하나가 높은 위치로 이동했다면 사회적 순위에 있어서도 그 선택 대안은 높은 위치로 이동해야 한다. ③ 무관한 선택 대안으로부터의 독립성 independence of irrelevant alternatives: 두 선택 대안 x와 y를 비교할 때, x나 y와 무관한 제3의 대안 z가 x와 y 둘 간의 사회적 선호 체계에 영향을 주어서는 안 된다. ④ 시민 주권citizen's sovereignty: 모든 개인이 x를 y보다 선호한다면, 사회적 차원에서도 x가 선택되어야 한다. ⑤ 비독재성nondictatorship: 사회 후생 함수가 1인의 선호에 의해 결정되어서는 안 된다. 애로는 ①~④까지를 충족할 경우 비독재성의 조건을 위배하게 되어, 어떤 사회 후생 함수도 모든 조건을 동시에 갖출 수 없다는 점을 증명했다(권경희, 「'입법 의도'는 법해석의 보편적 기준이 될 수 있는가?: 애로의 불가능성 정리의 적용」, 『법과사회』, 2018 참고).

떻게 평가해야 할까? 여전히 자유가 잠재적인 평가 기준으로 남아 있지만 이때의 자유는 자율, 또는 개인이 자신이 선택하는 법 아래에서 산다는 의미가 아니다. 자율의 측정 기준과 근접성의 측정 기준은 같이 간다. 한편 파레토 효율Pareto efficiency⁺은 평가 기준으로 너무 약하다. 예컨대 민주주의 체제에서 독재자가 살게 되는 경우를 생각하면, 독재자의 형편은 더 나빠지는 반면 다른 사람들의 생활은 나아질 것이다. [독재자에게 손해를 입히는 어떤 경우에도 파레토 효율은 충족될 수 없으므로] 따라서 두 체제는 파레토 효율이라는 기준으로는 비교할 수 없다. 시민들 사이의 평화라는 기준은 어떨까. 그러나 무력을 사용하겠다고 위협함으로써 자유 없이도 평화를 유지할 수 있다. 상당수 독재국가가 평화롭다. 결국 우리가 사용할 수 있는 기준은 물질적 복지의 지표들뿐이다. 즉, 경제성장, 소득 불평등, 유아 사망률 등등 말이다. [물질적 복지의 지표들만 사용할 때, 민주주의와 민주주의가 아닌 체제를 구분해 평가하는] 우리의 규범적 판단 수단은 크게 손상된다.

애로의 정리가 함의하는 바가 매우 불편하므로, 이를 극복하기 위한 수많은 시도가 있었다.⁹⁶ 애로의 정리는 몇 가지 가정과 공리에 기초하는데, 이 공리들에 대한 의문이 제기됐다. 사람들이 모든 종류의 ([$A > B$ 이고 $B > C$이면 $A > C$여야 한다는 의미에서] 이행성이 있는transitive) 선호를 가질 수 있다는 무제한적인 변역unrestricted domain의 공리는, 사회가 개인들의 선호를 조직하며, 따라서 선호의 다양성을 제한한다는 의견에 취약

⁺ [옮긴이] 다른 구성원에게 손해가 가지 않도록 하면서 어떤 사람에게 이득을 주는 변화가 불가능한 상태를 파레토 효율 혹은 파레토최적Pareto optimality이라 한다. 이를 기준으로 모든 사람이 자원 배분 B보다 배분 A에서 더 행복하면, 배분 A가 배분 B보다 파레토 우월Pareto-Superior이라고 한다.

하다. 선호의 영역이 몇몇 특정한 방식으로 제한되면, [애로의 정리와 달리] 결정성decisiveness이 회복되며, 이와 더불어 근접성이라는 측정 기준도 회복된다. 예를 들어 보자. 선택지가 두 개뿐일 때, 다수결 규칙은 결정성을 가질 수 있으며, 근접성이라는 기준에서도 유효하다. 즉, 다수파가 지지하는 선택지가 소수파가 지지하는 선택지보다 좀 더 근접성이 있는 것이다. 모든 선택지가 일차원적으로 나열될 수 있고(어떤 것이 더 많다거나 더 적다는 식으로[예컨대 한 대안은 한 명의 선호, 다른 대안은 두 명의 선호라는 식으로]), 선호가 [특정 지점을 가장 선호하고, 그 지점에서 어떤 방향으로 멀어지든 효용이 감소하는 선호 체계인] 단봉형single peaked인 경우에도 다수결 규칙은 결정성이 있고 근접성 기준 역시 유효하다.[97] 무관한 대안으로부터의 독립성이라는 애로의 공리를 기각할 만한 그럴듯한 주장들도 있다. 마지막으로 애로의 출발점인, 개인이 자신의 선호에 순서를 매길 수 있다는 전제를 공격할 수도 있다. 즉, 개인 역시 집단 선택과 똑같은 어려움을 겪는다는 것이다. 예를 들어, 우리는 개인이 자신이 원하는 바가 무엇인지를 안다고 가정하지만, 무엇을 원하는지를 결정하는 것은 개인 수준에서도 집단 수준과 마찬가지로 어려운 일이라고 버드는 주장한다.[98]

내가 추구하는 대안은 결정성의 공리를 완화하고 재해석하는 것이다. 사회적 선택이론은 고도로 기술적인 분야이고, 나는 이 분야의 전문가가 아니므로 입장이 확고하지는 않지만, 여기서는 직관적인 방식으로 내 주장을 제시해 보겠다.

대안이 다섯 개가 있고, 이 가운데 하나를 선택하는 세 사람이 있다. 예컨대, 세 명의 소녀가 한 가지 맛의 아이스크림을 사라고 부모에게서 돈을 받았다. 소녀들을 $\{i, j, k\}$라고 하자. 아이스크림 맛은 $\{D, C, S, T, V\}$라고 하자. 각각은 둘세 데 레체dulce de leche, 초콜릿chocolate, 딸기

strawberry, 홍차tea, 바닐라vanilla 맛이다. 우선 모두 초콜릿 맛을 가장 좋아한다고 해보자. 그러면 어떤 절차나 규칙을 쓰든 똑같이 초콜릿 맛이라는 결정에 도달한다. 사실, 누가 주도권을 가지고 아이스크림을 주문하든 아무도 반대하지 않을 것이다. 선호가 동일하면 심지어 독재에서도 [사회적으로] 가장 선호되는 대안이 선택될 것이다. 이제 선호가 다음과 같다고 가정해 보자(여기서 > 기호는 '강한 선호'를 의미한다).

의사 결정자	선호
i	$C > S > D > T > V$
j	$D > T > S > V > C$
k	$C > D > V > S > M$

그들이 한 번에 두 가지 맛을 놓고 투표하고, 단순 다수제를 사용한다(콩도르세 토너먼트 방식[또는 맞대결 방식])고 해보자. 단순 다수제 아래에서는 초콜릿 맛이 다른 모든 대안을 2 대 1로 이기고, 다른 어떤 대안도 초콜릿 맛을 이기지 못한다는 사실을 쉽게 알 수 있다. 그러므로 초콜릿 맛은 콩도르세 승자Condorcet winner다[맞대결 승자라고도 부른다].

여기서 주목할 사실은, 절차가 달라지면 결정도 달라진다는 점이다. 각 의사 결정자가 가장 좋아하는 대안에 5점, 두 번째로 좋아하는 대안에 4점, 그다음 대안에 3점, 그다음에 2점, 그다음에 1점을 주는 식으로 투표한다고 해보자. 그리고 가장 많은 점수를 받은 대안이 결정된다고 해보자(보르다Borda 계산법[또는 보르다 투표법]). 이렇게 하면 둘세 데 레체 맛이 12점을 얻고, 초콜릿 맛은 11점을 얻는다.

18세기 후반부터 이 절차들 가운데 어떤 것이 더 나은지를 둘러싸고 논쟁이 벌어졌다. 게다가 집단 선호의 순서를 밝히는 방법은 이들 외에도 더 있다. 그러나 여기까지만 해도 우리의 질문으로 들어갈 수 있는 충분한 도구를 가진 셈이다. 선호 배열이 다음과 같다고 생각해 보자.

의사 결정자	선호
i	$C > S > V > T > D$
j	$S > V > C > D > T$
k	$V > C > S > D > T$

이 선호의 배열은 콩도르세의 역설을 분명하게 보여 주는데, 애로의 정리는 콩도르세의 역설을 일반화한 것이다. 즉, 이 같은 선호 배열하에서, 두 개의 대안을 놓고 단순 다수제 방식으로 투표를 하면, 초콜릿 맛은 딸기 맛을 이기고, 딸기 맛은 바닐라 맛을 이기고, 바닐라 맛은 초콜릿 맛을 이긴다. 그러므로 이 절차는 결정성이 없다. 게다가 이 세 가지 대안은 모두 개인의 선호에 똑같이 근접해 있다. 그러므로 근접성이라는 측정 기준이 작동하지 않는다. 보르다의 계산법을 써도 더 나아지지 않는다. 초콜릿 맛, 딸기 맛, 바닐라 맛은 모두 12점을 얻는다. 집단이 무엇을 선택해야 할지 여전히 알 수 없는 셈이다. 애로의 정리는 독재가 아닌 모든 종류의 집단적 의사 결정 규칙에서 이 같은 상황이 나타날 수 있음을 의미한다.

그러므로 결정성의 기준을 완화해 보자. 앞서 두 절차 가운데 어떤 것도 집단적 의사 결정을 통해 단 하나의 결론을 도출하지는 못하지만, 최소한 두 절차 모두 집단이 $\{C, S, V\}$ 중 하나를 $\{T, D\}$ 중 하나보다 더 선호한다는 결론에 도달한다는 점에 주목하자. 이제 근접성이라는 측정 기준에 따르면, 민주주의가 독재보다 나아 보인다. 민주주의는 집단적 의사 결정이 첫 번째 집합 안에서 이루어지도록 보장하지만, 독재자는 둘세 데 레체 맛이나 홍차 맛을 더 좋아할 수도 있다. 분명 의사 결정자의 수가 대안의 수만큼이나 많을 때, 독재가 아닌 그 어떤 집단적 의사 결정 규칙도 결정성이 없을 개연성이 있다. 그리고 대안이나 의사 결정자의 수가 많을수록 이 개연성이 커진다.[99] 그러나 위의 예시에서 볼 수 있듯이, 이는 최소한 약한 의미의 결정성이 있을 수 있다는 뜻이기도 하다. 근접성이라는 용어로 표현하면 '상위 대안 사이에서의 순환'top cycle인 $\{C, S, V\}$ 내에서 이루어지는 어떤 집단 결정도 다른 모든 대안보다 개인 선호에 근접한다. 따라서 상위 대안 사이에서의 순환 가운데 하나를 뽑아낼 수 있다고 보장하는 의사 결정 규칙이 그렇지 않은 규칙보다 우월하다.

논의를 더 진척해 볼 수 있다. 이제 의사 결정 절차가 연쇄적으로 이뤄진다고 가정해 보자. 그리고 한 번 제안했다가 패배한 대안을 다시 제안할 수 없다는 폐쇄 규칙closed rule을 따른다고 해보자. 또 여전히 단순 다수제로 결정을 내린다고 해보자. 그러면 안건 제출 순서에 따라서 $\{C, S, V\}$ 가운데 딱 하나가 결과로 정해진다. 예를 들어, V와 S가 먼저 붙고, 그다음에 S와 C가 붙으면, C가 승리한다. S와 C가 먼저 붙고, 그다음에 C와 V가 붙으면, V가 승리한다. 이런 식으로 계속된다. 이 같은 방식에서는, 의제 목록을 설정할 수 있는 사람, 즉 대결 순서를 결정할 수 있는 사람이 자신이 가장 원하는 대안을 집단 결정으로 만들 수 있다.[100] 이제 우리는 하나의 결정을 내릴 수 있다. 물론 이 결정이 자의적이고 우연적인 것으로 보일 수 있다. 그러나 민주주의에서 누가 의제 목록을 설정하는지는 우연히 정해지지 않는다. 바로 우리가 대통령, 총리, 의회 상임위원장, 정당의 원내 대표를 선출한다. 게다가 그들이 의제를 설정함으로써 만드는 결과가 마음에 들지 않을 경우, 우리는 다른 사람을 뽑을 수 있다.

이런 주장이 무한히 소급된다고 공격받을 수 있고, 여태껏 그래 왔다.

즉, 사람들이 결정 절차를 선택할 때도, [콩도르세의 역설 같은] 비非이행성이 발생할 수 있다는 것이다. 또 그들이 특정 선호 배열을 가지고 있다면, [의제를 설정하는] 대통령이나 총리를 뽑을 때도 마찬가지다. 그럼에도 불구하고, 이 같은 선택들은 여전히 약한 의미의 결정일 수 있으며, 따라서 동일하게 반박할 수 있다. 게다가 제도 선택은 양자택일일 가능성이 크며, 이 경우 단순 다수제는 결정성이 있다.

유권자는 투표하고 [대표자를] 선출하며, 의회는 법을 만드는 것이 현실이다. 의회가 만든 법이 곧 집단의 결정이다. 다른 결정이 내려질 수도 있었지만, 이미 결정한 것은 결정한 것이다. 보통의 시민은 "맙소사! 사람들 각각의 선호에 따랐으면 결정이 달라질 수도 있었을 거야."라는 식으로 말하지 않는다. 라이커는 이런 사실이 민주적 과정을 거쳐 만든 결과의 타당성 혹은 정당성을 잠식한다고 주장했다.[101] 논점은 단지 어떤 결정이, 이미 내려진 결정보다 개인의 선호에 더 근접한다고 말할 수 있는가일 뿐이다. 이에 대한 답은, 다른 어떤 결정도 개인 선호에 더 근접하지 않았을 것이며, 극단적인 경우에는 오히려 개인 선호에서 더 멀었을 수 있다는 점을 우리가 알고 있다는 것이다. 그러므로 근접성의 측정이라는 기준은 모든 집단적 의사 결정들의 순서를 약하게나마 매길 수 있다.

3. 사회적 선택이론을 넘어

모든 사람이 집단적 의사 결정에 동등한 영향력을 행사할 때, 사전에 어떤 대안도 더 선호되지 않을 때, 집단적 의사 결정이 개인의 선호에 반응할 때, 메이의 공리는 충족된다. 메이의 공리가 충족될 때 만들어지는 결정은, 자신이 선호하는 법 아래에서 산다는 의미에서 자유로운 사람의 수를 극대화한다. 그러나 불행히도 이 공리들 혹은 사회적 선택이론 일반은, 앞에서 정의한 차선의 자치를 위한 충분조건을 제공하지 않는다. 사회적 선택이론은 어떤 조건에서 집단적 의사 결정에 대한 영향력이 효과적으로 평등해질 수 있는지, 또는 어떤 조건에서 결정 과정에 대한 개인의 참여가 인과적으로 효과적일 수 있는지를 말해 주지 않는다. 게다가 사회적 선택이론의 공리는 [구성원이 직접 의사 결정에 참여하는] 위원회의 의사 결정에 관심을 갖는다. 반면 자치는 대의제라는 맥락 속에서 분석해야 한다. 즉, 대의제에서 집단적 의사 결정의 집행은 전문화된 대리인들, 즉 정부의 재량권에 맡겨져 있다는 점이 고려되어야 한다. 마지막으로 결정성의 공리는 집단적 의사 결정의 범위가 어디까지인지, 법이 제한할 수 있는 사적인 삶의 범위가 어디까지인지 말하지 않는다. 그러므로 자치는 물론 그것의 한계까지 이해하려면, 우리는 사회적 선택이론을 넘어서 나아가야 한다. 차선의 자치에 필요한 네 가지 조건인 평등, 참여, 대표, 자유를 각각 하나씩 살펴보는 것이 가장 좋겠다. 이 조건들은 복잡하므로 장별로 하나씩 살펴보도록 하자.

3

대의제의 간략한 역사

대의제에서 민주주의로

본격적인 분석에 들어가기에 앞서 간단한 역사적 배경을 알아 두는 것이 유용할 것이다. 이 장에서 다루는 내용은 어떤 별도의 설명을 달지 않은 몇 가지 정형화된 사실들로 이루어져 있다. 그 외의 추가적인 사실들은 관련 내용을 다루는 다음 장들에서 제시된다. 우선 이 장에서는 큰 틀에서 출발해 점차 몇 가지 세부 사항들을 살펴보도록 하겠다.

현대 대의제는 다음 네 가지를 합친 것이다. [첫째,] 개별 유권자들을 토대로 선출된 하원(제한적일 경우에도 신분 또는 직능 대표와는 구별된다).[+] [둘째,] 집행 기능과 입법 기능의 분리.[++] [셋째,] (비록 해산될 수 있다 하더라도) 의회가 스스로를 소집할 수 있는 권한. [넷째,] 의회의 조세권. 최근 연구들은, 중세 후기에 이미 유럽의 여러 지역에서 등장한 그리고 세계 각지에서 나타난 다양한 입법 기구들의 사례를 발굴했지만, 이 글에서 정의하는 대의제 체제는 영국[+++]과 폴란드에서 처음 등장했다. 폴란드에서

[+] '자유의 시대'Age of Liberty였던 1719~72년(Roberts 2002), 또 1809~66년(Verney 1957), 스웨덴 의회는 신분제 대표를 기초로 했다.

[++] 이탈리아, [오늘날의 벨기에, 네덜란드, 룩셈부르크, 프랑스 북부와 독일 서부 지역 일부를 포함하는 지역인] 저지대 국가들, 스위스 지역의 몇몇 공화국은 선거로 선출된 집단체가 통치했다. 그러나 이 기구는 입법과 행정 기능을 겸했다.

[+++] 영국을 포함하는 것이 문제가 될 수도 있다. 왜냐하면 선거권이 지역localities에

대의제의 기원은 1493년으로 거슬러 올라갈 수 있다.[1] 서반구에서는 미국 독립 전쟁의 결과로 대의제가 처음 등장했다. 프랑스에는 1789년, 스페인에는 1812년에 처음 등장했다. 1795년 폴란드가 주권을 상실한 후 영국, 미국, 프랑스, 스페인이 제도 설계의 모범 사례가 되었는데, 1810년 이후 독립한 라틴아메리카 국가와 1814년 노르웨이부터 시작해 여러 유럽 국가가 이들의 제도를 본받았다.

제도가 만들어졌다고 해서 대의제가 언제나 지속되었던 것은 아니다. 많은 국가에서 대의제가 붕괴했다. 때로는 여러 번 무너지기도 했다. 현 정부가 제도적 규칙을 준수하지 않고 통치했기 때문이든, 패배자가 선거 결과에 불복했기 때문이든, 제도 내에서 자신의 입지를 찾을 수 없었던 정치 세력이 대의제를 파괴하려 했기 때문이든 말이다. 대의제는 사회 또는 경제 발전의 체계적인 산물이라기보다는, 국가와 시기에 따라 저마다 특이한 이유로 설립되었지만 대체로 경제가 발전한 곳에서 더 오래 살아남았다.

상당수 국가들에서 대의제의 역사가 잦은 전복으로 말미암아 중단되곤 했다는 점을 고려해 볼 때, 대의제의 발전은 대체로 불연속적이었다. 그러나 몇 가지 일반적인 유형은 있다. 대의제가 처음 설립된 이후 대략 1세기 동안은 선거권을 둘러싼 갈등이 계급에 따라 조직되었다. 하층계급은 대의제 내에서 자신의 자리를 획득하기 위해 투쟁했고, 정치적 권리를 이미 가지고 있던 사람들은 이에 저항했다. 비록 오랜 시간이 걸리긴 했지만 가난한 남성들이 대의제라는 틀에서 자신의 자리를 쟁취

부여된 특권이었지 개인에게 주어진 것이 아니었기 때문이다. 1832년 [선거법] 개혁 이후에야 선거권이 개인에게 주어졌다.

했다. 그 후 여성들이 정치적 권리를 획득했는데, 이 과정은 국가별로 저마다 다른 동학을 보였다. 영국과 미국에서는 여성의 선거권이 확대되는 과정에서 수많은 여성 참정권 운동이 벌어졌다. 그러나 다수 국가는 정당 간 [경쟁] 논리의 결과로 커다란 소동 없이 여성들이 선거권을 얻었다. 19세기 하반기까지도, 재산을 소유한 남성들이 여러 쟁점을 두고 갈라졌고 이에 기반해 정당 간에 경쟁이 벌어지긴 했지만, 그 어떤 것도 가난한 사람들을 대의제에 수용할 경우 나타날 [부의] 분배 결과에 대한 두려움을 압도하지는 못했다. 그러나 일단 가난한 이들이 참정권을 얻게 되자 정치는 정당에 의해 조직되었다. 자신들의 사회경제적 목표를 추구하는 과정에서 정당들은 선거 경쟁에서 자신의 입지를 강화하고자 했으며, 여성 선거권 문제를 선거 경쟁의 수단으로 여겼다. 당시의 다수파가 선거에서 여성의 표로 이득을 볼 수 있다고 생각했을 때, 그들은 여성들에게 선거권을 부여했다.

권리를 내주는 것이 곧 권력을 내준다는 의미는 아니다. 가난한 이들에게 선거권이 허용되자 제도적 장치들이 가난한 사람들의 참여를 가로막았다. 공식 후보자 명부, 간접 투표, 공개투표, [유권자] 등록 관행, 선거제도, 선거구 구획, 노골적인 선거 부정+ 등 다양한 제도적 장치들이, 누가 참여할 수 있는지, 또 결과가 어때야 하는지에 영향을 미치기 위해 사용되었다. 이들의 조합 속에서, 다양한 생각들과 제도적 장치들이 투표와 선출 사이의 관계에 영향을 미쳤고, 따라서 사람들이 자신의 권리를 행사할 유인과 권리 행사의 효과에 영향을 미쳤다. 선거는 규칙에 따라 이루어지고 규칙은 결과에 영향을 미친다. 그러므로 선거는 필

+ [옮긴이] 선거 부정과 선거 조작의 차이에 대해서는 이 책 228쪽 이하를 참고.

연적으로 조작할 수 있으며 실제로도 조작됐다. 현직자가 선거에서 패배하는 경우는 놀랄 정도로 드물었다. 즉, 최근까지의 선거 결과를 살펴보면, 대략 여섯 번의 선거 가운데 한 번 정도에서만 정당 간 정권 교체가 발생했다.

군주제를 유지했던 국가들과, 멀리 떨어져 있는 군주로부터 독립을 하거나 지방 총독을 폐위한 국가들이 대의제를 발전시킨 경로는 서로 달랐다. 대의제 창설자들에게 최선의 대의제 설계 — [정부] 기능을 분리하고, 정부 부문마다 다른 권력을 할당하고, 이 권력들이 서로 견제하고 균형을 맞춰야 한다는 — 방식이 무엇인지는 명확하지 않았다. 몇몇 제도설계는 결함이 있었고, 곧바로 문제가 명확히 드러났다. 즉, 이들은 의회나 행정부에 너무 많은 권력을 부여했다. 게다가 대의제 설계 당시에는 정치가 정당 중심으로 이루어질 것이며, 정당은 가장 잘 설계된 분립마저도 파괴해 버릴 수 있다는 사실[예컨대, 다수당이 입법부와 행정부 등을 모두 장악함으로써]을 고려하지 않았다.

마지못한 상황에서, 또한 수많은 우여곡절을 겪으며, 지난 200년 동안 대의제는 결국 오늘날 우리가 '민주주의'라고 부르는 것으로 진화했다. 민주주의로의 진화 역시 직선적이지 않았다. 19세기에는 참정권의 범위, 행정부와 의회 권력 사이의 관계가 주된 갈등 지점이었다. 그러나 언제 어디서든 대의제가 자리를 잡게 되면, 어느 정도의 [정치적] 반대, 곧 정치적 다원주의를 허용하는 경향을 보였다. 그래서 1920년대 이후 주된 정치적 갈등 지점은 참정권이 아니라, 선거 경쟁을 통해 정치권력을 획득할 가능성이 어느 정도인지였다. 여러 신생 독립국들은 레닌의 기술적인 혁신을 모방했는데, 그것은 단일 정당이 지배하는 정치제도였다. 오늘날에도 여전히 전제정이 몇몇 남아 있지만 20세기 말 무렵에 이르러 일당제는 대부분 무너졌다. 이제 대부분의 나라들에서 형식적인 정치적 권리는 거의 보편적으로 주어진다. 정치 활동은 정당이 조직한다. 선거는 경쟁적이다. 다시 말해, 반대당[야당]이 승리할 기회가 상당 정도 있으며, 집권당과 반대당 모두 최소한 민주주의의 기본 규칙을 준수한다.

대의제의 부상

이 책에서 검토하고 있는 대의제는 선거로 선출된 하원, 행정부와 의회 권력의 분립, 스스로 소집할 수 있는 의회 권한, 의회의 조세권을 결합한 것이다. 이런 의미의 대의제 체계는 영국과 폴란드에서 처음 등장했다. 그러나 폴란드는 1795년에 주권을 상실했다. 서반구에서는 미국의 독립 전쟁으로 대의제가 처음 나타났다. 유럽의 경우, 프랑스에서 1789년, 스페인에서 1812년, 노르웨이에서 1814년, 네덜란드에서 1815년, 스위스에서 1815년, 포르투갈에서 1820년에 등장했다.[+] 1848년 독립한 3개 유럽 국가도 곧 이 목록에 포함됐다. 즉, 벨기에는 1830년, 룩셈부르크는 1841년, 그리스는 1844년에 대의제를 도입했다. 1848년의 혁명적인 국면의 여파로 덴마크왕국, 사르데냐-피에몬테 왕국[통일 이탈리아의 전신인 국가], 독일, 오스트리아·헝가리제국에서도 대의제가 실험되었다. 덴마크왕국과 사르데냐-피에몬테 왕국에서는 대의제가 지속되었고, 독

[+] 1796년 이후 바타비아 공화국Batavian Republic에도 잠깐 대의제가 있었다. 1809년 새로 헌법을 제정한 스웨덴에는 1866년까지 신분제에 기초한 의회가 있었다는 사실에도 주목하라.

그림 3-1 | 의회가 있는 국가의 비율

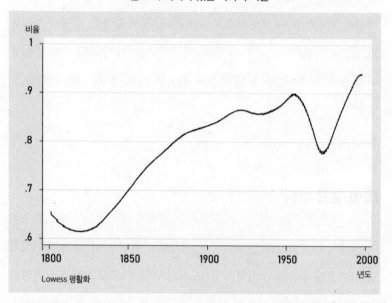

일과 오스트리아·헝가리제국에서는 단명했다. 다른 유럽 국가들 역시 제1차 세계대전 이전에 독립하거나 적어도 자치권을 확보했을 때, 대의제를 실험한 국가들의 목록에 포함되었다. 루마니아는 1864년, 불가리아는 1879년, 핀란드는 1906년에 대의제를 도입했다. 통일을 이룬 독일 [제2]제정과 이탈리아는 각각 1867년, 1861년에 대의제를 도입했다. 1867년 오스트리아 제국은 다시 대의제를 도입했다. 마지막으로 1906년 러시아에서 처음으로 의회가 구성되었다. 라틴아메리카에는 모든 나라가 독립 후 몇 년 내에 대의제를 도입했다. 1810년 콜롬비아를 시작으로, 1811년 파라과이와 베네수엘라, 1818년 칠레가 뒤를 이었다. 세계의 다른 지역으로는 오스만제국이 1876, 77년 대의제를 실험했으나 실패했고, 1908년 다시 도입했다. 한편 이란은 1906년에 처음으로 선거를 통해

의회를 구성했다. 자치권을 가졌던 몇몇 식민지에도 대의제가 있었다. 바베이도스와 자메이카는 이미 18세기 말에 대의제가 있었다. 캐나다는 1867년부터 대의제가 있었다. 1918년 이후 독립한 대다수 국가들은 최소한 명목적으로라도 대의제를 도입했다(여기서 명목적이라고 하는 까닭은 1960년 이후 이들 가운데 다수 국가가 반대당을 허용하지 않았기 때문이다).

〈그림 3-1〉은 연도별로 앞서 정의한 기준에 따라 대의제가 자리 잡은 국가와 식민지의 비율을 보여 준다. 이 비율은, 몇몇 국가에서 파시스트 정권이 의회를 폐지한 1930년대까지 거의 매년 증가했다. 이후 아프리카 국가들의 독립이라는 거대한 흐름과 라틴아메리카에서 군사정권이 등장하면서 큰 침체가 뒤따랐다. 여기서 주의해야 할 점이 있다. 이 그림에 포함된 의회에는, 그 의회에 조세를 승인할 수 있는 명목적 권한이 있는 한, 의회 구성원들 가운데 일부만이 선거를 통해 선출되거나 비경쟁적 선거를 통해 구성된 의회도 포함되어 있다.

선거권

대의제가 처음 설립되었을 당시, 어느 곳에서나 정치적 권리는 부유한 이들에게만 국한되었다. 보통선거권이 부여되기까지는 오랜 시간이 걸렸다. 1900년까지도 17개 국가에서만 모든 남성에게 선거권을 부여했으며, 오직 한 국가에서만 여성에게도 선거권을 부여했다. 대의제가 처음 도입되고 150년 이상이 흘러 20세기 후반이 되어서야 보통선거권이 거부할 수 없는 규범이 되었다.

몇몇 초기 헌법이 거의 모든 남성에게 보통선거권을 부여하긴 했지

그림 3-2 | 보통선거권을 부여한 국가의 비율

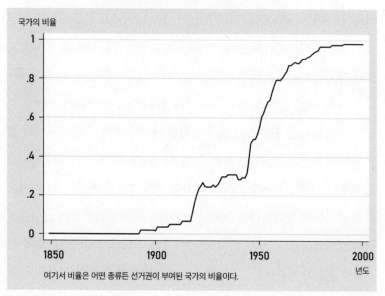

여기서 비율은 어떤 종류든 선거권이 부여된 국가의 비율이다.

만, 19세기 대부분의 기간 동안 투표할 권리는 성인 남성 가운데 재산이 있거나, 일정한 소득을 거두거나, 일정한 세금을 내는 사람에게만 주어졌다. 오직 두 국가 ― 1839년 라이베리아[+]와 1844년 그리스 ― 에서만 첫 선거권 법에서 모든 성인 남성에게 선거권을 부여했다.[++] 1792년 프랑스를 필두로[+++] 19개 국가에서 제정된 최초의 선거권 자격 요건은

[+] 라이베리아는 [노예해방으로 자유로워진] 미국 출신의 노예들이 정착한 식민지로, 1839년 라이베리아 연방으로 이름을 바꾸었다.

[++] 1821년 부에노스아이레스의 선거법은 보통선거권을 도입했지만, [노예가 아닌] 자유인에게만 부여했다. 약 12퍼센트가 자유인이 아니었다(Ternavaso 1995, 66, 67).

[+++] 프랑스의 1792년 선거법은 [프랑스 내 어떤 곳에서 일하든] 3일치의 지역 임금에 해당하는 직접세 납부를 선거권 자격 요건으로 규정했다. 남성 보통선거권은 1793년 헌법 제4조[시민권 행사 자격에 대한 규정]를 통해 도입되었지만, 이 헌법

상대적으로 포괄적이어서, 경제적으로 자립적인 남성 모두에게 선거권을 부여했다. 스페인어권 아메리카에서 선거권을 얻을 수 있는 자격을 가리키는 범주는 베시노vecino(문자 그대로는 '이웃'neighbor이라는 뜻)였는데,[+] 이 말은 "재산이 있거나, 전문직이거나, 공적으로 이름이 있는 기술을 가지거나, 유용한 활동을 하는 직업이 있거나, 하인 또는 일용직으로 타인에게 종속되지 않은"(1823년 페루) 또는 "유용한 직업이 있거나 또는 잘 알려진 생계 수단을 가진"(1824년 코스타리카) 등과 같은 문구로 정의되었다. 힐다 사바토가 여러 글에서 강조했듯이, 이 개념은 사회적인 것이지 법적인 개념이 아니었다.[2] 베시노는 단지 지역공동체에서 신망이 있는 사람이었다. 게다가 선거권자의 적격 여부를 지역 당국이 결정했으므로, 이 기준은 비공식적이고 느슨하게 적용됐다. 레티시아 카네도가 자세히 설명했듯이,[3] 지역 선거 위원회가 페드로를 좋은 사람이라고 알고 있다면 그는 곧 베시노다. 안토니오 안니노에 따르면,[4] 이 국가들에서 전국 단위로 시민권 자격을 부여하게 된 것은, 시민권 자격이 사회적 개념에서 법적 개념으로 전환된 것이며, 모호한 사회적 기준을 구체적인 소득 또는 조세 납부 실적, 그리고 경우에 따라 여기에 더해 읽고 쓰는 능력을 요구하는 것으로 바꾼다는 뜻이다. 이는 좀 더 제한적인 방

은 실효적이지 못했다. 이 헌법에 따라 치러진 선거는 없었다. 이후 1795년 헌법은 다시 직접세를 납부하거나(제8조) [공화국의 건설을 위해] 적어도 한 번 이상 종군한(제9조) 이들[남성]에게 선거권을 부여했다. 게다가 이 헌법은 하인 및 파산한 채무자는 선거권에서 배제했다. 이와 관련해서는 세르주 아베르당(Aberdam 2006)에 수록된 문서 자료들과 맬컴 크룩(Crook 2002)의 논의를 참고하라.

+ 초기 북아메리카에서 이와 동등한 뜻으로 '거주자'inhabitant라는 말이 있다. 이 말은 1766년 뉴저지에서 부동산 보유자, 몇 년 동안의 세입자, 혹은 타운이나 구역 Precinct의 주택 보유자로 정의됐다. 주디스 앱터 클링호퍼와 루이스 엘키스(Klinghoffer and Elkis 1992, 190의 주)를 참고하라.

향으로 바뀐 것이다. 그리하여 처음에는 모든 독립적인 남성에게 선거권을 부여했던 19개 국가 가운데 16개 국가는 곧 선거권을 제한했다. 라이베리아가 1847년 선거권을 제한했고, 다른 모든 나라는 1848년 이전까지 선거권을 재산, 소득, 혹은 읽고 쓰는 능력에 따라 부여했다. 이에 따라 1847년에는 그리스, 멕시코(1847년 모든 남성에게 선거권을 부여했다), (베시노 기준을 유지했던) 엘살바도르만이 넓은 범위의 남성에게 선거권을 부여했다. 1893년 이전에는 오스트리아 제국의 몇몇 여성 지주들을 제외하면, 그 어떤 여성도 전국 단위 선거에서 투표할 수 없었다.

이와 같은 초기의 자격 제한은, 점진적으로든 급격하게든 시간이 갈수록 완화되었다. 간혹 역전되기도 했지만 말이다. 몇몇 국가에서는, 스페인 용어[베시노]를 사용해서, '보수주의자'와 '자유주의자'가 선거권을 놓고 몇 번이고 싸웠다. 그 결과 그들의 정치적 힘에 따라 선거권 자격요건이 요동쳤다. [선거권 자격이 급격히 변화·역전된] 대표적인 사례로는 프랑스를 들 수 있다. 프랑스에서 선거권 자격은 소득 요건에서 남성 보통선거권으로, 그리고 다시 소득 요건으로 돌아왔다가, 소득 요건과 읽고 쓰는 능력을 요구하다가, 다시 소득 요건으로 돌아왔다. 그러고도 다시 남성 보통선거권으로 바뀌었다가, 다시 소득 요건으로 갔다가, 다시 남성 보통선거권으로 돌아왔다. 1945년이 되어서야 양성 모두에게 보통선거권이 부여되었다. 스페인의 선거권 역사도 마찬가지로 뒤얽혀 있다.[5] 여러 라틴아메리카 국가의 역사도 마찬가지다. 과테말라가 대표적이다. 과테말라에서는 열 가지 선거권 자격 규칙이 있었고 선거가 없는 시기도 있었다.

선거권 자격 요건을 몇몇 범주로 분류할 수 있다.[+]

0. 선거권 규칙이 없는 경우

남성의 경우,

1. 신분 대표

2. 재산 요건

3. 재산(또는 특정 금액 이상 소득이나 세금 납부액, 또는 특정 직업 종사자) 그리고 읽고 쓰는 능력

4. 재산(또는 특정 금액 이상 소득이나 세금 납부액, 또는 특정 직업 종사자). 읽고 쓰는 능력은 무관

5. 읽고 쓰는 능력(아니면 읽고 쓰는 능력 또는 소득 중 하나)

6. '경제적 자립'independent

7. 법적으로 자격이 박탈된 일부를 제외한, 특정 연령 이상, 때로 지역 거주 요건도 충족하는 모든 사람(곧 '모든 남성'manhood)

여성의 경우에도 기본 요건은 남성 자격 요건을 따른다. [여성에게만 해당하는] 추가적인 요건은 다음과 같다.

0. 여성은 투표할 수 없는 경우

1. 여성에게 적용되는 자격 요건이 남성에게 적용되는 자격 요건보다 더 엄격한 경우(더 높은 연령, 남성 가장이 없는 경우에만 가능, 군 복무 중인 남성의 친척인 경우에만 가능 등)

+ 여태껏 유일하게 이 기준만 적용된 것은 아니다. 이 범주들에 더해 추가적인 기준이 적용되기도 했다. 특정 종족, 특정 지역 거주자, 특정 종교의 신자, 특정 정당이나 이데올로기의 동조자, 노예, 군부 인사들, 신부나 수녀를 배제한 기준도 있었다. 때로는 투표권을 부여하지 않는 몇 가지 기준이 동시에 적용되기도 했다.

그림 3-3 | 다양한 형태의 남성 선거권을 가진 국가들의 비율(1810~2000년)

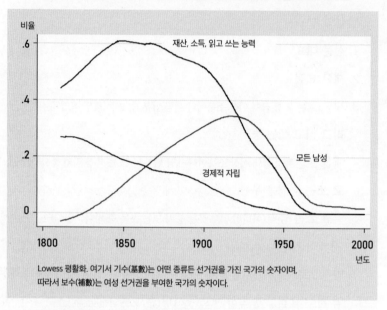

Lowess 평활화. 여기서 기수(基數)는 어떤 종류든 선거권을 가진 국가의 숫자이며,
따라서 보수(補數)는 여성 선거권을 부여한 국가의 숫자이다.

2. 남성과 자격 요건이 동등한 경우

이와 같은 투표자 규정이 유권자의 수를 구분하지 않고, 오직 제한의
종류에 따라서만 구분되고 있다는 사실에 주목하라. 그 이유는 소득 증
대나 인플레이션은 법적 변화 없이 유권자 층을 확대할 수 있었기 때문
이다.⁺

19세기에는 선거권 자격 제한 체제regime censitaire가 명백히 우세했다.

⁺ 예를 들어 보자. 1824년 제정 브라질의 연간 소득 기준 투표자 요건은 100밀레이
스milreis였다. 1846년에는 200밀레이스로 올랐다. 리처드 그레이엄에 따르면, 인플
레이션 때문에 거지나 부랑자를 제외한 모든 사람이 이 기준 이상으로 소득을 올릴
수 있었다(Graham 2003, 360). 심지어 하인도 포함해서 말이다.

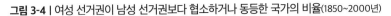

그림 3-4 | 여성 선거권이 남성 선거권보다 협소하거나 동등한 국가의 비율(1850~2000년)

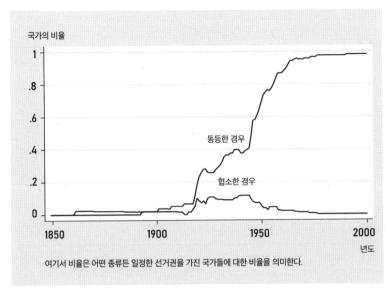

여기서 비율은 어떤 종류든 일정한 선거권을 가진 국가들에 대한 비율을 의미한다.

남성만 투표할 수 있던 국가와 식민지 사이에서도 재산, 소득, 또는 읽고 쓰는 능력에 따라 선거권을 제한하는 경우가 1900년 무렵까지도 여전히 훨씬 많았으며, 제2차 세계대전 종전까지도 남성 보통선거권(〈그림 3-3〉에서 '모든 남성')을 부여한 경우보다 많았다.

최초로 여성이 남성과 동등한 기반에서 투표할 수 있게 되었던 곳은 1893년 뉴질랜드였다.⁺ 이어서 1901년 오스트레일리아, 1907년 핀란

⁺ 맨섬Isle of Man은 그 이름에도 불구하고, 1866년 재산이 있는 여성의 투표를 허용했다. [1893년 뉴질랜드가 최초라는 것은] 이를 제외한 것이다. 지역 단위에서 선거권을 규제했던 곳 중에는 와이오밍 준주[와이오밍은 1890년 주로 승격한다]가 1869년 최초로 보통선거권을 도입했다. 일부 국가는 지방선거에서 여성에게 더 빨리 선거권을 부여했다. 1863년 스웨덴에서 미혼 여성은 지방선거에 투표할 수 있었고, 1868년 핀란드의 지방 공동체에서도 그랬다(Törnudd 1968, 30).

그림 3-5 | 다양한 유형의 선거권 확대가 이루어진 시기

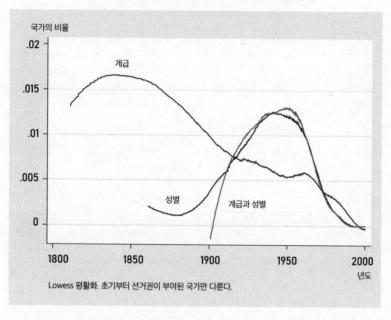

드, 1913년 노르웨이가 그랬다. 1907년 노르웨이, 1915년 아이슬란드, 1917년 캐나다, 1918년 영국에서 여성은 남성보다 더 엄격한 기준에 따라 투표할 권리를 얻었다. 1950년이 되어서도 어떤 형태로든 선거권이 있는 국가 가운데 고작 절반 정도만이 여성과 남성에게 동등한 기준에 따라 선거권을 부여했다.

이와 같은 다양한 종류의 선거권 자격 요건하에서 선거권 개혁, 즉 선거권 자격 요건이 시간이 흐름에 따라 바뀌는 경우를 파악해 볼 수 있다. 게다가 우리는 개혁의 결과 선거권이 어느 집단으로 확대되어 부여되었는지 구분할 수 있다. [위에서 제시된] 남성 투표권 요건만 바뀐 경우는 [투표할 수 있는] 계급이 확대된 것이다. 여성 선거권 요건만 바뀐 경우는 성별이 확대된 것이다. 두 요건 모두 바뀐 경우는 계급과 성별 모두가 확대된 것이다. 이렇게 구분할 때 계급이 확대된 경우는 185번 있었다. 그중 155번은 남성에게만 적용됐다. 성별이 확대된 경우는 70번 있었다. 성별과 계급 모두가 확대된 경우는 93번 있었다.

이와 같은 선거권의 확대는 다양한 시기에 걸쳐 이루어졌다. 1914년 이전까지 계급에 따른 선거권 확장은 112번 발생했다. 반면 같은 기간 성별에 따른 선거권 확장은 4번 발생했다. 계급과 성별 모두에 따른 선거권 확장은 고작 2번 발생했다. 이후 선거권 확장은 성별에 따른 것이거나, 계급과 성별 모두에 따른 것이 대다수였다.

선거 참여

18세기 중반만 하더라도 인민이 투표하는 경우는 거의 없었다. 형식적으로는 선출되는 것으로 간주되었던 공직도, 통상적으로 세습이나 임명을 통해 채워지곤 했다. 새로 건국한 미국에서 첫 연방의회 선거가 있었던 1788년 이전까지만 해도 폴란드, 영국, 영국의 몇몇 아메리카 식민지들에만 전적으로 선거를 통해 그 구성원이 선출되는 하원이 있었다. 혁명 시기의 프랑스, 단명했던 바타비아 공화국(네덜란드)만이 1800년 이전에 이 목록에 포함됐다. 스페인은 1813년에 첫 의회 선거가 있었고, 노르웨이에서는 1814년, 포르투갈에서는 1820년, 새로 독립한 그리스에서는 1823년에 첫 의회 선거가 있었다. 1821~30년 사이에 신생 라틴아메리카 국가 최소 8개국이 이 목록에 포함됐다.[+] 그리고 1831년 벨기에와 룩셈부르크도 그 뒤를 따랐다. 1848, 49년 사이의 혁명 시기를 거치

그림 3-6 | 의회 선거가 실시된 국가의 비율(1800~2000년)

하한 정렬은, 정보가 없는 사례들에서는 선거가 없었다고 가정하고 Lowess 평활화했다.

며 이 목록에 7개 국가가 새로 들어왔다. 이 시기에 라틴아메리카 국가 4개국에서도 첫 번째 의회 선거가 치러졌다. 1850년쯤에는 최소 31개 독립국이나 식민지가 의회 선거를 한 번 이상 치렀다. 1900년쯤에는 최소 43개국이 됐다. 제1차 세계대전 후에 등장한 국가들 대부분은 적어도 전간기 동안 의회를 선거로 뽑았으며, 여러 식민지들에서도 최초로

✦ 실제로는 거의 확실히 더 많은 나라가 선거를 통해 의회를 선출했다. 이 기간에 몇몇 라틴아메리카 국가의 경우 의회 선거 기록은 없지만, 그들이 대통령 선거를 실시했으며, 대통령이 의회에서 간접선거로 뽑혔다는 사실을 우리는 알고 있다. 에콰도르는 1830년, 니카라과는 1825년에 대통령 선거를 실시했지만 의회 선거에 대한 기록은 없다. 1824년에 첫 대통령 선거를 치른 엘살바도르(우리가 파악할 수 있는 첫 의회 선거는 1842년에 있었다)와, 1814년에 대통령 선거를 실시한 페루(그러나 우리가 가진 의회 선거 기록은 1845년 이후다)는 1830년 이전에 의회 선거가 실시되었을 가능성이 높다. 일상적인 입법 권한을 갖지 않는 제헌의회 선거는 여기에 포함하지 않았다는 점에 유의하라.

선거가 치러졌다.

그러므로 한 번이라도 의회 선거에서 투표해 본 사람의 수는 점점 아찔한 속도로 늘었다. 1820년에는 약 100만 명이었는데, 1850년에는 최소 250만 명으로 늘었고, 1900년에는 최소 2100만 명, 1950년에는 1억 2500만 명, 1996년에는 7억 3000만 명이 됐다. 1750년에 한 줌밖에 안 되던 유권자 대중은 폭발적으로 증가해 수억 명이 됐다.

〈그림 3-6〉은 1800~2000년 사이에 전국 단위의 의회 선거를 치렀던 국가와 식민지[속령]의 비율을 연도별로 보여 준다. 그림에서 위쪽의 그래프는 이용 가능한 정보에 기초한 것이며, 그 정보 값은 특히 초기에 [하한 정렬한 그래프에 비해] 위쪽으로 치우쳐 있다. 그것은 이 시계열 그래프가 정보를 구할 수 있는 국가를 토대로 한 것이기 때문이다 — 정보를 구할 수 없을 경우 선거가 없었을 가능성이 크다[이 그래프는 그것을 표시하지 않고 선거가 있었던 경우를 연결하고 있다]. 반면 하한 정렬한 시계열 그래프는 아래쪽으로 치우쳐 있는데, 이는 정보가 없는 곳은 선거를 치르지 않았다는 가정에 따랐기 때문이다. 정확한 시계열 그래프는 아마도 하한 정렬의 궤적을 따랐을 것이며, 1900년 이전에는 이 궤적보다 약간 더 높은 값이었을 것이다.

자민족 중심적인 유럽인들에겐 놀라운 사실일 수도 있겠지만, 라틴아메리카 국가가 유럽 국가보다 선거를 더 먼저 치렀다는 사실을 강조해 둘 만하다.[+] 이는 부분적으로 라틴아메리카 여러 나라가 1809년의

[+] 안니노는 이렇게 말했다. "라틴아메리카는 국제적인 맥락에서 볼 때 매우 예외적으로 조숙했다. … 유럽 대서양 지역 전체를 살펴보면 라틴아메리카가 분명 선두에 있었다"(Annino 1998, 10). 라틴아메리카 초기 헌법을 다루는 논의는 로베르토 가르가렐라(Gargarella 2005)를 참조하라.

표 3-1 | 첫 의회 선거 시기

시기	라틴아메리카		서유럽	
	사례 수	누적 확률	사례 수	누적 확률
1820년 이전	4	21.1	6	37.5
1830년 이전	12	63.2	7	43.8
1850년 이전	17	89.5	14	87.5
1870년 이전	18	94.7	16	100
전체	19	100	16	100

주: 파나마는 1904년에 독립했다.

[나폴레옹의 침입에 대항한 스페인 저항 세력의 최고 조직인] 최고 중앙 평의회 Junta Suprema Central 선거에 참여했기 때문이다. 그래서 여러 유럽 국가들이 나폴레옹전쟁에 휘말려 있었고 여전히 선거가 거의 실시되지 않았을 때, 라틴아메리카 국가들은 대의제라는 발상을 실천에 옮길 수 있었다.[+] 그러나 좀 더 일반적인 원인은, 대부분의 유럽 국가들이 권력을 군주에서 의회로 점진적으로 이양했던 반면 당시 라틴아메리카 전쟁은 독립 전쟁인 동시에 군주제 지배에 저항하는 전쟁이기도 했기 때문이다(〈표 3-1〉 참조).

양적인 측면에서, 선거 참여를 전체 인구에서 실제 투표하는 사람의 비율로 생각해 보자.[++] 그러면 선거 참여를 다음의 식으로 재구성할 수 있다.

[+] 기예르모 팔라시오스와 파비오 모라가는 최고 중앙 평의회 선거가 큰 영향을 미쳤다고 강조한다. "제한적이긴 했지만, 중앙위원회 위원을 선출했던 1809년 선거는 라틴아메리카 현대 정치 체제의 탄생에 중대한 순간이었다"(Palacios and Moraga 2003, 147).

[++] 전체 인구를 기수基數로 사용한다면 인구의 연령 구성에 따른 편향이 생긴다. 그러나 연령 구성에 따른 자료는 드물다.

그림 3-7 | 유권자 비율, 투표율, 선거 참여율(1815~2000년)

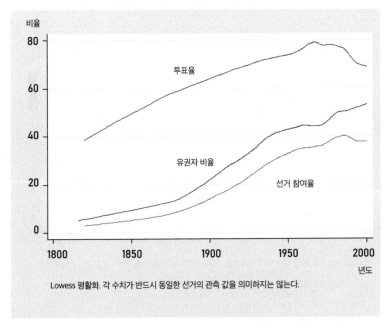

선거 참여율 $\equiv$ $\dfrac{\text{실제 투표자}}{\text{전체 인구}}$ $=$ $\dfrac{\text{유권자}}{\text{전체 인구}}$ $\times$ $\dfrac{\text{실제 투표자}}{\text{유권자}}$

위의 식은 선거가 일어난다고 전제한다. '선거 참여율'은 전체 인구에서 실제 투표자의 비율이다. '유권자 비율'은 전체 인구 가운데 법적으로 투표할 자격이 있는 사람의 비율이다. 그리고 '투표율'은 투표할 권한이 있는 사람 가운데 실제 투표자의 비율이다. 다시 표현하면 다음과 같다.

선거 참여율 = 유권자 비율 × 투표율

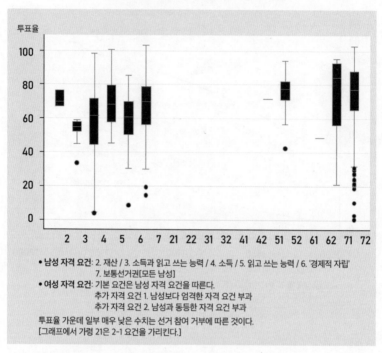

그림 3-8 | 선거권 자격 요건에 따른 투표율

- 남성 자격 요건: 2. 재산 / 3. 소득과 읽고 쓰는 능력 / 4. 소득 / 5. 읽고 쓰는 능력 / 6. '경제적 자립'
  7. 보통선거권[모든 남성]
- 여성 자격 요건: 기본 요건은 남성 자격 요건을 따른다.
  추가 자격 요건 1. 남성보다 엄격한 자격 요건 부과
  추가 자격 요건 2. 남성과 동등한 자격 요건 부과
  투표율 가운데 일부 매우 낮은 수치는 선거 참여 거부에 따른 것이다.
  [그래프에서 가령 21은 2-1 요건을 가리킨다.]

〈그림 3-7〉은 전국 단위 의회 선거에서 전체 인구 가운데 실제 투표
한 이의 평균 비율(선거 참여율), 투표할 권리가 있는 사람의 비율(유권자
비율), 유권자 가운데 실제로 투표한 비율(투표율)의 추세를 보여 준다.

〈그림 3-8〉은 각각의 선거권 범주에 따른 투표율의 범위를 보여 줌
으로써 배경 이해를 돕는다. 전체 유권자 구성이 어떤지는 투표율에 아
무런 영향도 못 미친다는 것을 볼 수 있다. 이는 선거 참여율의 변화는
주로 유권자 비율의 증가에 따른 것임을 의미한다.

[1815~2000년까지] 전체 시기를 보면, 자료가 있는 연속적인 두 선거
사이에서 선거 참여율은 평균 1.01퍼센트포인트 증가했다.[+] 유권자 비

그림 3-9 | 유권자 비율과 투표율이 선거 참여율의 변화에 미친 영향

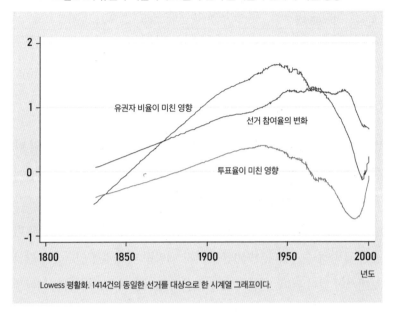

Lowess 평활화. 1414건의 동일한 선거를 대상으로 한 시계열 그래프이다.

율은 평균 1.48퍼센트포인트 증가한 반면, 투표율은 평균 0.16퍼센트포인트 감소했다. 선거 참여율의 변화를 분해해서 보면, 선거 참여율의 평균적인 증가가 거의 전적으로 유권자 비율의 증가 때문인 것으로 나타난다. 즉, 선거 참여율의 평균 증가는 1.01퍼센트포인트이다. 이 중 유권자 비율의 변화가 미친 영향은 1.10퍼센트포인트이고, 투표율의 변화가 미친 영향은 -0.09퍼센트포인트이다.[++] 그러나 이런 평균치에서 그리

[+] 정부가 선출되지 않은 때도 이 기간에 포함하지만, 중간에 선거가 있어도 데이터가 없는 경우는 포함하지 않는다는 점에 주의하라.

[++] P_t가 선거 참여율, E_t가 유권자 비율, T_t가 투표율이라고 해보자. 그러면 $P_t = E_t T_t$다. 앞의 값과 뒤의 값의 차이를 $\triangle$ 라고 해보자. $P_t = E_t T_t$이기 때문에, $\triangle P_t = \triangle T_t \times E_t + T_t \times \triangle E_t + \triangle E_t \times \triangle T_t$이다. 혹은 $\triangle P_t = T_t \times \triangle E_t + \triangle T_t \times E_{t+1}$이다.

표 3-2 | 시기별로 유권자 비율과 투표율이 선거 참여율의 변화에 미친 영향

선거 참여율	1915년 이전	1915~77년	1978~2000년	전체
선거 참여율의 변화	0.54	1.82	0.34	1.01
유권자 비율에 따른 변화	0.46	1.19	1.18	1.10
투표율에 따른 변화	0.09	0.63	-0.84	-0.09
총 선거 횟수	163	676	575	1414

많은 정보를 얻을 수는 없다. 왜냐하면 유권자 비율과 투표율은 각각 다른 시기에 다른 방식으로 발전했기 때문이다. 〈그림 3-9〉는 선거 참여율의 평균적인 변화를 연 단위로 쪼개서 보여 준다.

　탈식민지화라는 거대한 물결이 일었던 1960년 무렵까지, 유권자 비율은 급속히 증가했다. 1960년쯤 되자 대다수 나라에서 선거권은 거의 보편적인 것이 됐다. 반면 투표율이 선거 참여율의 증가에 미친 기여분은 1900년쯤까지 음(-)의 관계였다가, 1900~78년쯤까지 양(+)의 관계로 바뀌었다. 그 후에는 급격히 음(-)의 관계로 돌아섰다.[+] 게다가 1978년 이후 투표율의 하락은 전 세계적인 현상으로 보인다. 서유럽에서 치러진 107건의 연속적인 선거에서 투표율은 평균 0.76퍼센트포인트 하락했다. 경제협력개발기구OECD 회원국(서유럽 국가들과 오스트레일리아, 캐나다, 일본, 뉴질랜드, 미국 등)의 경우, 150건의 선거에서 평균 0.68퍼센트포인트 하락했다. OECD 비회원국들에서는 438건의 선거에서 평균 0.69

[후자의 식에서] 우변의 첫 번째 곱셈 항은 선거 참여율에 유권자 비율의 변화가 미치는 영향이다. 두 번째 곱셈 항은 선거 참여율에 투표율 변화가 미치는 영향이다.

[+] 스플라인 함수 분석analysis of splines 결과, 1978년을 분기점으로 둘 때 각 시기 간의 차이가 극대화됐다. 1978년 이전을 분기점으로 삼으면 절편과 기울기 모두 유의미한 차이가 나타나지 않았다. 그러나 1978년 이전과 이후는 절편과 기울기 모두 유의미한 차이가 났다.

퍼센트포인트 하락했다. 이는 라틴아메리카를 포함한 값이다. 라틴아메리카는 102건의 선거에서 0.44퍼센트포인트 하락했다(〈표 3-2〉 참조).

유권자의 투표율이 올라갔을 때마저도 선거 참여율의 증가는 개인의 결정이라기보다는 주로 누구에게 투표할 권리가 있는지를 결정하는 규칙 때문이었다.

의회-행정부 관계

자치의 이상은 대의제를 통해 실현된다. 그런데 어떤 대의제가 이 이상을 가장 잘 실현할까? 대의제의 창설자들이 최적의 설계안을 두고 수준 높은 토론을 진행했음에도 현실의 제도는 다양하다. 그렇지만 이는 견해가 다양했기 때문이 아니라 제도가 만들어진 역사적 환경이 달랐기 때문이다.

스위스의 자치 공동체들,⁺ [베네치아공화국, 제노바공화국 등] 이탈리아의 여러 공화국, 바타비아 공화국[네덜란드]을 제외하면, 1789년 이전의 유럽 국가들은 군주제였다. 이 가운데 군주의 권력을 헌법으로 제한한 곳은 몇 군데 되지 않았다. 폴란드에서 새로 즉위한 왕은 왕의 권력을 구체적으로 제한하는 [예컨대, 의회의 정기적 개최, 귀족의 저항권 인정 등이 담긴] 파크타 콘벤타pacta conventa에 동의해야 했다.⁶ 영국에서는 1688년 이후, 그리고 스웨덴에서는 이른바 자유의 시대였던 1719~72년 사이에 헌법

⁺ [옮긴이] 나폴레옹이 1798년 중앙집권적 공화국인 헬베티아 공화국을 세우기 전까지 스위스는 독립적인 소국가들(칸톤)의 느슨한 국가연합인 서약 동맹을 이루고 있었다. 취리히, 베른, 바젤 등의 도시 칸톤은 공화국으로 불렸다.

으로 왕의 권력을 제약했다.[7] 그 외의 군주정들은 절대 권력을 휘둘렀거나, 최소한 왕의 권력을 공식적으로 제한하지는 않았다. 프랑스혁명은 일시적으로 군주정을 철폐해 [유럽] 대륙 전체에 입헌주의에 대한 반향을 일으켰다. 1809년 스웨덴과 1814년 노르웨이부터 시작해 여러 유럽 군주정이 차례로 입헌군주정이 되었으며, 왕정복고 이후의 프랑스 역시 입헌군주정이었다. 그러나 (명목상 군주가 수장인) 행정부와 (예산권은 있었지만 왕의 내각 구성에 대해서는 공식 발언권이 없었던) 의회 사이의 관계는 본질적으로 갈등적이었으며, 따라서 불안정했다. 행정부 권력이 의회 다수파의 수중에 있는 체계인 의회중심제는 점진적인 과정을 거쳐 등장했지만 때로는 뒤집히기도 했다. 게다가 대다수 국가에서 의회주의 관행은 법으로 만들어지기 전에 등장했지만 일부 국가에서는 그 원칙이 법으로 만들어졌음에도 시행되지 않았다.

의회중심제가 모든 나라에서 동일한 궤적을 그리며 등장한 것은 아니다. 영국은 종종 의회중심제의 원형으로 간주되는데, 영국에서 그것은 점진적으로 등장했다.[+] 그 진행 과정은 거의 알아채기 어려울 정도였다. 벨기에, 덴마크, 노르웨이, 네덜란드, 스웨덴에서도 마찬가지로 점진적으로 등장했다. 프랑스에서는 혁명기에 잠깐 들어섰다 무너졌고, 1877년에 결국 공화제 정부 아래에서 의회중심제가 자리 잡았다. 군주정이 무너지길 기다려야 했던 프로이센과 이후 독일,[8] 그리고 오스트리아에서 의회중심제의 도입은 그다지 진전되지 못했다. 그럼에도 군주정을 유지한 나라에서는 어디에서나 일찍이 루이 아돌프 티에르가 언급했던 의회제

+ 영국 의회중심제를 바라보는 관점의 변화에 대한 예리한 분석으로는 M. J. C. 바일(Vile 1998[1967], 8장)을 참고하라.

적 군주정의 특징이 자리 잡았다. 즉, "왕은 군림하되 통치하지 않는다."

멀리 떨어진 곳에 위치한 군주로부터 독립하거나, 자국의 군주제를 폐지한 국가들은 전례 없는 문제에 직면했다. 미국이 처음으로 그랬다. 행정부를 아예 새로 조직해야 하는 문제였다. 그들은 어떻게 해야 하는지 몰랐다. 참고할 만한 사례는 거의 없었고, 그나마 있는 몇 가지도 인상적이지 않았다. 이론적인 청사진은 너무 추상적이라 실천 지침으로 삼을 수 없었다.

그들은 결국 우리가 오늘날 '대통령제'라고 부르는 것을 만들었다. 이 선택은 도박이었다. 대통령제가 지난 두 세기 동안 지구상에 살아남았다 해도 대통령제가 선택되었던 것이 우발적이었다는 사실은 변하지 않는다. 대통령제가 이렇게 오래 살아남았다는 것은 관성의 힘을 보여 줄 뿐이며, 좀 더 모양새 좋게 표현하면 '경로 의존성'이 얼마나 강한지 보여 줄 뿐이다. 자신들의 왕을 타도한 프랑스인들과, 멀리 떨어진 왕에게 반란을 일으킨 미국인들이, 왕의 자리에 무엇을 둬야 할지 미리 생각하지 않았다는 점이 놀랍다. [미국 최초의 헌법인] 미국연합규약은 행정부 권력의 창출에 대해 아무 언급도 하지 않는다. 단지 9조에서 의회에 "미합중국이 나아가야 할 바에 관한 전반적인 사항을 다루는 데 필요할 경우, 다른 위원회 위원과 공직자를 임명할" 권한을 부여했을 뿐이다. 1776년 펜실베이니아주와 뉴햄프셔주 헌법은 행정부 수반을 두지 않았다. 반면 1784년 델라웨어주, 사우스캐롤라이나주, 뉴햄프셔주 헌법은 개인을 행정부 수반으로 두고 '프레지던트'president라고 불렀다. 그러나 [1776년 주 헌법으로 '프레지던트'를 선출했던] 사우스캐롤라이나주는 1778년 주 헌법으로 그 직함을 '주지사'governor로 바꿨으며, 펜실베이니아주는 1790년에, 그리고 델라웨어주와 뉴햄프셔주는 1792년에 역시 직함을

'주지사'로 바꾸기도 했다. 따라서 뉴햄프셔주에는 [1776년부터 1792년까지] 16년 동안 행정부 수반이 없었다가, 프레지던트가 있었다가, 주지사가 있었다. 1784년 4월 16일 매디슨은 워싱턴에게 '국가수반'A National Executive이 포함된 새 헌법이 필요하다고 설득하려 했다. 그러나 그때까지도 매디슨은 구체적으로 무엇을 제안해야 할지 몰랐다. 그는 어쩔 수 없이 이렇게 인정했다. "나는 아직 헌법에 국가수반을 어떻게 규정해야 하는지, 혹은 어떤 권한을 부여해야 하는지에 대해 어떤 의견도 말할 엄두를 내지 못했습니다."9 6월 4일 제헌회의에서 매디슨은 이렇게 말했다. "우리는 아직 행정부 수반의 권력을 정의하지 못했습니다."+ 8월 6일 헌법 초안도 여전히 대통령은 의회에서 7년 임기로 선출하며 재임을 금지한다고 규정했다. 최종적으로 헌법에 실린 조항은 9월 4일에야 만들어졌다. 각 주 대표가 헌법에 서명하기 13일 전이었다.

놀라운 점은, 비록 우리가 이를 전지적 시점에서 회고적으로 돌아보고 있기는 하지만, [미국 헌법의] 틀을 만든 이들이 군주가 전통적으로 해온 두 기능을 분석적으로 구분하지 않았다는 것이다. 즉, 국가수반 기능과 행정부 수반 기능을 구분하지 않았다. 전제정을 막는 방법을 늘 고민해 온 사람이라면 두 기능을 어떻게든 분리하고 싶었을 것이다. 1821년 뱅자맹 콩스탕은 두 기능을 이렇게 구분했다. "군주 권력은 두 가지다. [왕이 임명한] 장관의 권력ministerial power과 국왕 권력royal power이다. … 국왕 권력은 상위에 있는 중립적인 권위로서, 갈등을 중재하고 균형을 회복한다. … 모든 위험한 갈등을 종식하고, 위기에 처한 조화를 지켜 내

+ 제헌회의에 관한 모든 인용은 랠프 케첨(Ketcham 1986)에 모아 놓은 문서를 참고했다.

기 위해서만 국왕 권력이 개입한다."[10] 콩스탕의 이 생각은 1824년 브라질 헌법에서 실현됐다. 브라질 헌법 4장은 "중재 권력에 대해서"라는 제목이 붙었다. "중재 권력은 모든 정치조직의 핵심이다. 이 권력은 국가최고 지도자이며 제1의 대표자인 황제에게만 위임된다."[11] 그러나 통치하지 않는 대통령이라는 사상은 거의 100년이 지난 1875년이 돼서야 프랑스 헌법에 포함됐다. 준대통령제semipresidential systems가 발명되기까지는 더 오랜 세월이 걸렸다.

1804년 아이티, 1811년 베네수엘라가 독립할 당시, 미국 이외 아메리카 국가들에는 세 가지 선택지가 있었다. 군주, 집단지도collective executive, 대통령이 그것이다. 몇몇 나라는 최초의 행정부 수반으로 집단지도를 택했다. 여럿이 같이 통치하든 순환해서 하든 말이다. 1811~14년 아르헨티나, 1811, 12년 베네수엘라는 삼두정치 체제였다. 파라과이는 행정부 수반을 순환제로 운영했는데 베네수엘라도 잠시 순환제를 채택한적이 있다. 그러나 그때쯤 프랑스에서 집단지도 체제가 무너졌다. 그래서 라틴아메리카의 대의제 창설자들에게 프랑스는 참고할 만한 사례가되지 못했다.✦ [미국 헌법이 만들어진] 필라델피아[제헌회의]의 사례가 그들의 마음을 사로잡았다. 프란시스코 미란다 장군이 중개자 역할을 했는데, 그는 미국 독립 전쟁에 참여했으며, 이후 1811년 베네수엘라 연합

✦ 프랑스 사상이 라틴아메리카에 영향을 미친 것은 분명하다. 그러나 프랑스의 실제 경험도 그랬는지는 분명하지 않다. 믿을 만한 저자인 팔머는 영향력이 거의 없었다고 주장한다(Palmer 1964). 그러나 그라시엘라 소리아노는 볼리비아가 프랑스 헌법의 영향을 받았다고 본다(Soriano 1969, 34).
   이를 판단하는 데 두 가지 문제가 있다. 첫째, 원래 몇몇 국가가 집단지도로 통치했지만, 프랑스의 패턴을 모방한 것이 아니고 [아메리카의] 지역 행정협의회local cabildos 전통에서 비롯된 것일 수 있다. 둘째, [라틴아메리카의] 권리장전은 프랑스 인권선언에서 따온 측면이 있지만 동시에 미국의 권리장전을 참조한 것이기도 하다.

헌법+을 주창하는 데 중심적인 인물이 됐다.++ 또 1812년 스페인의 자유주의적인 카디스 헌법 역시 중요한데, 카디스 헌법은 군주제를 유지하면서도 그 권력을 극히 제한했다.

대다수 라틴아메리카 국가들 사이에서 군주제를 선호하는 정서가 간헐적으로 튀어나왔다. 아르헨티나에서는 1816년 [독립선언이 이뤄진] 투쿠만 국민의회에서 마누엘 벨그라노 장군이 [라틴]아메리카 출신의 왕을 세우는 기획인 온화한 군주정una monarquia temperada을 제안했다. 유럽 왕족 혈통이 아닌, 잉카의 후예인 왕을 만들자는 것이었다. 산마르틴 장군 역시 군주제를 선호했다.[12] 우루과이에서는 이탈리아나 영국 왕이 다스리는 군주제에 대한 우호적인 정서가 있기도 했다. 전반적으로 따져 보면, 브라질에서만 1889년 공화정이 생기기 전에 왕이 있었다. 멕시코에서는 최초의 황제인 아구스틴 데 이투르비데가 두 해에 걸쳐[1822년 5월~23년 3월 사이의 10개월] 재임했고, 1862~67년 잠깐 군주제로 돌아갔을 뿐이다. 프레드 리피는 그 원인을 이렇게 봤다. "한편으로 라틴아메

+ [옮긴이] 스페인으로부터 독립한 베네수엘라 제1공화국의 헌법이다. 연합 헌법인 이유는 독립 전쟁에 바르셀로나주, 바리나스주, 카라카스주, 쿠마나주, 마르가리타주, 메리다주, 트루히요주 등 7개 주가 참여했기 때문이다. 1813년 베네수엘라 제2공화국부터 '연합'이라는 용어는 사용되지 않는다.

++ 그러나 미란다의 견해와 달리, 1811년 베네수엘라 연합 헌법은 한 명의 최고 통치자를 두지 않고 삼두정치 체제를 도입했다. 이들 세 명은 권력을 순환해 맡았다(Soriano 1969, 21). 1년 뒤 의회는 미란다에게 특별한 권력을 부여했다. 처음에 그를 총통generalissimo이라 불렀고, 나중에는 독재자dictador라 불렀다. 현대에 들어 '독재자'라는 직함을 가진 인물은 미란다가 최초다. 그러나 이 호칭은 여전히 [독재에 긍정적인 어감을 담은] 로마의 독재자 개념에 기초한 것이었다. 미란다는 1808, 09년 자신의 구상을 담은 『연방 정부에 대한 소묘』Esquise de Gouvernement fédéral를 썼다. 이 책에서 그는 로마의 사례를 언급하며 예외적인 상황에서 독재가 정당하다고 주장했다(Aguilar Rivera 2000, 169).

리카의 군주정 지지자가 내세운 군주정이 유럽의 왕정과 일치되기는 어려웠다. 다른 한편 [공화정 지지자의 모델이었던] 미국은 아메리카에 왕이 늘어나는 것을 반대하고 있었다. 게다가 [적절한] 군주⁺를 찾기는 어려웠고 인민은 왕을 받아들이려 하지 않았다."[13] 라틴아메리카에 대통령제를 채택한 나라가 많았던 이유는 대통령제가 "민주주의적 이상보다 과두제적 이해관계에 훨씬 가까웠기 때문"이라고 히넴부르고 페레이라 디니스는 주장했다.[14]

대통령제가 승리했다. 이윽고 모든 라틴아메리카 정치체제는 대통령이 이끌었다. 체제가 민주적이든 전제적이든, 문민 통치든 군부 통치든 말이다.⁺⁺ 그러나 대통령제라는 대안은 시작부터 꼬이고 말았다. 볼리바르가 평생 대통령직에 있기를 욕망했기 때문이다.⁺⁺⁺ 해방자El Libertador[로 불린 볼리바르]는 감히 스스로가 왕이라 주장하지는 않았다. 그러나 자신의 이상은 영국 입헌군주정이라는 사실, 또 자신이 대통령이라는 이름으로라도 종신 재임하는 군주가 되고 싶었다는 사실이 널리 알려지게 했다(1819년 앙고스투라 의회 연설).⁺⁺⁺⁺ 볼리바르는 1825년에도 볼리

⁺ [옮긴이] 셰보르스키는 여기서 "the princesses"로 적고 있지만, 리피의 원문은 "the princes"이다.

⁺⁺ '대통령'President이라는 단어를 스페인 식민 지배 전통에서 찾을 근거가 없지는 않지만 미약하다. 당시 총독 휘하 행정 기구의 수장이 La Presidencia였고, 그는 사법부Audiencia의 일원으로 사법권을 가졌다.

⁺⁺⁺ 볼리바르의 야심을 라틴아메리카의 원죄로 보는 시각은 가르시아 마르케스의 『미궁 속에 빠진 장군』The General in His Labirynth을 참조하라. 1827년 볼리바르가 수크레에게 보낸 편지는 미래에 일어날 일의 복선이었다. 볼리바르는 이렇게 예측했다. "아마 사람들은 내가 신세계New World를 해방했다고 말할 것이다. 그러나 신세계 국가의 안정성과 복지dicha를 완성했다고 말하지는 않을 것이다"(Soriano 1969, 38에서 인용).

⁺⁺⁺⁺ 이 연설은 매우 흥미롭다. 볼리바르는 서두에서 [정치]제도는 지역의 조건을

비아 제헌의회에서 이렇게 연설했다. "우리 헌법에서 공화국의 대통령은 우주의 중심에서 생명을 불어넣는 태양과 같다. 이 최고 권위체는 반드시 영속적이어야 한다. [세습적인] 위계제가 없는 정치체제는 다른 체제보다, 입법자와 시민이 그 주위를 공전하는 고정된 중심이 필요하기 때문이다."[15] 군주가 되려 했던 볼리바르의 야심은 라틴아메리카 사람들에게 공포심을 갖게 했는데 이 공포는 겨우 20세기 말에 이르러서야 진정되었다. 이 공포는 라틴아메리카 정치의 '고르디우스의 매듭'[+]인 임기 제한으로 제도화됐다.[16] 볼리바르 자신이 만든 헌법 하나만 대통령을 종신직으로 규정했는데, 이 헌법은 볼리비아에서 1826년부터 2년 동안만 유지됐고, 페루에서는 더 금방 폐기됐다.[++]

앞서 이야기한 선택지들이 논의의 중심에 있었지만, 그렇다고 창의적인 해법이 배제된 것은 아니었다. 1790년대 프란시스코 미란다가 정

반영해야 한다며 몽테스키외를 언급한다. 그러면서 임기가 고정된 대통령을 뽑는 미국 사례를 따르는 데 반대한다. 그러고는 [몽테스키외의 논지와는 어긋나게] 권력, 번영, 안정성을 가장 성공적으로 결합한 나라가 영국이라고 주장한다. 이제 그는 자기주장을 드러내며, "우리는 작위가 세습되는 상원을 보유할 것이다. 상원의원은 현재 의회가 의원들, 즉 여러분 가운데에서 선출할 것이다. 공화국의 존속은 바로 이 세습 상원에 달려 있다. 그리고 나는 대통령이라는 이름으로 영국식의 세습 군주가 되겠다."라고 말한다.

+ [옮긴이] 아시아를 정복하는 사람만이 풀 수 있다고 전해진 복잡하게 얽힌 고르디우스 전차 매듭을 알렉산드로스대왕이 칼로 잘라 버렸다고 전해진다. 대담한 방법을 써야만 풀 수 있는 문제라는 의미이다. 1831년 칠레를 시작으로 해서 라틴아메리카 국가들은 임기 제한을 충실히 지키는 가운데 안정적으로 권력이 승계되는 체제를 확립했다. 하지만 그것은 영속적인 과두제적 다원주의라는 해결하기 어려운 문제를 낳았다. 이에 대해서는 이 책 226쪽을 참고.

++ [옮긴이] 볼리바르는 볼리비아 외에도 콜롬비아, 베네수엘라, 에콰도르, 페루, 파나마의 독립을 이끌었다. 그는 이 지역을 하나의 '볼리비아 공화국'으로 다스리려고 했지만 각 지역은 분리 투쟁을 거치면서 독립했다.

교하게 만든 임시정부 계획안에는 의회가 최고 지도자를 선출하도록 했는데, 그 명칭은 잉카El Inca였다.[17] 초기 칠레의 두 지도자는 '국가 최고 책임자'라는 직함을 가졌다. 그 후 대통령이라는 이름이 됐지만 말이다. 미란다의 첫 직함은 총통이었다. 가장 창의적인 이는 호세 가스파르 로드리게스 데 프란시아 박사였다. 그는 1813년에 4개월마다 교체되는 두 명의 집정관consuls 가운데 한 명이 됐다. 그 후 3년 동안 독재자로 임명되었다, 1816년 자신이 파라과이의 종신 독재자El Dictador Perpetuo라고 천명했으며, 1840년까지 최고 권위자El Supremo로 통치했다.[+] 이 이야기가 일회적으로 보일 수 있다. 그러나 프란시아의 혁신은, 레닌의 발명품인 일당제 국가와 동급에 놓일 수 있을 정도로 급진적이고 지속성이 있었다. 당시 알려진 유일한 독재 모형은 로마의 독재였다. 이 모형에서 독재자의 권력은 위임받는 것이고, 예외적이었다. 임기도 제한됐다. [종신 독재라는] 프란시아의 발명품은 바로 이 점에서 급진적이었다. 당시 용어법으로 '종신 독재자'Perpetual Dictator는 모순이었기 때문이다.[++] 게다가 독재자직을 종신직으로 만들려는 시도는 거의 2000여 년 전이 마지막이었는데,[+++] 이 사례는 프란시아 박사의 운명에 좋은 징조가 아니었다. 그

+ 프란시아는 아우구스토 로아 바스토스가 [1974년에] 풍부한 문헌을 참고해 쓴 역사 소설 『나, 최고 권위자』Yo el supremo의 주인공으로도 등장한다. 그러나 나는 그 소설에서 [바스토스가] 종신 독재자라는 개념에 대해 놀라움을 표현한 대목을 전혀 찾지 못했다.

++ 예를 들어 보자. 볼리바르는 독재자직을 세 번 맡았다. 그가 첫 번째 임기를 마치고 사임하려고 할 때, 다음과 같은 조건으로 계속 독재자직을 수행해 달라는 요청을 받았다. "각하, 독재자로 계속 남아 조국을 구하기 위해 더욱 노력해 주십시오. 각하께서 [해방 전쟁을 승리로 이끌어] 그 일을 완수하면, 그때에는 민주주의 정부를 제안해 완전한 주권 행사를 복원해 주십시오." 볼리바르와 독재자직에 대해서는 호세 안토니오 아귈라 리베라(Aguilar Rivera 2000, 5장)를 참조하라.

+++ [옮긴이] 고대 로마공화정 말기에 종신 독재관dictator perpetua 자리를 차지한

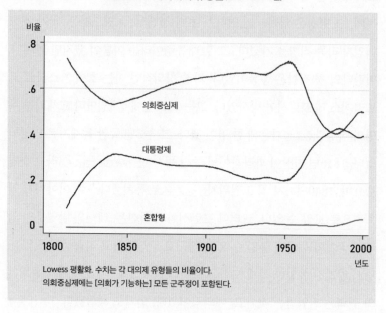

그림 3-10 | 대의제의 유형들(1810~2000년)

비율

.8

.6

의회중심제

.4

대통령제

.2

혼합형

0

1800　　　1850　　　1900　　　1950　　　2000
년도

Lowess 평활화. 수치는 각 대의제 유형들의 비율이다.
의회중심제에는 [의회가 기능하는] 모든 군주정이 포함된다.

러나 이 혁신은 지속성이 있다는 점이 드러났다. 프란시아는 무솔리니, 히틀러, [스페인 독재자] 프랑코, 김일성, [리비아 독재자] 카다피, [쿠바 독재자] 카스트로 등 저명 인물들의 전례가 됐다.[+] 역설적이게도, 라틴아메리카에서는 이 전례를 따르는 경우가 드물었다.

식민 권력에서 독립한 대다수 나라는 식민 모국의 제도를 이어받았다. 그러나 아프리카에서는 일당 체제들이 부상하면서 다수 독립국이 의회중심제를 대통령제로 바꿨다. 군주제를 보존한 유럽 국가에서 국가

　　　율리우스 카이사르를 말한다.
　+ 나는 여기에 스탈린을 포함하지 않았다. 왜냐하면 그가 인격화했던, 마르크스주의
　　이론의 '프롤레타리아독재'는 이행기 국면으로 한정되었기 때문이다. 또 1936년
　　소비에트 헌법에 따르면 그는 임기에 따라 재직했다.

수반 기능과 행정부 수반 기능의 분리는 점진적으로 이루어졌다. 반면 두 기능을 계획적으로 분리하려는 생각은 1919년 바이마르헌법에서야 처음 나타났다. 독일은 공화국 모형으로 미국식 대통령제와 프랑스식 의회중심제 가운데 선택해야 했을 때, 둘 사이의 절충안을 택했다. 다시 말해, 한편으로 내각과 모든 개별 장관은 연방의회Reichstag의 신임을 얻어야 했다. 다른 한편으로 인민이 직접 대통령을 선출했고, 그가 행정부 수반을 임명했다.[18]+ 오스트리아, 핀란드, 체코슬로바키아, 에스토니아, 스페인 공화국이 1931년 이후 전간기에 이를 따랐다. 하지만 실험 결과는 안 좋았다. 1946년 무렵 전 세계에 '혼합 체제' 혹은 '준대통령제'는 3개국만 있었다. 오스트리아, 핀란드(1999년에 폐기), 아이슬란드였다. 그러나 1946~2002년 사이 32개국이 최소한 일정 기간 혼합 체제를 추가로 도입했다.[19]

〈그림 3-10〉은 이 제도들의 상대적 빈도를 시간에 따라 보여 준다. 그러나 이 그림의 내용이 단지 추정치라는 점에 주의해야 한다. 의회가제 기능을 하는 군주정 전부를 의회중심제에 포함했기 때문이다. 정부가 의회에 책임진다는 원칙이 작용하는지와 무관하게 말이다.

+ 카를 슈미트는 대통령직이 "군주제의 원리"에 기초한다고 생각했다. 그러나 그는 동시에 국민이 직접, 독립적으로 선출하는 대통령직이 도입되는 데 직접민주주의 사상도 영향을 미쳤다고 강조했다.

4

평등

4

Equality

들어가며

한 집단이 스스로 통치한다고 말할 수 있으려면, 집단 구성원들이 모두 동등한 영향력을 행사할 수 있어야 한다. 그 어떤 개인이나 집단도 몇몇 특성traits을 가지고 있다는 이유로 더 선호되어서는 안 된다.

그러나 이 조건은 겉으로 보이는 것처럼 그렇게 명백하지 않다.[+] 우선 평등에 대한 정의가 [의사 결정 과정에] 참여해야 할 의무를 가정하지 않는다는 점에 주목하자. 그럼에도 평등에 대한 정의는 ① 모든 구성원이 실질적으로 평등한 참여의 기회를 가져야 하며, ② 그들이 [의사 결정 과정에] 참여할 경우, 그들의 선호가 동등한 비중을 차지해야 한다고 요구한다. '실질적으로 평등한 기회'라는 말과 '~할 권리'the right to라는 말은 다르다. 나는 권리라는 단어가 다소 공허하다고 생각한다. 즉, 실질적으로 평등한 기회는 권리뿐만이 아니라, "적절한 임금과 문해력" 같은 최소한의 물질적·지적 조건도 필요로 한다. 게다가 모든 이가 최소한의 조건을 충족한다고 해도 각 개인의 조건들은 여전히 불평등할 수 있다. 그러므로 불평등한 사회에서 정치적 영향력이 평등하려면, 조건의 불평등이 영향력의 불평등으로 변해서는 안 된다.

[+] 논지를 명확히 하도록 독려해 준 조슈아 코언에게 감사한다.

이렇게 정의할 경우, 평등과 익명성은 같지 않다.[+] 익명성은, 민주주의에서 시민들이 그 어떤 특성(그들이 불평등하다는 사실을 드러내는 특성을 포함해)에 의해서도 시민이라는 지위 면에서 구별되지 않는다는 것을 의미할 뿐이다. '부유한 사람' 또는 '잘생긴 사람'이라고 표현할 수는 있지만, 부유한 시민 또는 잘생긴 시민이라고 표현할 수는 없다. 개인의 모든 특성은 민주주의 정치로 입장하는 문 앞에서 내려놓아야 한다. 시민으로서의 지위는 개인의 모든 특성과 무관하다. 그러나 이는 익명성이 사회에 존재하는 불평등을 덮는 장막에 불과하다는 의미도 된다.

민주주의에서 시민은 평등하지 않다. 다만 익명일 뿐이다. 민주주의의 계보에는 평등이 아로새겨져 있지만 평등은 민주주의의 특징일 수 없고 그렇지도 않다. 민주주의의 특징이라고 볼 수 있는 평등의 한 가지 의미는 법 앞의 평등으로, 이는 익명성에서 나온다. 즉, 법은 모든 시민을 동등하게 대해야 하는데, 이는 시민으로서 그들이 구별 불가능하기 때문이다. 게다가 초기 대의제에서는 심지어 익명성이라는 규범조차 제대로 지켜지지 않았다. 정교한 지적 논변이 선거권의 제한을 정당화하고 있었던 것이다. 그 논변에 따르면, 대표자의 역할은 공동선을 증진하는 것이다. 그러나 공동선을 인지할 수 있는 지적 능력과 공동선을 추구하는 데

[+] 우리가 지금까지 본 것처럼, 사회적 선택이론은 평등과 익명성을, 때로는 이른바 대칭성symmetry까지도 같은 것으로 취급한다. 그러나 이 조건을 세 가지 다른 말로 표현한다는 점은 이 조건이 얼마나 모호한지를 보여 준다. 메이는 이 조건을 "대칭성"이라 부르고 이렇게 말한다. "이 두 번째 조건[대칭성]은 [집단적 의사 결정의] 결과와 관련해 모든 개인의 영향력이 동등하게 취급되어야 한다는 것이다. … 이 조건을 익명성이라고 부를 수도 있다. … 좀 더 흔한 명칭은 평등이다"(May 1952, 681, 강조는 메이). 레이는 익명성과 평등이 "밀접하게 연결되어 있다."라고 했다(Rae 1969, 42, 각주 8). 그는 다른 논문에서 이 조건을 "대칭성"이라 불렀다(Rae 1975, 1271). 달은 익명성과 평등을 같은 것으로 취급한다(Dahl 1989, 139).

필요한 도덕적 자질은 보편적이지 않다. 이런 특성은 부, 나이, 성별과 같은 몇 가지 지표를 통해 판단할 수 있다. 따라서 이 지표들을 기준으로 선거권을 제한하는 것은 민주주의의 규범을 위반하지 않는다는 식이다. 이 주장의 논리를 반박하긴 어렵지만, [여기에서 전제하는] 가정들은 의문스러우며 실제로도 의문이 제기되어 왔다.

차이를 무시하는 것이 차이를 없애는 것은 아니다. 민주주의는 정치혁명이지 사회혁명은 아니었다. 게다가 거의 보편적으로 공유되었던 기대 ― 이 같은 기대는 누군가에게는 공포였고, 누군가에게는 희망이었다 ― 와 달리, 민주주의는 다양한, 때로는 상당히 거대한 경제적 불평등과 양립할 수 있는 것으로 밝혀졌다. 민주주의는 대부분의 자원이 시장에서 분배되는 경제 체계 안에서 작동하며, 시장은 끊임없이 불평등을 (재)생산한다. 민주주의를 비롯해, 그 어떤 정치 체계도 사회경제적 영역에서 완벽한 평등을 만들고 유지할 수 없다. 소득재분배는 어려운 일이다. 사실 '재분배'라는 정치적 표현은 지금 시대와는 맞지 않는 용어로, 그 말은 토지가 가장 중요한 생산 자산이었던 시절을 상기시킨다. 토지는 나눌 수 있으며 가족 단위로 경작할 수 있다. 그 외의 생산요소들은 쉽게 재분배할 수 없다. 그러므로 경제적 평등을 달성하는 데에는 아마도 순수하게 기술적인 장벽이 있을 것이다. 이 장벽을 극복할 수 있는 정치 체계는 없다. 따라서 모든 정치 체계가 할 수 없는 일을 못 한다는 이유로 민주주의를 비난해서는 안 된다.

그러나 사회경제적 불평등은 다양한 방식으로 정치 영역에 스며든다. [민주주의 정치에서는] 무시하기로 한 [사회경제적] 특성들이 정치적 권리를 행사할 수 있는 능력에 차등적으로 영향을 미친다면, 또는 그 특성들이, 불평등한 개인들이 지니는 정치적 영향력에 불균등한 가중치를 부여한다면, 정치적 평등의 조건은 훼손된다.

이런 주장들이 아래에서 전개된다.

계보: 귀족 지배와 민주주의

'민주주의'는 어떻게 역사적 지평에 재등장했을까? 민주주의는 그 지지자와 적대자에게 어떤 의미였을까?

팔머는 기념비적인 연구서에서 근대 시기에 출현한 민주주의를 다뤘다.[1] 그래서 이 현상에 대해서는 팔머의 연구를 간략히 요약하는 것으로 충분하다. 팔머의 핵심 요점은 민주주의가 당시 체제에 대항하는 혁명이 아니라, 귀족의 권력 증대에 맞선 반작용이었다는 것이다. 군주정을 약화한 것은 귀족 지배였으며, 민주주의는 귀족 지배의 발자취[선례]를 따랐다. 팔머는 이렇게 주장한다. ① 18세기 초, 귀족 지배적인 통치체계가 다양한 형태의 회합으로 제도화되었다. [정치적] 참여는 법적으로 자격이 부여된 집단체들([법적으로] 구성된 기구들[+])로 한정됐다. 세습 귀족은 여기에 늘 포함되었지만 국가, 지역, 공국公國, 칸톤, 도시 공화국 등 다양한 단위에서 성직자, 선택받은 범주의 부르주아가 참여하기도

[+] [옮긴이] 팔머는 [법적으로] 구성된 기구constituted bodies라는 개념으로 1760년대 유럽과 아메리카에 있던 다양한 유형의 의회, 평의회, 행정협의회를 포괄해 분석한다. 그에 따르면, 대부분 중세에 기원을 두는 이 기구들은 추상적인 '시민'이 아닌 집단 구성원으로서의 권리와 자유를 가졌고, 상위의 권력은 물론 하위의 대중적 압력으로부터 이를 지키고자 했다. 이 기구들은 한편으로 여타 사회 구성원들을 체계적으로 배제함으로써, 다른 한편으로 구성원 자격을 개방하고, 권한과 대표의 기초를 변화시켜 스스로를 재구성함으로써 민주주의 운동에 영향을 끼쳤다(Palmer 1959, 2장 참고).

했다. 스웨덴에서는 심지어 농민도 참여했다. 이 모든 사례에서, 이런 기구들을 정치적으로 지배했던 것은 언제나 세습 귀족이었다. ② 18세기를 거치며 이 신분제 기구들은 정치적 영향력을 키웠다. ③ 그와 동시에 [신분으로서의] 귀족nobility은, 그 기준이 나라마다 다르게 정의되기는 했지만, 점차 폐쇄적이 됐다. [새로운 형태의] 귀족 지배aristocracy가 [신분으로서의] 귀족을 대체했다.✝ ④ 그 결과 출현한 귀족 지배 체계는 다양한 갈등을 겪었지만, 주된 갈등은 출생 신분과 능력 사이의 갈등이었다. ⑤ 부, 재능, 태도 등 [정치에] 참여할 만한 모든 자격을 갖추었지만, 출생 신분의 자격은 충족하지 못한 이들을 특권층에서 배제한 것이 정치에서 핵심 갈등이었다. 시에예스는 이렇게 표현했다. "인민은 이런 말을 듣는다. '네가 하는 일이 무엇이든, 너의 능력이 어떠하든 간에 너는 여기까지만 올 수 있으며, 이를 넘어설 수 없다.'"[2] ⑥ 이런 신분제 기구에 참여할 수 있게 해달라는 요구로 민주주의가 등장했다. 군주정에 대항하는 운동으로 민주주의가 등장한 것이 아니다.

따라서 18세기 말 '민주주의'는 출생 신분을 기준으로 정치적 지위를 구별하는 법적 방식에 대항하는 구호였다. 민주주의자는 귀족 또는 귀족 지배에 저항하는 자였다. 존 던은 이렇게 말했다. "민주주의는, 전제

✝ [옮긴이] 팔머는 신분으로서의 귀족nobility을 고귀한 혈통에 기초한 것으로 본다. 반면 새로운 형태의 귀족aristocrat은, 혈통뿐만 아니라, 세련된 삶의 방식을 표출한 것은 물론 조직된 정부에 참여해 다른 사람들을 다스리고 그들의 복지에 책임지려 했다는 점을 강조한다. 혈통만이 아니라 삶의 방식, 공적 업무에 대한 관심과 능력이 강조됨에 따라 귀족 지배는 신분으로서의 귀족이 지닌 폐쇄성을 넘을 수 있었고, 또한 내적인 갈등 요인을 포함하게 되었다. 팔머는 18세기에 일어난, 신분으로서의 귀족에서 귀족 지배로의 변화가 새로운 현상으로 간주되었다고 지적한다 (Palmer 1959, 2장 참고). 아래에서 nobility는 '[신분으로서의] 귀족'으로 옮기고, aristocrat, aristocracy는 귀족, 귀족 지배로 옮겼다.

정은 말할 것도 없고, 군주정에 반발하는 것이 아니었다. 민주주의가 반발했던 것은 상대적으로 굳어진 사회적 분류였다. 이 같은 분류 — [신분으로서의] 귀족 또는 귀족 지배 — 는 처음에는 확고히 자리 잡고 있었지만, 이제 더는 사회적·경제적, 또는 심지어 정치적이거나 군사적인 기능과도 잘 맞지 않게 되었다. … 민주주의자라는 말은 이 정치적 전투에서 쓰였고, 그것을 지칭하는 명칭이었다. 민주주의자들은 귀족들에게, 적어도 귀족 지배에 직접적으로 대항한 것이었다."[3] 그러므로 1794년 한 젊은 영국인은 자신을 이렇게 표현했다. "나는 민주주의자라고 불리는 이상한 계급의 일원이다. 내가 스스로 민주주의자라고 표현한 까닭은, 세습에 따른 구별을 인정하지 않고 모든 특권 질서를 거부했기 때문이다."[4] 매디슨은 『페더럴리스트』 39번 논설[국역본, 297쪽]에서 이렇게 썼다. "이 체제의 공화제적 성격을 보여 주는 추가적 증거가 요구된다면, … [신분으로서의] 귀족이라는 칭호를 완전히 금지한 데서 가장 결정적인 증거를 찾을 수 있을 것이다." 프랑스 제헌의회는 귀족의 특권이 인민주권 원칙과 충돌한다고 결정했다.[5] 1796년 수립된 바타비아 공화국(네덜란드)에서는, 투표자들에게 모든 세습적 공직과 작위가 불법이라는 신념에 서약할 것을 요구했다. 1818년 칠레에서는 초대 집정관Director이었던 베르나르도 오이긴스 장군이, 귀족 지배를 겉으로 드러내는 모든 시각적 표현을 철폐했다.[6]

그러나 여기에는 어떤 수수께끼가 있다. 비록 민주주의자들이 귀족 지배(그것이 원래 의미대로 정부 체계[귀족정]를 가리키는 것이든, 법적 신분 지위를 가리키는 것이든 간에)에 맞서 싸웠지만, 이 투쟁이 그 외의 다양한 사회적 구별의 철폐로 귀결될 필요는 없었다는 점이다. 말하자면, 하나의 구별이 다른 구별로 바뀔 수도 있었다. 1791년 5월 3일 제정된 폴란드 헌법이 명백한 사례다. 이 헌법은 [하급 귀족을 비롯한 토지 소유자를 통칭하는] 젠트리gentry(폴란드어로는 슐라흐타szlachta인데, 이들은 전체 인구 가운데 10퍼센트 정도를 차지했다) 전체의 평등이라는 구호 아래, 대토지를 소유한 대귀족인 마그나트magnate를 직접적으로 겨냥했다.[+] 그러나 이 헌법은 젠트리와 나머지 사이의 법적 구별은 그대로 뒀다. 법적 구별의 근거로 사용될 수 있는 사회적 특성은 재산 보유자와 노동자, 부르주아와 농민, 거주 지역의 차이,[++] 성직자와 군인,[+++] 흑인과 백인 등등처럼 많았다. 그럼에도 불구하고 민주주의자들은 이런 구별에도 저항했다. 시에예스는 이렇게 선언했다. "모든 특권은 그 본성상 정의롭지 않고 비열하다. 모든 정치사회의 최우선 목표와 모순된다."[7] [민주주의자의] 적은 애초 귀족 지배였고, 이후 모든 구별이 적이 됐다. 예컨대, 1789년 브라질에서는 바이아 도시 공화국이 실패한 이후, [백인과 흑인의 혼혈인] 물라토 네 명이 교수형을 당하고 온몸이 네 조각 나는 형벌을 받게 되었다. 그들은 "피부색이나 기타 조건의 차이와 무관하게 … 모든 이가 평등해야 한다는, 상상 속에서나 존재하는 민주공화국의 이점을 갈망한 죄"로 기소되었다.[8] 프랑스혁명은 [전형적인 피지배층이던] 가톨릭 농민뿐만 아니라 개신교 신자, 유대인, 해방 노예도 함께 해방했다.

[+] 그 구호는 "Szlachic na zagrodzie równy wojewodzie."이다. 이를 대략 옮겨 보면, "시골집에 사는 젠트리와 영주lord는 평등하다."이다.

[++] 팔머(Palmer 1964)는 프랑스인은 모든 지역별 차이를 없애려 했지만, 미국인은 차이를 인정했다고 강조한다. 피에르 로장발롱(Rosanvallon 2004, 34)에 따르면 프랑스를 데파르망department으로 나눈 것은 순전히 기능적으로 구분하기 위한 것으로, 어떤 사회적·정치적·문화적 현실도 고려하지 않았다. 그러므로 프랑스의 민주주의자는 중앙집권주의자였다. 반면 미국의 민주주의자는 지방분권주의자였다.

[+++] 1812년 [스페인의] 카디스 헌법 아래에서 이들은 특별한 지위fueros를 누리지 못했다. 이후 몇몇 라틴아메리카 헌법에서도 그랬다.

피에르 로장발롱은 이렇게 주장한다. "모든 사람이 법에 종속되며, 완전한 시민임을 요구하는, 평등의 명령은 모든 사람을 저마다의 독특한 결정 요소들을 배제한 채 바라봐야 한다는 것을 함의한다. 그들 사이의 모든 차이와 구별은 저 멀리에 치워 둬야 한다."[9] 그렇다면 평등의 명령은 어디서 기원했을까? 현대 정치학의 합리적 선택이론의 관점에서 생각해 보자. 그러면 민주주의자는 귀족 지배에 대항하는 과정에서 대중을 동원하기 위한 수단으로 모든 사회적 구별에 반대했다고 의심해 볼 수 있다. 예를 들어, 허먼 파이너는 몽테스키외에게 이런 혐의가 있다고 비판한다. "[몽테스키외는] 시민과 모든 권력자를 의도적으로 대조시켰다. 왕의 권력이든 귀족의 권력이든 말이다. 편리하고 놀랍고 유용한 대조였다. 모든 이의 지지를 얻는 데 이보다 더 잘 계산된 수법은 없었다."[10] 몇몇 사실이 이 가설을 지지한다. 폴란드의 타데우시 코시치우슈코는 1794년 러시아에서 반란을 일으키며, 농민을 끌어들이기 위해 애매모호한 약속을 했다.[+] 프랑스 제헌의회 의원들은 파리에 사는 보통 사람들의 인기를 얻기 위해 그들에게 영합했던 것으로 악명 높았다. 시몬 볼리바르는 스페인과의 전쟁 시, 참전자를 모으기 위해 인종 간 화합을 호소했다. 그렇지만 미국 독립선언문의 주장처럼 모든 사람이 평등하다거나, 프랑스의 인간과 시민의 권리선언이 주장하듯이 모든 이가 평등하게 태어났다고 민주주의자들이 진심으로 믿었다고 볼 수도 있다. 모든 인간이 천부적으로 평등하다는 사상은 분명 실제의 정치적 갈등에 앞서 등장했다. 이미 로크의 『통치에 관한 두 번째 논고』에서 "모든 인간이 어떤

[+] [옮긴이] 코시치우슈코는 폴란드에서 농노제를 폐지하고, 모든 농민에게 시민의 자유를 부여하며, 귀족의 학대로부터 농민을 보호하는 법안을 발표했다. 이 법안은 귀족들의 반대에 부딪혀 제정되지 않았지만 농민들을 반란으로 끌어들였다.

다른 인간의 의지나 권위에 종속되지 않은 채 자신의 자연적 자유에 대해 평등한 권리를 가진다."[11]라는 원리가 등장한다. 사람들이 논리에 따라 행동한다거나 논리적 모순을 참을 수 없어 행동한다는 이론을 우리가 전제하는 것은 아니다. 그러나 사람들이 허구에 따라서도 행동할 수 있다는 점을 받아들인다면, 민주주의자는 그들이 신봉한 민주주의 이데올로기에 내재한 순수한 논리에 따라 여타의 구별에 대해서도 반대했을 것이라 생각할 수 있다. 귀족은 탁월한 존재가 아니다. 모든 사람은 평등하게 태어났기 때문이다. 모든 인간은 평등하게 태어나므로, 그들을 차별적으로 대우하면 안 된다. 이렇게 모든 구별의 철폐가 귀족 지배에 대항하는 투쟁의 논리적 귀결이 될 법했다.

민주주의자들이 모든 구별에 맞서 대항했다는 것은 사실이다. 민주주의적 주체의 유일한 속성은, 그들이 아무런 속성도 보유하지 않았다는 것이다. 민주주의에서 시민은 단순히 특성 없는 존재without qualities다.[+] [그들은] 평등하지 않고 동질적이지도 않다. 익명적일 뿐이다. 루소는 이렇게 말했다. "[인민이 뭉친] 주권자는 국민 단체corps de la nation만을 알 뿐, 단체를 구성하는 사람 가운데 누구도 구별하지 않는다."[12] 시민은 구분될 수 없다. 그러므로 법률에도 그들을 구분할 잣대가 없다. 민주주의의 시민은 오직 사회[적 구별] 바깥에 있는 개인이다.

[+] 파스퀴노는 홉스가 종교적 차별을 다루면서 이런 개념을 도입했다고 주장한다. "이런 종류의[종교적] 갈등에 직면했을 때, 홉스는 정치적 질서가 중첩적 합의over-lapping consensus와 특성 없는 사회라는 도시의 구조에 기초한다고 생각했다"(Pasquino 1996, 31).

민주주의와 평등

민주주의의 계보에 평등주의가 아로새겨져 있음에도 불구하고 어떤 의미에서도 민주주의의 특징은 평등이 아니며, 그럴 수도 없다. 파스퀴노는 이렇게 경고한다. "말의 함정에 빠지면 안 된다. '특성 없는 사회'society without qualities는 구성원이 평등한 사회가 아니다. 단지 특권층이 법적·제도적 지위를 갖지 않고, [공식적으로] 승인되지도 않는 사회일 뿐이다."[13]

　민주주의 이데올로기에서 나타나는 평등의 다양한 의미를 살펴보자. 왜 인민은 평등한가? 신이나 자연이 평등하게 만들었기 때문일 수 있다. 사회가 평등하게 만들었기 때문일 수도 있다. 또는 법에 따라 평등할 수도 있다. 평등은 선천적일 수도 있고, 자생적인 사회 변화에 따른 것일 수도 있다. 반면 법에 따라 제도화될 수도 있다. 민주주의에서 평등은 비정치 영역에서 이미 존재하는 평등을 반영할 수도 있고, [비정치 영역에서는 불평등하지만] 법으로 강제될 수도 있다.

　[프랑스] 인권선언으로 되돌아가 보자. 인권선언의 출발점은 인류의 선천적인 평등이다. 민주주의의 평등은 자연적 평등을 반영한 것에 불과하다. 그러나 선재先在하는 평등이라는 개념의 함의는 불확실하다. 카를 슈미트가 지적하듯이, "모든 인간이 인간이라는 사실로부터 윤리, 종교, 정치, 경제에 관한 어떤 구체적인 사항도 연역해 낼 수 없다."[14] 비록 인간이 평등하게 태어났다고 해도, 사람들은 능력을 기준으로 자신을 다른 이들과 구별하려고 하며, 타인들이 그 능력을 인정할 수도 있다. 게다가 질서를 유지하려면 몇몇 사람들이 시기마다 타인에게 권위를 행사해야 한다. 켈젠이 지적하듯이, "우리가 모두 평등하다는, 혹은 이상적으로는 평등하다는 사상에 따르면, 누구도 타인에게 명령해서는 안 된다는

결론이 나온다. 그러나 경험적으로 볼 때 현실에서 평등을 유지하려면, 누군가 우리 자신에게 명령하는 것이 필요하다."[15]

게다가 인간이 평등하게 태어난다고 해도 사회가 그들 사이의 차이를 만든다. 실제로, 부모들이 불평등하면 자녀들도 태어날 때부터 불평등하다. 이들을 다시 평등하게 하려면 법에 의지해야 한다. 그러므로 몽테스키외는 이렇게 주장했다. "자연 상태에서 인간은 평등하게 태어난다. 그러나 그들은 어떻게 평등한 상태를 유지할지 모른다. 사회는 그들을 불평등하게 만든다. 법이 아닌 다른 수단으로는 평등한 상태로 돌아갈 수 없다."[16]

그러나 사회가 반드시 인간을 불평등하게 만드는가? 로장발롱에 따르면 1814년 이후 프랑스에서 '민주주의'라는 말은 현대적인 평등 사회라는 의미로 널리 쓰였다.[17] 고대 그리스나 로마공화정과 관련된 정치체제라는 의미가 아니었다. 토크빌이라면 [생활 상태의 전반적 평등을 의미하는] 조건의 평등이라고 부를 만한 의미였다. 다르장송 후작의 핵심 주장을 따라 토크빌은 이렇게 주장했다. "조건의 평등이 점차 확대되는 것은 … 보편적이고 지속적이며, 인간의 일상적인 간섭으로부터 벗어나 있다. 모든 사건과 모든 인간이 조건의 평등이 더욱 진전되는 데 이바지하고 있다."[18]+

현대사회가 반드시 더 평등해질 것인지는 복잡한 문제다. 여기서 중요한 것은 사회가 자생적으로 진화해 정치적 평등을 만들어 낼 것이라고

+ 아길라 리베라는 토크빌의 [가상] 멕시코 방문을 [『미국의 민주주의』를 모방하고 현대적으로 재현하면서] 다룬 멋진 혼성 모방 기법의 저작에서, 토크빌이라면 극단적으로 불평등한 신대륙 사회에 어떻게 반응했을지 상상해 묘사한다(Aguilar Rivera 1999).

모든 이가 기대하지는 않았다는 점이다. 로베스피에르는 "부의 평등은 [어울리지 않는 것이 결합된] 키메라"라고 생각했다.[19+] 매디슨은 『페더럴리스트』 10번 논설에서 모든 사회적 차이와 등급gradations을 나열한다. 그리고 이것들이 계속 남아 있을 거라고 가정한다. 대다수 민주주의자는 시민권이 평등을 만들어 낼 것이라고 믿었다. 평등한 사람들이 곧 시민이 된다는 토크빌의 생각과 반대로 말이다. 파스퀴노는 이 믿음을 이렇게 요약했다. "시민들은, 법이 특수한 권리나 특권을 인정하지 않는다는 의미에서, 법 앞에 평등할 뿐만 아니라 법의 은총에 힘입어 그리고 법 그 자체에 의해 평등해진다."[20]

민주주의자들은 베이츠[21]가 정치적 평등에 대한 소박한 개념화라고 부른 것을 신봉했다. 정치적 평등에 대한 소박한 개념화는, 민주주의 제도가 시민들에게 정치적 결정에 영향을 미칠 수 있는 동등한 절차적 기회(혹은 결과에 대한 평등한 권력)를 제공해야 한다는 요구다. 이와 같은 통념을 비판하며 베이츠는, 절차가 각각의 참여자들에게 제공하는 추상적 영향력의 평등은 결과에 대한 실제적 영향력의 평등을 함의하지 않는다고 지적한다. 결과에 미치는 실제적인 영향력은 기회를 활용할 수 있는 자원의 분배 상태에 따라서도 정해지기 때문이다. 인민이 그들의 시민권을 행사할 수 있도록 해준 한 가지 수단은 교육이었다. 몇몇 초기 헌법(1796~99년 사이 몇몇 이탈리아 공화국들, 1812년 [스페인] 카디스 헌법 등)은, 비록 의무교육은 아니었지만 보편 무상교육 체계를 확립했다. 그러는 사이 대다수 체제는 정치적 권리를 그것을 행사할 수 있는 조건을 가진 사

+ [옮긴이] 팔머는 로베스피에르가 "부유해지는 것을 금하는 것보다 가난함을 영예롭게 여기도록 만드는 것이 중요하다."라고 말했다는 것을 덧붙였다.

람에게만 제한적으로 부여함으로써 이 문제를 해결했다. 그러나 이 문제는, 보통선거권이 도입되고 가난한 국가에도 민주주의가 자리 잡으면서 맹렬하게 다시 등장했다. 즉, 인민 대중이 권리를 행사하는 데 필수적인 조건을 누리지 못하는 상황에서 평등한 절차적 기회를 획득한 것이다. [인민 대중에게] 형식적인 정치적 권리를 행사할 수 있는 효과적인 역량이 없다는 사실은 여전히 현재의 민주주의에 대한 비판에서 핵심이다. 사회적으로 불평등한 인민이 과연 정치적으로 평등할 수 있을까?

그러나 정치적 평등을 위협하는 것이 사회적 불평등만은 아니다. 정치적 구별 역시 정치적 평등을 위협한다. 카를 슈미트에 따르면, 민주주의는 "지배층과 피지배층, 통치자와 피통치자, 명령하는 사람과 복종하는 사람의 동일성"을 의미한다.[22] 문제는 통치 능력 자체가 정치적 구별을 만들어 내지 않느냐는 것이다. 즉, 정치 계급 말이다. '정치 귀족'political aristocracy은 사회적 귀족social aristocracy만큼이나 위험해 보였다. 반연방주의자는 통치자와 피통치자가 다르면 정치 계급이 등장할 것이라고 두려워했다. "권력을 행사하는 사람이 인민과 거의 연결되지 않는다고 느낄 때에는 언제나 그랬듯이 부패와 전제가 만연할 것이다. 이는 왕·귀족·성직자뿐만 아니라, [인민의 투표로] 선출된 대표에게도 해당된다."[23] 그래서 민주주의자들은 대표의 임기를 짧게 하고(뉴저지주의 6개월처럼) 재임 횟수를 제한하며, 대표자가 자신의 봉급을 결정하는 권한을 제한하고, 이들을 불신임할 수 있는 절차 등에 집착했다.

그러나 이런 조치들은 일시적인 처방에 불과했다. 대표자와 피대표자 사이의 구별은 대의제에 내재할 수밖에 없다. 즉, 의회에 앉아 있는 사람은 대표자이지 인민이 아니다. 대표를 추첨 말고 선거로 뽑는다는 것 자체가 모든 인민은 통치할 능력이 평등하지 않다는 믿음에 기초한다.

마냉에 따르면,[24] 선거는 통치할 능력을 모든 사람이 갖고 있는 것은 아니며, 인민은 더 나은 사람에 의해 통치받길 원한다는 가정에 기초한다. 물론 통치할 능력이 출생 신분의 차이와 연결된 것은 아니며, 이 점에서 선거는 (18세기적인 의미에서) '귀족적'이지는 않다. 그러나 선거는 더 나은 사람을 선택하는 방법이다. 마냉이 여러 자료를 통해 보여 주듯, 선거는 능력에 따른 자연 귀족natural aristocracy[+]의 지배를 인정하는 한 가지 방법으로 여겨졌다. 실제로도 그랬다. 재능, 합리성, 혹은 유권자가 보기에 통치 능력을 보여 주는 지표가 어떠한 것이든 말이다.

게다가 대표되기 위해 인민은 반드시 조직되어야만 한다. 조직화에는 지속적인 기구, 봉급을 받는 관료, 프로파간다 장치가 필요하다. 따라서 로베르트 미헬스[25]가 한탄했듯이 소수의 활동가들만이 의원, 당 관료, 기관지 편집자가 된다. 심지어 정당이 소유한 보험회사와 장례식장의 관리자와 당원 주점의 주인Parteibudiger까지 된다. 이에 대해 환멸을 느꼈던 한 프랑스 공산주의자는 수년 후 이렇게 썼다. "노동계급은 그들의 요새를 관리하면서 길을 잃고 말았다. 그것이 단지 상상 속의 요새일 뿐인데 말이다. 명사들로 위장한 동무들comrades이 도시의 쓰레기 처리장과 학교 식당마저 장악했다. 아니면 이 명사들이 동무로 위장한 것일까? 이제 나는 모르겠다."[26]

요약해 보자. 정치적 평등이 기존의 상태 — 그것이 자연적이든 사회적이든 — 를 반영한다는 생각은 논리적으로나 경험적으로 방어될 수

+ [옮긴이] 여기서 '자연적'natural이라는 의미는, 법적으로나 제도적으로 부여된 특권에 따른 것, 또는 세습에 따른 것이 아니라는 의미다. 즉, 법적으로 정의된 특권이 아니라, 부, 지위 또는 재능에 의해 사회적 우월성을 향유하는 사람들이 자연 귀족을 형성한다.

없다. 논리적으로 볼 때, 다른 영역에서 평등하다고 해서 정치적으로도 평등하다고 할 수 없다. 경험적으로 볼 때, 모든 인간이 평등하게 태어났다고 해도 그들은 사회에서 불평등해진다. 또 사회가 평등을 향해 나아가는 불가피한 경향을 가진다고 해도 정치적인 처방이 필요할 정도로 이미 불평등이 만연해져 왔으며, 지금도 그렇다. 또한 법으로 제도화된 정치적 평등은 사회적 불평등에 의해 효과적으로 침식된다. 정치적 평등은 국가의 눈으로 본 평등이지, 개인들 사이의 직접적인 관계에서 나타나는 평등이 아니다. 따라서 어떤 의미로 보든, 평등은 민주주의를 특징짓는 적절한 방식이 아니다. 대의제의 창설자들이 평등이라는 용어를 썼다면, 이는 다른 무언가를 정당화하기 위해서였다. 더욱 정확하게 표현하면, 사회적인 차이를 잊어버리겠다는 것, 즉 익명성이라 불러야 할 것을 정당화하기 위해서였다.

선거권 제한은 민주주의 이데올로기를 위배하는가?

익명성을 약하게 만드는 것처럼 보이는 한 가지 사실이 있다. 선거권 제한이다. 사실 1789년 프랑스 인권선언에서는 평등을 선포하는 바로 다음 문장에 유보 사항이 따라 나온다. "인간은 자유롭게, 그리고 권리에 있어 평등하게 태어나 존재한다. 사회적 차별은 공익을 근거로 할 때만 허용될 수 있다." 그러나 선거권 제한을 주장한 이들은 그것이 불평등하다고 보지 않았다. 비록 그 주장이 대단히 복잡하지만 말이다.

몽테스키외가 선거권 제한을 어떻게 정당화했는지 살펴보자.[27] 그는 "민주정체에서 모든 불평등은 민주정체의 본성과 원리 자체에서 도출되어야 한다."라는 원리에서 출발했다. 그는 생계를 위해 노동을 해야 하는 사람은 공직을 맡을 준비가 되어 있지 않거나 [공직을 맡아도] 그 역할에 태만할 것이라는 사례를 들었다. [이와 유사하게] 프랑스혁명 직전 파리 변호사들은 이렇게 말했다. "전반적인 인권을 어떻게 존중하든 부인할 수 없는 사실이 있다. 교육 수준 때문에, 그리고 빈곤 때문에 그들이 해야 하는 일의 종류에 따라 … 한순간도 공직에 전적으로 참여할 수 없는 계층이 있다는 점이다."[28] 몽테스키외는 이어서 말한다. "그와 같은 사례에서 … 시민들 사이의 평등이 민주정체에 있어서 그 제도의 이익을 위해 폐지될 수 있다. 그러나 폐지되는 것은 단지 외관상의 평등에 지나지 않는다."[29] 일반적인 주장은 다음과 같이 전개된다. ① 대표자는 모든 사람의 최선의 이익을 위해 행동한다. ② 모든 사람의 최선의 이익이 무엇인지 판단하려면 이성이 필요하다. ③ 이성에 영향을 미치는 사회적 결정 요인이 있다. 그것은 생계를 위해 노동할 필요가 없어야 한다는 것 ([이로부터 나오는] '사심 없음'disinterest), 또는 누군가에게 고용되지 않거나 다른 이에게 의존하면 안 된다는 것('경제적 자립'independence)이다. 1865년 한 칠레 정치인이 말했듯이, 정치적 권리를 행사하려면 "진실한 것과 선한 것을 인식할 수 있는 지성, 그걸 원할 의지, 또 그걸 실천할 자유"가 필수적이다.[30] 또한 단지 외양상의 평등만 위배한다는 주장은 다음의 세 단계로 펼쳐진다. ① 최선의 공동 이익을 위해 행동한다는 것은 모든 사람을 동등하게 고려한다는 뜻이며, 따라서 모든 사람은 동등하게 대표된다.✝ ② 구분되어야 할 유일한 특성은 공동선을 인식하고 추구하는

✝ 콩도르세는 이렇게까지 주장한다. "입법의 모든 측면에서 유산층과 무산층의 이해관계는 같다. 단지 유산층이 민법과 세법에서 더 큰 이해관계가 있을 뿐이다. 그러므로 유산층이 전체 사회 이익의 수탁자이자 수호자가 되는 것은 전혀 위험하지

능력이다. ③ 이와 같은 능력의 획득이 금지되는 사람은 없으며, 따라서 선거권은 잠재적으로 모든 사람에게 열려 있다.

마지막 두 가지가 핵심이다. 사회적 지위의 법적 구별은 오직 통치 능력의 지표로서만 유효하며, 인민이 통치에 참여할 수 있는 능력을 획득하고 그것이 적절하게 표시되는 것을 막는 그 어떤 장벽도 없다는 것이다. 1791년 5월 3일 제정된 폴란드 헌법은 민주적인 선거권 자격 제한 체제regime censitaire와 비민주적인 법적 구별이 있는 체제 간의 차이를 보여 준다. 헌법은 제6조에서 이렇게 주장한다. "지방 의회 의원은 … 반드시 국민 전체의 대표로 여겨져야 한다"(강조는 헌법 원문). 그러나 지방 의회(폴란드어로는 세이미크sejmik)의 의원(이들이 전국 의회인 세임sejm의 의원을 선출한다)이 되려면 법적으로 정해진 집단, 곧 젠트리(폴란드어로는 슐라흐타)에 속해야 한다. 오직 세습 젠트리만이 그들에게 정치적 권리를 부여해 주는 토지를 소유할 수 있다.[+] 그러므로 이 체제는 위에서 정의한 [민주적인] 선거권 자격 제한 체제가 아니다. ① 이 체제는 토지 소유 젠트리라는 법적 집단에 속하지 않은 사람들이 정치에 참여할 수 있는 기회를 막았다. ② 이 체제는 토지 소유 젠트리가 될 수 있는 기회를 막았다.

사실 폴란드 헌법은 젠트리에게 특권을 부여하면서 이를 이성이라는 명목으로 정당화하지 않았다. 대신에 "자유 정부를 수립한 우리 선조에 대한 기억을 공경"(제2조)하기 때문이라고 언급했다. [반면] 시몬 볼리

않다"(Condorcet 1986[1788], 212).

[+] 1791년 4월 18일 도시 관련법을 보면, 모든 도시의 부르주아가 젠트리와 같은 보호를 받았다. [합법적 절차를 거친 영장 없이 인신의 자유를 구속받지 않는다는 의미의] 인신보호령이 가장 중요하다. 폴란드에서 이는 1433년부터 있었다. 또 부르주아는 (주교직을 제외한) 모든 공직에 오를 수 있었고, 도시 부근 토지를 소유하고 구매할 수 있었다. 그러나 지방 의회 의원은 될 수 없었다(Kowecki 1991).

바르는 1819년 "공화국의 존속을 좌우하는 … 베네수엘라의 해방자"라는 지위를 세습 상원에 부여했을 때 [몽테스키외가 제시한 것과] 동일한 원리를 사용했다.[31] 앙고스투라 의회 연설Discurso de Angostura로 알려진 그의 저명한 연설을 주목할 만하다. 그 연설은 불평등에 대한 수용을 이성을 향한 호소와 결합하는데, 이는 스페인어권 아메리카의 반민주적 태도를 보여 주는 특징이 되었기 때문이다. 볼리바르는 대다수의 인민들이 자신의 진정한 이익을 알지 못한다며 이렇게 주장한다. "모든 것을 선거라는 모험에 맡길 수 없다. 인민은 쉽게 오류를 범한다." 그가 제시한 해법은 세습 상원의 설립이었다. 미래의 상원 의원은 "예술, 과학, 문학을 배운다. 이는 공인으로서의 마음가짐을 갖게 해준다. 그들은 아주 어릴 때부터 하느님의 섭리가 명령한 바가 무엇인지 알 것이다." 그는 "세습 상원을 만드는 것은 결코 정치적 평등을 위배하지 않는다."라고 주장할 만큼 적극성을 보였다.[+]

찰스 시모어가 적절히 강조했듯이[32] 1832년 영국의 선거권 개혁은 이와 대조적이다. 비록 소득에 따라 선거권을 제한했지만 모든 이가 부를 얻기만 하면 정치적 권리를 획득할 가능성이 생겼다는 점이 중요하다. 납세 기준에 의한 선거권 제한을 반대하는 주장에 대해 프랑수아 기조가 "부자가 돼라!"고 응수한 것은 유명하다.[33] 납세자에게만 투표권을 주는 방식을 옹호하는 이들의 주장에 따르면, 정치적 불평등은 사회적 조건의 불평등에 의해 정당화되지만, 이때 그 어떤 법도 사회적 지위가 올라가는 것을 막지 않는다. 그러므로 정치적 불평등은 보편주의라는

[+] 이렇게 표현한 까닭은 볼리바르의 동기가 의심스럽기 때문이다. 그는 미래 상원 의원이 자신에게 종신 대통령직을 수여하도록 은근히 종용하고 있었다.

규범을 위배하지 않는다.

　종교에 따른 정치적 권리의 제한 역시 때로는 보편주의적인 언어로 표현되었다. 하지만 이 경우에는 대체로 이성이 아니라 공통 가치에 호소했다. 루소와 칸트부터 존 스튜어트 밀에 이르기까지 모든 이는 공통적인 이해관계, 규범, 가치에 근거할 때에만 정치체가 제대로 작동한다고 믿었다. 라틴아메리카에서 사회를 하나로 묶은 접합제는 가톨릭이었다. 브라이언 로브먼[34]이 조사한 라틴아메리카 헌법 103개 가운데 83개가 가톨릭을 국교로 천명했다. 또 55개 헌법은 다른 종교를 믿는 것을 금지했다. 가톨릭 신자에게만 정치적 권리를 주자는 주장은 대부분 인민주권 원칙을 공개적으로 반박했다. 즉, 인간이 신의 뜻을 바꿀 수 없다는 것이다. 그러나 실용적인 주장도 많았다. 예를 들어, 1853년 멕시코 사상가 루카스 알라만은 이렇게 주장했다. "국가가 가톨릭을 지지할 이유는 충분하다. 심지어 우리가 가톨릭이 신성하다고 생각하지 않아도 마찬가지다. 가톨릭만이, 다른 모든 결속 수단이 무너졌을 때도 모든 멕시코인을 하나로 묶을 수 있는 유일한 공통의 결속 수단이기 때문이다."[35]

　여성에 대한 선거권 제한은 가장 어려운 이슈였다. 비록 초기에 여성 선거권을 지지한 사람들은 이성이 성별에 따라 다르게 배분되지 않는다고 주장하기는 했지만, 주류의 입장은 여성에게 선거권을 줘서는 안 된다는 것이었다. 여성은 아동과 마찬가지로 자립적이지 못하기 때문에 자신만의 고유한 의지가 없다는 것이다. 또한 여성은 그들 가정의 남성에 의해 이미 대표되고 있고, 선거가 아니라 그들의 보호자를 통해 그들의 이해관계가 지켜진다는 주장이다. 그러므로 [여성 선거권 제한을] 정당화하는 기준은 성별이 아니라 의존성이었다. 그러나 1880년대 영국의 한 조사에서 성인 여성 가운데 거의 절반이, 성인 남성 없는 가정에 속해 있다는 사실이 밝혀짐에 따라, 이와 같은 정당화가 무너졌다. 여성의 투표권 획득은 순전히 편견 때문에 지연됐던 것이다.

하지만 왜 여성은 일부 남성과 같은 방식으로 자립적이지 못했는가? 여성이 재산을 가질 수 없는 곳에서 여성은 법적으로 선거권 자격을 얻을 수 없었다. 이는 민주주의 이데올로기에 위배되는 것이었다. 그러나 여성이 자신의 이름으로 재산을 소유할 수 있고 실제로 소유한 곳에서, 재산 소유가 [여성이 정치적 권리를 가질 자격의] 충분한 지표가 되지 못한 이유는 무엇일까? 그런데 재산에 따른 선거권 부여를 옹호했던 콩도르세는 재산을 가진 여성에게도 선거권을 부여해야 한다고 생각했다. "그들[여성]이 공적 기능에 참여하면 안 된다고 여기는 이유는 쉽게 반박될 수 있을뿐더러 그것이 여성들이 [선거권을] 행사하는 권리를 박탈하는 이유가 될 수는 없다. 선거권의 행사라는 이 간명한 권리를 남자라고 해서 성별 덕분에 갖는 것이 아니라 합리적이고 현명할 수 있는 자질 때문에 갖는 것이며, 이런 자질은 여성도 공히 가지고 있기 때문이다."[36] 그리고 칠레의 여성 참정권 운동가는 이렇게 주장했다. "부인과 어머니, 과부와 딸, 우리는 모두 칠레의 행복을 위해 바칠 시간과 돈이 있다."[37]

이 논점은 시대착오적인 관점에서 보기 쉬우므로 예를 들어 설명해보겠다. 태풍이 가까이 오고 있을 때는 해안가 마을 사람들을 대피시키는 것이, 아직 멀리 떨어져 있을 때는 대피시키지 않는 것이 모든 사람에게 최선의 이익이라고 가정해 보자. 올바른 결정은 남녀노소 모두에게 이득이 된다. 이때 올바른 결정을 내릴 수 있는 사람은 기상예보를 제대로 해석할 수 있는 사람뿐이다. 이에 따라 어린이는 제외되며, 따라서 어린이의 최선의 이익을 위해 부모가 결정해야 한다. 기준이 되는 나이가 몇 살인지를 둘러싸고 약간의 이견이 있을 수 있지만, 오늘날 대부분의 사람들은 이런 논리를 받아들일 것이라고 나는 생각한다. 모든 현대 헌법이 그렇게 하고 있다. 그런데 왜 남성만 이 결정에 참여해야 할까? 여성이 기상학 수업을 듣는 것이 [법으로] 금지되어 있기 때문이라면, 우리는 1791년 폴란드[의 헌법으]로 돌아가는 셈이다. 여성이 기상학 수업을 듣게 됐다고 해보자. 이제는 이성을 행사할 능력이 남성과 똑같더라도, 여성은 자신의 견해와 무관하게 항상 남성 보호자의 견해를 따라야 한다는 주장이 제기된다. 이는 재산·소득·교육에 이성을 결부하는 가정에 더해지는 또 다른 사회학적 가정이다.

숨페터는 어떤 [선거권의] 구분이든 그것이 받아들여진다면, 그런 구분의 근거가 되는 원칙 또한 인정되어야 한다고 말한다. "정말로 중요한 것은 이것이다. 이와 같은 주제들에 대한 해당 사회의 적절한 견해들을 감안한다면 경제적 지위, 종교, 성별을 이유로 한 [선거권] 자격 박탈은 우리 모두가 민주주의와 양립한다고 여기는 자격 박탈과 같은 부류에 포함된다는 것이다."[38] 그럼에도 불구하고 각 구분은, 이성을 행사할 수 있는 능력과 선거권의 구분을 연관 짓는 특정 가정 — 예컨대, 12세는 투표할 준비가 되어 있지 않다는 등 — 에 기초한다. 게다가 이런 가정들 가운데 일부는 그저 얄팍한 이기심에 따른 것일 뿐이다. 오늘날 우리는 미성년자 혹은 금치산자를 배제하는 것을 제외하면 이런 가정의 대부분을 거부한다.

분석적으로 말하자면, 다음 조건이 충족될 때 불평등은 자치에 위배되지 않는다. ① [집단적 의사 결정에서] 배제된 이들의 선호가 집단적 의사 결정에 영향을 미칠 권리가 있는 이의 선호와 같을 때, ② 결정을 내리도록 선택된 사람들이 결정할 분명한 자격을 가질 때. 대의제 이론은 집단적 의사 결정에 투입되는 것을 실제 개인의 선호로 보는지, 아니면 이상적인 선호로 보는지에 따라 나뉜다. 이상적인 선호는 몇 가지 규범적인 요건을 충족해야 하는데, 예컨대 이타적이어야 한다거나 공동선을 고려해야 한다는 것 등이다.[+] 분명 모든 사람이 자연스럽게 이상적인 선호를 갖는다면 이런 구별은 사라질 것이다. 그렇지 않다면 제도를 통해 이 문제를 해결해야 한다. 즉, 몽테스키외부터 존 스튜어트 밀에 이르기까지 사상가들이 공통적으로 주장한 것처럼 시민을 교육해 이상적인 선호를 가지게 하든, 아니면 선거권을 제한하거나 [특정인 또는 특정 집단의] 표에 가중치를 부여함으로써 이상적인 선호에 특권을 부여하든 말이다. 베이츠가 지적했듯이,[39] 이상적인 선호가 없거나 그런 선호를 발전시킬 조건을 갖지 못한 사람들이 기꺼이 동의한다면, 선거권 제한이나 가중 투표제가 공정하지 않다고 말하기 어렵다. 이 방법은 1857년에 이미 존 스튜어트 밀이 옹호했던 것이기도 하다. 또한 모든 사람이 그런 선호를 획득할 수 있거나, 그런 선호를 획득할 조건을 얻을 수 있다면, 선거권을 제한하거나 표에 가중치를 부여하는 것이 불평등하기는 해도 보편주의적인 용어로 정당화할 수 있다.

이 논리에 대해 어떻게 생각하든, 과거에는 출신 성분이 차지하던 자리를 부(富)가 빼앗았고, 귀족제의 자리를 과두제가 차지했다. 여전히 선택된 소수만이 모두의 최선의 이익을 위해 통치했다. 코네티컷주 하원 의원인 새뮤얼 다나는 사회가 "부유한 소수의 지배자와 가난한 다수의 피지배자"로 나뉜 것이 상당히 적절하다고 생각했다.[40] 1795년 프랑스 헌법 초안을 쓴 부아시 당글레는 이렇게 선언했다. "최선의 인물이

[+] [대의제 이론의] 이런 구분을 다루는 최근 논의는 존 페레존(Ferejohn 1995)과 캐스 선스타인(Sunstein 1995)을 참조하라.

우리를 통치해야 한다. … 유산 계층이 통치하는 나라는 사회질서 속에 있고, 무산 계층이 지배하는 나라는 자연 상태에 있다."[41] 19세기 중엽 콜롬비아에서 이루어진 합의는 이랬다. "우리는 계몽된 민주주의를 원한다. 즉, 지성과 부가 인민의 운명을 방향 짓는 민주주의 말이다. 우리는 프롤레타리아주의와 무지가 행복의 씨앗을 말려 죽이고 사회를 혼란과 무질서에 빠뜨리는 야만적 민주주의를 원하지 않는다."[42] 페루의 입헌주의자 바르톨로메 에레라는 1846년에, 법을 만들 권리는 자연에 의해 창조된 가장 지적인 사람들, 곧 지식 귀족에게 속한다고 선언했다.[43] 페루의 이론가 호세 마리아 판도는 "영속적인 귀족 지배는 … 필수 불가결하다."고 주장했고, 베네수엘라의 안드레스 베요는 통치자들이 현자들의 집단un cuerpo de sabios을 이루길 바랐다. 한편 스페인의 보수적인 이론가 도노소 코르테스는 현자의 주권과 인민주권을 대비해 제시했다.[44] 1867년이 되어서도 월터 배젓은 이렇게 경고했다.

> 하층계급들의 정치적 결속은, 그 자체로도, 그들 자신의 목적에 비추어서도 가장 큰 해악 가운데 하나이다. 또한 노동자들이 항시 결집한다면 (이제 그들 가운데 아주 많은 이가 선거권을 지니고 있으므로) 나라에서 최고 세력이 될 것이다. 그리고 노동자들이 현재 상태 그대로라면 그들이 최고 권력을 갖는 것은 교육에 대해 무지가 우월권을 갖고 지식에 대해 숫자가 우월권을 가짐을 뜻한다.[45]

식민 지배도 같은 말로 정당화되었다. 초기 스페인의 점령 이후, 문명화되지 않은 이들은 "그들의 본성에 따라, 또 그들의 이익을 위해, 문명화된 그리고 고결한 군주 또는 국가의 지배 아래 있어야 한다."라는 주장으로 식민 지배가 정당화됐다.[46] [영국의 제국주의 정치가인] 세실 로즈는 식민 지배가 보편 이익에 봉사한다고 했다. "우리가 이 세계의 더 많은 곳에 거주할수록 인류에게 더 좋다."[47]

이와 같은 선거권 제한의 역사는 [출신에 따른 차별과 같은 수준으로] 완전히 되돌아간 것은 아니지만 그래도 비슷한 양상을 반복하고 있었다. 이로 인해 많은 나라가 100년 이상 갈등을 겪었고, 그 흔적을 간직하고 있다. 이런 새로운 구별은 민주주의가 자신의 이상을 실현하지 못한다는 증거로 받아들여졌다. 가난한 사람들과 여성은 자신에게 최선인 이익을 부유한 남성이 대변해 준다고 생각하지 않았다. 그들은 선거권을 얻기 위해 투쟁했다. 그리고 선거권은 위험한 무기였다.

민주주의와 재산권

[사회경제적으로] 불평등한 사회에서 정치적 평등은, 그것이 효과적이라면, 다수가 법을 통해 재산이나 재산 사용에 따른 이득을 평등하게 분배할 수 있는 가능성을 연다. 이는 민주주의 역사에서 핵심 주제이며, 대의제 정부가 시작되었을 때와 마찬가지로 오늘날에도 여전히 논쟁적이다. 자유나 행복과는 달리, (소득을 창출하는 데 사용될 수 있는) 재산은 언제나 소수가 보유했고 앞으로도 그럴 것이므로, 재산권은 다수의 이해관계와 대립할 수밖에 없다. 따라서 민주주의와 재산권 사이의 긴장은 예측 가능했고, 실제로 사람들은 그렇게 예측했다.

민주주의와 재산권 사이의 이런 긴장의 역사를 보려면 우선 수평파[+]를 살펴봐야 하는데, 데이비드 우튼이 보기에 이들은 대의제 정부를 국민국가 단위에서 사고했던 최초의 민주주의자다.[48] 수평파를 반대하는 사람들은 수평파가 토지를 재분배해서 모든 이를 평등하게 만들고 싶어 한다고 두려워했다. 정작 수평파 스스로는 이를 끈질기고 격렬하게 부인했지만 말이다.[++] 제임스 해링턴은 이렇게 말했다. "'평등하게 만든다' levelling라는 표현을 쓰는 사람들은 그 말을, 인민이 들고일어나 부자의 토지와 재산을 침범하고, 그들끼리 평등하게 나누는 것으로 이해하는 것 같다."[49] 수평파 가운데 일부 — 스스로를 진정한 수평파True Levellers 또는 개간파Diggers라고 일컬었던 — 는 공동 소유지에 자치 공동체commune를 꾸렸다.

경제적 평등에 대한 요구는 프랑스혁명 시기인 1795년 프랑수아노엘 바뵈프의 평민 선언Plebeian manifesto에서 등장했다. 그때까지 혁명정부는 교회와 망명 귀족의 토지를 몰수했지만 이를 농민에게 재분배하지 않고 부유한 평민에게 팔았다.[50] 바뵈프가 원한 것은 재산의 평등한 분배가 아니라 사유재산의 폐지였다. "우리는 재산을 나누자고 주장하지 않는다. 왜냐하면 평등한 분할은 결코 지속될 수 없기 때문이다. 우리는 사유재산 자체의 폐지를 제안한다." 바뵈프는 모든 사람의 위는 크기가 같다면서, 모든 사람이 자신의 생산물을 공동의 저장고에 넣어 두고 동등한 몫을 가져가길 원했다. 그렇게 하면 그 누구도 더 많은 부나 능력을 이용할 수 없다. 그는 자신의 공산주의 강령에 공동 행복le bonheur commun

---

+ [옮긴이] 수평파는 영국 내전 시기(1642~51년)에 소시민, 직공, 자영 농민, 군대의 사병 등 소외되었던 사회 기층 계급을 기반으로 그들의 이해를 공개적으로 대변해 공화주의·민주주의 운동을 벌인 집단이다.

++ 라틴아메리카에서 토지 재분배 요구는 간헐적으로 나타났다. 1810년 멕시코에서 미겔 이달고와 호세 마리아 모렐로스가 한 요구와 1813년 우루과이(당시에는 동방주Banda Oriental)에서 호세 헤르바시오 아르티가스가 한 요구가 가장 유명하다.

의 원리라는 의미를 부여했는데, 그것은 [평등한] 공유communauté, 곧 "모두의 평온, 모두를 위한 교육, 그리고 모두의 평등·자유·행복"으로 이끌어 줄 원리다.[51] 경제적 평등에 대한 그의 요구는 도덕 원칙에 기초했다. 그는 법적 평등과 경제적 평등 모두 계몽주의의 자연스러운 산물일 뿐이며, 프랑스혁명의 정신 안에 있다고 주장했다. 모든 사람이 평등하게 태어났다는 사실이나 가정은 왜 정치적 평등은 정당화하면서 경제적 평등은 정당화하지 않는가? 이성은 평등하게 취급하면서, 왜 위장의 크기는 평등하게 생각해서는 안 되는가? 이런 차이가 논리에 따른 것이 아니라면, 단지 이해관계interests에 의해 만들어진 것이라고 의심해 볼 수 있다. 타인에게 자신의 노동을 팔아야 한다는 경제적 강요는, 타인의 명령을 따라야 한다는 정치적 예속만큼이나 개인을 구속하지 않는가? 최소한 루소는 이렇게 생각했다. [시민의 자유는, 부의 측면에서] "어떤 시민도 다른 시민을 살 수 있을 만큼 부유하지 않고, 누구도 자신을 팔아야 할 만큼 가난하지 않다는 것을 의미한다."[52]

그러나 도덕적 근거가 아니라 순수하게 실증적인 근거에서, 즉 민주주의가 정치적 평등을 통해 경제적 평등으로 나아가야 한다고 생각할 수도 있다. 실제로 어느 순간 정치적 평등과 경제적 평등은 삼단논법을 거쳐 연결되었다. 즉, 보통선거권에 다수결 원칙이 더해지면 다수파가 정치권력을 갖는다. 다수파는 언제나 가난한 이들이기 때문에, 그들이 부자의 재산을 몰수한다는 것이다. 이 삼단논법은 아마도 1964년 영국 퍼트니에서 있었던 선거권 논쟁⁺에서 헨리 아이어턴이 처음으로 주장

⁺ [옮긴이] 1645년 크롬웰이 이끄는 의회군이 네이즈비 전투에서 승리하여 의회파와 국왕파의 내전이 마무리된 후 1647년 초 의회는 혁명군을 해산하려 했지만, 수평파와 손잡고 있던 군대는 이를 거부했다. 군대에 대한 수평파의 영향력이 커지

했던 것 같다. "그것[남성 보통선거권]은 재산권을 파괴할 수 있다. [재산권 유지에] 지역적 혹은 항구적 이해관계가 없는 남성들을, 또는 최소한 그들 가운데 다수가 선출될 수 있다. 이들이 모든 [사유]재산에 반대해 투표하지 않을 이유가 무엇이겠나."[53] 프랑스의 보수 논객인 자크 말레 뒤 팡도 이런 생각을 공유했다. 1796년 그는 법적 평등은 반드시 재산의 평등으로 이어진다고 주장했다. "공공서비스, [부의] 세습, 결혼, 산업, 상업이 사회에 불러들인 불평등으로 에워싸여 있으면서도, 당신은 평등한 사람들의 공화국을 원하는가? 그렇다면 당신은 [사유]재산을 타도해야 할 것이다."[54]

자주 잘못 인용되는 것(나도 그랬다)[++]과는 달리, 매디슨이 『페더럴

면서 군대의 개혁 요구가 사회 전반으로 확장됨에 따라 의견일치를 보이던 장교와 사병들의 입장 차이가 나타나기 시작했다. 1647년 10월 28일부터 11월 2일까지 런던 인근 퍼트니의 세인트메리 교회에서 혁명군 지도부와 일반 병사들 및 초급 장교들의 대표 30명이 모여 군대의 기본 방침을 결정하는 회의를 진행했다. 크롬웰의 개회 선언으로 시작된 이 회의에서 핵심 쟁점은 선거권과 정치체제의 성격 문제였다. 격렬한 논쟁 끝에 잠정적 타협안에 합의했지만, 급진 세력이 반발해 다시 반란을 일으켰기 때문에 결국 타협에 실패했다고 할 수 있다. 영국 내전의 정치사상적 투쟁을 상징하는 퍼트니 논쟁에서 병사 대표들은 어떤 계약도 인민의 권리를 빼앗을 수 없다고 주장하면서 국왕과 상원의 폐지를 요구했다. 반면 헨리 아이어턴은 성문법과 같은 기존의 계약이 정부와 소유권의 기초가 되기 때문에 그것을 파기하는 것은 무정부 상태를 초래하며, 헌법이 바뀌지 않는 한 권위에 대한 복종의 의무는 변하지 않고, 권위를 교체하는 유일한 수단은 선거라면서 국왕과 상원의 존속을 역설했다.

[++] 매디슨의 말을 인용할 때 '그런'such이라는 단어를 빼먹는 데서 잘못된 인용이 발생했다. 예를 들어 러셀 핸슨(Hanson 1985, 57)이나 셰보르스키와 페르난도 리몽기(Przeworski and Limongi 1993, 51-69)를 보라.
[옮긴이] '그런'such이라는 단어를 빼고 인용하게 되면 『페더럴리스트』 10번 논설의 이 구절은 민주주의 일반의 단점으로 이해될 수 있다는 것이다. 핸슨(Hanson 1985, 57)은 정확히 이런 사례에 해당한다. 셰보르스키는 자신의 글(Przeworski and Limongi 1993, 51-69)을 그런 오해의 또 다른 사례로 제시하는데, 이 글에서 셰보

리스트』 10번 논설[국역본, 84, 85쪽]에서 직접민주주의에서는 이런 결과가 벌어지지만, 대의 민주주의에서는 그렇지 않다고 말했다는 점에 주목하라. 그는 "순수한 민주주의"는 [인민의] 직접 지배 체제라고 보면서 이렇게 말했다. "그런 민주주의는 항상 혼란과 분쟁의 참상을 보여 주었고, 개인의 안전이나 재산권과 양립할 수 없는 것으로 드러났으며, 그 종말이 폭력적이었던 것처럼 대체로 수명도 짧았다"(강조는 셰보르스키). 그러나 "공화국, 즉 내가 의미하는, 대의제도가 실시되는 정부는 그와 다른 전망을 열어 주며, 우리가 찾고 있는 해결책을 약속한다." 하지만 수십 년 뒤 그는 덜 낙관적이 된 것 같다. "다수의 무산층으로부터 보호받지 못하면 분명 유산층은 위험에 처할 것이다. [선출된] 일군의 사람들이 개인들보다 이해관계에 덜 좌우되는 것은 아니다. … 따라서 재산권은 취약한 상태에 처하게 된다."[+]

　　[정치적 평등은 경제적 평등으로 이어진다는] 이 같은 삼단논법은, 일단 만들어지자 그 뒤로, 민주주의에 들러붙은 공포와 희망 모두를 지배했다. 보수주의자들은 민주주의, 특히 보통선거권이 재산권을 약화한다는 사회주의자들[++]의 생각에 동의했다. 선거권을 유산층으로 제한하자는 복잡한 주장의 이기적인 성격이 명백해졌다. 즉, 보통선거권이 위험한 까

르스키가 문제의 구절을 직접 인용하고 있지는 않다. 하지만 이 글에서 그는 민주주의가 재산권을 보호한다는 생각은 최근의 발명품이고, 가난한 이들이 부자를 약탈할 것이라는 두려움을 진정하려고 노력한 사람은 제임스 밀이 유일했다고 언급한다. 『페더럴리스트』 10번 논설의 해당 구절에 대한 잘못된 인용을 참고한 데서 자신의 이런 판단이 나왔다고 밝히는 것으로 보인다.

[+] 이 글은 1821~29년 사이에 쓰였다는 점을 주목하라. 케첨(Ketcham 1986, 152)에서 인용.

[++] 로장발롱에 따르면 사회주의자라는 말은 1834년 프랑스에서 처음 등장했다(Rosanvallon 2004).

닭은 유산층의 재산권을 위협하기 때문이었다. 1818년 스코틀랜드의 철학자 제임스 매킨토시는 "노동계급이 선거권을 얻으면, 여론과 재산권 사이에 영구적인 적대가 생겨날 것이다."[55]라고 예측했다. 데이비드 리카도는 "그들[노동계급] 중에서도 재산권을 전복하는 데 관심이 없다고 볼 수 있는 이들"에게만 선거권을 확대해야 한다고 생각했다.[56] 토머스 매콜리는 1842년 차티스트운동에 대한 연설에서, 보통선거권이 제기하는 위험을 다음과 같이 생생하게 요약했다.

> [차티스트운동이 내건] 인민헌장의 핵심은 보통선거권이다. 보통선거권을 주지 않으면, 다른 어떤 것을 허용하는지는 중요하지 않다. 보통선거권을 인정한다면, 당신이 내주지 않는 다른 것들은 전혀 중요하지 않다. 보통선거권을 부여하면, 국가는 사라진다. … 나의 확고한 신념은, 우리나라에서 보통선거권은 이러저러한 형태의 정부뿐만 아니라 정부를 존재하게 하는 모든 것과 양립할 수 없으며 재산권과도 양립할 수 없고, 결국 문명과도 양립할 수 없다는 것이다.[57]

9년 뒤, 정치적 스펙트럼의 다른 극단에서 카를 마르크스는 사적 소유권과 보통선거권이 양립할 수 없다고 똑같이 확신했다.

> [마라스의] 헌법✛은 프롤레타리아트·농민·프티부르주아지의 사회적 노예 상태를 영구화하려는 의도를 가졌음에도 불구하고 그 계급에게 보통선거

✛ [옮긴이] 1848년 6월 22~26일까지의 6월 봉기 이전, 6월 19일에 아르망 마라스가 국민의회에 제출한 헌법 초안을 가리킨다.

권을 부여함으로써 정치적 권력을 소유하게 했다. 그리고 자신이 옛 사회적 권력을 인정했던 계급인 부르주아지로부터는 그들의 사회적 권력에 대한 정치적 보증을 박탈했다. 헌법은 부르주아지의 정치적 지배를 민주적 조건 속으로 밀어 넣었는데, 이 조건들은 매순간 부르주아사회의 토대 자체를 위태롭게 했다. 헌법은 프롤레타리아트·농민·프티부르주아지에게는 정치적 해방에서 사회적 해방으로 나아가서는 안 된다고 요구하는 동시에 부르주아 계급에게는 사회적 복고에서 정치적 복고로 후퇴해서는 안 된다고 요구했다.[58]

마르크스에 따르면, 민주주의는 필연적으로 "계급투쟁의 족쇄를 풀어 놓는다." 즉, 빈자는 부자의 재산을 빼앗는 데 민주주의를 이용한다. 위협을 받은 부자는 탄탄히 조직된 군부 세력에게 정치권력을 "이양"ab-dicating함으로써 민주주의를 전복해 버린다. 그러므로 자본주의와 결합된 민주주의는 본질적으로 불안정한 사회조직 형태이고, "[유럽에서 민주주의는] 그저 부르주아사회의 정치적 변혁 양식이지 [미국의 경우처럼] 부르주아사회의 보수적인 생활양식은 아니며",[59] "오직 돌발적이고 예외적인 상태일 뿐 … 사회의 정상적인 형태가 될 수 없다."[60]

마르크스가 지적한 "공화주의 헌법의 근본 모순"은, 자산 소유권이 저절로 확대되거나, 재산이 없는 사람이 어떤 이유로 인해, 재산권을 폐지하는 데 자신의 정치적 권리를 사용하지 않으면 실현되지 않을 것이다.[+] 다른 한편, 찰스 마이어는 이렇게 말했다. "[부의] 사회 평준화가 계속 프롤레타리아트화를 향해 나아갈 것을 두려워한다면 민주주의의 진전은 놀라운 추세로 보일 것이다. 왜냐하면 이는 분명 모든 민주주의가 사실상 사회민주주의로 향하게 될 것을 시사하기 … 때문이다. 즉, 인민

정부popular government의 등장과 유권자의 확대는 필연적으로 좀 더 평등한 사회와 부의 재분배를 위한 강령으로 이어질 것이다."[61] 실제로, 정치 영역의 민주주의가 논리적으로 사회적·경제적 평등으로 이어져야 한다는 생각이 사회민주주의의 초석이 됐다. 베이츠가 말했듯이, 역사적으로 민주화 운동의 주요 목표는 경제와 사회에서 나타나는 불평등의 효과를 정치 영역에서 바로잡는 것이었다.[62]

사회주의자들은 이런 궁극적인 목표를 지니고 선거에 뛰어들었다. 제1 인터내셔널 헤이그 대회에서 사회주의자들은 이렇게 외쳤다. "사회혁명의 승리와 그 궁극적 목표 — 계급 철폐 — 를 확실히 달성하려면 프롤레타리아트를 정당으로 조직해야 한다." 스웨덴 최초의 사회주의 강령은 이렇게 명시했다. "사회민주당은 부르주아사회의 경제조직을 완전히 변화시키고, 노동계급의 사회적 해방을 가져올 것을 열망한다는 점에서 다른 정당과 다르다."[63] 심지어 가장 개량주의적인 사회주의자인 [프랑스의] 알렉상드르 밀랑도 이렇게 말했다. "자본주의적 [사유]재산을 사회적 재산으로 대체하는 것이 필요하고 진보적이라는 것을 인정하지 않는 사람은 사회주의자가 아니다.[64] 그럼에도 불구하고 사회주의자들은 궁극적인 목표에 도달하는 과정에서, 사회경제적 불평등을 줄일 수많은 방법을 알게 되었다. 장 조레스가 이끈 프랑스 사회당은 1902년 투르 대회에서 "사회당은 전부 아니면 전무식의 정책을 거부한다. 사회당은 당장 실현해야 할 개혁 프로그램을 갖고 있다."라고 선언하며, 54가지 구체적

✦ 제임스 밀은 자신의 논적에게 이렇게 도전했다. "인류 역사 시작부터 지금까지, 어떤 나라에서든, 인민이 재산권 일반에 적대심을 표출했거나, 재산권을 전복하려는 욕구를 드러낸 예시를 단 하나라도 보여 달라"(Collini, Winch, and Barrow 1983, 104에서 인용).

인 조치를 나열했다.[65] 1897년 스웨덴 사회민주당은 순수한 정치적 권리와 더불어, 직접세, 국가 및 지방정부의 생산 활동, 공적 신용public credit, 노동조건, 고령, 질병, 상해보험과 관련된 입법을 요구했다.[66]

사회민주주의자들을 내내 괴롭힌 질문은, 1886년 [스웨덴 사민당 지도자이자 총리였던] 칼 얄마르 브란팅이 제기했듯이, "인민의 의지가 그들의 특권 폐지를 요구하더라도 상류층은 인민의 의지를 존중할 것인가?"라는 것이었다.[67] 선거에서 승리한 다수파가 행사하는 인민주권에는 한계가 있는가? 1905년 아우구스트 베벨이 두려워했듯이 "투표를 통해 합법적으로 획득한 권력의 행사를 보호하기 위한, 순수하게 방어적인 조치로서"[68] 혁명이 필요하지는 않을까? 그러나 이보다 앞서, 이들이 고려하지 않았던 질문이 있다. 과연 어떤 정치제도가 경제적 평등을 만들어낼 수 있을까? 상층계급이 자신들의 특권을 폐지하는 데 동의한다 하더라도, 법을 통해 평등이 실현될 수 있을까? 아니면 모든 사람이 없애기를 원하더라도 어느 정도의 경제적 불평등은 피할 수 없는 것일까? 사회민주주의자는 실패한 것일까? 아니면 도달할 수 있는 최선의 지점까지 나아간 것일까?

민주주의와 소득분배

존 던에 따르면, 놀랍게도 민주주의는 혁명적인 기획에서 보수적인 기획으로 변했다.

이 새로운 시대에 민주주의라는 이념의 정치적 힘은, 형식적인 사회적 평등과 현실의 질서가 결합하는 지점에서 도출되었는데, 이 현실 질서는 점점 더 역동적이 되는 경제적 불평등 체계의 보호와 재생산에 기반하고 있었다. … 1750년 당시에는 민주주의를 생산적 부를 효과적으로 보호해 주는 적절한 제도적 형태라거나, 그런 제도의 자연스러운 명칭이라고 간주하는 사람은 전혀 없었고, 그럴 수도 없었다. 그러나 오늘날 우리는 더 잘 알고 있다. 사전에 어떤 가능성이 있다고 여겨졌든, 대의제 민주주의가 장기간에 걸쳐 증명한 바는 바로 이것이다.[69]

우리도 존 던과 함께 놀라야 할까?

나는 이것이 [민주주의의] 원죄라고 주장한다. 18세기 후반 민주주의는 혁명적인 이념이었지만 민주주의가 제시한 혁명은 엄밀히 말해 정치 혁명이었다. 내가 읽은 바로는 민주주의는, 그것이 정치적으로 얼마나 혁명적이었든지 간에, 그 시작은 경제적 불평등에 눈을 감은 기획이었다. [사유]재산의 재분배나 폐기에 대한, 도덕적 근거에 기반한 주장은 지엽적이고 간헐적인 것이었다. 게다가 대의제는 선거권 제한을 통해, 귀족 지배를 과두정으로 대체했다.

그럼에도 불구하고, 보통선거권과 부의 불평등한 분배가 공존하는 것은 쉽게 이해하기 어렵다. 가난한 사람이 다수라는 지위를 이용해 부자의 재산을 빼앗을 것이라는 삼단논법은 거의 보편적으로 받아들여졌다. —그리고 오늘날에도 여전히 논리적으로 타당하다. 우선 정치경제학자들이 가장 좋아하는 모형인 중위 투표자 모델median voter model을 생각해 보자.[70] 이 모델에서 각 개인은 노동 또는 자본을 보유하고 있으며, 모든 개인을 가장 부유한 사람에서 가장 가난한 사람으로 순서를 매길 수 있다. [이런 조건에서] 각 개인이 소득에 부과될 세율에 대해 투표한다고 하자. 그리고 이 세금으로 발생한 수입은 모든 개인에게 똑같이 분배되거나, 평등한 가치를 갖는 공공재에 사용되며, 그 결과 재분배 수준은 세율에 따라서만 정해진다. 일단 세율이 결정되면, 각 개인은 중앙의 통제를 받지 않는 저마다의 방식으로 자신이 가진 노동과 자본을 생산에 얼마만큼 투하할지 결정해 자신의 효용을 극대화하려 한다. 중위 투표자 정리定理에 따르면 오직 하나의 다수결 균형이 존재하는데, 이 균형점은 중위 선호를 가진 투표자들이 선택하는 지점이며, 중위 선호 투표자는 곧 중위 소득을 버는 사람이다.[+] 나아가 소득분배가 오른쪽으로 치우쳐 있다면, 즉 중위 소득이 평균 소득보다 낮을 경우, 자료가 존재하는 모든 나라에서 그렇듯, [중위 소득에 맞춰진] 다수결 균형은 (조세와 소득 이전을 거친) 세후 소득을, 재분배의 자중 손실[++]만큼 완화되기는 하겠지만, 매우 평등하게 만들 것이다.

게다가 사회경제적 평등에 대한 요구는 지속되고 있다. 엘리트들은 민주주의를 제도적 측면에서 바라보지만 대중은, 적어도 동유럽과 라틴 아메리카에서는, 민주주의를 '사회경제적 평등'이라는 측면에서 본다. 예를 들어, 칠레에서는 조사 응답자 가운데 59퍼센트가 민주주의를 통해 사회 불평등이 완화되리라 기대했다.[71] 한편 동유럽에서 민주주의를

[+] [옮긴이] 즉, 중위 투표자 정리에 따르면, 세율은 부유한 이가 아니라 중위 소득을 버는 사람에 맞춰 정해질 것이다.

[++] [옮긴이] 자중 손실deadweight loss은 원래 차량의 총 운반 중량을 말할 때 아무것도 싣지 않아도 차량 자체의 중량을 빼야 한다는 것에서 나온 말로, 경쟁의 제한으로 인한 시장 실패에 따라 발생하는 자원 배분의 효율성 상실을 의미한다. 세율을 높이면 납세자는 일정한 구매력을 상실하는 대신 정부의 조세가 늘어나지만, 납세자의 구매력 상실분 모두가 정부로 이전되지는 않는데, 여기서 자중 손실은 이렇게 증발한 손실분을 가리킨다.

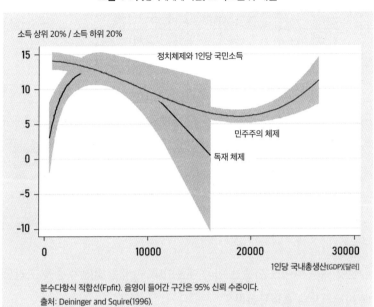

그림 4-1 | [정치체제에 따른] 소득 5분위 배율

소득 상위 20% / 소득 하위 20%

정치체제와 1인당 국민소득

민주주의 체제

독재 체제

1인당 국내총생산(GDP)[달러]

분수다항식 적합선(Fpfit). 음영이 들어간 구간은 95% 신뢰 수준이다.
출처: Deininger and Squire(1996).

사회적 평등과 연관해 생각한 사람은 체코슬로바키아의 경우 61퍼센트에서부터 불가리아의 88퍼센트에까지 달했다.[72] 인민은 민주주의가 사회경제적 평등을 이루어 내기를 바란다. 그러므로 민주주의와 불평등이 공존한다는 사실은 여전히 이해하기 어려운 점이다.

우선 몇 가지 사실들을 검토해 보자.

첫째, 정치체제를 민주주의와 독재로 나누면, 소득을 기준으로 하위 20퍼센트에 비해 상위 20퍼센트의 소득이 몇 배인지로 측정한 불평등 정도[소득 5분위 배율]가 각각의 1인당 소득수준에서 크게 차이가 나지 않는다(〈그림 4-1〉과 〈표 4-1〉을 참조).[+] 고소득 국가군群에 민주주의국가는 있지만 독재국가는 없다는 사실에 주목하라. 부유한 민주주의국가에서

표 4-1 | 민주주의 체제와 독재 체제의 소득 5분위 배율 차이

변수	독재 체제	민주주의 체제	격차
총 사례	93	238	
관찰 값	10.50	9.19	1.31
매칭			3.84
2SLS			-1.25
헤크먼 2	11.27	10.75	0.52
헤크먼 1			-1.38

주: 각 수치는 상이하게 선택된 추정량에 기초한다. 관찰 값은 관측된 추정량의 평균값이다. 매칭match-ing은 휘도 임번스의 최근접 이웃 짝짓기Inn match로 한 개씩 매칭한 것에 따른 값이다. 2SLS는 도구 변수 추정량이다. 헤크먼 2는 제임스 헤크먼의 추정량을 적용해 두 체제에 각각 회귀분석을 한 값이다. 헤크먼 1은 상호 작용을 추가한 합동 추정량이다. 선택 모형은 1인당 소득과 과거 민주주의 경험에 따른 것이다. 자료 회귀분석은 1인당 소득과 그 제곱 값을 활용했다.

곡선이 위로 꺾이는 까닭은 미국 때문이다. 미국은 발전 수준을 고려할 때 이례적으로 불평등하다.[++]

통계 분석 결과, 체제 간 평균적인 [불평등 수준] 차이의 추산치는 작으며 뚜렷하지 않다.

둘째, 소득분배는 시간이 지남에 따라 놀라울 정도로 안정적이었다. 대상 기간은 상대적으로 짧았지만 리훙이, 린 스콰이어, 저우헝푸의 연구는 강력한 증거를 보여 주는데,[73] 그들에 따르면 지니계수의 총분산to-

---

[+] 여기서 민주주의 체제란 ACLP 데이터베이스[셰보르스키가 제안한 민주주의-독재 지표Democracy- Dictatorship Index] 기준으로, 반대당이 있는 선거를 치른 체제를 의미한다. 독재는 단순히 민주주의가 아닌 체제다. 자료는 클라우스 다이닝어와 린 스콰이어(Deininger and Squire 1996)에서 가져왔다. 그들은 1960년 이후 시기에서 각 국가별로 매우 다양하고 폭넓은 조사 결과를 다루고 있다. 주요 석유 수출국은 포함하지 않는다.

[++] 안드레아 브란돌리니와 티머시 스미딩(Brandolini and Smeeding 2008, 표 2.1)의 연구에서 다룬 24개 고소득 민주주의국가 가운데 미국은 실질 가처분소득이 불평등한 나라다.

tal variance 가운데 90퍼센트가 교차 국가 간 차이로 설명되며, 시계열적 변화 추세를 보이는 나라는 거의 없다. 근로소득[불평등]은 20세기 내내 거의 변하지 않았다.[74]

셋째, 불평등은 줄어드는 속도보다 늘어나는 속도가 훨씬 더 빨랐다. 특히 1982년 이후 불평등이 급격하게 증가했다. 공산주의하에서 소득분배가 상당히 평등했던 폴란드의 경우, 평균 소득 대비 중위 소득의 비율(이는 소득의 로그 정규분포의 특징을 표현하기에 용이한 방법이다)은 1986년에 0.82였고, 1989년 멕시코는 0.59였다. 1995년 폴란드의 이 비율은 0.62가 됐는데, 이는 불평등이 매우 심한 멕시코와 거의 비슷한 수준이었다. 미국의 소득 불평등은 1970년대까지 일정 수준을 유지하다가 급격히 증가했다.[75] 시계열 자료를 좀 더 장기적으로 보면, 몇몇 민주주의국가에서 최고 소득자의 소득 점유율은 감소했지만, 재분배는 매우 제한적이었다.[+] 외국의 침략(일본의 한반도 식민화, 소련의 동유럽 점령), 혁명(소련), 전쟁, 빈민의 대규모 이주(노르웨이·스웨덴)로 인한 대규모 자산 파괴와 같은 대격변 없이 시장 소득이 급격히 평준화된 나라는 없는 것 같다.

이 문제는 뜨거운 쟁점이므로 이에 대한 설명도 다양하다.[++] 여기서는 이를 포괄적으로만 나열할 수 있다.

[+] 이 두 명제는 모순이 아니다. 전체 소득 중 고소득자의 소득이 차지하는 비중이 줄어든 주된 이유는, 전쟁과 주요 경제 위기 때문에 거액의 재산이 파괴됐고, 누진적인 소득세 때문에 다시 축적할 수 없었기 때문이다. 전체 소득 중 고소득자의 소득이 차지하는 비중의 장기간 동학을 살펴보려면 앤서니 반스 앳킨슨과 토마 피케티(Atkinson and Piketty 2007)에 나오는 논문들을 참조하라.

[++] 이 설명들 가운데 몇 가지는 래리 바텔스(Bartels 2008)에 나온다. 하지만 바텔스의 이야기는 내가 제시하는 도식적인 목록이 보여 주는 것보다 훨씬 더 복잡하고 미묘하다.

설명의 한 유형은, 빈곤층이 다양한 이유로 재산, 소득, 심지어 기회의 평등을 원하지 않는다는 것이다. 그 이유로는 몇 가지가 있다.

1. 허위의식. 이는 생산적인 재산과 비생산적인 재산의 차이를 이해하지 못해서 발생한다.[+]
2. 이데올로기적 지배. 이는 유산층이 언론 매체를 소유함으로써 발생한다.[76]
3. 종교나 인종으로 인한, 가난한 사람들 사이의 분열.[77]
4. 자신도 부자가 될 수 있다는 가난한 사람들의 기대.[78]
5. 심지어 평등주의적 규범을 가진 사람들 사이에서도[79] 특정 정책의 효과에 대한 정보가 부족하다는 것.
6. 불평등은 운이 아니라 노력의 결과이므로 공정하다는 믿음.[80]

또 다른 설명은, 다수파가 평등주의적 규범을 지니고 있다고 해도, 형식적인 정치적 권리는 사유재산 앞에서 무용지물이라는 주장이다. 이역시 몇 가지로 나누어 보는 게 유용하다.

1. 부유한 사람들은 정치적 권력을 행사하는 지위를 차지하며, 이를 이용해 부의 재분배로부터 자신을 성공적으로 방어한다.[81] "파워 엘리트"는 바로 경제 엘리트이다.
2. 당파적 성향을 가진 모든 정부는, 자신의 계급 구성과 관련 없이,

[+] [옮긴이] 생산수단을 가진 부자의 재산과 빈자의 재산이, 자산의 크기만 다를 뿐 질적으로는 같다고 보는 관점을 의미한다. 이는 생산의 객관적인 관계를 도외시하는 것으로, 마르크스주의에서는 착취 관계를 보지 못하는 허위의식으로 표현한다.

재분배와 성장 사이의 맞교환 관계trade-off를 예상해야 한다. 생산적인 재산이나 심지어 소득을 재분배하는 것은 가난한 사람에게도 비용을 치르게 한다. 유산층은 재산을 잃거나 그 과실을 누릴 수 없을지 모른다고 예상할 경우 저축과 투자를 줄인다. 그 결과 모든 사람들의 미래 재산과 미래 소득이 줄어든다. 이 같은 "자본에 대한 구조적 의존"은 재분배에 한계를 부과하는데, 심지어 소득 평준화를 원하는 정부들에도 마찬가지다.[82]

이 설명들은 모두 다양한 반론과 경험적인 반대 증거들에 의해 반박되고 있다. 개인적으로 나는, [위의 두 설명 가운데 하나가 함축하듯이] 가난한 사람들이 (그것이 부자들의 희생을 통한 것이라 해도) 더 잘살기를 바라지 않는다는 주장들에 공감하지 않는다. 또한 이론적으로 재분배와 성장 사이의 관계는 논란의 여지가 있으며, 경험적 근거도 확정적이지 않다.[83] 특정 유형의 재분배 — 예를 들어, 신용 제약 상황에 처한 이들의 투자나 교육에 보조금을 지급하는 것 등 — 는 분명 성장에 도움이 된다. 반면, 오로지 소비의 재분배에 치중하는 것은 성장을 느리게 할 수 있다.

그러나 [앞서 제시된] 사고방식 전체가, 많은 정부가 가난한 사람들의 지지를 받아 선출되었고 소득의 평등화를 원하며 이를 위해 노력한다는, 불편한 진실에 직면하게 된다. 그러므로 이 정부들이 어느 정도 실패했다면, 그것은 그들이 원하지 않았다거나 노력하지 않았기 때문이 아니라 다른 이유가 있을 것이다. 지금 우리는 민주주의의 한계를 살펴보고 있기 때문에, 좀 더 신중하게 주장을 개진해야 한다.

우선 소득을 평등하게 만드는 방법이 다양하다는 사실에 주목해 보자. 하나는 시장에서 발생하는 소득에 세금을 물리고, [이 조세수입으로]

가난한 사람들의 소비에 재정을 지원하거나, 모두에게 평등한 가치를 갖는 공적 소비재에 지출하는 것이다. 많은 정부가 정도의 차이는 있지만 이런 방식의 재분배 정책을 시행하며, 좌파 정부하에서는 좀 더 광범위한 재분배가 이루어지고 있다.[84] 그러나 조세와 이전 지출을 통한 재분배('재정 재분배'the fisc)는 소득 창출 능력 측면에서의 근본적인 불평등을 줄이지 못한다. 소득 창출 능력에는 거의 영향을 미치지 않은 채, 사적 또는 공적 소비에 재정을 지원하는 것이다. 그러므로 소득 불평등을 완화하기 위해서는 이런 형태의 재분배를 매년 반복적으로 해야만 한다. 그러나 장려책이든 단순 행정 지출이든 비용이 들기 때문에, 이는 영구적인 해법이라기보다 긴급 처방이다.

소득을 평등하게 만드는 두 번째 메커니즘은 소득 창출 능력을 평등하게 만드는 것이다. 소득은 생산 자산 — 토지, 물적 자본, 교육, 기술 등 — 에 투입된 노력에 의해 창출되므로, 소득 창출 능력을 평등하게 만들려면 이런 자산의 분배 측면에서 생각해야 한다.

그러나 현대사회에서 어떤 자산을 평등화할 수 있을까? 평등한 재산 소유라는 관념이 처음 등장했을 당시, 생산 자산은 곧 토지를 의미했다. 토지는 재분배가 상대적으로 쉽다. 누군가에게서 떼어 와 다른 이에게 주면 그만이다. 그러므로 세계사를 보면 농지개혁이 빈번하게 있었다. 즉, 재분배를 수반하는 토지개혁이 1946~2000년 사이에만 최소 175번 있었다. 그러나 오늘날 토지 분배는 소득 불평등을 야기하는 데 상대적으로 미미한 역할을 한다. 반면 다른 자산은 토지 분배와 같은 단순한 해법이 적용되지 않는다.

첫째, 공산주의자들은 산업자본을 국가의 손에 맡기고, 투자되지 않는 이윤을 각 가정에 평등하게 분배하겠다고 약속하는 식으로 산업자본을 재분배했다. 이 체계는 어느 정도 평등을 실현했지만 (여기서는 논할 수 없는 이유들로 인해) 역학상 매우 비효율적이라는 사실이 드러났다. 즉, 이 체제는 혁신과 기술 진보를 가로막았다.

둘째, 그리고 [첫째 방안의] 대안으로, 재산 소유권을 주식의 형태로 재분배할 수 있다. 그러나 이런 재분배 방식도 그 나름의 문제가 있다. 하나는, 체코의 [국영기업] 민영화 경험에서 알 수 있듯이, 주식 형태의 재산 소유권은 빠르게 다시 집중될 수 있고, 그럴 가능성이 크다는 점이다. 주식을 팔지 않으면 더 가난해질 사람들은 더 부유한 이들에게 주식을 팔아 버릴 것이다. 다른 문제는 소유권이 분산되면 주식 보유자가 경영자를 감시할 유인이 낮아진다는 점이다. 이 문제에 대한 몇 가지 해법이 제기됐지만 그렇게 효과가 있는 것 같지는 않다.

셋째, 많은 나라가 교육에 투자해 인적 자본을 평등하게 하려 했다. 그러나 동일한 교육 체계에서도 사람들은 자신의 사회적·경제적 배경에 따라 다른 소득 창출 능력을 습득했다. 게다가 사람들은 각기 다른 재능을 지니고 태어나고, 이런 재능을 활용하는 것이 사회적으로 유익하므로 우리는 재능이 있는 사람들을 더 교육하고자 할 것이다.

마지막으로 넷째, 가난한 사람의 생산성 향상으로 목표를 좁히는 정책을 통해 소득 창출 능력을 만들 수 있다(빈곤층을 위한 성장pro-poor growth). 신용 제한을 완화하거나, 특정 기술을 교육하거나, 필수 사회 기반 시설에 보조금을 주거나, 빈곤층이 가장 취약한 질병에 집중 지원하는 등 말이다. 그러나 이런 정책은 [가난한 이들에게] 필요한 것이 무엇인지를 파악하고 정책 목표를 설정하기 위해 높은 수준의 행정력이 필요하다.

따라서 생산 자산의 평등화는 정치적 혹은 경제적 이유뿐만 아니라 순전히 기술적인 이유로도 어려워 보인다.

게다가 생산 자산을 평등하게 만든다 해도, 시장경제에서 완벽한 평등은 유지될 수 없다. 몽테스키외는 『법의 정신』 5권 5장에서 "법은 민주정체에서 어떻게 평등을 수립하는가"라는 질문을 던졌다. 그는 토지의 균등한 분배에서 논의를 출발한 뒤, 이어서 이렇게 말했다.

> 입법자가 이 같은 균등 분배를 행할 경우, 만일 그것을 유지하기 위한 법을 부여하지 않는다면, 그는 일시적인 국가 조직을 만든 것에 지나지 않는다. 이렇게 되면 법이 방어하지 않았던 쪽으로 불평등이 침입하고, 공화국은 무너지고 말 것이다. … 민주정체의 정신은 실제적 평등이지만, 그 같은 평등을 확립한다는 것은 매우 어려우므로, 거기에 지나치게 엄격한 것이 언제나 적당하다고는 할 수 없다. 어느 정도의 선까지 빈부의 차를 줄이고, 그런 다음 부자에게는 세금을 무겁게 물리고 가난한 사람에게는 가볍게 부과하는 방식으로 불평등을 완화하는 특별법을 제정하는 것으로 충분하다.[85]

바뵈프가, 재산의 재분배로 불평등 문제를 해결할 수 없다고 믿었다는 것을 기억해야 한다. "왜냐하면 그 어떤 평등한 분할도 영원히 지속되지 않기 때문이다." 생산 자산이 평등해졌다고 가정해 보자. 여전히 사람들 사이에는, 생산 자산을 소득으로 바꿀 수 있는 능력 면에서 눈에 보이지 않는 차이가 있을 것이다. 그리고 운이라는 변덕스러운 요소의 영향도 받는다. 특정 개인들(또는 그들이 하는 사업)의 수익률이 조금씩 다르다고 해보자. 예컨대 어떤 이는 매년 -2퍼센트의 수익률을 보이고, 또 어떤 이는 2퍼센트의 수익률을 보인다. 25년이 지나면 매년 2퍼센트 수익을 냈던 이는 매년 2퍼센트씩 잃었던 이보다 2.7배 부유해지고, 50년

이 지나면(즉, 18세의 청년이 68세가 되었다고 해보자), 이 격차는 7.4배가 된다.[+] 그러므로 생산 자산이 평등하게 분배되더라도 불평등은 슬며시 다시 고개를 들 것이다.[++]

선거 경쟁의 논리로 말미암아 정당은 비슷한 정책을 제안하고 추구하게 된다. 여기서 쟁점 — 이 문제는 다음 장에서 다룬다 — 은 이 같은 경쟁으로 말미암아 재분배 정책의 선택 범위가 어느 정도로나 제약되며, 또 정부가 할 수 있는 것이 어느 정도인지다. 이 문제는 민주주의에 대한 우리의 판단에 영향을 미치기 때문에 중요하다. 미래 소득을 줄이지 않고도 선진 민주주의국가에서 나타나고 있는 수준 이하로 경제적 불평등을 줄일 수 있다고 가정해 보자. 그리고 만약 불평등이 감소하지 않는다면, 그것은 오직 민주주의의 제도적 특성(그 특성이 무엇이라 생각하든) 때문이라고 가정해 보자. 분명 이런 [경제적 불평등과 민주주의의 제도적 특징 사이의] 맞교환 관계를 어떻게 평가할 것인지는, 우리가 평등을 택할 경우 포기해야 하는 다른 가치가 무엇인지에 달려 있다. 그러나 그런 맞교환 관계는 존재하지 않는다. 어느 정도의 경제적 불평등은 피할 수 없다. 민주주의는 불평등 앞에서 무력하지만 다른 모든 정치체제 역시 마찬가지다. 브라질을 생각해 보자. 브라질은 지난 2세기 동안, 식민지였고, 독립 이후 군주정이었으며, 과두제 공화정이었고, 포퓰리즘적 군부 독재였고, 약한 대통령제를 가진 민주주의국가였고, 우익 군부 독재였

[+] 시간이 흘러도 매년 수익률이 각 개인과 연결된다는 가정은, 생산 자산을 활용하는 능력에 영향을 미치는 보이지 않는 특성 면에서 각 개인이 다르다는 점을 반영한 것이다.

[++] 이 주장을 다른 방식으로 하는 것은 딜립 무케르지와 데브라지 레이(Mookherjee and Ray 2003), 제스 벤하비브와 알베르토 비신(Benhabib and Bisin 2007)을 참조하라.

고, 강력한 대통령제 민주주의국가였다. 그러나 우리가 아는 한, 소득분배는 변하지 않았다. 심지어 모든 것을 평등화하려 했고, 실제로 공적 소유라는 형태로 자산을 평등하게 분배하기도 했던 공산주의자들조차 서로 다른 재능과 동기로부터 발생하는 불평등을 용인해야 했다. 평등에 대한 추구에는 한계가 있다.

[불평등에] 침묵하라는 것이 아니다. 정부가 계속 불평등과 싸우지 않으면, 정부가 가난한 사람들을 보호하고, 소득 창출 능력이 낮은 사람들에게 생산 자원을 이전하는 데 적극적인 역할을 지속하지 않으면 불평등은 증가하는 경향이 있다. 신자유주의를 경험하면서 알게 됐듯이, 정부가 이런 역할을 수행하지 못하면 불평등의 증가는 매우 빠른 속도로 진행될 수 있다. 게다가 몇몇 민주주의국가에서 경제적 불평등은 끔찍한 수준이다. 불평등을 가장 직관적으로 보여 주는 지표인 소득 5분위 배율로 현대 민주주의국가들을 살펴보자. 이 배율이 6보다 낮은 핀란드, 벨기에, 스페인, 한국에서부터 33 정도인 브라질과 페루까지 있다. 6배 역시 여전히 매우 큰 수치인데, 이 값의 의미는 1인당 소득이 1만 5000달러(2002년 이 국가들의 평균. 1995년 구매력 평가 지수PPP 달러 기준)인 나라에서, 상위 20퍼센트는 2만 7000달러를 벌고 하위 20퍼센트는 4500달러를 번다는 것이다. 스페인과 한국에서, 설문 조사 응답자 가운데 대다수는 이 같은 불평등이 과도하다고 답했다. 또 라틴아메리카의 민주주의국가 다수와 좀 더 평등한 유럽 민주주의국가들 사이에는 엄청난 차이가 있다. 설령 민주주의가 [불평등을 줄이는 데 있어] 한계에 도전하는 잠재력을 가진다고 해도, 여전히 대다수의 민주주의국가들은 그 한계에도 한참 못 미치고 있다.

마무리하며

민주주의는 모든 참여자를 평등하게 대하는 메커니즘이다. 그럼에도 불구하고, 불평등한 개인을 평등하게 대한다 해도, 각 개인이 집단적 의사결정에 미치는 영향력은 여전히 불평등하다. 농구 경기를 상상해 보자. 두 팀이 있고, 완벽하게 보편적인 규칙이 있으며, 공정한 심판이 이를 집행한다. 그러나 한 팀은 평균 신장이 7피트[약 213센티미터]이고 다른 팀은 간신히 5피트[약 152센티미터]를 넘는다고 해보자. 경기 결과는 미리 결정된 것이나 다름없다. 경기 규칙은 모든 선수들에게 평등하게 적용되지만 경기 결과는 선수들이 가진 자원에 달려 있다.

마르크스는 "부르주아적 권리"를 준열히 비판하며 보편적인 규칙과 불평등한 자원 사이의 이중성을 이렇게 묘사했다.

> 국가가 출생, 신분, 교양, 직업상의 구별을 비정치적 구별이라 공언할 때, 국가가 구성원의 이러한 구별을 고려하지 않고, 그들을 국민주권의 동등한 참여자로 소환할 때, 국가는 출생, 신분, 교양, 직업의 구별을 자신의 방식으로 지양한다. … 그럼에도 국가는 사적 소유, 교양, 직업이 그들의 방식으로, 다시 말해 사적 소유로, 교양으로, 직업으로 작용하도록 허용하며, 그들의 특수한 본질에 따른 영향력을 행사하게 만든다.[86]

이런 이중성은 그 뒤로도 여러 차례 분석됐다. 1950년 인도 헌법 초안 작성 위원회 위원장이던 B. R. 암베드카르는 미래의 인도공화국이 "모순적인 삶"에 접어들 것이라고 보았다.

정치의 차원에서 우리는 1인 1표, 그리고 모든 표의 가치는 같다는 원칙을 인정할 것이다. [하지만] 사회경제적인 삶의 차원에서는, 우리의 사회경제적 구조를 이유로, 모든 사람이 동등한 가치를 지닌다는 원칙을 계속 부정할 것이다. 언제까지 우리는 이런 모순적인 삶을 살 것인가? 언제까지 우리는 사회경제적 삶에서의 평등을 계속 부정할 것인가? 계속 이를 부정한다면 우리는 정치적 민주주의를 위험에 빠뜨리게 될 것이다.[87]

사회경제적 불평등은 어떻게 정치적 불평등으로 전환되는가? 규제 조치 또는 빈곤층의 정치적 조직화를 통해 사회경제적 불평등의 영향을 완화할 수는 없는가?

불행히도 정치적 결과를 만들어 내는 데 비정치적 자원 — 나는 돈에 집중해 초점을 맞춘다 — 이 어떤 역할을 하는지에 대한 우리의 지식은 빈약하다. 미국 국제민주연구소NDI가 22개국에서 수행한 설문 조사[88]의 전반적인 결론은 다음과 같다. "정당 운영과 선거운동에 소요되는 자금의 출처에 관한 세세한 내막은 거의 알려지지 않고 있다. 정당이 자금을 조달하는 방식은 극히 불투명하다." 이에 대한 지식이 부족한 까닭은 대체로 돈이 정치에 스며드는 현상이 지닌 본래적인 성격 때문이다. 즉, 합법적이든 아니든, 돈은 의도적으로 불투명하게 정치에 침투한다. 게다가 돈이 정책에 영향을 미치는 메커니즘은, 정보가 있더라도 파악하기 어렵다.

도식적으로 볼 때, ① 가난한 이들이 투표를 덜 하고, ② 정치 후원금이 정당의 강령에 영향을 미치며, ③ 선거운동 자금이 개인의 투표 결정에 영향을 미치고, ④ 정치 후원금이 입법 과정에 영향을 미치며, ⑤ 뇌물이 관료적·사법적 결정에 영향을 미친다면, 돈이 민주주의 과정의 결과를 편향되게 만든다고 생각할 수 있다. 이 경로들을 차례로 살펴보자.

미국을 제외한 국가에서는 계급(소득 또는 학력)에 따른 투표율 차이가 작다. 에바 안두이자 페레아가 발표한 서유럽 14개국 자료[89]를 다시 계산한 결과, 소득 상위 20퍼센트와 하위 20퍼센트 계층 사이의 평균 투표율 격차는 고작 6퍼센트포인트였다. 격차가 가장 큰 프랑스는 16.4퍼센트포인트였다. 피파 노리스의 22개국 자료 분석에 따르면, 소득 상위 20퍼센트와 하위 20퍼센트 계층 사이의 투표율 격차는 9.6퍼센트포인트였다(단, 이 표본에는 미국도 포함된다).[90] 노리스의 1996년 기준 31개국 자료(역시 미국 포함)를 보면 이 격차가 8퍼센트포인트다. 시야를 유럽 및 유럽에서 뻗어 나간 부유한 국가들로부터 그 외부의 가난한 국가들로 돌려도 소득이 투표율에 거의 영향을 미치지 않는다는 점이 재확인된다.[91] 요겐드라 야다브는 1990년대 인도에서 [카스트제도에 의해 차별받았던] 지정 카스트 계층+과 [카스트 사회에 편입되지 못했던] 지정 부족민의 투표율이 더 잘사는 사람들의 투표율보다 높다는 사실을 발견했다.[92] 아니루드 크리슈나의 북인도 촌락 연구에서도 이 같은 사실이 확인됐다.[93] 마이클 브래턴은 [여론조사 기관인] 아프로바로미터Afrobarometer의 15개 아프리카 국가 자료를 활용해, 가난한 사람들이 그렇지 않은 사람들보다 투표할 가능성이 좀 더 크다는 사실을 발견했다.[94] 존 부스와 미첼 셀리그슨은 중앙아메리카의 6개 국가와 멕시코, 콜롬비아를 분석해 투표율이 소득과 무관하다는 결과를 보고했다.[95] 확실히 미국은 통계적으로 예외적인 국가다. 즉, 시드니 버바와 그의 동료들에 따르면, 미국에서 7만 5000달

+ [옮긴이] 불가촉천민, 하리잔Harijan, 달리트Dalit 등으로도 불리는데, 인도 정부의 공식적 명칭은 지정 카스트Scheduled Castes이다.

러 이상의 소득을 거두는 사람들 가운데 86퍼센트가 투표했지만, 소득이 1만 5000달러 이하인 계층에서는 고작 절반만 투표했다.[96]

학력이 투표율에 미치는 영향은 국가별로 좀 더 차이가 난다. 브래턴,[97] 부스와 셀리그슨[98]은 각각 그들이 연구한 지역에서 학력이 높은 사람들의 경우 투표율이 좀 더 높다는 사실을 발견했다. 노리스는 [22개국 자료 분석을 통해] 대학 졸업자와 고교 중퇴자 사이의 투표율 격차가 9.5퍼센트포인트라고 추산했다.[99] 반면, 31개국을 대상으로 한 1996년 자료에서는 14퍼센트포인트였다.[100] 그러나 노리스는 서유럽에서는 학력이 투표율에 영향을 미치지 않는다고 강조한다. 안두이자 페레아의 자료에 따르면, 유럽 15개국에서 '고학력자'와 '저학력자' 사이의 투표율 차이는 2.3퍼센트포인트에 불과하며, 이 가운데 6개국에서는 학력이 낮은 사람이 가장 높은 사람보다 투표율이 높았다. 스위스만 예외적으로 고학력자가 저학력자에 비해 투표율이 19.2퍼센트포인트나 높았다.[101] 멜라니 굿리치와 조너선 나글러의 자료에 따르면, 미국을 제외한 15개국에서 학력 상위 25퍼센트와 하위 25퍼센트 사이의 평균 투표율 격차가 8.3퍼센트포인트였다. 이번에도 스위스는 22.7퍼센트포인트로 예외였다. 미국에서는 격차가 39.6퍼센트포인트로 드러났다.[102]

따라서 전반적으로 볼 때, 가난한 사람의 투표율이 부유한 사람의 투표율에 비해 확연히 낮은 것은 아닌 것 같다. 물론 실제로 많은 극빈층의 사람들이 부유한 후보에게 대가를 받고 투표를 해줄 수도 있으며, 이 후보들은 일단 당선되면 자신을 뽑아 준 유권자보다 자신[이 속한 계급]의 이익을 추구한다.[103] 따라서 가난한 사람들의 투표율이 높다고 해서 돈이 중요하지 않다는 것을 의미하지는 않는다. 사실 셔리 브라이언과 데니즈 베어의 22개국 연구에 따르면, 선거운동 비용 지출의 절반이 '개인 후원'에서 충당되었다.[104] 이 돈의 출처가 어디이든, 이 같은 후원이 사심 없이 이루어진 것은 아닐 것이다. 그럼에도 불구하고, 미국을 제외하면, 계급과 투표율 사이의 관계가 매우 약하다는 사실은 여전하다.

정치 후원금이 정당 강령, 개인의 투표 결정, 입법 과정에 미치는 영향은 파악하기 어렵다. 서로 배타적이지 않은 다양한 가능성을 고려해 보자. ① 특수 이익집단 또는 로비 단체가 정치 후원금을 통해 정당 강령에 영향을 미친다. 만약 어떤 이익집단이 모든 주요 정당의 강령을 자신이 원하는 대로 바꾸는 데 성공한다면 어느 정당이 이기든 상관없으며, 유권자들에게 영향을 미치기 위해 선거운동에 자금을 후원할 필요가 없다. 게다가 로비 단체가 정당과 장기적인 관계를 구축할 수 있다면, 어떤 의제가 그들의 이해관계에 영향을 미칠 때마다 의원들의 표를 사려고 애쓸 필요조차 없다. ② 후보들마다 정책 선호가 다르다. 이익집단은 어떤 후보가 어떤 정책을 좋아할지 추측하고, 자신의 이해관계에 부합하는 정책을 선호하는 후보에게 자금을 제공한다. 후보들은 선거 자금으로 표를 산다. 공직에 오르면 임기 동안 자신이 선호하는 정책을 추구하며, 그 결과 몇몇 이익집단이 이득을 본다. ③ 특수 이익집단은 특정 법안 투표 때마다 의원의 표를 얻는 대가로 기부금을 제공한다. '현물시장'spot market + 에서 입법을 구매하는 것이다.

진 그로스먼과 엘하난 헬프먼은 미국 정치의 맥락에서 돈이 수행하는 역할을, 정당 강령을 구매하는 것과 표를 구매하는 것으로 구분했다.[105] 이 모델에서 정당은 의회 과반수 의석을 차지할 확률을 극대화하

+ [옮긴이] 거래가 성립되는 시점과 대금 결제 시점이 동일한 시장을 가리킨다. 로비 집단이 돈을 주고 개별 법안들에 대한 표를 사는 것을 가리킨다.

려 하며, 이익집단은 구성원들의 이익을 극대화하려 한다. 유권자는 두 종류로 나뉜다. 즉, 전략적 유권자는 자신의 기대 효용을 극대화하려 하는 반면, 귀가 얇은 유권자는 선거 광고에 영향을 받는다. 이익집단들이 선거운동에 기부를 하면, 정치인들은 정책을 선택하고 유권자들은 투표를 한다. 그러나 꼭 이 순서대로인 것은 아니다. 왜냐하면 정치자금은 두 가지 역할을 할 수 있기 때문이다. 즉, 선거운동 초기에 자신들이 선호하는 공약을 정당이 채택하도록 유도하는 데 사용될 수도 있고, 또는 각 정당이 공약을 발표한 이후, 유권자로 하여금 그 이익집단의 이해관계에 좀 더 부합하는 정책을 제시한 정당에 투표하도록 유도하는 데 사용될 수도 있다. 이익집단이 하나만 있다면 결론은 다음과 같다. ① 공약에 영향을 미치기 위해 이익집단은 두 정당 모두에 기부를 하는데, 당선 가능성이 높은 정당에 더 많이 기부한다. ②-a 그 결과 두 정당의 공약이 같아지면 이익집단은 어느 정당이 이기든 상관이 없으며, 그 이상 기부하지 않는다. ②-b 두 정당의 공약이 여전히 다른 경우, 이익집단은 선거가 선두를 달리고 있는 정당에 유리해지도록 추가로 자금을 후원한다.+ 그로스먼과 헬프먼은 다음과 같이 결론을 내린다. "전반적으로, 정치 후원금은 정당의 입장에 영향을 미치고 당선 확률을 한쪽에 기울어지게 함으로써 정책 결과를 공익에서 멀어지게 만든다."[106] [반면] 여러 이익집단이 경쟁을 할 경우, 선거에 영향을 미치려는 유인 — 자신의 특수 이익에 더 부합하는 입장을 발표한 정당이 이기도록 자금을 댈 유인

+ [옮긴이] 선거에서 지고 있더라도 이익집단의 이해관계에 더욱 부합한다면, 그 정당에 자금을 대지 않을까? 그런 경우가 없지는 않겠지만, 그로스먼과 헬프먼은 이익집단에 대한 정치자금 후원이 오직 선거 승리를 통해서만 보상을 받을 수 있는 투자라는 점을 강조한다(Grossman and Helpman 2001, 330).

— 은 약해진다. 왜냐하면 각 이익집단은 다른 집단이 제공하는 선거 자금에 무임승차할 수 있기 때문이다. 결국 공약은 정치 후원금을 반영하며, 평균적인 유권자의 복리와 동떨어지게 된다. 정당은 마치 선거운동 기부금과 전략적 유권자들의 전체적인 복리를, 그 상대적 중요도를 감안해 평균적으로 극대화하려는 것처럼 행동한다.

돈이 정치에 미치는 영향력을 다룬 경험적 연구는 거의 전적으로 미국 정치 연구로 한정되며, 그 결과도 제각각이라 때로는 돈의 영향력이 거의 없다는 결과도 나온다.[107] 이 연구의 어려움은, 두 가지 관계에서 인과관계의 방향을 파악하는 것에 있다. 첫째, 정당(후보)은 돈을 더 많이 쓰기 때문에 이기는 걸까, 아니면 승리가 예상되기 때문에 돈을 많이 쓸 수 있는 걸까? 둘째, 의원들은 후원금을 받기 때문에 특수 이익을 위해 투표하는 걸까, 아니면 그들의 정책 선호가 이익집단의 이해관계와 일치한다고 생각해서 기부금을 받는 걸까? 결국 우리는 선거운동에서 승자가 패자보다 더 많은 돈을 쓰고, 의원은 자신에게 정치자금을 후원한 집단에 유리한 쪽으로 투표하는 경향이 있다는 사실을 알지만, 이런 상관관계를 만들어 내는 메커니즘은 여전히 모호하다.

나라마다 [정치자금의] 투명성, 공적인 지원, 사적인 모금에 대한 규제는 크게 다르다. 욘 피에르·라르스 스보산드·안데르스 비드펠트의 연구에 따르면, 1989년 기준으로 서유럽 정당의 전체 수입 가운데 국가 보조금이 차지하는 비중은 오스트리아의 25.1퍼센트에서부터 핀란드의 84.2퍼센트까지 다양했다.[108] 국제민주주의 및 선거지원연구소IDEA 자료[109]에 따르면, 2002년 현재 정보를 확인할 수 있는 116개국 가운데 75개국은 정치 후원금 모금에 대한 규제가 있었지만 41개국은 전혀 없었다. 59개국에는 정당에 대한 후원금 공개 조항이 있지만 52개국에는 없었다. 대부분의 나라는 사적인 후원을 허용하는데, 심지어 정부 계약자 government contractors도 가능하다(86개국 허용, 27개국 금지). 83개국에는 정당에 직접 공적 자금을 지원하는 제도가 있는 반면, 61개국은 그렇지 않으며, 81개국에서는 선거운동 기간에 정당이 무료로 텔레비전 연설을 할 수 있는 시간을 제공받지만, 34개국은 그렇지 않다. 또 다른 자료[110]에 따르면, 156개국은 사적인 정치 후원금 모금을 허용하고, 28개국은 허용하지 않는다. 106개국은 정당에 직접 공적 자금을 지원하고, 110개국은 간접적으로 지원하며, 46개국은 전혀 지원하지 않는다.✝ 여기서 주목할 점은, 공적 자금 지원을 반대하는 주장 — 즉 공적 자금을 지원하면 정당이 국가에 의존하게 된다거나, 기존 정당 체계를 고착시킨다거나, 정당이 당원 동원에 무관심해진다는 주장 — 이 적어도 서유럽의 맥락에서는 타당하지 않아 보인다는 것이다.[111]

내가 아는 한, 정치 후원금을 규제하는 제도가 정책 결과에 미치는 영향에 대한 연구는 없지만, 네덜란드·덴마크·스웨덴 등 일부 국가에서는 선거 자금의 역할이 거의 없는 반면, 이탈리아·영국·미국에서는 그 역할이 크다는 주장이 있다.[112] 게다가 정치 후원금에 대한 규제가 경제적으로 불평등한 집단의 정치적 영향력을 평등하게 만드는 유일한 방법인 것도 아니다. 빈곤층이, 강력한 노동조합과 연계된 정당에 의해 잘 조직된 나라에서 정치적 경쟁의 장은 좀 더 평등해 보인다.

✝ [옮긴이] 예컨대 미국, 러시아, 일본, 한국 등이 공적 자금의 직접 지원은 물론 간접 지원도 하는 것처럼, 이 데이터에는 상당수 중복된 수치가 포함되어 있다. 다음 웹사이트에서 각 국가별로 데이터를 간편하게 확인할 수 있다. http://aceproject. org. 2024년 현재 정당에 직접 공적 자금을 지원하는 국가는 132개국이며, 간접적으로 지원하는 국가는 114개국, 전혀 지원하지 않는 국가는 43개국이다. 민간의 정치자금 기부를 허용한 국가는 184개국이며, 허용하지 않는 국가는 11개국이다.

부패 스캔들은 어디에나 있다. 현금 다발이 가득한 여행 가방이 총리 사무실에서 발견되고, 장관이 지분을 갖고 있는 기업이 정부 계약을 따내기도 한다. 내부자 거래가 만연하며, 정당이 스위스 은행에 비밀 계좌를 보유한 것으로 밝혀지고, 지방정부가 개발업자로부터 조직적으로 뇌물을 받기도 한다. 이런 목록은 끝이 없다. 더욱이 이런 스캔들이 개발도상국이나 신생 민주주의국가에서만 벌어지는 것은 결코 아니며, 앞의 사례는 독일·스페인·프랑스·이탈리아·벨기에에서 벌어진 일이다. 그러나 정치에서 돈의 정치적 역할을 부패 사례로 축소하는 것은 오해의 소지가 크며, 정치적으로도 잘못된 것이다. '부패'로 개념화하면, 돈의 영향력은 무언가 이례적이고 비정상적인 것이 된다. 이익집단이 의원이나 정부에 뇌물을 주면 민주주의가 부패했다고들 하고, 합법적으로 정치 후원금을 기부하면 아무 말도 하지 않는다. 18세기 후반에 영국인들은 '영향력'influence이 '부패'corruption의 완곡한 표현에 불과하다는 사실을 깨달았지만, 현대 정치학은 이 교훈을 무시하는 쪽을 선택했다. 정당이 유지되고 선거에 참여하기 위해서는 돈이 필요하다. 선거 결과는 민간 이익집단들에 중요하기 때문에 이들은 당연히 정당과 친해지려 하고 선거 결과에 영향을 미치려 한다. 즉, 정치적 경쟁의 논리는 냉혹하다. 동일한 행위가 어떤 나라에서는 합법이고, 어떤 나라에서는 불법 — 미국의 정치 후원금 모금 관행은 일부 민주주의국가에서는 부패로 규정될 것이다 — 이라는 것은 부차적인 문제일 뿐이다. 돈에 의한 정치의 부패는, 경제적으로 불평등한 사회에서 작동하는 민주주의의 구조적 특징이다.

체계적인 지식이 부족하고, 정치에 돈이 스며드는 다양한 메커니즘을 구별하기 어렵다는 점을 고려할 때, 이런 결론은 추측에 그칠 수밖에 없다. 정치에 돈이 접근하는 것을 어느 정도 규제할 수 있다 하더라도,

돈은 정치에 침투할 수 있는 무한한 방법을 갖고 있다. 규제를 통해 경제적 불평등이 곧 정치적 불평등으로 이어지는 정도를 줄일 수는 있지만, 재산·교육·직업의 영향력을 완전히 제거할 수는 없다. 규제가 운동장을 어느 정도 평평하게 만들 수는 있지만, 권력을 쥔 현재의 승자가, 현재의 패자에게 유리하도록 설계된 규제를 채택할 것 같지는 않다. 또한 규제는 역효과를 불러올 수도 있다. 예를 들어, 토머스 스트랫먼은 돈이 현직자의 득표에는 별 효과가 없지만 도전자의 득표에 큰 효과가 있을 경우, 선거 비용 지출을 제한하면 현직자에게 유리할 것이라고 지적한다.[113] 다른 한편 선거 비용 지출의 한계 효과가 크다면, 선거 비용 지출에 대한 제한은 적발되지 않은 부정행위자에게 유리할 수 있다.

경제적으로 불평등한 사회에서 완벽한 정치적 평등은 불가능하다. 그러나 민주주의는 정치적 평등을 계속 추구하지 않을 수 없다. 정치적 불평등이 어느 정도는 불가피하다 해도, 경제적 자원이 정치적 결과에 미치는 영향을 완전히 알 수 없다고 해도, 돈의 부패한 영향력은 민주주의의 골칫거리이다.

5

선택과 참여

들어가며

자치는 선거를 통해 실행된다. 집단적 의사 결정 과정은 간접적으로 작동한다. 즉, 시민은 정당이나 후보자를 선택하고, 그들에게 집단을 대표해 결정할 권한을 부여한다.

선거에서 경쟁하는 후보들이 자신들의 정책(나는 이를 '공약'이라 부른다)을 명확하게 제시한다 해도, 유권자는 단지 주어진 대안 가운데서 선택할 수 있을 뿐이다. 우리가 상상할 수 있는 그리고 실현할 수 있는 모든 선택지들이 집단적 의사 결정 과정에서 제시되는 것은 아니다. 선거에서 유권자에게 주어지는 선택지들에는 모든 시민의 이상점들ideal points, 즉 그들 각자가 가장 선호하는 모든 대안이 포함되지 않는다. 선택지는 제한적일 수밖에 없다. 따라서 유권자들의 선호가 충분히 이질적이면, 일부 시민은 제시된 공약 가운데 [자신의 선호에] 그나마 가장 근접한 것도 애초 자신이 선호했던 것과는 한참 동떨어져 있다는 사실을 발견할 수 있다. 게다가 선거 경쟁 때문에, 적어도 승리를 원하는 또는 그럴 가능성이 있는 정당은 서로 비슷한 공약을 채택해야 하는 압박을 끊임없이 받는다. 그 결과 선거에서 제시되는 대안은 대체로 변변찮다. 다시 말해, 선택지는 거의 없으며 결정의 범위는 보잘것없다. 실제 선거가 선거 분석의 주요 모델인 중위 투표자 모델이 설명하는 대로 이루어질 경우, 개별 유권자가 선택할 여지는 전혀 없다. 이 모델에 따르면, 두 정당은 똑같은 강령으로 수렴하기 때문이다.

유권자에게 선택의 기회가 없다면, 유권자는 아무것도 결정하지 않는다고 생각할 수 있다. 그래서 보비오는 민주주의에 대한 자신의 최소 정의에 "의사 결정자, 또는 의사 결정자를 선출하는 사람에게는 반드시 실질적 대안이 제시되어야 한다."라는 조건을 포함했다.[1] 존 던 역시 선택의 중요성을 이렇게 강조했다. "지금의 [민주주의] 상태는, 최소한도로 참여하는 시민이 … 그들에게 제시된 빈약한 선택지 가운데 자신의 몇몇 이익에 가장 도움이 되리라 희망하는 선택지를 택하는 구조로 볼 법하다. 이런 선택 구조에서는 제시되는 대안의 범위가 얼마나 빈약한지의 문제가 언제나 중요하고, 때로는 그것만으로 사태 전개가 결정된다."[2] 그러나 선거에서 개별 유권자가 아무런 선택을 할 수 없다고 해도, 집단으로서의 유권자가 [선거 결과를] 결정한다는 점은 변하지 않는다. 다시 한번 중위 투표자 모델을 떠올려 보자. 두 정당은 유권자에 대한 완전한 정보를 가지고 있고, 가령 세율과 같은 하나의 쟁점을 놓고 경쟁한다고 해보자. 이 경우 두 정당은 서로 전혀 다른 이해관계를 대표하더라도, 선거에 이기기 위해서는 결정적 투표자가 만족하는 강령을 제시해야 한다. 그 결과 두 정당은 결정적 투표자가 원하는 걸 하겠다고 약속하는 똑같은 강령을 제시한다.[3] 그러나 결정적 투표자는 독재자가 아니다. 그가 결정적 투표자가 되는 것은 오직 다른 투표자들의 선호가 어떤지에 달려 있다. 투표자가 아무런 선택을 할 수 없다고 해도 집단의 결정은 개인 선호의 분포를 반영한다는 것이다. 개인 선호가 다르게 분포하면, 선거의 결과로 나오는 집단적 의사 결정 역시 달라질 것이다.

따라서 투표에서 개인이 선택할 여지가 없다고 해도 인민의 자치가 의미 없어지는 것은 아니다. 사실 선택은 이미 내려졌다. 정당들은 모든 시민의 선호를 읽고, 각각의 선호에 대한 지지자 수를 비교한다.[+] 하지만 다양한 대안들 사이에서 어떤 대안이 다수 지지를 획득할 수 있는지 계산을 한 후, 선거 시기에 유권자들에게는 다음과 같이 말한다. "이 대안이 시민 다수가 원하는 것입니다. 우리, 시민들은 이미 선택을 내렸고, 이 대안은 우리 모두가 선택한 것입니다."

그러나 상당수의 사람들은 이런 식으로 집단적 의사 결정이 내려지는 것에 반대하는 듯 보인다. 그들은 확실하게 구별되는 선택지가 제시되고 그 가운데 선택해 표를 던질 수 있기를 바란다. 이런 불만이 얼마나 일반적인지 말하기는 어렵지만, 적어도 일부는 선택지가 너무 빈약하다고 큰 목소리로 한탄한다. 이들은 결과와 무관하게 선택 그 자체에 가치를 부여하는 것처럼 보인다. 이 같은 반응은 선거 메커니즘에 대한 이해가 부족해서 나온 것일 수도 있지만, 그들이 설령 선거 메커니즘을 이해한다 하더라도 이런 불만이 사그라지지는 않는다. 그렇지 않다면 '트위들덤과 트위들디', '흰색 모자와 모자 흰색'[++][처럼 선거 메커니즘이 어느 것을 고르든 별반 차이가 나지 않는 선택을 강요한다는] 불만이 왜 계속 나오겠는가? 이들이 무엇 때문에 이의를 제기하는지는 분명하지 않다. 선택 그 자체에 가치를 부여하기 때문인지, 아니면 자신들과는 다른 선호가 포함된 선호들의 집계를 통해 도출된 특정한 집단적 결정이 싫어서인지는 모호

[+] 여기서 시민 선호와 정당 강령이 독립적이라고 가정할 필요는 없다. 다만 유권자가 결과적으로 각 정당 강령에 어떻게 투표할 것인지 정당이 예측할 수 있다고만 가정하면 된다.

[++] [옮긴이] '트위들덤과 트위들디'Tweedledum and Tweedledee는 『이상한 나라의 앨리스』의 속편인 『거울 나라의 앨리스』에 등장하는 쌍둥이다. '흰색 모자와 모자 흰색'bonnet blanc et blanc bonnet은 '그게 그거'라는 뜻의 프랑스어 관용어이다.

하다. 이들은 선택지가 거의 없다고 반대하는 걸까? 아니면 선택지의 내용에 반대하는 걸까?

　게다가 비록 유권자가 선택의 기회를 갖는다 — 정당들은 사실 완전히 똑같은 강령을 제시하지는 않는다 — 해도, 어느 한 개인이 혼자서 특정 대안이 선택되도록 할 수는 없다. 물론 만장일치 규칙 아래에서는 집단의 모든 개별 구성원이 결정에 인과적으로 영향을 미칠 수 있다. 그리고 1652년에서 1791년 사이에 만장일치제를 도입했던 폴란드인들은 1795년 [프로이센·러시아·오스트리아의 분할 점령으로] 국가가 붕괴할 때까지 이 규칙을 열성적으로 옹호하기도 했다.[4] 하지만 이 제도를 실제로 운용한 사례는 폴란드가 유일하다. 효과적인 참여를 그리워하는 향수는 현대 민주주의국가들에서도 계속해서 출몰하고 있지만, 만장일치를 제외한 그 어떤 집단적 의사 결정 방식도, 참여자 개개인 모두에게 평등하게 집단 결정을 바꿀 능력을 부여하지는 않는다. 집단이 스스로 통치한다는 것은 모든 개별 유권자가 최종 결과에 인과적으로 영향을 미칠 수 있다는 의미가 아니다. 모든 개인의 의사가 집계되어 집단의 결정이 내려질 때, 그 집단은 스스로 통치한다.

선거에서의 선택

민주주의자는 선택 자체에 가치를 부여해야 할까? 이 질문을 살펴보기 위해서는 개념적 장치가 필요하다. 특정 영역[가령 임신중절]에서 각 유권자가 이상적이라고 평가하는 정책이 있다고 해보자. 그리고 임신중절이 허용되는 임신 개월 수에 해당하는 이상점이 있다고 생각해 보자. 그러면 각 유권자가 이상적으로 생각하는 개월 수만큼의 정당이 있어야, 모든 투표자가 각자 자신이 가장 선호하는 정책에 투표할 수 있다. 그러나 투표자들은 어느 정도 타협해야 한다는 사실을 깨닫는다. 그래서 정책 강령이 자신의 선호에 충분히 가까우면 선택하기로 한다. 예를 들어 보자. 투표자 7명의 이상점 집합을 {1, 2, 3, 3, 4, 4, 5}라고 하자. 그리고 투표자는 후보가 제시하는 정책이 자신이 생각하는 이상점에서 두 단위(2개월) 이상 떨어져 있지 않으면, 그 후보가 자신을 대표하는 것으로 간주한다고 해보자. 이제 여기 두 정당이 있다. 각 정당의 강령은 {2, 4}다. 대안 가운데 2가 있으므로 앞의 투표자 네 명은 만족한다. 대안 가운데 4가 있으므로 뒤의 투표자 다섯 명이 만족한다. 이 경우 투표자의 이상점은 5개이지만, 두 정당의 강령은 유권자 7명 모두를 대표한다.

위 예시로 알 수 있듯이, 각각의 투표자가 가장 선호하는 정책이 정당들이 제시하는 강령들 가운데 있어야만, 투표자가 자신의 입장과 가깝다고 느끼는 정당에 표를 던질 수 있는 것은 아니다. 그러나 투표자가 자신의 선호와 어느 정도 거리가 있는 특정 대안을 자신의 선호로 기꺼이 용인한다 해도, 투표자들의 정책 선호가 이질적일수록, 정당의 수 역시 많아져야 한다. 예를 들어, 투표자의 이상점 집합이 {1, 2, 3, 4, 5, 6, 7}이라고 하자. 이 경우 모든 투표자가 제시된 대안 가운데 자신의 선호가 포함됐다고 느끼려면, 예컨대 {2, 5, 6}이라는 최소한 3개 강령[곧, 이를 위해 3개의 정당]이 필요하다.

2002년 프랑스 대선을 보자. [결선투표제로 치러지는 선거의] 1차 투표에 16명 후보가 나왔다. 이들 가운데 당선 가능성이 매우 낮아 보였던 후보들은 "세계화를 멈춰라", "소득을 재분배하라", "지방선거에서 외국인에게 투표권을 부여하라", "사냥을 허용하라", "모든 이민자를 추방하라" 등 다양한 공약을 내세웠다. 반면, 두 명의 주요 후보는 "청년은 프랑스의 미소입니다" 같은 발언을 하는 데 그쳤다. 당선 가능성이 없는 후보에게 투표하는 것을 표준적인 정치학에서는 흔히 '표현적'expressive 투표[투표 결과보다는 투표 행위 그 자체에서 효용을 얻는 투표 행위]라고 부른다. 이는 '도구적'instrumental 투표[투표 결과를 자신이 원하는 방향으로 바꿈으로써 얻는 효용 때문에 투표하는 행위]와 반대 의미로 쓰이며, 뭔가 비합리적인 투표 행태로 간주된다. 실제로 프랑스 여론조사 결과에 따르면, 극단적인 후보에게 투표했던 이들 가운데 약 20퍼센트만이 진심으로 그 후보가 대통령이 되길 바랐던 것으로 나타났다. 그러나 이런 표심을 다르게 해석할 여지도 있다. 누가 되든 결국 통치할 사람은, 극단적인 견해를 가진 사람들도 있다는 사실을 포함해 전체 선호의 분포를 고려해야 한다. 따라서 소수파 후보에게 투표하는 것이 누가 통치하느냐에 영향을 미치지 않는다 해도, [당선자가] 어떻게 통치하느냐에는 영향을 미칠 수 있다. 이렇게 보면 소수파에 투표하는 것 역시 도구적 투표일 수 있다.

그러나 이 유권자들이 도구적 투표를 하지 않았다고 해도, 투표에 참여했다는 것 자체가 일부 유권자들이 그 기회를 소중히 여겼다는 일견 충분한 증거로 여겨진다. 프랑스 사례는 선택이 만들어지는 과정이 얼마나 중요한지 보여 준다. 프랑스에서는 1차 투표의 진입 장벽이 매우 낮기 때문에, 어느 정도의 지지를 받으면 어떤 대안이라도 유권자에게 제시되는 선택지에 포함될 수 있다. 그러나 대다수 민주주의국가에서는 그렇지 않다. 특히 미국이 그렇다. 미국에서 정치는 진입 장벽이 가장 높은 산업일 것이다. 집단의 선택지에 자신의 선호가 포함되지 않은 사람은 정치 공동체에서 배제당하는 셈이다. 선택지들에 자신이 선호하는 이상적인 정책이 포함되어 있는 이들 가운데 몇몇 사람이 자신이 가장 선호하는 정책이 아닌 다른 정책에 전략적으로 투표한다 해도, 그들은 어디에 투표할지 스스로 선택한 사람들이다. 효용을 극대화할지, 아니면 비도구적인 방식으로 자신의 선호를 표현할지를 결정하는 것은 유권자 본인이다. 선택지가 제한된 경우에는 이런 기회 자체가 없다. 바로 이것이, 정당 설립이 현실적으로 불가능하다면, 정당 설립의 자유가 공허한 자유일 뿐인 까닭이다.

그럼에도 불구하고, 정당들은 극소수의 투표자들만 지지하는 강령을 제시하면 승리할 가능성이 없다는 것을 알고 있다. 그래서 유권자가 생각하는 어떤 이상점들은 다당제에서조차 그 어떤 정당도 선택지로 제안하지 않을 수 있다. 정당이 유권자에게 제시하는 강령의 범위가 빈약한 이유는 선거 경쟁이 가진 본연의 논리에 따른 것이다. 선거 경쟁의 논리는 여러 방식으로 생각할 수 있다. 가장 간단하면서도 영향력이 크지만 현실성은 가장 낮은 시각부터 살펴보자. 이 모델에 나오는 두 정당은 투표자들이 이상적으로 생각하는 선호에 대해 완전한 정보를 갖고 있다. 두 정당은 한 가지 쟁점을 놓고 경쟁하며, 오직 승리에만 신경을 쓴다. 이 조건 아래에서 두 정당은 같은 강령으로 수렴하고, 승자는 동전 던지기처럼 [우연에 따라] 결정된다. 투표자들이 둘 중 하나의 정당에 유별나게 이념적인 선호를 갖는다고 해도 마찬가지다. 단지 중위 투표자가 아니라 평균 투표자가 결정적 투표자라는 점만 다르다.[5] 정당이 여전히 한 가지 쟁점을 놓고 경쟁하지만, 어떤 정책들이 가능한지에 대해 관심을 기울이고, 유권자들의 선호에 대한 정보도 불확실하다고 가정해 보자. 그러면 정당들은 어느 정도 서로 구별되는 강령을 제시할 것이다.[6] 3개 이상의 정당이 있다고 가정해 볼 수도 있다.[7+] 좀 더 현실적으로는, 선거에서 정당이 다양한 쟁점을 놓고 경쟁한다고 볼 수도 있다.[++] 그러나 선거 경쟁을 어떻게 보든, [지금 살펴보고 있는] 가장 단순한 시각에서 나오는 핵심 통찰은 여전히 유효하다. 즉, 다운스가 지적한 것처럼,[8] 정당이 이기려면 정치적으로 가운데쯤에 있는 강령을 제시해야 한다는 것이다. 정당이 오직 선거 승리에만 관심을 쏟든, 아니면 유권자의 복지도 같이 신경을 쓰든 마찬가지다. 또 정당이 [유권자들의 선호에 대한] 완전 정보를 갖고 있든, 아니면 불완전 정보만 갖고 있든 마찬가지다. 정당이 몇 개든, 선거에서 몇 가지 쟁점을 놓고 경쟁하든 상관없다. 그리고 선거에서 승리할 가능성이 있는 모든 정당이 가운데로 몰려들면, 유권자가 접할 수 있는 선택지는 제한된다. 유권자들이, 정당들이 제시한 정책을 메아리처럼 반복하지 않고, 정말 자신이 원하는 대로 선택할 수 있는 진귀한 순간이 있을 수도 있지만, 이런 경우는 정말로 드물다. 대부분의 경우 정당은 다른 정당과 비슷한 공약을 제시하고, 당파적 성향의 정부는 반대당과 크게 다르지 않은 정책을 집행한다.

제1차 세계대전 이후 서유럽에서 추진된 경제정책을 보면, 이 같은 논리를 쉽게 관찰할 수 있다. 이 시기 역사는 다음과 같이 전개되었다. 오랜 기간 동안 대다수 정부가 당파적 노선과 상관없이 비슷한 경제정

✦ 이렇게 가정한 오스틴-스미스의 모형에서 결정적 투표자는 세율이 정해진 뒤에 고용될 이들 가운데 소득이 평균인 투표자[즉, 세율 변동으로 인한 이익과 손실이 상쇄되는 지점에 위치한 사람]이다(Austen-Smith 2000, 1259).

✦✦ 이때 무슨 일이 벌어질지를 이해하려면, 정당이 정책 영역에서 완전히 자유롭게 움직일 수는 없다고 가정해야 한다. 이런 가정이 왜 도입되었는지와 상관없이 이렇게 가정하는 게 현실적이다. 존 로머(Roemer 2001)가 제시한 정당 단합에 대한 내시 균형PUNE에 따르면, 정당은 강령을 만들 때 제약이 있다. 즉, 강령의 필수 조건은, 다른 정당의 강령에 대한 최적 대응best response에 당내 모든 파벌이 만장일치로 동의해야 한다는 것이다. 또한 시민-후보자 모형(Besley and Coate 1996; Osborne and Slivinsky 1996에서 인용)에서 후보는 정책 영역에서 정당의 차이를 가로질러 움직일 수는 없다.

책을 추진한다. 그러다 이따금 정책 혁신이 벌어져 경제정책이 갈린다. 이후 다시 당파를 따지지 않고 경제정책이 수렴하는 시기가 이어진다. 제1차 세계대전 종전부터 1930년대까지 각국 정부는 균형재정, 디플레이션 방지, 금본위제 등과 같은 황금률을 따랐다. 모든 사람이 자본주의 경제가 자연법칙을 따른다고 믿었고, 그래서 경기순환에 대처할 수 있는 방법은 없다고 보았다. 사회주의자는 산업국유화를 원했지만 그럴 수 없었다. 소수파 내각 또는 연립정부의 한 구성원으로서만 집권했기 때문이다. 부르주아 정당은 국유화에 결사반대했고, 그래서 국유화는 추진되지 않았다. 사회민주주의자가 이룬 중요한 혁신은, 적극적인 국가 개입을 통해 자본주의경제를 통제할 수 있다는 생각이었다. 케인스주의가 부상하면서, 각국 정부는 당파적 성향에 관계없이 수요 조절을 통해 자본주의경제의 경기변동에 대처할 수 있다는 것을 배웠다. 또 공공재를 공급하고, 기반 시설에 투자해 외부성externality을 바로잡고, 자연적 독점을 규제해 시장에서 나타나는 비효율성을 보완할 수 있다는 것도 알게 됐다. 마지막으로, 보조금을 지급하고 특정 산업을 보호함으로써, 정부가 성장을 촉진할 수 있다고 믿게 되었다. [반면 이런 흐름에 대한] 신자유주의자들의 주요 혁신은 잘 설계된 시장 제도가 사회의 복지를, 또는 적어도 '효율성'을 자연스럽게 극대화한다는 주장이다. 신자유주의자는 사적 소유가 다른 재산 소유 방식보다 효율적이라고 믿으며, 국가는 '너무 크다'고 생각하고, 거시 경제 균형이 투자를 촉진한다고 본다. 가장 결정적으로 이들은 경기순환에 적극적으로 대처하려는 정부의 정책이 고용에 아무런 영향을 주지 못하고 인플레이션만 늘릴 거라고 생각한다. 그러므로 그들은 [국유재산을] 민영화하고, 공공 지출을 삭감하며, 거시 경제 준칙을 지키고, '시장'이 나머지 모든 일을 하도록 한다.

그러므로 경제정책의 역사는 다음과 같은 과정을 따르는 것처럼 보인다. 어떤 정부가 집권해 대대적인 정책 혁신에 성공하면, 그 성공의 비결에 대한 이야기를 만든다. 선거에서 반대당은 현 정부를 비판하지만, 반대당도 집권하면 똑같은 정책을 펼칠 것임을 모두 알고 있다. 두 정당 사이에는 차이가 거의 없어서 유권자는 스캔들, [후보자의] 개성, 텔레비전 토론 등과 같은 우발적인 쟁점에 따라 표를 던진다. 그리고 어느 시점에서 현 정부가 패배한다. 승리한 반대당은 전임자의 정책을 따라 한다. 정책 변화 없이 정권이 교체되다가, 언젠가는 새로운 정책 혁신이 나타나고, 그 정책이 성공한다. 이야기는 또다시 반복된다.

이것이 사실이라면, 서로 다른 정당이 비슷한 정책을 제시하고 집행하는 까닭은 선거 경쟁이라는 긴박한 상황 때문만이 아니라, 어떤 다른 정책을 펼쳐야 할지 모르기 때문이기도 하다. 로버트 스키델스키는 전간기 영국에 대해 이렇게 말했다. "영국의 정치 문화는 상대적으로 동질적이었다. 일정한 선도적 사상 또는 사고 패턴이 있었고, 모든 합리적 시민이 그걸 받아들였다. 이는 특히 경제사상에서 그러했다. 1920년대 정치인은 경제 관련 지식을 한가득 활용했는데, 이는 그들이 보기에 19세기에 성공한 관행을 집대성한 것이었다."[9] 1925년 스웨덴 의회 토론에서 리카르드 산들레르 사회민주당 총리가 자유당 지도자들에게 공격받았을 때, 그는 사회민주당이 자유주의적 사고를 받아들인 것에 자유당은 만족해야 한다고 받아치면서 이렇게 말했다. "정치투쟁을 휘감고 있는 자욱한 화약 연기가 걷히고 나면, 합리적인 사람들이 회의실에 모여 경제문제에 대해 토론할 때 그렇듯이, 투쟁을 하고 있던 사람들이 대부분의 중요한 측면에서 서로 비슷한 생각을 하게 되는 경우가 쉽게 발생한다."[10] 비슷한 경험을 하고, 동일한 제약 아래 있다고 믿는다면, 합리적인 사람은 같은 방식으로 행동할 것이다. 현상 유지 정책이 명백히 실패할 때, 더 나은 사상이 있다고 진심으로 믿을 때, 자신들이 더 좋은 생각을 가지고 있다고 유권자가 믿어 주리라 생각할 때에만 정당들은 과감한 혁신을 시도한다. 그러나 유권자들은, 상대 정당이 추진했던 정책이라도 [합리적인 판단에 기초해] 동일하게 추진해 가는 책임 있는 모습을 과거에 보여 주지 않은 정당은 믿지 않을 것이다. 이것[필요하다면 정치투쟁에 갇히지 않고 정책 연속성을 구현하는 것]이 책임감 있는 정당이라는 평판을 얻을 수 있는 유일한 방법이다. 정치적 황무지에서 튀어나온 정당들이 기발한 아이디어를 제시할 수는 있다. 그러나 유권자는 이런 정당들을 무시할 것이다.

그러나 정당이 시민에게 선택의 여지를 거의 주지 않는 것에 타당한 이유가 있다 하더라도, 민주주의의 작동과 선거제도의 정당성에는 경고음이 울린다. '정당이 언제나 똑같은 정책만 제시하면, 아무런 선택의 여지가 없다', '[누가 집권하든] 집권당이 똑같은 정책만 펼치면, 선거에서의 선택은 의미가 없다'는 비판을 우리는 반복적으로 들어 왔다. 즉, 민주주의가 '빈사 상태'에 빠졌다는 것이다. 특히 세계화 때문에 선택이 제약되고 민주주의가 무의미해졌다는 주장이 현재 지속적으로 제기되고 있지만, 사실 이 같은 불만은 매우 오래된 것이다.

첫 번째 사례는 1922년 스웨덴 의회에서 있었던, 예산안을 둘러싼 토론이다. 당시 자유당 지도자인 닐스 에덴은 사회민주당 정부가 "뜻밖에도 매우 부르주아적"이라고 주장했다. 그러자 칼 얄마르 브란팅 총리는 이렇게 답했다. "우리를 찍어 준 스웨덴 노동자 대중 가운데, 정치적으로 매우 숙련되어 있고 상황의 위급함을 꿰뚫어 보고 있는 이들이 있다고 생각합니다. 우리는 이들 노동자 대중에 힘입어, 그의 말마따나, (에

덴의 말을 인용하면서) 최대한 '부르주아적'인 정책을 과감히 추진할 수 있었습니다."[11]

두 번째로, [영국의] 맥도널드 [노동당] 정부와 [프랑스의] 인민전선Front Populaire에 대해 분석하면서, 좌파 이론가들은 이들이 당대의 표준적인 경제적 통념을 깨지 않았으며 "신념을 저버렸다"고 비판했다. 그러면서 선거가 자본주의경제에 변화를 가져올 수 있는지 의문을 제기했다.[12]

세 번째로, 이른바 케인스주의 복지국가도 비슷한 반응을 불러일으켰는데, 이는 1968년에 터져 나왔다. [68혁명 학생 지도자인] 콩방디 형제는 선거 경쟁을 고작 '진과 토닉 또는 토닉과 진' 사이의 선택으로 간주했다.[13]

네 번째로, 오늘날에도 모든 정부가 비슷한 정책을 따른다는 인식이 널리 퍼져 있다. 심지어 『이코노미스트』The Economist(1995년 5월 2일)조차 "신노동당과 온건한 대처리즘은 그 내용보다는 스타일에서 차이가 날 뿐이다."라고 의기양양하게 주장했다.[+] 세계화에 대한 비평가들도 이런 평가를 공유한다. "[어떤 나라가 황금 구속복golden straitjacket[++]을 입으면] 보통 두 가지 일이 일어난다. 경제는 성장하고 정치는 움츠러드는 것이다. … 황금 구속복은 권력을 가진 이들이 정치적·경제적 정책을 선택할 여지

[+] [옮긴이] 『이코노미스트』에 실린 해당 논설의 제목은 「역대 가장 이상한 토리」The strangest Tory ever sold이다. 이 글은 신노동당과 온건한 대처리즘이 스타일에서 차이가 날 뿐이라고 지적한 다음 곧바로 이런 지적이 "정부를 비판하려는 의도는 아니다."라고 밝힌다. 대처리즘은 영국에 필요한 것이었고, 그것을 모두가 알았지만, 그 주된 문제는 표현 방식 혹은 스타일에 있었다고 하면서 신노동당이 그것을 극복했다는 것이다. 그래서 구노동당을 따르는 이들을 제외하고 모두가 만족하게 되었다고 주장한다.

[++] [옮긴이] 세계화 시대 국민국가가 무역자유화 등 특정 정책을 따라야 한다는 점에서 '구속복'이지만 그 결과는 좋다는 의미에서 '황금'으로 만들었다는 표현이다.

를 좁힌다. … 어떤 나라가 일단 이 옷을 걸치게 되면, 정치적 선택은 펩시콜라와 코카콜라의 차이만큼이나 좁아진다."[14]

민주주의에 대한 불만이 발생하는 원인이 정당 간 차이가 거의 없기 때문인지, 아니면 정당들이 내놓는 정책들이 그들의 당파적 스펙트럼에 갇혀 있기 때문인지는 명확하지 않다. 시민이 정치적으로 무력감을 느끼는 까닭이 벽들 사이의 공간이 너무 좁아서일까? 아니면 벽들이 놓여 있는 위치가 나쁘기 때문일까? 그들은 선택의 여지가 없다는 것에 반대할까? 아니면 선택할 수 있는 정책[의 내용]에 반대할까?

이 질문의 뜻을 명확하게 하기 위해, 각 개인이 자신에게 최선인 대안을 독립적으로 결정할 때, 선택이 갖는 가치를 먼저 살펴보는 것이 유용하다. 당신이 y보다 x를 선호한다고 해보자. 즉, $x > y$다. 지금 당신에게 두 가지 가능한 세계의 상태가 있다. 그중 한 세계에서 당신은 x를 얻는다. 다른 세계에서는 x와 y 사이에서 선택을 해야 한다. 선택할 수 있다는 것이 당신에게 본질적인 가치를 지니는가?

집단 차원에서 살펴보기 위해, 두 종류의 사람들이 있다고 가정해보자. 일부는 x를 y보다 선호하고, 일부는 y를 x보다 선호한다. 집단적 의사 결정에 따라 모든 사람에게 x나 y가 적용된다. x를 선호하는 사람이 더 많다고 해보자. 즉, x가 다수파다[따라서 다음의 두 경우 모두에서 결정은 x다]. 두 정당 모두 x를 제시해 기회 집합이 $\{x, x\}$인 경우와, 두 정당이 각자 다른 대안을 제시해 $\{x, y\}$인 경우 사이에 차이가 있다고 당신은 생각하는가? 당신은 x 유형이든 y 유형이든, 선택지를 제안받는 것 자체에 의미를 두는가?

선택하는 것의 가치를 살펴보기 위해, 세율을 정하는 투표를 검토해보자. 당신이 가장 선호하는 지점을 세율 τ라고 하자. 당신은 두 정당이

$\{\tau, \tau\}$를 제시하는 경우와 $\{\tau-c, \tau+c\}$를 제시하는 경우 가운데 어느 쪽이 더 좋은가? $\{\tau, \tau\}$가 제시되면, 확실히 당신의 이상점이 선택된다. $\{\tau-c, \tau+c\}$가 제시되면 결과는 당신의 이상점에서 c만큼 멀어지지만, 대신 당신에게는 선택의 여지가 있다. 당신은 가장 선호하는 대안을 포기할 정도로 선택 그 자체에 가치를 부여하는가? 이 질문에 일반적으로 답하기는 어렵다. 왜냐하면 [가장 선호하는 대안과 선택 자체로 구성된] 기회 집합들을 이행적transitive이고 완벽하게 서열화하는 것은 불가능하기 때문이다.[15] 아마르티아 센은 굶주리는 것보다 단식이 낫다고 주장했다.[16] 두 경우 모두에서 내가 소비하는 칼로리는 [0으로] 같지만, 단식은 내가 선택한 것이고 굶주리는 것은 그렇지 않으며, 선택은 그 자체로 가치 있기 때문이다. 그러나 이 사례는 도움이 되지 않는다. 센이 말하는 사례는 [앞서 세율 선택의 사례처럼] 좋아하지 않는 대안들 사이에서만 선택하는 기회 집합과, 선택의 여지는 없지만 대신 자신이 원하는 걸 얻는 기회 집합 사이의 비교가 아니기 때문이다.

세율 선택이라는 예시는 [선택의 여지가 없다고] 불만을 표하는 목소리들에 내재된 모호성을 설명하는 데 도움이 된다. 대안 집합 $\{\tau-c, \tau+c\}$는 두 가지 속성을 가지고 있다. 중심 위치가 τ라는 것과 범위가 $2c$라는 것이다. 당신이 가장 선호하는 위치인 τ가 0.45라고 해보자. 당신이 불만을 느끼는 이유는 선택 범위가 좁기 때문일 수 있다. $\tau=0.45$, $c=0.01$, $\{0.44, 0.46\}$인 경우처럼 말이다. 또는 두 정당이 제시하는 세율이 너무 낮아서일 수도 있다. $\{0.2, 0.4\}$인 경우처럼 말이다. 예를 들어, 셰보르스키와 메세게르는 세계화의 영향으로 재분배에 드는 비용이 증가되었고, 이로 인한 불평등의 증가로 좌파 정당과 우파 정당 사이의 차이가 더욱 커졌음에도 불구하고 두 정당이 모두 낮은 세율을 제시하게 되었다고

주장한 바 있다.[17]

내가 알기로는, [사람들이 선택 자체에 가치를 부여하는가의 문제와 관련된] 유일한 증거는 로빈 하딩에 의해 제시된다.[18] 하딩은 38개국의 40개 여론조사 결과를 검토해 다음과 같은 사실을 발견했다. ① 경쟁하는 정당 가운데 적어도 한 정당이라도 자신의 선호와 가깝다고 느낀 응답자는 민주주의에 더 만족하는 경향이 있다. ② 승자, 즉 총선에서 자신이 투표한 정당이 집권한 응답자는 민주주의에 더 만족하는 경향이 있다. ③ 승자는 경쟁하는 정당들 사이의 차이가 뚜렷하다고 느낄수록 민주주의에 더 만족하는 경향이 있다. 반면 패자는 자신의 선호와 가깝게 느껴지는 정당이 최소한 하나라도 있는지 여부에만 관심이 있었고, 얼마나 많은 선택지가 있었는지 여부에는 관심이 없었다. 이 연구 결과는 매우 중요하다. 이 연구 결과로 우선 사람들은 자신의 견해가 공적 영역에 등장하는 것, 곧 자신의 선호와 가깝다고 느끼는 정당의 존재에 가치를 부여한다는 점을 알 수 있다. 그러나 선택은 사치재luxury good라는 점도 보여준다. 즉, 선택은 자신이 원하는 것을 얻은 사람에게만 가치 있다는 것이다. '본질적 요소'를 확보한 사람[승자]은 그 결과를 더 넓은 선택 집합에서 얻었을 때 민주주의에 더 만족한다. 그러나 자신이 가장 선호하는 것을 얻지 못한 사람[패자]은 선택지가 얼마나 많이 있었는지를 신경 쓰지 않는다. 결국 "사람들은 선택 그 자체에 가치를 부여하는가?"라는 질문에 대한 답은 "그렇다, 어쨌든 그들이 자신이 원하는 것을 얻었다면 말이다."로 보인다. 비록 선택이 사치재라고 해도, 민주주의가 선택을 제공한다는 사실은 민주주의를 가치 있게 만든다.

몇 가지 선택지들이 유권자의 선택에서 배제되는 것은 [선거 경쟁의 논리에 따른] 타당한 이유 때문일 수도 있지만, 부적절한 이유 때문일 수도 있다. 어떤 선택지가 실현 불가능하다면, 몇몇 유권자들이 이를 가장 선호한다고 해도, [경쟁하는 정당들이] 그 선택지를 제안하지 않을 타당한 이유가 된다. 그러나 앞 장에서 우리는 돈 때문에 선거에서 유권자에게 제시되는 선택들이 왜곡될 수 있다는 사실을 살펴보았다. 어쩌면 정당이 말 그대로 매수될 수도 있다. 강력한 이익집단이 모든 주요 정당의 강령에 영향력을 행사한다고 해보자. 그러면 유권자에게 제시되는 선택지가 빈약할 뿐만 아니라, 유권자 집단 전체가 그들이 가장 원하는 것을 선택할 기회조차 없을 수 있다. 세율과 투자, 평등과 효율, 분배와 성장은 맞교환 관계에 있다는 [우파 정당의 주장에] 좌파 정당이 부화뇌동한다면, 유권자는 조세, 평등, 분배 정책에 대한 자신의 선호를 표현할 수 없다. 이런 주장은 부유층의 이해관계에 복무하기 때문에, 좌파 정치인들 역시 그런 맞교환 관계가 불가피하다고 믿는지, 중도로 이동해야 선거에 이길 수 있다고 생각해서 그러는 것인지, 아니면 이익집단의 압력 때문에 그런 것인지에 대해 누군가는 궁금할 수밖에 없다. 나는 이런 상황이 오로지 이익집단의 압력 때문이라고 주장하는 것은 아니다. 즉, 정치 지도자들은 정책에 관한 전문 관료들이 가진 신념의 영향, 선거 경쟁에 따른 고려 사항, 이익집단의 지속적인 압력으로부터 완전히 떨어져 있을 수 없다. 그들은 정치에서 경쟁력을 가지려면 자원이 필요하다는 것을 안다. 또 어떤 정책을 추진하면 자원이 따라 들어오고, 어떤 정책은 그렇지 않다는 것을 안다. 어쩌면 그들은 믿는 게 편한 생각을 믿어 버릴 수도 있다. 어쨌든, 우리가 할 수 있는 말은, 돈의 영향력 때문에 유권자들에게 제시되는 선택지가 왜곡될 수 있으며, 그것도 꽤나 자주 그렇다는 것이다.

존 던의 영국 정치 분석은, 부적절한 이유에서 유권자에게 선택지가 배제될 수 있는 또 다른 방식을 경고한다.[19] 마거릿 대처 총리는 은밀히 [해외에] 자본계정을 개방했다. 이에 따라 분배와 성장 사이의 맞교환 관계가 [과거 노동당 정부의 분배 우선 정책에서 성장 우선 정책으로] 변했고, 두 주요 정당 모두 그들이 제시하는 재분배의 규모를 줄여야만 했다. 놀라운 것은 자본계정 개방은 대처가 집권한 1979년 선거에서 쟁점이 아니었다는 사실이다. 그럼에도, 결정이 내려지자 실현 가능한 정책의 스펙트럼 전체가 이동했다. 심지어 좌파 유권자마저도 재분배를 줄이는 것을 선택해야 했는데, 이는 자본계정 개방으로 말미암아 재분배 비용이 크게 올라갔기 때문이다. 그러므로 자본계정 개방 결정은 집단적 의사 결정의 결과가 아니었지만 그 후 집단적 의사 결정의 틀로 작동했다. 존 던은 이렇게 분석했다.

> 돌이켜보면 대처 총리의 가장 결정적인 정치 행위는 첫 임기 초반에 내린 결정으로, 자본 유·출입에 대한 통제를 완전히 철폐한 것이다. 이 결정은 자본과 조직화된 노동 사이의 정치적 경쟁이 벌어지는 공간을 규정했다. 그 공간에서 노동 세력은 결국 패배할 수밖에 없었다. 또 그 공간에서 싸우면, 이미 정해진 노동 세력의 패배가 명백히 국민 다수의 이익에 도움이 되는 척하기도 상대적으로 쉬웠다.[20]

선거에서 당선됐다는 것이 당선자가 원하는 것이면 무엇이든 해도 된다는 의미라고 생각해 보자. 대처가 줄기차게 그랬듯 말이다. 그러면 [금융 개방으로] 소득재분배가 더는 선택지가 될 수 없다는 것은 부적절한 이유에서 유권자에게 제시되는 선택지를 제한하는 게 아니다. 유권자는 대처에게 그녀가 생각하기에 최선인 것을 무엇이든 할 수 있는 권한을 위임했기 때문이다. 대처가 자신이 생각하기에 최선인 정책을 추진하고 난 뒤, 몇몇 유권자들은 자신이 마주하게 된 [소득재분배는 택할 수 없는] 선택지를 싫어할 수 있다. 이 경우는, 애석하지만 어쩔 수 없다. 그러나 만약 자본 통제를 폐지하는 선택지가 [1979년 선거에서] 유권자들에게 제시되었다면, 유권자들은 자본 통제를 폐지하게 될 때 어떤 기회 집합이 생길지를 예측해 자본 통제 폐기를 거부했을 것이라고 생각해 보자. 그러면 자본 통제 폐기의 결과로 선택지가 빈약해진 것은 부적절한 이유에서 선택지가 제한된 것이다. 요컨대 인민들이 자신의 선택지가 제한된다는 것을 알고도 선택했다면 그 결과가 마음에 들지 않는다고 불평하면 안 된다. 그러나 모르고 당한 것이라면 마땅히 분노할 권리가 있다. 내가 이 예시로부터 도출한 자치의 함의는 다음과 같다. 즉, 오직 정부가 집단적 선택의 결과가 아닌 결정 — 이 결정이 미래의 대안들을 제한한다면 — 을 내리지 않을 때에만 자치는 실행 가능하다. 그리고 오직 그런 경우에만 자치는 현실적인 것이 된다.

민주주의와 참여

민주주의자는 참여 자체에 가치를 부여해야 할까? 이는 앞에서 제기한 것[즉, 민주주의자는 선택 자체에 가치를 부여해야 할까?]과는 다른 질문이다. 앞에서 다룬 질문은 사람들이 선거를 통해 뭔가를 결정하는 것을 중요시해야 하는지 여부였다. 지금 던지는 질문은, 집단적 의사 결정의 결과가 사람들 행동의 인과적 결과인지 아니면 각 개인의 행동과 무관한 결과인지에 관심을 쏟아야 하느냐이다. 내가 선택했을 법한 사회질서 아래에서 살고 있는 한, 내가 진정 선택에 참여했다는 게 중요할까? 즉, 사회 질서가 자리 잡은 원인이 내 행동인지가 중요할까?

[참여의 중요성을 강조한] 루소를 따라 켈젠은 "자신을 통치하는 법질서를 만드는 데 참여한 사람은 정치적으로 자유롭다."라고 했다.[21] 그러나 사람마다 선호하는 법질서가 다르면, 참여라는 기준에서 보는 자유와 자율이라는 기준에서 보는 자유는 다를 수 있다. 세 가지 가능한 상태를 생각해 보자. ① 내가 참여했고 내 선호가 우세하다, ② 내가 참여했지만 내 선호는 패배한다, ③ 내가 선호하는 법질서가 자리 잡았고, 그 질서에 따라야 하지만, 나는 그것을 만드는 데 참여하지 않았다. ①은 자율이라는 기준에 따라 ②보다 명백히 낫다. 또 참여라는 기준에서 ①은 ③보다 낫다. 그러나 ②와 ③ 사이의 순위는 모호하다. 아마 역사적 시기에 따라 다를 것이다. 어떤 시대, 어떤 사람은 자신이 사는 법적 체제에 구현된 가치들에 대해서만 관심을 가졌을 것이다. 즉, 종교, 공산주의, 또는 정시에 도착하는 열차 등과 같은 것들 말이다. 그러나 다른 조건에 있는 사람은 그 결과와 상관없이 참여 그 자체에 관심을 기울였을 수도 있다.

개인이 사적인 선택을 할 경우 그의 선택은 결과로 이어진다. 센[22]과 마찬가지로, 누군가는 이렇게 주장할 수 있다. 적극적 행위자, 즉 선택하는 사람이 된다는 것은 그 자체로 가치 있다, 내 행동을 통해 획득한 결과는 내 행동과 무관하게 도달한 동일한 결과보다 더 가치 있다고 말이다. 그러나 내가 투표를 하는 것이 동전을 던져 내가 원하는 면이 나오는 것보다 더 의미 있는 이유는 무엇인가? 인과관계라는 측면에서는 차이가 없다. 대규모 선거에서 내 표가 결과에 영향을 미칠 확률은 거의 없다. 개인의 관점에서 보면 선거 결과는 동전 던지기와 마찬가지로 자신의 행동과 무관하다. 여기서 투표 참여가 개인적으로 비합리적이라고 주장하는 것이 아니라는 점을 강조하고 싶다. 선거 결과에 인류의 운명이 걸려 있다고 믿고, 그것이 너무 중요하기 때문에 투표가 결과에 영향을 미칠 확률이 1억 분의 1이라 해도 순전히 도구적인 이유에서 투표에 참여할 수도 있다. 내가 지적하고 싶은 것은 단지 "나는 A에 투표했다. 그래서 A가 이긴다."라고 말할 수 있는 사람은 아무도 없다는 점이다. 대다수 개인이 할 수 있는 일은 투표하고 집에 돌아와 텔레비전을 보며 다른 사람들은 어떻게 투표했는지를 초조하게 기다리는 것뿐이다. 단순 다수제 아래에서 동등한 영향력을 가진 다수의 사람들이 집단적 의사 결정에 참여할 때, 그 어떤 개인도 집단적 의사 결정에 인과적인 영향을 미칠 수 없다.

그러므로 세계 각지에서 간헐적으로 분출하는 '참여 민주주의' 프로그램은 전국적 규모에서 실현될 수 없다.[+] 참여의 의미가, 동등한 개인이 정부의 권력 행사에 인과적으로 영향을 미치는 것이라면, '참여 민주주의'라는 말은 모순이다. 오직 몇몇 사람들만이 집단적 의사 결정에 인과적으로 영향력을 행사할 수 있을 뿐이다. 이들 소수는 선거로 선출될 수도 있고, '영향력'[++]을 살 수도 있다. 그들이 예외적으로 자기 의견을 소리 높여 표현하는 사람이거나 또는 이례적으로 뛰어난 사람일 수도 있다. 그러나 모든 사람이 평등하게 결과에 영향을 미치는 것은 불가능하다. 모두가 평등하면 어느 한 사람도 결과에 인과적인 영향을 미칠 수

[+] 구글에서 영어로 '참여 민주주의'를 검색하자 17만 7000건이 나왔다. 스페인어로는 27만 6000건이 나왔다.

[++] '영향력'influence이라는 말에 따옴표를 친 까닭은 18세기에 이 말이 훗날 부패라고 불리는 것을 완곡하게 표현하는 것이었기 때문이다.

없다. [참여 민주주의를 옹호하려고] 용감히 노력하는 이들이 있지만[23] 동그라미가 네모가 될 순 없다.[+]

다시 한번, 명확한 설명이 필요하다. 민주주의 정치를, 정치적 영향력을 두고 여러 개의 집단이 경쟁하는 과정이라고 생각해 보자.[24] 이 집단들은 정부 정책에 따라 얼마나 얻고 얼마나 잃는지 알고 있다. 그래서 자신의 이익에 맞게 정책 방향을 돌리기 위해 자원을 쏟는다. 베커의 모델에서, 이 집단들이 쓰는 자원의 양은 오직 [정책에 따라] 얻거나 잃을 것으로 기대하는 양과, 다른 집단이 쓰는 자원에 따라 결정된다. 모든 집단의 예산은 무제한이라고 가정된다. 그러나 실제 정치에서는 집단마다 동원할 수 있는 자원이 불균등하다. 그러므로 참여의 증가는, 그것이 과거에 배제되었던 이들의 참여라면, [정치적 영향력이] 평등화되는 효과가 있을 수 있다. 그러나 모든 이가 평등하다면 그 누구도 결과에 영향력을 미칠 수 없다. 평등과 효과성은 양립 불가능하지만, 불평등과 효과성은 그렇지 않다.

이사야 벌린[25]에게 미안한 말이지만, 자치에 가치를 부여하는 이유가 참여일 수는 없다. 만장일치를 제외한 그 어떤 집단적 의사 결정 방식도 한 개인의 참여에 결과를 바꿀 힘을 부여하지 않는다. 집단이 스스로를 통치한다는 것은, 개별 유권자가 최종 결과에 인과적인 영향력을 행사할 때가 아니라, 집단의 선택이 모든 개인의 의사를 집계한 것일 때 달성된다. 투표라는 메커니즘의 가치는, 모두가 따라야 하는 법과 다수의 의지를 사후적으로 일치시킨다는 데 있다. 선거로 정부를 선출하면 자

[+] 다이애나 머츠가 보여 줬듯이(Mutz 2006), 자신과 다른 의견을 접하는 사람은 투표를 덜 하는 경향이 있다. 즉, 숙의deliberation와 참여가 충돌하는 것이다.

신이 좋아하는 법의 지배 아래에서 사는 사람들의 수가 극대화된다. 비록 그 누구도 자신이 선택한 결과로 이 법이 나왔다고 여길 수 없더라도 말이다. 그러므로 각 개인이 자신의 표가 결과에 영향을 미치지 못한다고 생각할지라도, 그들은 집단적 선택이 이루어지는 절차인 투표에 가치를 부여할 수 있다. 실제로 종종 그렇게 본다는 극적인 증거도 있다. 콜린 버드에 따르면, 다음의 조건이 충족될 경우, 각 개인은 무기력하다고 해도, [투표라는] 메커니즘에 충분히 가치를 부여할 수 있다. 즉, "통치자와 피통치자 모두가 투표를 [다수의] '의지를 드러내는'will-revealing 절차로 인식하고, [참여자의 의사를] 전달하는 지침으로 간주하며, 통치 기구가 그 절차를 마땅히 집행할 것으로 기대되어야 한다."[26]

그러나 자치에 대한 이 같은 개념화가 지닌 호소력은 그것의 본래적 이상이 지닌 호소력에 비해 훨씬 약하다. 자치에 대한 애초의 개념화에 따르면, 법질서는 오직 모든 사람이 그것에 동의해야만 지배적일 수 있었다. 만장일치적 동의라는 이 같은 기준은 집단 구성원 모두에게 개별적으로 [결과에 영향을 미칠 수 있는] 인과적 효과성을 약속했다. 현대 민주주의국가들에서 — 켈젠이 어쩔 수 없이 인정했듯이 — "정치적 권리(말하자면, 자유)는 기껏해야 단순히 투표할 권리로 환원"되었고,[27] 이런 상황에서 효과적인 참여에 대한 향수는 지속적으로 출몰하고 있다.

선거 사이 기간의 인민의 역할

민주주의의 독특한 특징은 통치자가 선거를 통해 선출된다는 점이다. 이 같은 특성으로 말미암아, 민주주의 정치에 대한 설명은 때때로 선거가 민주주의의 전부라는 인상을 줄 수 있다. 선거 날 인민은 전지전능하다. 그러나 선거와 선거 사이의 기간에 인민은 무력하다. 민주주의는 마땅히 이래야 한다고 많은 민주주의 이론가들이 생각한다. 기예르모 오도넬은 정치가 선거로 환원되는 것을 라틴아메리카의 병폐로 진단하며, 이를 "위임 민주주의"delegative democracy라고 불렀지만,[28] 제임스 매디슨은 대의제 정부가 작동하는 방식은 마땅히 그래야 한다고 보았다. 즉, 인민은 통치에서 그 어떤 역할도 하면 안 된다는 것이다. 월터 리프먼은 시민의 의무는 "공직자를 뽑는 것이지, 공직자에게 이래라저래라 하는 것이 아니다."라고 주장했다.[29] 슘페터는 유권자에게 "일단 어느 개인을 선출하고 나면, 정치적 행동은 정치가의 일이지 유권자들의 일이 아님을 깨달아야 한다. 무슨 말인가 하면, 유권자들은 정치가에게 이런저런 일을 하라고 미주알고주알 지시해서는 안 된다는 것이다."[30]라고 강력히 충고했다.

이 같은 설명은 현실에 대한 묘사로는 완전히 틀렸다. 정책을 둘러싼 갈등, 정치적 영향력을 확보하기 위한 경쟁은 매일매일의 정치에서 가장 기본적인 요소들이다. 정치적 활동은 선거에 한정된 것이 아니며, 심지어 다음번 선거의 결과에 영향력을 미치기 위한 노력에만 한정되는 것도 아니다. 그렇지만 정치적 영향력을 둘러싼 경쟁은 여타의 정치체제에서도 벌어진다. 선거 사이 기간 인민의 역할은 민주주의만의 특징이라고 할 수 있을까? 마냉은 이렇게 주장했다. "18세기 말 이후로 대의제는 정부의 통제 밖에서 언제든지 정치적 의견을 형성하고 표현할 수 있는 피통치자의 자유를 수반했다."[31] 그럼에도 불구하고, 미국 대의제의 창설자들은, 앞서 살펴보았듯이, 인민의 이 같은 역할에 대해 기껏해야 모호한 태도를 보였고, 프랑스의 [초기] 사상가들은 이 역할을 아예 인정하지 않았다. 비록 정부 정책에 반대하는 것이 반드시 반역이나 방해를 의미하지는 않는다는 생각이 1828년 영국 의회 연설에서 처음으로 인정되긴 했지만, 민주주의는 정부에 반대할 수 있는 구체적인 권리를 승인하지는 않았다. 대부분의 민주주의국가들은 표현의 자유와 결사의 자유를 인정하지만, 이 권리마저도 매우 보잘것없었다.[32] 호프스태터의 지적을 한 번 더 언급해 둘 만하다. 즉, "조직된 반대파를, 본질적으로 파괴적이고 불법적이라고 보는 것은 여러 정부의 정상적인 관점이었다."[33]

이 맥락에서 문제가 되고 있는 '저항의 권리'가 중세 및 근대 초기 헌정주의 이론에서 정식화되었을 때와는 다른 개념이라는 점에 유의할 필요가 있다.[34] 당시 이론에서 제기된 문제는, 군주에게 권위를 부여하는 조건을 군주 자신이 위반했을 때, 인민 또는 의회나 법원 같은 제도적 기구에 그를 물러나게 할 권리가 있는지 여부였다. 16세기 프랑스 정치사상가 테오도뤼스 베자는 선출이라는 행위에는 그것을 철회할 권리도 내재한다는 영향력 있는 주장을 했다.[35+] 그러나 이 권리는 제한적으로, 또 제도화된 방식으로 행사되어야 했는데, 그렇지 않을 경우 "독재자 한 명을 핑계로 1000명의 폭군이 등장할 것"이기 때문이었다. 내가 알기로

✦ [옮긴이] 베자는 폭정은 하느님이 백성을 벌하는 수단이므로 감내해야 한다는 주장에 반대했다(Beza 1969[1574]). 그에 따르면, 백성이 통치자를 위해 창조된 것이 아니라 통치자가 백성을 위해 창조된 것이며, 왕권이 다윗의 자손에게 주어져서 세습된다 하더라도 군주 개인의 통치는 백성의 선택에 달려 있다. 그는 통치 권력은, 참되고 합법적인 통치자를 선출하고 임명할 권한이 있는 사람으로부터 나오고, 무력이나 기만으로 권력을 찬탈한 통치자는 정당한 통치자가 아니며, 하느님의 심판은 정의롭게 수행되는 것이기 때문에 시민 각자는 폭군에 대항해 국가의 합법적인 헌정을 수호해야 한다고 주장했다. 물론 그는 폭력과 협박에 의해 강요된 통치 계약의 취소도 가능한 적절한 순서와 규칙적인 방식을 따라야 한다는 단서를 달았다.

헌법에 저항권이 포함된 유일한 사례는 폴란드다. 1505년 이후 파크타 콘벤타는 [저항권 발동] 절차를 명시했고, 상원 특별위원회는 선거 군주에게 무력으로 저항할 권한을 절차에 따라 귀족에게 부여할 수 있었다.[36][+] 자신의 권한을 자의적으로 남용하는 통치자를 축출할 권리는 대의제 역사 전반에 걸쳐 널리 인정됐다. '혁명'revolution의 어원이 이전 상태로 돌아감[원상회복]이라는 것을 한나 아렌트가 밝혀낸 것으로 널리 알려졌지만, 19세기 라틴아메리카에서는 이것이 혁명이라는 단어의 표준적인 용법이었다.[37] 따라서 1890년대 아르헨티나 급진당은 이렇게 말했다. "혁명은 … 사회를 불법 정부로부터 해방하고, 다시 이전의 정치 질서로 돌아가기 위해, 즉 과거의 전통과 헌정을 회복하기 위해 정당한 폭력을 사용한다는 의미다."[38] 혁명La revolución은 선출된 정부가 저지른 권력 찬탈에 맞서 헌법을 수호하는 행위였다. 그리고 성공적인 혁명에 따라 집권한 정부는 자신을 입헌 정부라고 묘사했다. 비록 그 방식은 덜 폭력적인 것이 되었지만, 현재에도 라틴아메리카에서는 대중운동과 의회 내 반대당이 계속해서 대통령을 권좌에서 끌어내리고 있다.[++]

오늘날 통치자를 쫓아낼 수 있는 권리는 주기적으로 돌아오는, 선거

+ [옮긴이] 선거 군주제는 군주의 지위가 선거에 의해 계승되는 정치체제이다. 폴란드는 투표를 희망하는 모든 슐라흐타(젠트리 계급)에 의한 자유선거로 국왕을 선출했다. 즉위 시 국왕은 의회를 정기적으로 개최하고, 귀족의 저항권(로코슈rokosz)을 공식적으로 인정하는 통치 계약인 파크타 콘벤타에 동의해야 했다.

++ 캐스린 혹스테틀러에 따르면 1978년 이후 라틴아메리카 대통령 중 40퍼센트에 대해 [군부가 아닌] 민간인 행위자가 조기 퇴임을 요구하며 도전했다. 23퍼센트가 물러났고 이어 문민 대통령이 취임했다. 그녀는 거리 시위가 핵심이었다고 강조했다(Hochstetler 2006). 마이클 앨버레즈와 레이브 마르스테인트레데는 민간인의 대통령 축출이 발생하는 요인이 과거 군부 개입을 초래했던 요인과 같다고 했다(Alvarez and Marsteintredet 2007).

라는 제도를 통해 거의 자동적으로 실행된다. 여기서 문제는 선출된 정부와 견해가 다른 사람이 선거와 선거 사이 기간에 정부 정책에 영향을 미칠 수 있는지, 또 그럴 수 있어야 하는지 여부다. 나는 반대당이 앞으로의 선거에서도 자유롭게 경쟁한다는 것을 당연한 전제로 간주한다. 인민의 투표 방식에 영향을 미치기 위한 정치 활동 역시 여기서 다루지는 않을 것이다(이미 앞에서 그런 활동을 다뤘다). 그러나 선거와 선거 사이 기간 동안 인민의 정치적 역할은 무엇이어야 할까? 선거에서 패한 사람은 다음 선거가 돌아올 때까지 침묵해야 할 의무가 있을까? 아니면 선거를 통한 정권 교체 이외의 방법으로도 정권에 반대할 권리를 가져야 할까? 선거에서 패배한 소수파는 정부 정책을 반드시 받아들일 의무가 있는가? 1919년 [영국] 노동당 의장이던 존 맥거크는 "우리는 헌정주의자이거나 반헌정주의자이다. 우리가 헌정주의자라면, 즉 정치적 무기의 효능을 믿는다면(실제 우리는 그렇다. 그렇지 않다면 노동당이 존재할 이유가 무엇이겠나?), 우리가 선거에서 졌다고 적대적으로 돌아서서 파업을 요구하는 것은 현명하지 못한 처신이자 비민주적이다."[39]라고 말했다. 우리도 맥거크처럼 생각해야 할까? 사람들은 과연 로버트 달이 말한 "정부의 행위를 바꾸기 위해 숙고된 일련의 행동"[40]에 착수할 수 있을까? 정권에 대한 반대 가운데 무엇이 충성스러운loyal 반대이고, 무엇이 체제 전복적인 반대일까? 정부 정책에 대한 반대는 대의제라는 틀을 통해 걸러져야만 할까, 아니면 자신들이 원하는 어떤 방식으로든 반대해도 될까? 인도 헌법의 아버지 가운데 한 명인 암베드카르는 식민 지배 아래에서는 시민 불복종이 적절했지만, 민주주의에서 시민 불복종은 "무정부 상태의 문법에 불과하다."라고 했다.[41] 스스로 통치한다는 것은, 선거 이외의 메커니즘을 통해 공개적으로 표현된 목소리들에 정부가 응답해야 한다는 것을 함축할까? 대의제 창설자들은 이 질문에 매우 모호한 태도를 보였다.[42] 오늘날에도 [이 질문에 대한 답은] 더 분명해지지 않았다고 나는 생각한다.

왜 선거와 선거 사이 기간에 [정부 정책에 대한] 반대가 출현할까? 주기적인 선거를 통해 정부가 선출되는 제도적 틀에서, 인민은 기껏해야 여러 쟁점을 하나로 묶은 선거 강령들 중에서 가장 선호하는 것을 선택한다. 그래서 정부가 다수의 지지를 받아 선출된다고 해도, 정부의 모든 정책을 다수가 지지하는 것은 아니다. 두 정책 영역과 네 유형의 유권자가 있다고 해보자. 정책은 각각 조세와 지출이다. 각 정책은 높은 것, 낮은 것으로 나뉜다. 유권자들의 선호 분포는 다음과 같다.

	높은 세금	낮은 세금	합계
많은 지출	0.36	0.34	0.70
적은 지출	0.04	0.26	0.30
합계	0.40	0.60	1.00

선거에서 후보자는 자신의 진짜 선호를 공개한다[고 가정된다]. 유권자는 자신과 가장 근접한 선호를 가진 후보를 찍는다(시민-후보자 모형). 그러면 높은 세금, 많은 지출을 내건 정당이 이긴다. 하지만 많은 지출을 원하는 이가 다수더라도, 낮은 세금을 원하는 이 역시 다수라는 점에 주목하라.

이제 새로 선출된 정부는 [높은 세율의] 조세를 반대하는 다수파와 마주하게 되고, 그래서 자신들이 선거에서 내세웠던 강령을 포기하고 증세 없는 지출을 해야 할 수도 있다. 그러나 선거는 여러 개의 독립적인 [쟁점들에 대한] 국민투표를 함께 묶어 한 번에 [각 쟁점에 대한 각각의 결정을] 선택하는 것이 아니다. 나아가 선거는 정부가 여론에 귀를 기울이게 할 뿐만 아니라 통치할 권한을 부여하는 장치이기도 하다. 우리는 어떻게 할지를 여론조사로 정하는 정부를 업신여긴다. 여론의 목소리는 집계할 수도 있고 아닐 수도 있지만, 여론조사에서처럼 집계할 수 있을 때라고 해도 여론이 선거만큼의 권위나 신뢰를 가지지 못한다. 게다가 자신의 선호에 대해 강렬한 목소리를 내는 소수파가 다수파인 양 가장할 가능성도 있다. 선거를 포함한 그 어떤 선호 집계 방식도 선호 강도의 차이를 인정하지 않는다. 강렬한 소수파도 수적으로는 소수에 불과하다. 우리는 이 점이 마음에 들지 않을 수 있다. 사실 합리적인 사람이라면 "나는 둘 중 어느 것이 선택되어도 큰 상관이 없지만, 그녀가 이 문제에 관심이 많으니 그녀의 견해가 관철되어야 한다."라고 말할 수도 있다. 이런 원리를 토대로, 누군가는 [존 롤스가 제시한 도덕적 추론의 방법인] 반성적 평형⁺을 떠올릴 수도 있다. 그럼에도 개인 간의 선호 강도를 비교하는 것이 불가능하다는 사실은 변하지 않는다. 그리고 이를 둘러싼 쟁점을 전략적으로 해결할 수 있는 방식은 명백하다. 자치란 사람 머릿수를 헤아리는 체계이다. 계몽된 머리가 있을 수 있지만, 어쨌든 그냥 머리다.

정부가 인기 없는 정책을 계속 고수한다고 해보자. 그 정책이 입법부의 승인을 거쳐야 한다면, 정부가 추진하는 정책이 의회에서 좌절될 수도 있다. 반대당들은 정부 지지자들이 견해를 바꾸도록 설득할 수 있

⁺ [옮긴이] 반성적 평형reflective equilibrium은 존 롤스가 제시한 윤리적 신념이 정당화되는 조건과 그런 신념을 획득하는 방법이다. 롤스 자신의 설명은 다음과 같다. "이쪽저쪽을 맞추면서 때로는 계약적 상황의 조건들을 변경하기도 하고, 때로는 우리의 판단을 철회하거나 그것을 원칙들에 따라 조정하기도 하면서, 결국 우리는 합당한 조건들을 표현해 주면서 정리되고 조정된 우리의 숙고된 판단에도 부합하는 최초의 상황에 대한 설명을 발견하게 된다. 이러한 상태를 나는 반성적 평형이라 부르기로 한다"(존 롤스, 『정의론』, 황경식 옮김, 이학사, 56쪽).

다. 그들은 제도적인 권한을 행사해 일부 법안을 저지할 수도 있다(예를 들어, 독일 의회 상임위원장은 정당 의석수에 따라 비례적으로 배분된다. 영국 공공회계위원회 위원장은 [관례상] 언제나 반대당이 맡는다). 그들은 방해 전술로 위협할 수도 있다(예를 들어, 프랑스 정부가 전기 분야의 공기업을 민영화하겠다는 법안을 발의하자 반대당은 수정안을 수천 개 제출했다. 미국 상원은 필리버스터가 있다). 또한 반대당이 집권한 지방정부가 중앙정부에 협력하지 않겠다고 위협할 수도 있다. 정부는 의회에서 자신이 원하는 걸 늘 얻지는 못한다. 사례에 따르면, 자료가 있는 지난 783년의 국가 연수country-years[+] 동안, 민주주의국가에서 행정부가 제출한 법안 가운데 76퍼센트만이 의회를 통과했다.[43]

그러나 의회 밖에 있는 사람도 정부 결정에 효과적으로 영향을 미칠 수 있을까? 우선 마냉은 그렇다고 주장했다.

> 여론의 자유는 대의제의 민주적 특징으로, 이것은 통치자에게 인민의 목소리가 전해지도록 하는 수단을 제공한다. … 대표는 인민이 원하는 대로 행동할 필요도 없지만, 그들을 무시할 수도 없다. 즉, 여론의 자유는 인민의 요구가 표현될 수 있고, 통치하는 사람들의 관심을 끌 수 있도록 보장한다. 최종 결정을 내리는 사람은 바로 대표이지만, 대표의 결정 과정에서 인민의 의지가 하나의 고려 사항이 되도록 하는 틀이 만들어지는 것이다.[44]

정책에 대한 반대는 정부가 내리는 의사 결정 과정에서 어떻게 고려

[+] [옮긴이] 자료에서 다루는 국가의 수와 기간을 곱한 것으로, 자료의 시·공간적 범위를 보여 주는 값이다.

될까? 여론이 정부 정책에 영향을 미치는 한 가지 방법은 정부가 내린 결정의 효과가 무엇인지에 대한 정보를 제공하는 것이다. 민주주의는 자유 언론 덕분에 기근을 겪지 않는다는 센의 유명한 주장이 이를 잘 보여 준다.[45] 홈스는 적극적인 반대파가 있으면 정부가 어처구니없는 실수를 할 가능성이 줄어든다고 강력히 주장했다.[46] 또 여론을 통해 특정 정책이 다음번 선거에서 어떤 결과를 초래할지 미리 알 수 있기에, 선거에서의 회고적 판단을 미리 내다본 정부가 재집권 확률을 극대화하기 위해 정책을 수정한다는 것도 그럴듯하다. 사실 정부는 선거 이외의 메커니즘으로 표출되는 목소리에도 종종 반응한다. 사적인 이해관계를 담은 로비스트의 목소리뿐만 아니라 거리 시위, 정치적 파업, 도로 봉쇄 등으로 터져 나오는 공중의 목소리에도 말이다. 그러므로 이따금 나오는 여론의 반응은 어떤 형태로든 정부 정책에 영향을 미친다. 그러나 국민투표를 제외하면 아무리 격렬한 반대라도 정부 결정에 반영되도록 보장하는 제도적 장치는 대의제에 없다. 반대 주장을 반드시 관철되게 하는 제도적 장치는 더더욱 없다.

내 생각에, 정부가 활발히 제기되는 반대파의 주장에 관심을 기울이는 주된 이유는, 그 주장을 무시하면 제도 영역 밖으로 갈등이 흘러넘칠 위험 때문이다. 대의제 체계가 사회에서 발생하는 갈등을 구조화하고 흡수할 수 있으며, 이런 갈등들을 미리 정해진 규칙에 따라 처리할 수 있어야만 정부가 법을 집행하고 정책을 실행할 수 있다. 또한 모든 사람이 이런 제도들에 참여할 권리가 있어야만, 대의 체계에 제도적으로 접근할 수 있는 조직(대체로는 정당들)에 의해 갈등이 구조화되어야만, 그리고 이런 조직들이 대의 체계를 통해 자신의 이해관계를 추구할 유인을 가질 경우에만 대의제는 갈등을 흡수할 능력을 가진다. 마지막으로, 제도가 갈등을 규율할 수 있으려면 갈등하는 정치 세력들이 지금 또는 적어도 너무 멀지 않은 미래에 자신이 [선거 경쟁에서] 승리할 수 있으리라 기대할 수 있어야 한다. 모든 잠재적 갈등이 간헐적 폭력으로 비화되는 것이 아니라 규칙에 따라 진행될 경우에만, 제도가 — 제프리 린과 저스틴 뉴전트에 따르면[47] — "사람들 사이의 상호작용을 통제하고 조형한다."

유력한 자료들을 살펴보면, 각국의 제도들은 이 능력에 큰 차이가 있는 것처럼 보인다. 1946~96년 사이 라틴아메리카 민주주의국가에서 한 해에 평균적으로 '소요'가 발생한 횟수 — 대규모 시위, 폭동, 전국적인 파업 등의 합계 — 를 세어 보면, 0.47번에 불과한 코스타리카에서부터 3.41번에 달한 아르헨티나까지 다양했다.[48]+ 아르헨티나에서는 거의 모든 갈등적인 쟁점이 불거질 때마다, 수천 명이 [부에노스아이레스의] 5월 광장에 모이고, 트랙터가 도로를 점거하고, 피켓을 든 사람들이 [아르헨티나의 중서부 도시인] 네우켄의 다리를 점거했다. 반면 코스타리카에서는 거의 모든 갈등이 정당을 통해 규율되고, 의회·대통령·법원을 통해 처리되었다. 유럽 국가들 간의 차이는 더 컸다. 노르웨이에서는 한 해 평균 소요가 0.1번이었고, 이탈리아에서는 5.84번이었다.

이게 왜 중요할까? 갈등이 대의제의 틀 밖으로 흘러나오면 정부가 할 수 있는 것은 둘 중 하나다. [반대파를] 억압하거나 무질서를 참아 내면서 정책을 유지하는 것이 하나의 방법이다. 반대파를 달래기 위해 자

✦ [옮긴이] 여기서 시위는 정부에 대해 반대하는 100명 이상의 평화로운 시위를, 폭동은 100명 이상이 물리력을 사용한 폭력적 시위나 충돌을, 파업은 1000명 이상의 노동자가 참여한 파업을 가리킨다. 그 밖에도 소요에는 암살·테러·숙청·혁명, 그리고 정부 실각에 따른 격변이 포함된다. Cross-National Time-Series Data Archive(https://www.cntsdata.com) 참조.

신의 정책을 폐기하는 것이 두 번째 방법이다. 두 대안 모두 매력적이지 않다. 억압의 증가나 질서의 붕괴는 민주주의를 위협한다. 반면 반복적으로 양보하다 보면 정부는 어떤 정책도 안정적으로 추진할 수 없다.

투표, 선출, 평화

선거는 자치의 가장 근본적인 제도다. 자치는 인민을 대신해 통치할 사람을 뽑는 것으로 구성된다. 또한 투표는 모든 정치 참여 메커니즘 가운데 가장 평등한 것이다. 단순히 우리 손으로 통치자를 선택하고 바꿀 수 있다는 가능성만으로도, 우리가 스스로 통치한다는 신화에 개연성을 충분히 부여할 수 있다.

그럼에도 불구하고 선거와 통치자 선출 사이의 관계는 직관적으로 보이는 것처럼 간단하지 않다. 반대당이 없는 일당제에서의 선거를 생각해 보라. 사람들이 투표를 하기 때문에 우리는 여전히 그와 같은 행사를 '선거'라고 부를지 모른다. 그러나 누구도 선거의 결과로 선출되지 않는다. 이런 선거는 다른 곳에서 내려진 선택을, 권력의 그림자 아래에서, 추인할 뿐이다. 선거라는 세이렌⁺은 오직 투표가 집단의 선택을 동반할 때만 매력적이다. 내 주장을 반복하면,[49] 현직자가 선거에서 지고 새로운 승자가 집권할 때야말로 민주주의다. 지금은 정당 간 정권 교체를 민주주의 정치의 핵심으로 보고, 정당 간 정권 교체가 곧 민주주의라고 당

⁺ [옮긴이] 세이렌siren은 그리스신화에 나오는 님프로서 반은 여자고 반은 새의 모양을 하고 있으며, 매혹적인 노래를 불러 선원을 유혹해 근처를 지나는 선박들을 좌초시켰다고 한다. 치명적인 유혹을 상징한다.

연하게 받아들인다. 그러나 역사를 보면 선거를 통한 정당 간 정권 교체는 매우 드물었다는 사실을 알 수 있다. 전 세계 대부분의 나라에서 역사상 거의 모든 시기에 걸쳐, 현직자가 선거에서 계속 이겼다. 그리고 현직자가 뜻밖에 선거에서 진다고 해도, 정권을 넘겨주지 않으려 했다. 선거 권위주의electoral authoritarianism ✦ 는 그다지 새로운 현상이 아니다.

1. 투표와 선출

인민은 투표할 때 무엇을 할까? 투표는 물리적 행동이다. 누군가의 이름을 소리치거나, 손을 들거나, 상자에 종잇조각을 넣거나, 손잡이를 당기거나, 스크린을 손으로 터치하는 등 말이다. 그러나 이 행동을 문화적으로 어떻게 해석할 것인지, 그 정치적 결과가 무엇인지는 시대와 나라에 따라 근본적으로 달랐다. 투표voting는 선출selecting과 같지 않다. 사실 아무런 관련이 없을 수도 있다.

투표가 선출 기능을 하지 않는 가장 명백한 사례는 일당제에서 이른바 '선거'라고 불리는 행사다. 이 선거의 결과로 선출되는 사람은 아무도 없다. 그러나 공산주의자들의 이 같은 관행이 역사적으로 드문 일은 아

✦ [옮긴이] 선거 권위주의는 권위주의 통치와 선거 경쟁이 공존하는 체제를 의미한다. 이때 선거가 '유일한 정치 게임'은 아니지만 최고 권력에 접근하는 유의미한 수단으로 작동한다. 대중의 정치 참여가 배제된 폐쇄적 독재와 대중의 정치적 결정권을 보장하는 민주주의 사이의 회색 지대에 존재하는 정치체제로서, 언론·집회·결사의 자유의 제한, 부정선거 등 민주주의의 원칙을 위배하는 정부의 행위와 다당제 선거 경쟁 및 권위주의 정부에 대한 저항 등 복합적인 정치 동학이 발생한다(한병진, 「한국 선거 권위주의의 정치동학」, 『대한정치학회보』 제17권 제3호 참고).

니었다. 유권자에게 정부의 공식 후보자 명단을 제시하고, 국민투표라는 외양 아래 승인받도록 하자는 아이디어는 이미 프랑스[혁명 시기인 1795~99년의] 총재정부Directorate 시기에 등장했으며,[50] [혁명이 끝난 뒤인] 왕정복고 시대에 사용되었고 나폴레옹 3세 통치기에 완성됐다.[51]+ 1876~1917년 스페인 왕정은 이런 방식으로 유권자를 완전히 통제할 수 있었다. 그 결과 정당들이 미리 맺은 협약에 따라 선거 때마다 집권당이 바뀌는 시스템을 만들 수 있을 정도였다. 1851~69년의 포르투갈도 마찬가지였다. 정부 공무원이 집권당 후보를 홍보하는 것은 범죄가 아니라 의무로 간주되었다. 1822년 프랑스의 조제프 드 빌렐 총리는 다음과 같은 지시를 내렸다. "우리 내각에서 일하는 사람이, 자신의 일자리를 지키려면 반드시 해야 하는 일이 있다. 자신의 권한 내에서 정부에 충심을 바치는 정파 소속 의원의 선거에 이바지하는 것이다."[52] 유럽뿐만 아니라 라틴아메리카에서도 정당이 공직자들을 당파적으로 동원하는 일이 만연했다. 1831년 칠레를 시작으로,[53] 여러 라틴아메리카 국가는 안정적인 권력 승계 체제를 확립했다. 현직 대통령은 임기 제한을 충실히 준수해서 임기를 마쳤지만 자신의 후계자를 미리 선택하고, 정부 권력을 활용해 후계자가 선거에서 확실히 이기게 하는 식이었다. 이런 과두제적 다원주의oligarchical pluralism 체제의 안정성은 놀라울 정도다. 칠레에서는 1831~91년 사이에, 그리고 다시 1924년까지도 유지됐다. 니카라과에서는 1856~90년, 브라질에서는 1894~1930년, 아르헨티나에서는 1890~1916년, 우루과

+ [옮긴이] 프랑스에서 정부의 공식 후보는 나폴레옹 3세의 통치가 끝나기 얼마 전인 1869년까지 있었다. 당시 292명의 의원 가운데 대부분이 공식 후보 출신이었다. 하지만 이때 공식 후보가 단순히 위로부터 지명된 후보를 의미하지는 않았고, 지역 명사를 정부에서 공인해 주는 측면도 있었다.

이에서는 1898~1932년, 멕시코에서는 1934~2000년 사이에 유지됐다. 사실 라틴아메리카 전체 역사를 통틀어, 재선에서 패한 현직 대통령은 고작 세 명밖에 없다.✛ 툴리오 핼퍼린-동기는 "혁명 이후 라틴아메리카에서 정부는 다양한 방법으로 전복됐다. 그러나 그 가운데 선거에서 패배해 전복된 경우는 놀라울 정도로 없었다."라고 했다.[54]

따라서 단지 선거가 있다는 사실만으로 선거가 경쟁적이라고 할 수는 없다. 현직자들이 활용할 수 있는 모든 수단을 검토해 보자. 만약 선거에서 패배할 것이 두려울 경우, 아예 위험을 무릅쓰려 하지 않을 수 있다. 선거를 아예 안 하는 것 말이다. 프란시스코 프랑코는 36년 동안 총통으로 집권하면서 한 번도 선거를 치르지 않았다. 말레이시아 국민전선Barisan Nasional은 경솔하게도 1969년에 선거를 실시했다. 그러다 결과가 마음에 들지 않자 선거 규칙을 고쳐 그런 결과가 다시는 반복되지 않게 했다. [포르투갈의 독재자] 안토니우 살라자르는 좀 더 신중한 방법을 사용했는데, 선거 부정을 통해 선거에서 확실한 결과가 나오게 한 것이다. 이는 멕시코의 제도혁명당PRI도 애지중지한 관행이었다. 현직자는 노골적인 폭력, 규칙의 조작, 선거 부정 등과 같은 다양한 방법을 활용해 인민의 목소리와 관계없이 정권을 유지할 수 있다.

선거는 불가피하게 몇몇 규칙을 따라야만 한다. 누가 투표할 수 있

✛ [옮긴이] 2010년에 이 책의 영어판이 출간되기 전까지 라틴아메리카에서 현직 대통령이 재선에 실패한 경우는 1873년 과테말라, 1990년 니카라과, 2004년 도미니카공화국에서 세 차례 있었다. 이후 2019년 아르헨티나 대선에서 마우리시오 마크리 대통령을 꺾고 알베르토 앙헬 페르난데스가 승리했으며, 2022년 브라질 대선에서는 루이스 이나시우 '룰라' 다시우바 전임 대통령이 자이르 보우소나루 현 대통령을 꺾었다. 따라서 이 책의 영어판이 출간된 이후, 라틴아메리카에서 현직 대통령이 재선에 실패한 사례는 두 건이 추가되었을 뿐이다.

는지, 간접 투표인지 직접 투표인지, 비밀투표인지 공개투표인지, 의무 투표인지 자발 투표인지, 표는 어떤 방식으로 집계할 것인지 등 말이다. 그리고 규칙은 결과에 영향을 미친다. 투표용지의 모양이나 색상, 투표소의 위치, 무슨 요일에 투표하는지 등과 같은 매우 사소한 사항도 선거 결과에 영향을 미칠 수 있다. 따라서 선거는 조작과 떨어질 수 없다. 그러나 선거 조작은 노골적일 수도 있고 아닐 수도 있다. 아마 러시아 대통령 블라디미르 푸틴이 도입한 '네거티브 캠페인' 금지법이 가장 노골적인 조작의 사례일 것이다. 여기서 네거티브 캠페인이란 정부에 대한 모든 종류의 비판을 의미한다. 선거구 모양을 [뱀의 형상을 한 전설상의 괴물인] 샐러맨더처럼 기괴하게 만드는 것은 사람들에게 지나치다는 인상을 줄 수 있다.[+] 반면 선거구를 완벽한 사각형으로 만들면 아무도 눈살을 찌푸리지 않는다. 결국 선거 조작은 정도의 문제다.

선거 조작manipulation과 선거 부정fraud은 다르다.[++] 조작은 규칙 제정을 통해 이뤄진다. 반면 부정은 어떤 종류든 간에 그 규칙을 어기는 것이다. 선거 결과에 미치는 영향이 같다고 해도 규칙을 [자신에게 유리하게] 만드는 것과 규칙을 어기는 것은 다른 처분을 받는다. 동일한 행위 — 예컨대, 선거 자금 기부 — 라 해도, 그것이 법적으로 허용된 경우와 그렇지 않은 경우에 따라 그 의미는 다르고 [대중의] 반응도 다르다. 즉, "제도적 사실institutional fact은 원초적 사실brute fact에 대해 자율성을 가진다."[55]

[+] [옮긴이] 이 같은 선거구를 만든 엘브리지 게리의 이름과 샐러맨더salamander가 합쳐져, 게리맨더링Gerrymandering이라는 말이 나왔다.

[++] 선거 부정을 정의하는 것이 얼마나 어려운지는 안니노(Annino 1995, 15-18)를 참조. 라틴아메리카의 부패한 선거 관행에 대해서는 에두아르도 포사다-카르보(Posada-Carbó 2000)를 참조.

가장 중요한 점은, 부정은 은밀히 이루어지지만 규칙은 반드시 가시적이어야 한다는 것이다. 각각의 결과를 어떻게 평가할지가 어렵다고 해도 말이다. 1875년 이후 선거제도를 열한 차례나 바꾼 프랑스에서처럼, 현직자는 공개적으로 선거를 조작하려 들 수 있다. 그러나 심지어 그럴 때도 자신이 만든 규칙을 깨는 상황은 피하려 한다. 반대당 사무실로 들어가 기밀을 훔쳐 나오는 것은 선거 부정이다. 왜냐하면 절도 행위를 금지하는 규칙을 어겼기 때문이다. 특정 규칙이 표 매수를 금지할 경우, 표 매수는 선거 부정이다. 이미 사망한 사람의 이름으로 투표하는 것 역시 마찬가지다. 선거 부정의 가장 좋은 예시는 [니카라과의 독재자] 아나스타시오 소모사데바일레의 이야기를 통해 살펴볼 수 있다. 그는 자신에게 진 반대파에게 이렇게 말했다고 한다. "사실 당신이 투표에서는 이겼지. 하지만 표를 세고 나니 내가 이겼더군." 선거 부정의 기술은 매우 다양하다.[56] 그러나 거의 모든 선거 부정은 은밀히 이루어진다.

몇몇 사람들은 오늘날 우리가 '선거 권위주의'라는 질적으로 새로운 현상의 출현을 목도하고 있다고 주장한다. 그러나 그런 정치체제는 역사적으로 만연해 있었다. 푸틴주의 역시 새로울 게 없다.[+] 과거의 선거 결과를 살펴보면, 현직자가 선거에서 패배하는 경우가 매우 드물었다는 사실을, 나아가 평화적인 정권 교체는 더더욱 드물었다는 사실을 알 수 있다. 〈표 5-1〉은 행정부 수반 선거의 결과와 그 뒤 일어난 일을 요약해

[+] 유리 예브도키모프 러시아 무르만스크 주지사는 소속당인 통합러시아당이 2009년 3월 15일 지방선거 때 한 일에 대해 이렇게 말했다. "시영 기업 소속 노동자는 '적절한' 후보를 찍길 권유하는 전단을 우편으로 보내는 데 강제로 참여해야 했다. 유치원 교사는 학부모에게 선전물을 나눠 줘야 했다"(*Gazeta Wyborcza*, Warsaw, Poland, March 17, 2009).

표 5-1 | 선거와 그 뒤의 사태 전개

현직자	승자				합계
	즉시 집권	우회 집권	집권 못 함	불확실	
승리	1,999	9	95		2,103
패배	473	19	53		545
출마 합계	2,472	28	148		2,648
불출마	84	6	22		112
불확실	15	3	8	7	33
합계	2,571	37	178	7	2,793

제시하고 있다. 여기서 '현직자'는 꼭 같은 사람일 필요는 없는데, 같은 당 소속일 수도 있고 그렇지 않을 경우 지명된 후계자일 수도 있다. '승자'는 개인일 수도 있고 정당일 수도 있다. 현직자가 이기면 그가 곧 승자이지만, 현직자가 패배하면 다른 누군가가 승자라는 사실에 주의하라. '우회 집권'은 승자가 집권하긴 하지만, 누군가 — 패자 또는 제3자 — 가 선거 직후 위헌적으로 권력을 잡은 뒤 집권하는 경우를 뜻한다. 즉시 집권하든 우회적으로 집권하든 '집권'한다는 것은 승자가 최소한 1년 이상 통치한다는 의미다. 헌법에 정해진 임기를 채울 필요는 없다.

현직자가 승리한 경우는 놀랄 정도로 많다. 현직자는 출마한 선거 2648번 가운데 2103번 이겼다. 즉, 현직자가 선거에서 이길 확률은 79퍼센트다. 승패 비율로 보면 4 대 1이다.

그러나 현직자는 모든 조작과 부정을 동원하고도 간혹 패배했다. 패배한 뒤 그들은 어떻게 했는가? 패배를 인정하고 정권을 이양할 수도 있지만, 승자의 집권을 막으려 할 수도 있다. 평화적인 정당 간 정권 교체는 오직 현직자가 패배하고 승자가 집권했을 때 발생한다. 이는 2648번의 선거 가운데 473번만 일어난 일이며, 18퍼센트에 불과했다. 즉, 선거를

그림 5-1 | 정당 간 정권 교체

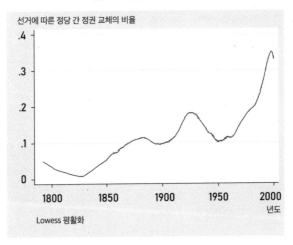

선거에 따른 정당 간 정권 교체의 비율

Lowess 평활화

5.6번 하면 1번 일어났다는 것이다. 게다가 1801년 미국에서 사상 최초로 정당 간 정권 교체가 발생했지만, 지난 1975년 이전까지 평화적인 정권 교체가 일어난 경우는 [20퍼센트 아래로] 드물었다(〈그림 5-1〉 참조).

또한 개인소득이 증가할수록 평화적인 정권 교체의 빈도가 급격히 증가한다는 강력한 증거가 있다(〈그림 5-2〉 참조). 직관적으로 해석해 보면 이렇다. 사람들은 소득이 높을수록 폭력을 쓰면서까지 소득을 높이려 하지 않는다. 그래서 폭력의 비용이 일정하다고 가정하면, 소득이 일정 수준 이상에 도달하면 [선거에서] 지더라도 이를 받아들인다.[57]

이와 같은 사실로부터 출현하는 일반적인 풍경은 매우 암울해 보인다. 분명, 현직자가 정말로 인기가 있어서 선거에서 계속 승리했을 수도 있다. 그러나 선거 조작, 선거 부정, 노골적인 억압이 선거에 만연해 있다는 점을 생각하면, 현직자가 인민의 목소리를 은밀히 조직했거나 침묵시켰을 수 있다는 것이 [현직자들이 거둔 놀라운 승리 빈도에 대한] 좀 더 그

그림 5-2 | 정당 간 정권 교체

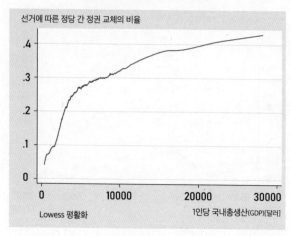

선거에 따른 정당 간 정권 교체의 비율

Lowess 평활화 · 1인당 국내총생산(GDP)[달러]

럴듯한 해석이다. 인민이 투표한다는 사실 그 자체만으로, 인민이 [통치자를] 선출하는 권력을 갖고 있다고 할 수 없다.

2. 선거와 평화

선거의 마법은 [장기적 관점과 단기적 관점을 연결하는] 시간 지평intertemporal horizon을 갖게 해준다는 것이다. 싸움에서 진 정당이, 패배가 영원하다거나 그 기한이 정해지지 않았다고 생각하면, 그들은 폭력에 호소하려는 유혹에 빠질 수 있다. 그러나 일정 시간이 지난 뒤에는 이길 가능성이 있다고 생각하면 경쟁의 결과를 존중할 것이다. 선거는 이런 일을 가능하게 한다. 즉, 권력 교체를 내다볼 수 있게 한다. 그러나 이 같은 메커니즘이 작동하기 위해서는, 각 정당이 선거에서 이길 확률과 그들이 무력으로 집권할 능력이 너무 달라선 안 된다.

이렇게 생각해 보자. 정당은 재분배 수준, 임신중절 규제, 정교분리 등 정당 간 이해관계가 엇갈려 갈등을 빚고 있는 정책을 [자기에게 유리하게] 결정하기 위해 선거에 참여한다. 선거 결과가 발표되면 정당은 결과에 승복할지, 무력으로 자신의 의지를 관철할지 결정한다. 현직자 앞에는 선거에서 이길 가능성, 그리고 무력 충돌에서 이길 가능성이 주어진다. 이제 정치 행위자는 선거와 무력 충돌이라는 두 복권을 마주한다. 두 복권의 보상과 당첨 확률은 다르다. 이렇게 생각해 보면 선거에서 이길 확률이 각자의 상대적인 무력을 반영할 경우에만 선거 결과에 승복한다는 결론이 나온다. 즉, 한 정당이 무력에서 압도적으로 우세하면 그 정당은 선거 결과도 지배한다. 이미 헤로도토스는, 민주정에서는 "(넓은 의미에서) 시민의 물리력과 시민의 투표가 갖는 힘이 일치한다."라고 했다.[58] 반면 콩도르세는 잔혹했던 고대에는 [투표를 통해] "평화와 공익이라는 공동선을 위해 힘[물리력]을 가진 자들에게 권위를 부여해야 했다."라고 말했다.[59] 그럼에도 불구하고 사람들이 무력으로 얻을 수 있는 것에 가치를 덜 부여하면서, 무력과 선거에서 이길 확률 사이의 관계는 덜 중요해졌다. 따라서 만약 갈등이 [무력에 의존하지 않고] 소득을 중심으로 벌어진다면 부유한 사회일수록 평화를 유지하기는 더 쉬울 것이다.

갈등을 처리하는 과정에서 선거가 수행하는 역할을 분명히 하기 위해 약간 다르게 생각해 보자. 사회에서 두 집단이 한 정책을 놓고 대립한다. 그들은 무력을 통해 자신이 생각하는 가장 이상적인 결과를 얻을 수 있으며, 무력 투쟁에서 이길 확률을 미리 알고 있다. 만약 그들이 폭력을 피하고 싶다면, 이 같은 확률하에서 정권 교체를 결정하는 몇 가지 규칙에 합의할 수 있을 것이고, 따라서 갈등을 평화적으로 해결한다. 그러나 피어런이 적절히 지적했듯이, 갈등을 평화적으로 해결하려는 욕망만으로는 선거를 충분히 정당화할 수는 없다.[60] 모두가 완전한 정보를 가진다면, [두 집단 사이의] 물리적 힘 관계와 관련된 정책 결과의 기댓값도 알 수 있다. 그러면 왜 선거를 해야 하는가? 선거 대신 무력의 상대적 크기를 반영한 정책에 합의하는 편이 낫지 않나? 게다가 사람들이 일반적으로 위험risk을 피하려 한다면, 미리 정해진 하나의 정책에 합의하는 것이 정당 간 정권 교체를 통해 [승리한 정권이 실행할] 여러 정책을 선택하는 것보다 효용의 측면에서도 더 낫다.[61] 그러므로 선거를 통해 갈등이 평화적으로 절차를 밟아 해결되려면 다른 원인도 있어야 한다. 나는 다른 글에서, [합의를 맺었다 해도] 정책이 완벽히 명시될 수 없을뿐더러, 통치자는 그들에게 남은 힘을 활용해 어떤 합의라도 어기려 할 것이라고 주장했다.[62] 피어런은 선거는 현직자들이 권력을 남용할 때 [피통치자들이] 반란을 조직하는 장치라고 봤다.[63] 존 론드리건과 안드레아 빈디니는 선거가 각 정파들이 가진 무력을 파악할 수 있는 가장 저렴한 방식이라고 주장했다.[64] 이는 앞서 지멜이 제시한 견해이기도 하다. "유권자 각 개인은 동등하다고 간주된다. 그러므로 [유권자의 수를 힘으로 환산하면] 다수파는 소수파에게 자신의 뜻을 강제할 물리력도 가진다고 할 수 있다. … 투표의 목적은 힘들의 즉각적인 다툼을 피하고, 득표를 계산함으로써, 물리력으로 다퉜을 때의 예상 가능한 결과를 찾아내는 것이다. 그리하여 소수파가 실제로 저항해 봤자 아무 쓸모가 없다는 것을 스스로 확신할 수 있도록 하는 것이다."[65]

무력의 관계는 두 가지로 생각해 볼 수 있다. 하나는 정부가 권한을 남용할 때 인민이 합심해 정부의 권한 남용에 맞서는 경우다.[66] 피어런의 관점에 따르면, 선거는 그런 저항이 가능하도록 하는 구체적인 역할을 한다.[67] 즉, 선거 결과는, 고립되어 있는 개인들에게 다수의 유권자들이 정부에 불만을 가지고 있다는 사실을 알려 주며, 따라서 현직자들이 계속해서 권좌에 남아 있으려 할 때 조직된 반란이 효과적일 수 있다는 신호를 제공하기 때문이다. 현 정부가 선거에서 자신들이 승리했다고 주장하지만, 정부가 선거 부정을 저질렀다는 게 다수의 인식일 경우도 마찬가지다.[68] 또는 정부가 선거 규칙을 심각하게 조작해 반대파가 선거에서 승리할 가능성이 없을 때도 그렇다. 이 같은 추론이 가진 문제점은 현 정부의 권한 남용으로부터 이득을 얻는 사람들 역시, 피해를 보는 사람과 마찬가지로, 기꺼이 민주주의 제도를 방어하는 데 동참한다는 가정이다. 이 가정이 정당화되려면, 모든 사람이 [장·단기적인] 시간 지평 속에서 생각해야 하고, 지금 이익을 보는 사람도 언젠가 자신이 패배자 편에 속할 수 있다고 생각해야 한다. 그러나 현직자들은 선거 조작이나 선거 부정을 통해, 또는 단순히 권력 찬탈을 통해 오랫동안 권좌에 있을 수 있으며, 이 경우 현재의 부당한 정권 아래에서 이득을 보는 사람은 저항할 유인이 없다.

무력에 대한 대안적인 시각은 정당을 군대로 보는 것이다. 그러면 폭력은 단지 선거 경쟁의 연장으로 간주된다. 마리아 세실리아 브라보는 19세기 중반 아르헨티나 투쿠만주에 대한 연구에서 이렇게 말했다. "전쟁은 정치에 기능적으로 의존한다. 선거 결과를 지키거나 바꾸려고 [군사력을] 쓴다는 점에서 그렇다."[69] 이렇게 보면 선거 결과는 그것이 어떻게 도출되었는지와 상관없이, 승리를 주장하는 정당의 무력이 강해서 패자가 폭력적으로 저항해도 성공할 가능성이 거의 없어야 지켜진다. 이런 시각은 19세기 라틴아메리카의 정치를 이해하는 정확한 방식이지만,[70] 폭력의 행사에 고도의 기술이 필요해지고, 폭력 수단의 통제가 군

부와 경찰이라는 특정 기구의 전문화된 영역에 속하게 됨에 따라 이제
는 덜 그럴듯해 보인다. 이런 상황이 발생하면, 현 정부가 강압으로 권력
을 유지할 수 있는 확률은 이 기구들의 당파적 지향에 달려 있게 된다.
즉, 이 기구들은 선거 결과와 무관하게 특정 정당을 전폭적으로 지지할
수 있다. 또는 이 기구들의 통제자들이 '헌정주의자'여서 공정한 선거에
서 승리한 쪽을, 그게 누구든 지지할 수도 있다. 여기에 덧붙여, 현 정부
가 선거에서 패배할 경우 지배층 내에서 분열이 발생할 것이라고 볼 합
리적인 이유가 있다.[71] 통치자가 선거에서 승리를 확신할 수 없거나, 눈
에 띄는 선거 조작이나 선거 부정을 통해서만 승리할 수 있다고 하자. 그
러면 [군부, 경찰 등] 억압 기구의 구성원들은 통치자가 패할 가능성을 떠
올리고, 억압 행위에 그들이 개별적으로 책임을 질 수 있다는 사실도 떠
올린다. 그 결과 이들은 위험을 감수하길 꺼린다.[72] 예컨대 1988년 피노
체트 장군[군사평의회 의장]이 임기 연장 국민투표에서 패배한 후,[+] 칠레
군사평의회junta의 다른 구성원들은 무력으로 이 결과를 뒤집길 거부했
다.[73] 그러므로 현 정부가 경쟁적인 선거에서 이길 수 없을 때 그들의 무
력 역시 줄어들 수 있으며, 이 때문에 민주적 경쟁이라는 규칙을 따르도
록 강제될 수 있다.

　　보비오는 "민주주의 말고 어떤 제도가 … 피를 흘리지 않고 갈등을
해결할 수 있는가"라고 했다.[74] 이 말은 선거가 언제나 경쟁적이라는 뜻
이 아니다. 심지어 늘 자유롭고 공정하다는 뜻도, 인민이 투표에서 늘 통
치자를 선택할 수 있다는 뜻도 아니다. 그래도 선거는 갈등을 평화적인

　　[+] [옮긴이] 셰보르스키는 임기 연장 국민투표의 시기를 1989년으로 적고 있지만, 이
　　는 오기이다. 1988년 10월 5일에 국민투표가 있었고, 이후 1989년 12월 14일 선
　　거에서 피노체트는 패배했다.

절차를 밟아 해결하는 방법이라는 뜻이다. 선거가 아니면 폭력으로 비화되었을 갈등 말이다. 선거에서 이길 확률이 물리적인 폭력의 관계를 반영하는 한, 선거에는 폭력이라는 그림자가 드리워져 있다. 그래도 이 그림자 아래에는 평화가 있다.

6

대리인

들어가며

우리 제도는 대의제다. 시민은 직접 통치하지 않고, 다른 이의 통치를 받는다. 통치하는 사람은 계속 바뀔 수도 있지만, 여전히 다른 이의 통치를 받는다는 사실은 바뀌지 않는다. 다른 이의 통치를 받을 때도, 우리가 집단적으로는 스스로 통치하는지를 평가하기 위해서는 두 가지 관계를 고려해야 한다. [행정부·사법부·입법부라는] 정부 각 부문 사이의 관계, 그리고 시민과 정부 사이의 관계가 그것이다. 정부의 구조는 정부와 시민 사이의 관계보다 논리적으로 우선하고, 과거에도 그렇게 여겨졌다. 시민이 정부에 요구하거나 기대할 수 있는 것은 정부가 무엇을 할 수 있고, 무엇을 할 수 없는지에 달려 있기 때문이다. 또 정부가 할 수 있는 것은 최소한 어느 정도는 정부가 어떻게 조직되었는지에 따라 달라진다.

정부의 상이한 부문들이 동의하고 협조해야만 어떤 조치가 취해질 수 있다면, 그 체계는 사실상 초다수제다. '거부권 행사자'의 수를 늘림으로써, 이런 체계들은 현상 유지를 우선시한다.[1] 그리하여 정부는 선거에서 표출된 다수의 의지, 특히 현 상태를 변화시키도록 정부에 위임한 다수의 의사에 따라 행동하지 못할 수 있다. 중립성 조건은, 그 정도는 다양하지만, 거의 모든 민주주의국가에서 초다수제와 유사한 효과를 갖는 다양한 제도적 배치로 인해 침해되고 있다. 사실 [단순 다수제를 강조한]

레이의 연구[2]도 어떤 체제의 결정 규칙이 단순 다수제로부터 어느 정도나 벗어나 있는지에 따라 그 체제와 이상적인 민주주의의 거리를 측정하려 한 것이었다. 아마도 가장 주목할 만한 점은, 콩도르세가 이미 지적한 것처럼,[3] 일반적인 조건 아래에서, 양원제가 초다수제와 유사한 효과를 발휘한다는 것이다. 맥건은, 비례대표제와 단원제를 채택하고, 행정부의 거부권을 비롯한 여타 반反다수제적contramajoritarian 장치가 없는 경우에만 사실상 단순 다수제를 채택하고 있는 국가라 할 수 있다고 주장했다.[4] 그리고 그가 세어 본 결과 이런 나라는 거의 없었다.

다른 기준에 비춰 봤을 때 초다수제가 좋은지 나쁜지는 여기서 다룰 문제가 아니다. 하지만 우리는 하나의 실체로서 인민이 인민 자신으로부터, 적어도 인민이 지닌 일시적인 정념이나 무분별한 선호로부터 스스로를 보호받아야 한다는 주장을 이미 되풀이해 봐왔다.[+] 그러나 [앞서 본 것처럼] 현상 유지가 우선시되면, 메이의 공리가 정의한 자치의 조건 가운데 하나인 중립성 조건[++]이 훼손된다. 이것이 단지 자치를 다르게 이해해야 한다는 의미일지도 모른다. 즉, 누군가는 이렇게 주장할 수 있다. 제헌 권력으로서의 인민이 정부를 이런 [현상 유지가 우선시되는] 방

[+] 실제로 매디슨은 소수파 파벌에 대한 안정책을 "공화주의 원칙이 제공"하므로, 소수파 파벌은 크게 중요치 않다고 말했다. 이에 따라 『페더럴리스트』 10번 논설에서 말한 파벌에 대한 우려는 많이 줄어든다. 그가 겨냥한 목표는 다수 지배였다. 로버트 달(Dahl 1956, 1장)을 참조하라.

[++] 이 문제에 중립성의 공리만 달려 있고, 반응성의 공리는 그렇지 않다는 사실에 주목하라. 3분의 2의 지지를 얻는 대안이 나올 때까지 현 상태가 유지된다는 규칙을 가정해 보자. 변화를 지지하는 다수파가 이미 위 조건을 충족할 경우, 한 명이 추가로 이에 동조해도 여전히 변화를 지지하는 대안이 이긴다. 그런데 만약 이 사람이 결정적 유권자라면, [다른 조건과 관계없이] 이 사람이 변화를 지지할 때 현 상태가 무너진다. 중립성이 침해되지만 반응성은 지켜지는 경우의 예시는 케네스 메이(May 1952; 1953)를 참조하라.

식으로 조직했다면, 정부의 모든 권력 부문들이 동의하지 않는 한 다수의 목소리가 실행되는 것을 인민이 원하지 않는 어떤 이유가 있을 것이라고 말이다. 그럼에도 불구하고 양원제나 행정부의 거부권 등과 같은 제도가, 명시적으로 특정 절차를 거쳐야 하거나 특정 대리인에 위임된 사안뿐만 아니라 모든 사안에서, 현 상태를 지키도록 보호의 범위를 확대했다는 점은 놀랄 만한 사실이다. [이런 상황에서도] 권리는 개별적으로 보호될 수 있고, 대부분 그렇게 보호된다. 하지만 현 상태에 대한 초다수제의 보호는, 어떤 기본권과도 무관한, 순전히 분배적인 사안으로까지 확장되고 있다. 미국 헌법에 대한 여러 비판자들이 주장했듯이, 견제와 균형의 체계는 정부의 권력 남용을 막을 수 있지만, 정부가 마땅히 해야 할 일을 못 하게 할 수도 있다.

한편 반응성의 공리는 대략적으로, 정부 정책이 시민의 집단적 결정을 따라야 한다는 것을 의미한다. 반응성의 공리가 지켜지려면 두 가지 조건이 필요하다. 첫째, 정부 정책이 따라야 할 집단 결정이 있어야 하며, 둘째, 선거 결과가 인민의 특정한 의지를 표출한 것으로 이해되어야 한다. 나는 두 조건이 가능하다고 생각한다. 선거가 그 본연의 논리에 따라 각 개인의 의사를 특정 정당에 대한 집단적 지지로 구조화하기 때문이다. 따라서 (나는 그 어떤 정부도 모든 사람의 의사를 대표할 수 없다는 주장에 동의하지만) 정당과 정당 정부는 그들 지지자의 집단적인 의사를 대표할 수 있다. 정당과 정당 정부가 실제로 지지자들의 의사를 대표하는지 여부는 또 다른 문제다. 어느 정도의 대리인 비용은 피할 수 없다. 좋은 이유에서든 나쁜 이유에서든, 정부가 원하는 것이 정부를 선출한 인민이 원하는 것과 다르다면, 인민의 위임에서 정부가 너무 멀리 벗어나지 않도록 정부에 유인을 제공해야만 한다. 정부는, 설령 통치행위 가운데 일부가 유권자를 희생시켜 자신의 이득을 추구하는 것이라 해도, 반드시 통치할 수 있어야 한다.

이제 아래에서 이와 같은 주장을 전개하고자 한다.

정부 구조

1. 해결해야 할 문제

정부가 없으면 사람들이 서로에게 해를 끼칠 수 있기 때문에 정부를 만드는 것이 필요했다. 그러나 불행히도 정부 역시 해를 끼칠 수 있다. 한편에서는 "공화국에서는 사회를 통치자들의 억압으로부터 보호하는 것뿐만 아니라, 사회의 한 부분을 다른 부분의 침해로부터 보호하는 것도 매우 중요하다."[5]라고 말한다. 다른 한편에서는 "공권력의 어떤 부분이든 권한을 부여받은 공직자의 업무 수행이 개인의 자유를 훨씬 더 위협한다."라고 경고한다.[6] 정부에 통치할 권력이 있다면, 분명 정부는 남용할 권력도 갖지 않겠는가? [거꾸로] 정부가 남용할 만한 권력이 없다면 과연 통치가 가능할까? 둘 사이의 균형점은 명확하지 않았고, 그에 따라 적절한 제도 설계는 미묘한 작업으로 드러났다.

전제정은 무게 추이고 자유는 균형추라는 볼리바르의 격언(1819년)에는 어떤 선견지명이 담겨 있다. 권위주의적인 정부는 억압적으로 질서를 부과할 수 있다. 반면 민주주의국가들은 훨씬 더 세심한 주의가 필요한 과제에 직면한다. 그들은 자유를 지켜야만 하지만, 이와 동시에 질서도 유지해야 하는 것이다. 1973년 칠레 독재 정권의 등장 과정을 예리하게 분석하며 노르베르트 레치네르가 말했듯이,[7] 거리에 질서가 없으면 민주주의는 살아남을 수 없다. 그러나 질서를 유지하는 데는 강제력이 수반된다. 보비오는 "민주주의 체계란 최고(최후 수단으로 무력을 사용할 수 있는 유일한 권한을 가진다는 점에서 최고의) 권력이 선거라는 절차를 통해, 인민의 이름으로, 인민을 대신해 행사되는 체계라고 생각한다."라고 말했다.[8] 그가 괄호 속에 덧붙인 말은 민주주의의 핵심적인 측면을 드러낸다. 민주주의도 통치의 한 형태다. 즉, "다른 정치 체계와 마찬가지로, 민주주의 아래에서도 사람들은 자신과 비슷한 다른 사람들의 명령을 받을 수밖에 없다."[9] 통치는 강제를 수반한다. 예컨대 정부, 즉 통치자는 누군가의 돈을 빼앗아 다른 이에게 줄 수 있고, 사람을 감옥에 집어넣을 수 있으며, 때로 목숨까지 빼앗을 수 있다. 로크의 표현을 빌리면, 정부는 단지 "통치권자라는 이유로 공통의 처벌 권리를 자기 수중에 가진 통치권자Magistrate"일 뿐이다.[10]

대의제의 창설자들은 자신들이 권력 남용을 방지할 수 있는 방법을 안다고 생각했다. 즉, 몽테스키외의 가르침을 따르기만 하면 된다고 보았던 것이다. 몽테스키외가 제시한 해법은 정부 권력의 분립이었다. 그의 가설에 따르면, 권력분립은 권력 간 균형에 필수적이고, 권력 간 균형은 정부를 온건하게 만들며, 온건한 정부는 자유를 보호한다.

2. 정부 기능과 권력기관

시에예스는 자유에 대한 세 가지 위협+을 나열하고, 후대에 정석으로 여겨질 해법을 제시했다. 즉, "[권력을] 분립하고 공권력을 잘 구성하는 것만이 국가와 시민이 극단적인 악으로부터 보호받을 수 있도록 보장한다."[11] 모든 이에게 몽테스키외가 논의의 출발점이었다.

한 사람 또는 하나의 정부 기관의 수중에 입법권과 집행권이 결합되어 있을 때에는 자유란 존재할 수 없다. 같은 군주 또는 같은 의회가 폭압적인 법률을 만들고 그것을 강압적으로 집행할 우려가 있기 때문이다. 재판권이 입법권과 집행권으로부터 분리되지 않을 때도 자유는 없다. 만일 재판권이 입법권에 결합되면 신민의 생명과 자유는 자의적으로 지배하는 권력 앞에 놓일 것이다. 왜냐하면 재판관이 곧 입법자이기 때문이다. 만일 재판권이 집행권에 결합되면 재판관은 폭력적이고 강압적으로 행동하게 될 것이다. 만일 귀족이든 인민이든 한 사람 또는 하나의 단체가 이 세 가지 권력, 즉 법률을 제정하는 권력, 공공의 결정을 집행하는 권력, 개인 간의 소송을 심판하는 권력을 모두 행사한다면 모든 것이 끝장나 버린다.[12]

몽테스키외의 권위가 매우 높았기 때문에, 모든 사람이 자신의 의견을 '만인이 추앙하는 현인'의 의견에 맞춰 정당화하려 했다. 마냉이 지적했듯이, "1787년 [미국의] 제헌회의에서의 논쟁은 거의 몽테스키외 이론의 주해註解 모임을 방불케 했다."[13]

몽테스키외 가설의 핵심은 [권력이] 분할된 정부가 온건하거나 [권력 행사가] 제한적이라는 것이다. 우선 문자 그대로 읽으면 몽테스키외가

✦ [옮긴이] 시에예스는 개인의 자유에 대한 위협으로 악의에 찬 시민들, 공권력을 행사하는 공직자의 업무 수행, 전체로서의 정부를 들었다. 그리고 특히 시민을 보호해야 할 정부와 공직자가 오히려 시민의 권리를 억압할 수 있다는 문제를 강조했다.

말하는 바를 놓치게 된다는 점에 유의할 필요가 있다. 그는 부정적인 방식으로 표현했다. 즉, [권력이] 분할되지 않은 정부가 독재적일 것이라고 주장했지 분할된 정부가 온건할 것이라고는 말하지 않았다. 그러나 어떻게 읽든 간에 그의 가설은 틀린 것으로 보인다. 내가 보기에 권력이 형식적으로 분할되었는지, 또는 심지어 권력 간 균형이 실제로 성립했는지 여부를 통해 정부 권력이 제한적일지 또는 억압적일지를 예측할 수 있다고 볼 근거는 없다. 이와 관련해 내가 제시할 수 있는 체계적인 증거는 없지만, 논리적인 논변과 이에 더해 역사적인 선례만으로도 몽테스키외가 제시한 가설의 타당성을 회의적으로 판단하기에 충분하다고 생각한다. 그러나 먼저 몽테스키외의 가설을 두 단계로 나눠 살펴봐야 한다. 첫째는 권력이 분할되면 권력 간 균형이 성립한다는 것이다. 둘째는 권력 간 균형이 성립되면 정부는 제한적이거나 온건해진다는 것이다. 이를 차례로 다루겠다.

몽테스키외의 처방은 권력의 행사가 구분되고 분리될 수 있는 여러 기능으로 이뤄진다고 가정한다. 입법, 행정, 사법 등이 그 기본적인 목록이다. 이 목록은 고색창연할 정도로 역사적으로 오래되었지만 그만큼 명확한 것은 아니다. 즉, 목록에 어떤 기능을 더할 수도 있고, 한 기능을 여러 개로 나눌 수도 있다. 행정 권력에 대한 통제는 어떤가? 법 집행과 구분되는 일상적인 행정은 어떤가? 시민교육은 또 어떤가? 더욱 중요한 것은 이 기능들의 경계를 정하기 어렵다는 점이다. 예를 들어, 매디슨은 『페더럴리스트』 37번 논설[국역본, 277쪽]에서 이런 의문을 제기했다. "정부학의 그 어떤 기술도 아직 정부의 세 거대 영역인 입법부, 집행부, 사법부를 충분히 정확하게 구분하고 정의 내리지 못하고 있다. … [정부의] 실제 운영 과정에서 매일 의문점들이 발생함으로써, 이 주제의 모호성을 입증하는 동시에, 정치학의 위대한 대가들을 당혹시키고 있다.”

그러나 이와 같은 모호성에도 불구하고, 각 기능을 서로 구분되는 권력[부서]들에 할당해야 한다는 몽테스키외의 원칙을 대다수가 받아들였다. 따라서 정부의 설계란 각 권력들에 기능을 할당하는 일이었다. 여러 권력들, 부서들, 부처들, 권위체들authorities, 혹은 ‘기관들’organs에는 (아마도 양원제인) 의회, 행정 기관, 법원이 포함되었으며, 경우에 따라 1818년 헌법을 구상하던 볼리바르가 “덕스럽기를 바라는 인민에게 필요한 것”이라고 표현한, 도덕 권력moral power ― 여러 라틴아메리카 헌법들에서 도덕 권력, 검열 권력, 보수 권력 등으로 불렸던 ― 도 포함되었다.[14] 1812년 카디스 헌법의 국고회계감사위원회처럼 행정부의 재정지출을 통제하는 기구가 포함되기도 했다.

권력들과 기능들은 다양한 방식으로 연결할 수 있다. 한 가지 방식은 ‘엄격한 분립’이다. 여기서 [권력들과 기능들은] 일대일로 연결된다. 즉, 각 기관은, 다른 부서의 간섭을 받지 않고, 한 가지 기능만을 수행한다. 입법부는 법을 제정하고, 행정부는 집행하고, 사법부는 판결을 내리며, 아마도 도덕 권력은 교육을 담당할 것이다. 엄격한 분립 모델은 [다수의 권력 부서가 한 가지 기능을 수행하는] 다대일 모델과 양립할 수도 있는데, 예컨대 입법부를 둘로 나눠 동일한 권한을 갖도록 하는 식이다. 엄격한 분립 아래에서 독립된 기관들이 각각의 기능을 맡아 수행하지만, [이 체계에서도] 일부 기능은 둘 이상의 기구에 의해 수행되는 것이다. 결국 오늘날 우리가 ‘견제와 균형’이라고 부르는 체계와 엄격한 분립 모델은 대조적이다. 견제와 균형 체계 아래에서 권력들과 기능들은, [모든 권력이 모든 기능과 연결되는] 모두 대 모두all to all를 포함해, [여러 권력이 여러 기능을 수행하는] 다대다多對多로 연결된다. 정부의 모든 권력이 서로 다른 방식으로 모든 기능을 수행하는 것이다. 견제와 균형 모델이 몽테스키외가 말한 요건을 충족하는지를 놓고 미국 내에서 격렬한 논쟁이 벌어지기도 했다.[15] 그러나 여기서 그걸 다루지는 않겠다.

순수한 권력분립 모델은 입법부에 과도한 권력을 준다는 우려를 낳았다. 특히 매디슨은『페더럴리스트』51번 논설에서 "공화제 정부에서는 필연적으로 입법부가 지배적이기 마련"[국역본, 397쪽]이라면서 입법 권력이 다른 모든 권력을 지배할 것으로 생각했다. 행정부가 의회가 원하지 않는 일을 하려고 하면 의회는 법을 개정해 막을 수 있다. 사법부와 관련해서도 마찬가지다. 물론 의회를 상원과 하원으로 나눠 서로를 견제하게 함으로써 의회 권력을 약하게 할 수 있다. 미국은 의회가 독립적으로 선출되는 상원과 하원으로 나뉘어져 있다. 또 1914년 노르웨이 헌법은 의회를 상원Lagting(전체 의원의 4분의 1)과 하원Odelsting(전체 의원의 4분의 3)으로 나누고, 법안이 하원에서 발의되어 통과되면 상원으로 넘어가도록 했다. 그래도 입법부 권력이 규제되지 않고 확대될 수 있다는 두려움이 여전히 남았다. 콩도르세의 말을 빌리자면 "그 형태가 어떠하든, 제한되지 않은 입법 권력을 가진 기관은 자유를 위협한다."[16]

엄격한 권력분립 모델은, 행정부[의 권력 확대]를 우려한 국가들에서 채택된 것으로 보인다. [예컨대] 프랑스 혁명가들은 행정부가 [다른 기관의 권력을] 잠식하리라 우려했다.[+] 또한 입법 권력은 간헐적으로만 행사되

[+] 바일은 처음에 프랑스가 엄격한 권력분립을 위해 노력한 까닭이 루소의 영향 때문이라고 했다. "[엄격한 권력분립] 이론을 지속적으로 강하게 주장하는 것을 설명할 때, 부분적으로 몽테스키외 이론으로 덮인 장-자크 루소의 사상에서 그 원인을 찾아야 한다"(Vile 1998[1967], 193). 그러나 그는 제헌의회의 심의 과정을 다룰 때는, 다수파가 "왕실의 지배를 두려워했다."라고 주장했다(1998[1967], 204).

지만 행정 기능은 일상적으로 행사되기 때문에 행정부가 압도적으로 우세할 것으로 보았다. 따라서 1789년 프랑스 국민의회Assemblée nationale는 엄격한 권력분립 원칙을 채택해 입법 권력과 행정 권력을 분리했다. 이 체계를 설계한 시에예스에 따르면, 인민은 입법 권력을 단원제 의회에, 행정 권력을 국왕에게 위임한다.[17] 이 권력들은 대표로서의 성격을 동일하게 지니며 동등한 지위를 누린다. 따라서 각각의 권력은 자신에 걸맞은 기능만 하도록 제한되어야 하고 다른 권력의 기능을 침해하면 안 된다. 이는 곧 견제와 균형도 없어야 한다는 의미다. 하지만 이 같은 엄격한 권력분립 원칙은 채택되자마자 사실상 무너졌다. 1792년 9월 국민공회Convention nationale가 모든 권력을 독점해 버린 것이다. 1793년 몽테뉴 헌법[혹은 산악파 헌법]에서 권력분립 원칙은 거의 폐기되었다가, 1795년 [헌법에서] 양원제 의회와 함께 엄격한 권력분립의 형태로 복원되었지만, 이 헌법 역시 입법부와 행정부 사이에 갈등의 장을 마련해 준 꼴이 되면서 오래가지 못했다.

멕시코 입헌주의자 루카스 알라만은 장관 재직 경험을 토대로, 자신은 엄격한 권력분립을 옹호할 수 없다고 말했다.[18] 입법부의 압도적 우위로 말미암아, 통치에 필요한 충분한 권력을 행정부가 행사할 수 없기 때문이라는 것이다. 아귈라 리베라는 멕시코에서 "1857년 헌법이 입법부에 주요한 책임을 부여한 까닭은 [안토니오 로페스 데] 산타아나 독재에 대한 기억 때문"이라며, "그 기억으로 말미암아 유권자들은 행정부의 강력한 권력이 초래할 위협에 대해 우려했다."라고 했다. 아귈라 리베라는 이 모델이 라틴아메리카에서는 보편적이었다고 주장한다.[19] 가르가렐라는 이 주장에 반박했지만 말이다.[20] 아귈라 리베라는, 멕시코의 저명한 입헌주의자 에밀리오 라바사의 "두 권력 사이의 완벽한 분립이 균형을 보장하지는 않는다."라는 언급을 인용하면서, 엄격한 권력분립 체계는 의회가 행정부에 임시로 권력을 위임하는 일이 반복되는 예외 상태의 체제regimes of exception로 전락할 수밖에 없다고 주장했다. 그는 멕시코에서 공화정이 회복된 1867~76년 사이의 120개월 가운데 50개월 동안 정부가 비정상적인 권력을 휘둘렀다고 지적했다.

반면 의회 권력을 가장 두려워했던 미국에서는 격렬한 논쟁 끝에 견제와 균형 모델이 채택되었다. 견제와 균형이라는 보호 장치로도 부족해, 입법부를 상원과 하원으로 쪼개어 더욱 약하게 만들었다. 최종적으로, 미국식 모델은 정부의 모든 기관이 모든 기능을 일정하게 나눠 맡는 방식으로 발전했다. 그러나 이런 해법으로도 권력 간 균형이 이뤄지지는 않았다. 1792년에는 연방당이 모든 권력을 장악했고,[+] 1800년 연방당이 패하자 [민주]공화당이 모든 권력을 장악했던 것이다.

3. 권력 간 균형

엄격한 분립의 형식이든 상호 견제의 체계이든, 분립은 권력들 사이의 균형을 보장하기 위한 것이었다. 그렇다면 '권력들 사이의 균형'balance of powers이란 무엇인가? 우선 순수하게 언어 자체를 살펴보자. 영어를 포

[+] [옮긴이] 1792년 선거에서 (아직 제대로 된 정당 조직을 갖추지는 못했던) 연방당과 민주공화당의 대결은 사실상 연방당의 승리로 돌아갔다. 양당 모두 은퇴를 고려하고 있던 워싱턴이 재임하길 원해서 실질적인 선거의 초점은 부통령직이었는데, 연방당의 존 애덤스가 승리했다. 또 연방당은 상원의 다수도 차지했다. 하지만 하원에서는 민주공화당이 승리했다.

함한 여러 언어들에서는 이를 '균형'equilibrium이라 표현했다. 그러나 대의제의 창설자들은, 적어도 오늘날 몇몇 사람들이 이해하는 것처럼, 다른 이들이 어떻게 행동하는지를 고려해 그 누구도 특정한 행동 방침에서 벗어나려 하지 않는 상태인 게임이론적 평형을 생각하지는 않았다. 대의제 창설자들이 의미한 '균형'balance은 물리학에서 나온 것이었다. 한쪽 무게와 반대쪽 무게 사이의 등량, 즉 상충하는 힘의 벡터에 의해 달성되는 휴지 상태라는 의미 말이다.[+] 만약 어떤 힘이 저울을 한쪽으로 너무 강하게 밀면, 다른 힘(들)을 그 반대쪽으로 밀어 균형을 회복하는 식이다. 그렇지만 이를 정부에 적용하면 균형의 의미는 좀 더 독특한 것이된다.

권력들 간 균형이 이뤄진다는 것은, 자격을 갖춘 정부의 모든 부서가 협조하는 조치만이 행해지고, 또 그런 조치는 모두 행해진다는 의미이다. 일반적인 사례로, 한 시민을 감옥에 가두려는 경우를 생각해 보자. 이때 입법부는 특정 행위를 처벌하는 법을 통과시켜야 하고, 법원은 특정 행위가 그 법을 어겼다고 판결해야 하며, 행정부는 그 시민을 철창에 가둬야 한다. 만약 헌법의 보호를 받는 행위를 처벌하는 법을 의회가 통과시키거나, 처벌받을 수 있다고 사전에 규정되지 않았는데도 그 행동을 했다고 법원이 유죄판결을 내리거나, 행정부 관료가 법원의 명령 없이 누군가를 감옥에 가두는 경우, 우리는 권력 간 균형이 무너졌다고 말한다. 이는 다양한 권력 가운데 하나가 독단적으로, 다시 말해 다른 권력 기관의 유권적 동의를 얻지 않고 행동한 경우이다. 그러나 유의해야 할

[+] '균형'equilibrium을 이렇게 보는 시각은 탤컷 파슨스(Parsons 1951)의 기능주의 사회학 및 정치학 분야의 후계자들에게 남아 있다. 예를 들어, 데이비드 이스턴은 균형의 의미를 "투입"input과 "산출"output 사이의 동등함이라 봤다(Easton 1953).

점은, 정부의 어느 부문이 다른 권력 부서의 권위 있는 지시에 따라 행동하지 않을 때도 똑같이 권력 간 균형이 무너졌다고 말해야 한다는 것이다. 예컨대 법적으로 처벌받을 범죄를 저지른 사람에게 법원이 유죄판결을 내리지 않거나, 행정부가 의회나 법원의 명령을 집행하지 않거나, 나아가 한 권력 부서가 독단적으로 아무런 행동도 하지 않아 전체 정부가 제대로 일할 수 없을 때가 그런 경우에 해당한다. 권력기관이 독단적으로 행동할 경우, 권력 간 균형의 붕괴는 정부의 권력 남용 행위(위의 사례에서는 억압적인 행위)로 이어진다. 반면 권력기관이 독단적으로 아무 행동도 하지 않는 경우, 권력 간 균형의 붕괴는 정부를 무능하게 만들어 질서를 보장할 수 없게 된다.

정부 기능이 서로 다른 권력[기관]에 할당되고 나면, 이 체계가 원래 의도한 대로 작동하는 것을 보장하는 것은 무엇일까? 이 권력들 사이의 적절한 균형을 유지하는 메커니즘은 무엇일까? 권력 간 균형을 유지하는 메커니즘은 정부 외적일 수도 있고 내적일 수도 있다. 또 그 메커니즘이 작동하는 방식은 정부 각 부문이 특정 사회집단을 대표하는지, 아니면 모든 부문이 전체 인민을 대표하는지에 따라 다를 수 있다.

아리스토텔레스와 폴리비오스가 제기했고 마키아벨리가 부활시킨 혼합정체 이론에 따르면, 정부의 각 권력은 서로 다른 사회집단을 대표했다. 피렌체에서 이 집단들은 부유한 유력자grandi[+]와 인민popolo이었다. 18세기에 우세했던 신분제 체계는 바로 이런 종류의 대표제에 기초한

[+] [옮긴이] 그란디grandi는 흔히 '귀족'으로 옮겨진다. 하지만 이미 16세기 중반 이후 그란디가 된다는 것에는 귀족 신분의 획득 여부보다 그들이 가진 부, 정치권력, 사회적 명망이 중요했다. 이 점에서 그란디는 [신분으로서의] 귀족nobility에서 귀족지배aristocracy로의 변화를 보여 준다고 할 수 있다.

것이었다. 당시 이론에 따르면, 의회는 양원제여야 했다. 하나는 귀족을 대표하고, 다른 하나는 가난한 이에만 국한되지 않는 좀 더 넓은 집단을 대표했다. 그래서 가브리엘 보노 드 마블리는 양원제 아래에서 "귀족정과 민주정이 균형을 유지한다."고 믿었다.[21] 영국 휘그주의 이론의 의회주의적 군주제British King in the Parliament[+] 모형에서 국왕은 국가 전체를 상징하고, 비선출직인 상원은 귀족을 대표하며, 선출직인 하원은 인민을 대표했다.

미국과 프랑스의 민주주의자는 모두 이 이론을 거부했다. 이와 관련해 마냉은 이렇게 언급했다. "혼합정체 이론가들은 권력 남용을 막기 위해 다양한 정부 기구가 서로 활발히 반대하고 균형을 잡을 수 있어야 한다고 생각했다. 이에 더해 전통적인 균형 정부의 교의에 따르면 정부 각 부문은 서로 다른 사회 세력을 대표해야 했다. 그러나 현대적인 견제와 균형 개념은 [전자의 발상은 받아들이되] 정부 각 부문이 다른 사회 세력을 대표해야 한다는 생각을 기각했다."[22] [미국의] 민주주의자들은 전체 정부, 즉 정부의 모든 부문이 전체 인민을 동등하게 대표해야 한다고 생각했다. 해밀턴은 "민주적인 상원이 민주적인 하원을 견제해야 하며, 민주적인 최고 행정관chief magistrate이 양원 모두를 견제해야 한다."고 필라델피아 제헌회의에서 강조한 바 있다.[23] 정부의 각 부서들은 기능과 권한에 따라 구분되는 것이지, 그들이 어떤 유권자를 대표하는지에 따라 구

[+] [옮긴이] 의회주의적 군주제는 왕이 귀족 및 시민과 독립적으로 권위를 갖는 것이 아니라 의회 내의 왕으로서 권위를 갖는 형태의 입헌군주제를 말한다. 영국 헌법은 국왕과 상원(귀족원House of Lords) 및 하원(서민원House of Commons)을 합친 'parliment'를 주권자로 간주한다. 그중에서도 군주는 상징적인 권위로 남아 제한군주제에서도 가장 민주화가 진척된 의회주의적 군주제의 전형을 나타낸다.

분되지 않는다는 것이다. 한 번 더 마냉을 인용해 보자. "연방당은, 입법부에서 인민을 대표하는 부문(하원)이 인민을 특권적으로 또는 독점적으로 대표한다는 고전적인 휘그의 교의에서 사실상 완전히 벗어나 버렸다. 대신에 그들은 정부의 모든 부문이 동등하게 인민을 대리하는 기구라고 생각했다."[24]

　그런데 만약 상원과 하원이 서로 다른 사회집단을 대표한다면, 이들 간의 균형은 오직 이 집단들이 가진 힘[세력]에 따라서만 유지될 수 있다고 생각할 수도 있다. 실제로 대다수 혼합정체 이론에서 권력들 사이의 균형은 일종의 계급 타협이었다. 그러나 파스퀴노의 주장에 따르면, 아리스토텔레스나 마키아벨리와 달리 폴리비오스의 모델은 상이한 권력들이 서로 다른 집단들을 대표한다고 인정하면서도 적극적 시민들에게 아무런 역할을 부여하지 않았다.[25] 폴리비오스는 기구들 간의 상호 견제를 통해 권력균형이 유지되는 것으로 봤다는 것이다.[+]

　외부적 견제 대 내부적 견제, 계급 대표 대 민주적 대표라는 두 가지 차원은 원칙적으로 독립적이다. 신분제 정부는 제도적·내부적 견제로 균형을 유지할 수도 있고, 또 대표를 선출한 각 유권자들[신분]의 힘을 동원해 균형을 유지할 수도 있다. 마찬가지로, 각 부문이 모든 인민을 대

[+] [옮긴이] 보통 폴리비오스는 제도적 상호 견제를 통한 혼합정체 모형의 원형을 제시했고, 혼합정체로서 공화정은 구성원의 덕성을 증진한다고 주장한 것으로 알려져 있다. 파스퀴노는 이런 '일반적인' 이해에 반대한다. 그에 따르면, 폴리비오스의 헌정 이론은 본질적으로 의사 결정 과정의 제도적 구조에 초점을 맞춘 것으로서 그 이론에서 체계의 안정성은 제도 간의 견제와 균형의 최종적인 효과로 나타난다. 이런 이해를 바탕으로 파스퀴노는 통상의 '오해'와 달리 폴리비오스의 모델에서 적극적인 시민은 어떤 중요한 역할도 맡고 있지 않으며, 견제와 균형은 정부 기능의 분화에 대한 규범적 측면과 관련이 없다고 주장한다. 그리고 이 모델이 현대 미국의 권력분립 모형의 기원을 이룬다고 본다.

표하는 정부도 내부적 견제를 통해 권력균형을 유지할 수 있고, 또 인민이 정부 한 부문의 권력 강탈에 저항하기 때문에 균형을 유지할 수도 있다. 반대로, 제도적으로 설계된 견제와 균형은, 각 부서가 서로 다른 유권자층을 대표하든 모든 부서가 모든 인민을 대표하든 관계없이, 그것만으로도 권력 간 균형을 충분히 유지할 수 있다.

하지만 어떻게 균형이 유지될 수 있을까? [미국의] 민주주의자들은 신분제 기구의 기반이 된 사회적 지위의 법적 구분을 거부했고, 그렇기 때문에 그들이 직면했던 유일한 문제는 제도적인 견제로 권력 간 균형을 충분히 유지할 수 있는지, 아니면 인민의 외부적 개입이 필요할 것인지였다. 팔머는 이렇게 요약했다.

> 진정한 문제(그것은 정말로 문제였다)는 [제헌의회에 의해] 구성된 권력이 [법적으로] 부여된 것보다 더 많은 권한을 남용하는 것을 어떻게 막을 것인가였다. 한 학파는, 이렇게 구성된 정부의 여러 권력이 상호 감시 및 견제와 균형을 통해 그와 같은 권한 남용을 막을 수 있다고 주장했다. 다른 학파는, 그런 주장이 비민주적이거나 인민을 불신하는 것이라 여기면서, 인민이 스스로 정부 권력들을 끊임없이 경계하고 견제해야 한다고 주장했다.[26]+

이 문제가 매디슨과 제퍼슨이 벌인 논쟁의 주제였다.[27] "모든 경우에

+ [옮긴이] 인용문의 앞 단락에서 팔머는, (프랑스혁명 지도자인) 자크 피에르 브리소를 인용하면서 헌법은 입법권·행정권·사법권을 배분하는 행위이고, 이런 헌법의 권한은 오직 인민으로부터 나오며, 헌법에 의해 구성된 권력들은 헌법을 변경하지 못하지만 오직 제헌의회만이 그런 권한을 갖는다는 것을 미국 혁명이 보여 주었다고 언급한다.

여러 [권력] 부문을 입헌적 한계 안으로 묶어 두기 위한 대책으로"[28] 고려된 장치는 주기적으로 개최되는 제헌회의였다. 매디슨은 주기적인 제헌회의가 권력들 가운데 하나, 즉 입법부와 결탁할 것이라고 생각했기 때문에 이런 해법을 거부했다.[+] 마냉이 지적했듯이, "이 핵심 주장을 통해, 매디슨은 궁극적으로 제헌회의가 [권력 남용을 방지하는] 진정한 외부적 강제의 체계가 될 수 있음을 부정했다."[29] 1793년에 콩도르세가 "국민 배심단"national jury[++]을 제안하고, 시에예스가 그 후에 헌법심사원jurie constititionnaire[+++]을 제안하는 등 외부의 힘, 즉 제3자가 의회와 행정부를 적절한 한도 내에서 견제할 수 있다는 발상이 프랑스에서도 부상한 바 있다. 그러나 두 제안 가운데 어느 것도 채택되지 않았다.

몽테스키외는 [영국의] 토리당과 휘그당을 염두에 두고 정당이 권력

[+] 그러나 몽테스키외는 정부 부문 중 행정부가 가장 인민과 가깝다고 생각했다. 행정부가 "모든 고용 문제를 처리"하기 때문이다(Montesquieu 1994[1748], 593).

[++] [옮긴이] 콩도르세는 1793년 2월 지롱드파 제헌위원회의 이름으로 국민공회에 헌법 초안을 제출했다. 이 초안에서 행정부, 즉 국무회의의 장관 7명은 2년 임기로 선출되며 매년 절반이 갱신된다. 반면 의회는 매년 새로 선출된다. 장관들은 의회의 투표에 의해 국민 배심단에 기소될 수 있지만, 이 배심단은 인민에 의해 직접 선출되므로 의회로부터 완전히 독립적이다. 콩도르세의 국민 배심단 제안은 산악파와의 논쟁 속에서 거부되었다(양희영, 「콩도르세 대 산악파: 1793년 헌법 논쟁과 공포정치의 기원」, 『서양사론』, 2012 참고).

[+++] [옮긴이] 시에예스는 1795년 헌법을 제정하기 위한 논의 과정에서 헌법에 가해질 수 있는 모든 공격에 대항해 판단하는 특수한 임무를 가진 헌법심사원을 설치할 것을 제안했다. 헌법심사원은 입법의 기능은 갖지 않으면서 입법의 합헌성만을 판단하는 기관이어야 한다고 했다. 이 제안은 1793년 콩도르세의 국민 배심단 제안에 기원한 것이라 할 수 있다. 시에예스는 헌법심사원이 대표되는 권력들 상위에서 최고의 권위를 행사하면서 권력의 단일성과 대표성을 결합하고, 다른 한편 인민주권의 무제한성을 완화하는 안전장치가 되기를 원했다(홍태영, 「근대인의 자유와 대의제 정부: 시에이예스와 콩스탕의 논의를 중심으로」, 『한국정치연구』 Vol. 13, No. 1, 2004 참고).

간 균형을 위협할 가능성을 간략히 검토했지만,[30] 이를 치명적인 위협으로 보지는 않았다. [1792년 미국에서] 연방당이 모든 권력을 독점했을 때 매디슨이 떠올리게 되는 것처럼, 몽테스키외는 권력 간 균형의 회복을 정부에서 인민이 수행하는 역할로 보았기 때문이다. "이런 당파들은 자유로운 사람으로 구성되어 있으므로, 한 당파가 지나치게 이점을 취하게 되면 자유의 효과로 인해 그 이점은 줄어들게 마련이다. 그러는 동안 시민들은 쓰러지는 몸을 팔로 부축하는 것처럼 다른 당파를 일으켜 세운다."[+] 설령 인민이, 흔히 그렇듯, 위험을 제대로 이해하지 못한다고 해도, 인민은 계몽된 대표들에게 의지할 수 있었다. 나아가 한 권력기관이 기본법들을 위반한다면, "모두가 하나로 뭉쳐서 [법을 파괴하는] 권력에 저항"해 혁명이 벌어질 것이었다. 허나 이 혁명은 "정부 형태나 헌법을 바꾸지는 않을 것인데, 왜냐하면 자유가 만들어 낸 혁명은 단지 자유를 확인하는 것이기 때문이다."

몽테스키외는 인민이, 다른 권력들을 침해하는 권력을 편들지는 않을 것이라고 가정했다. 그는 이 가정을 뒷받침하기 위해 인민이 [권력을 남용하는 정당에 대한 지지를 철회함으로써] 지지 정당을 곧잘 바꾼다고 주장했다. 그러나 만약 한 정당이 법을 어길 때에도 인민의 이익을 위해 행동한다면, 인민은 왜 그 정당에 대한 지지를 철회할까? 두 세기 뒤 배리 와 인개스트가 제시한 해법도 같은 문제로 곤란을 겪었다.[31] 정부가 헌법이

[+] [옮긴이] 여기서 인용문의 첫 대목에 대한 설명은 이어지는 문장에서 찾을 수 있다. "각 개인은 언제나 독립적이므로, 자기의 자의와 호기심에 따를 터이므로 때때로 당파를 바꿀 것이다. 즉, 한 당파를 떠나는 바람에 거기 있는 자기의 모든 벗을 버리고, 자기의 모든 적이 있는 다른 당파와 결합하는 일도 있을 것이다"(Montesquieu 1995[1748],국역본, 338쪽).

부과한 [권력의] 한계를 위반한다고, 다시 말해 소수파의 권리를 침해해 현재의 다수파에게 이익이 되는 방식으로 정부가 행동한다고 가정해 보자. 와인개스트는 현재의 다수파가 그와 같은 헌법 위반 행위를 막을 수 있다고 주장했다. 왜냐하면 다수파는 언젠가 소수파가 되어 정부가 자신들에게서 등을 돌리게 될 것을 두려워하기 때문이라는 것이다. 그러나 이 해법의 난점은 다수파가 바뀔지 전혀 보장할 수 없다는 것이다. 그리고 이렇게 다수파가 바뀌지 않는 경우, 정부와 항구적인 다수파가 결탁해 소수파의 권리를 침해할 가능성도 있다. 물론 홉스처럼, 분할통치 divide et impera 원리를 역으로 적용해, 인민이 정부의 [권력]분립이 유지되기를 바란다고 주장할 수도 있다.[32] 그래서 정부의 한 부문이 다른 부문보다 우세해지려고 할 때마다 인민이 권력 간 균형을 회복하기 위해 행동에 나선다는 것이다. 그러나 이 주장 역시 앞서와 마찬가지로, [한 정부 부문의] 법 위반에 따라 이득을 보는 사람조차 그런 위반에 기꺼이 반대하고 나설 것이라고 가정한다. 내가 사람들은 그러지 않을 것이라 주장하는 것은 아니다. 다만 이해관계를 기반으로 이같이 주장할 수 없다는 것이다. 이해관계가 걸려 있는 한, [그와 같은 이해관계를 초월해 있는] "외부적" 강제자는 없다.

　반면 매디슨은, 이처럼 외부에서 작동하는 메커니즘을 거부하면서 (『페더럴리스트』 49, 50번 논설),✝ 내적인 메커니즘으로 돌아섰다. [『페더럴

✝ [옮긴이] 매디슨은 정부 각 부문의 권력 남용을 막기 위한 외부 메커니즘으로 인민에게 직접 호소하는 방안을 들면서 49번 논설에서는 부정기적인 호소를, 50번 논설에는 정기적 호소를 비판한다. 매디슨에 따르면, 인민에 대한 부정기적 호소의 결점은 다음과 같다. ① 권력 부문이 연합한 경우 효과가 없다. ② 인민에 대한 호소는 정부의 권위를 약화한다. ③ 빈번한 호소는 공공의 평온을 깨뜨릴 위험이 있다. ④ 집행부와 사법부에 비해 입법부는 공중의 수탁자라는 이점을 가지고 있어

리스트』51번 논설에서] 그는 "[모든 외부적 대책은 부적절한 것으로 확인되었기 때문에] 정부의 각 구성 부문들이 그들의 상호 관계에 의해 서로를 본래의 위치에 묶어 두는 수단이 되도록 정부의 내부 구조를 고안"[국역본, 395쪽] 함으로써 이 문제를 해결하고자 했다. 이 같은 해법은 두 가지 구성 요소를 필요로 한다. 첫 번째는 동기다. 즉, 왜 [정부의] 특정 부문에 속해 있는 사람들은 다른 부문의 사람들이 자신들의 적절한 직분[헌법으로 부여된 권한의 한계]을 지키기를 바라는가? 잘 알려져 있듯, 매디슨은 정부 부서에서 지위를 차지한 사람들의 행동 동기는 오직 그들의 제도적 지위에 의해서만 부여될 것이라고 가정했다. 즉, "[정부 부서를 운영하는] 개인의 이익은 그 직책의 헌법적 권한과 연계되어야만 한다"[국역본, 396쪽]. [이 같은 상황에서] 어떤 제도적인 지위에 있는 각각의 사람들이 자신이 속한 기관의 권력을 지키거나 심지어 확장하려 하기 때문에, "각 부문들은 [다른 부문의 권한을 침해하지 않으려는] 자기 나름의 독자적 의지를 가져야" 한다[국역본, 395쪽].[+] 일단 이들에게 이 같은 동기가 갖춰지면, 이를 위해 사용할 수 있는 수단이 필요한데, 이 수단은 견제와 균형 체계에 내재하는 절차를 통해 마련된다. 이에 따른 결과는 자주 인용되는 『페더럴리스트』51번 논설의 한 대목에 나온다. "각 권력들이 동일한 부에 점점 집

서 인민에 대한 호소는 입법부에 비대칭적인 이득을 준다. 그리고 인민에 대한 정기적 호소의 결점은 다음과 같다. ① 주기가 짧을 경우 그것은 부정기적 호소의 단점을 모두 갖는다. ② 주기가 길 경우, 매우 허약한 억제력밖에 갖지 못한다. 또 교정책이 적용되기 전에 이미 폐해가 완결되었을 수 있다. 마지막으로 오래 지속된 폐해는 쉽게 제거되기도 힘들다.

+ 이런 가정은 토르스텐 페르손·제라르 롤랑·귀도 타벨리니(Persson, Roland, and Tabelini 1996)에서도 나온다. 그들은 여기서 '의회'는 '행정부'에 맞서는 게임을 한다고 가정한다.

중되는 것을 막는 가장 강력한 안전장치는, 각 부를 운영하는 자들에게 다른 부의 침해에 저항하는 데 필요한 헌법적 수단과 개인적 동기를 부여하는 데 있다. … 야심에 대항하려면 야심이 불러일으켜져야 한다"[국역본, 396쪽]. 이 진술은 놀라울 정도로 몽테스키외의 주장을 거의 그대로 반영하고 있다. 몽테스키외는 "권력 남용이 불가능하려면, 사물의 본성에 따라 권력으로 다른 권력을 막아야 한다."라고 했다.[33]

동시대인들에게 얼마나 설득력이 있었는지 모르지만, 매디슨은 인간의 동기와 관련해 다소 엉성한 가정을 세웠다. [그의 가정에서는] 왜 야심이 정부의 각 부문들에 따라 구분되어 있을까? 왜 입법부 의원들이 행정부에, 혹은 행정부가 일부 의원들에게 호의를 구하지 않는다고 가정했을까? 야심으로 인해 정부 전체가 인민에 대적해 강력해질 수 있다고 생각하지 않은 이유는 무엇일까? 왜 야심은 정부 기관들과 같은 제도적인 차원에서만 고려될 뿐 당파적일 수 있다고 생각되지는 않았을까? 이 마지막 질문은 권력균형이라는 개념 전체에 드리워져 있는 그림자라 할 수 있다.

4. 분립은 제한을 함의하는가?

엄격한 권력분립이든 견제와 균형이든, 형식적인 권력분립이 (반드시 그런 것은 아니지만) 권력 간 균형을 창출할 수도 있다. 반면 그 모든 분립과 균형 메커니즘에도 불구하고, 한 권력기관이 정치적으로 우세해질 수도 있다. 그럼에도, 권력 간 균형이 유지된다고 가정해 보자. 권력 간 균형이 유지되는 정부가 반드시 온건한 정부일까? 정부의 모든 부문이 공모해, 그들이 공통으로 장악하고 있는 권력을 남용하는 것도 분명 가능하다. 존 스튜어트 밀이 언급했듯이, 권력분립이라는 생각은 인민에게 적대적인 정부로부터 자유를 보호하기 위해 나왔다.[34] 그러나 인민이 통치자를 선출하고 해임할 수 있어서 정부가 더는 독립적이지 않게 되자, "어떤 이들은 그동안 권력의 제한 그 자체에 너무나 많은 중요성을 부여했던 것이 아닌가라고 생각하기 시작했다"[국역본, 16쪽]. 선거로 권력을 위임하기 때문에, 인민이 권력을 계속해서 보유하는 것으로 간주되었으며, "[선거 결과로 표현된] 국민의 의사에 반해서까지 국민이 보호받을 필요는 없다."는 것이었다. 그럼에도 밀은 계속해서 "'자치'와 '인민의 자기 자신에 대한 권력'이라는 표현들이 사태[민주 정부]의 진상을 나타내지 않는다."[+]라고 지적했다. 그는 다수의 지배가 전제 정부의 지배만큼이나 억압적일 수 있다고 결론 내렸다. 그래서 "다수의 전제"를 예방하는 것도 "다른 어떤 권력 남용에 대한 예방책만큼이나 필요하다."고 강조한다.

지금까지 나는 대의제의 초기 창설자들의 시각에서 논의하려고 노력했지만, 이 논의 전체는 너무 시대착오적이어서 더 이어 가는 것이 무의미할 정도이다. 권력분립과 정부의 행위를 분석하면서 정당의 역할을

+ [옮긴이] 맥락을 좀 더 정확히 전달하기 위해, 이어지는 밀의 문장을 참고해 보면 다음과 같다. "이제야 사람들은 '자치'와 '인민의 자기 자신에 대한 권력'이라는 표현들이 사태[민주 정부]의 진상을 나타내지 않는다고 깨닫게 되었다. 권력을 행사하는 '인민'은 그 권력이 행사되는 인민과 항상 동일한 사람들은 아니다. 그리고 '자치'라는 말은 각자가 자신을 통치하는 것이 아니라, 각자가 나머지 모두에 의해 통치되는 것이다. 게다가 인민의 의지는 사실상 수적으로 가장 많은 사람 또는 인민들 가운데 가장 활동적인 일부의 사람들, 곧 다수파 또는 다수파라고 인정받는 데 성공한 사람들의 의지다. … 그리고 오늘날 정치적 논의에서 '다수의 폭정'은 이제 사회가 일반적으로 경계해야 하는 악에 속한다"[국역본, 17, 18쪽].

고려하지 않는 것은 말이 안 된다. 아마 이 논의를 시작한 그 당시에도 말이 안 됐을 것이다. 정당은 대부분의 상황에서 권력분립을 거의 무의미하게 만든다. 한 정당 또는 정당 연합이 의회와 행정부를 장악하고, 판사를 임명한다고 가정해 보자. 그러면 다수당이라는 단 하나의 권력만 있는 셈이다. 각 기관의 기능은 여전히 분리되어 있다. 각 부문이 다른 일을 한다는 것도 여전히 사실이다. 심지어 순수한 의회중심제에서도 입법부는 법을 만들고, 행정부는 집행하며, 사법부는 판결한다. 게다가 같은 당에 소속된 의원일지라도, 자신이 몸담은 권력[부문]의 이해관계를 [당론보다] 우선할 수 있다. 그럼에도, 의회가 법으로 만들고, 행정부가 집행하는 것은 바로 다수당의 의지다.

권력분립의 가장 큰 문제는 그것이 무딘 도구라는 점이다. 권력분립에 따르면, 우리는 정부 ─ 어떤 종류의 정부든 ─ 를 작동 가능하게 할지, 아니면 작동 불가능하게 할지 선택해야 한다. 여기서 선택의 지침은 오직 미래의 정부가 좋은 정부일지 나쁜 정부일지에 대한 기대뿐이다.[+] 미래의 정부가 좋은 정부라 확신한다면, 즉 정부가 개인의 자유를 침해할 수 있음에도 침해하려 하지 않을 것이라 믿는다면, 권력을 분립하고 견제할 이유가 없다. 하지만 자유에 대한 침해는 반드시 피해야 할 가장 치명적인 해악이기 때문에, 미래 통치자의 성격이 불확실하다는 것만으로도 예방책을 세우는 것은 충분히 정당화된다. 따라서 이런 만일의 경우에 대비해 정부[의 각 부서]가 일치하여 행동하기 어렵게 만드는 편이 더 낫다.

[+] 헌법 선택 과정에 이런 추론을 적용하는 모형으로는 장-자크 라퐁과 장 티롤(Laffont and Tirole 1994, 11장)을 참조하라.

그러나 견제와 균형 체계의 결과는, 정부가 너무 옴짝달싹 못 하게 되어 나쁜 행동뿐만 아니라 좋은 행동도 할 수 없게 되는 것이다. 권력분립에 내재한 문제는 정부의 행동을 통합할 수단이 없다는 것이다. 몽테스키외는 이 문제에 직면했을 때, 단지 "사물의 필연적인 움직임"에 따라 정부가 함께 행동할 것이라고 말하면서 마술처럼 해결해 버렸다고 바일은 말했다.[35] 적어도 미국 헌법의 저명한 연구자 가운데 한 명은 헌법 창설자들이 "정부가 해악을 끼칠지도 모른다는 두려움 때문에 … 정말 좋은 일도 하지 못하게 만들었다."라고 생각했다.[36] 몽테스키외를 탐탁지 않게 여겼던 파이너는 "[몽테스키외는] 정부에 대한 모든 논의를 전제정에 대한 논의로 변질시켰다. … 몽테스키외의 이론은 [정부의 문제점을 분석하는 데 도움이 되는] 좋은 용매였지만, [실제로 정부를 효과적으로 운영하기 위해] 창의적인 대리인은 어떻게 가능한지에 대한 논의는 부족했다."라고 불평했다.[37] 그 결과 파이너는 "미국 헌법은, 확실한 견제와 균형을 통해, 거의 작동 불가능한 정부를 만들어 버리고 말았다."라고 진단했다.[38] 바일은 이렇게 결론 내렸다. "정부가 개인의 자유를 침해하지 못하게 하겠다는 관심 때문에, 개인이 자신의 능력을 적절히 활용하는 데 필수적인 사회경제적 삶의 전제 조건조차 제공하지 못할 정도로 허약한 정부를 만들어 버렸다."[39]

분립된 정부divided government⁺는 나쁜 행동을 할 수 없다는 점에서 제한 정부일 수 있다. 그러나 동시에 시민이 정부에 원하는 일도 할 수 없다. 명목적인 권력분립이 실제로도 효과적이라면, 권력분립이 당파적 정치

+ [옮긴이] divided government는 행정부의 다수 정당과 입법부의 다수 정당이 일치하지 않는 상태, 흔히 여소야대 상태를 가리키는 분점 정부를 의미하기도 하는데, 여기에 쓰인 divided government는 단어만 같을 뿐이다.

에 의해 압도되지 않는다면, 정부 행동의 범위는 제한된다. 그러나 다수의 의지에 반응하는 능력 역시 제한된다.

3. 현상 유지

1. 중립성과 초다수제

집단적 의사 결정 규칙이 중립성을 충족한다는 것은 유권자 결정에 앞서 어떤 선택지에도 특권을 부여하지 않는다는 것을 의미한다. 중립성이라는 속성으로 말미암아, 단순 다수제는 결정성, 익명성, 반응성을 충족하는 여타의 규칙과 구별된다.[40] 단순 다수제는 루소, 칸트, 켈젠이 말한 의미의 '자율성'을 극대화한다는 매력적인 속성도 갖는다. 즉, 집단적 의사 결정의 결과를 선호하는 집단 구성원의 비율을 극대화한다는 것이다.[41]

이 같은 매력에도 불구하고, 몇 가지 근거에서 중립성이 거부될 수 있다.

첫째, 의무론적 근거에서다. 권리로 분류된 몇몇 선택들은, 어떤 집단 의사 결정 절차를 택하든 간에 특권을 누려야 한다고 주장할 수 있다. [생명·안전권과 더불어] 두 개의 기본적인 자유권 가운데 하나[재산권]를 예로 들면, 재산권은 단순 다수제에 따른 결정으로부터 보호되어야만 하고, 따라서 중립성을 재산권 관련 사안에 적용하면 안 된다는 것이다.

둘째, 인식론적 근거에서다. 몇몇 의사 결정은 개인 선호의 분포와 무관하게 '올바르다'correct고 알려져 있을 수 있다. '신의 뜻'이나 전문가의 의견이 그런 지식의 출처일 수 있다.

셋째, 신중해야 할 경우가 있다는 것이다. 어떤 실수는 다른 실수보다 훨씬 바람직하지 않은 것으로 간주될 수 있다. 예를 들어, 우리는 [판결에 신중을 기하기 위해] 무죄 평결을 유죄 평결보다 우선시하는 무죄 추정의 원칙을 유지하길 원할 수 있다. 좀 더 일반적으로는, 위험risk을 피한다는 이유로 혁신보다는 우리에게 익숙한 상태에 특권을 부여할 수 있다.

물론 이 가운데 어떤 입장을 취하든 이 같은 근거들은 잠재적 예외들, 다시 말해 중립성이 적용되어서는 안 될 때를 가리킨다.

초다수제는 결정성, 익명성, 반응성을 충족하지만, 중립적이지는 않는 집단적 의사 결정 규칙이다. 결국 초다수제는 현 상태를 보호한다. 초다수제와 현상 유지 사이의 관계는 논리적인 관계가 아니다. [논리적으로만 보면] 특권이 부여될 자격이 있는 선택지와 그렇지 않은 선택지가 대결할 때, 특권적인 선택지가 (그것이 현 상태이든 아니든) 일정 한도 이상 소수파의 지지만 얻어도 승리하는 제도를 상상해 볼 수 있다. 예를 들어, 3분의 2 이상의 다수가 반대하지 않는 한[다시 말해, 3분의 1을 초과하는 소수만 지지하면] 지식재산권이 현 상태보다 확대되거나, 임신중절 허용 범위가 현 상태보다 줄어드는 경우를 생각해 볼 수 있다. 그러나 나는 이런 규칙에 따라 [현 상태가 변경되는] 어떤 사례도 들어 본 적이 없다. 대다수 민주주의 정치체제에서 현 상태를 바꾸려면 초과 다수의 지지가 있어야 한다.

위험을 회피한다는 것과 안정성은 다르다는 점에 주목해야 한다. 법적 안정성을 옹호하는 일반적인 주장 하나는 그 덕분에 사람들이 자신의 삶을 계획할 수 있다는 것이다. 그럼에도 이 주장이 꼭 초다수제로 귀결될 필요는 없다. 사람들이 법적 안정성을 중요하게 생각한다면 단순 다수[과반은 넘지 않더라도 가장 많은 사람들]는 법을 바꾸는 데 주저할 것이다. 그들 단순 다수가 설령 현 상태와는 다른 법질서를 어느 정도 더 선호하더라도 [그들은 법적 안정성을 중시하므로] 주저하기는 마찬가지다. 따라서 단순 다수제만으로도 변덕스러운 법의 변화를 방지하기에 충분하다.

2. 양원제와 초다수제

지금 내가 펼치려는 주장은 너무 명백해서 굳이 말하기 어색할 정도다. 또 이 주장을 내가 처음 하는 것도 아니다. 솔 레브모어의 연구[42]를 참조하면 된다. 그럼에도 이 내용은 반복할 만한 가치가 있다.

양원제[43]는 초다수제적 장치다. 단순 다수제를 따르는 단원제 의회에서 통과될 법안을, 그 의회를 두 개로 나누고 같은 규칙에 따라 별도로 통과시킬 필요는 없다. 그런데 만약 두 개의 의회를 구성하는 방식이 무작위가 아니라면, 즉 뷰캐넌과 털록의 표현대로 양원이 [예컨대, 하원은 평민, 상원은 귀족을 대표하도록] "다르게 구성"된다면,[44] 두 의회에서 법안이 모두 통과되려면 단원제의 단순 다수보다 많은 인원이 찬성해야 한다.

좀 더 명료한 논의를 위해 유권자는 빼고 이야기해 보자. 유권자는 $H = L + U$ 크기의 단원제 의회를 선출하기만 한다. 여기서 L은 하원, U는 상원을 가리키지만, 상원과 하원은 단지 크기만 다를 뿐 권한은 사실상 동일하다. 의회 H는 법안에 찬성하는 의원 Y와 법안에 반대하는 의원 N으로 구성된다. 즉, $Y + N = H$다. 의회 H가 선출된 뒤, 의원들은 하원 L과 상원 U로 나뉜다. 단원제 의회에서는 $Y > H/2$일 경우 법안이 통과

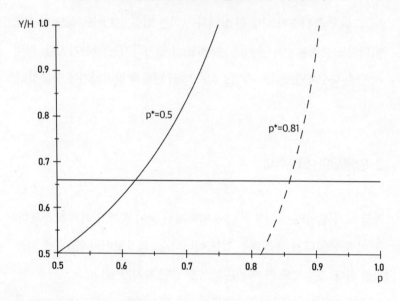

그림 6-1 │ 양원제에서 법안 통과에 필요한 초과 다수의 크기

한다. 양원제 의회에서 법안이 통과하려면 $Y_L > L/2$이고 $Y_U > U/2$여야 한다. 여기서 아래첨자는 각 의회를 의미한다.

핵심은 당연히 의회를 둘로 나누는 과정이다. 법안에 찬성하는 의원 Y가 하원에 갈 확률을 p라고 하자. 그러면 양원제에서 법안이 통과되려면, $pY > L/2$이고 $(1-p)Y > U/2$여야 한다.

$Y = H/2 + \epsilon$일 때를 생각해 보자. 여기서 ϵ는 임의의 작은 수다. 그러면 법안이 양원 모두에서 통과되는 유일한 확률 p는 $p^* = L/H$다.[+] 즉, 전체 의회에서 법안을 찬성하는 의원이 간신히 과반수를 넘기는 경우,

---

[+] $p^* Y = (L/H)(H/2 + \epsilon) = L/2 + \epsilon(L/H) > L/2$이고,
$(1-p^*)Y = (U/H)(H/2 + \epsilon) = H/2 + \epsilon(U/H) > H/2$이기 때문이다.

양원제의 두 의회가 사안에 대한 입장과 무관하게 무작위로 나뉜 경우에만 법안이 통과된다는 것이다.

반대 방향으로 생각해 보는 것은 더 흥미롭다. 의원들이 해당 사안에 대한 입장과 무관하게 상원과 하원으로 나뉘면, 하원이든 상원이든 분할된 의회의 한쪽에서 법안을 찬성하는 의원이 과반수를 넘기만 해도 [무작위로 구성된 다른 쪽 의회도 같은 분포를 보일 것이므로] 그 법안은 통과될 수 있다.

그러나 상원과 하원으로 나뉘는 방식이 무작위가 아니라고 해보자. 즉, 선거제도의 어떤 특성 때문에, 상원과 하원에 가는 의원이 서로 다르다고 해보자. 유권자의 선호는 고정되어 있다. 상원과 하원으로 나뉘는 것은 순전히 선거제도에 달렸다. 이제 문제는 이렇다. 상원과 하원으로 나뉠 확률이 무작위가 아니라면, 즉 $p > p^*$라면, 전체 의회에서 어느 정도의 다수가 찬성해야 상원과 하원 모두에서 법안이 통과될 수 있을까?

$p > p^*$이기 때문에, 전체 의회에서 과반수가 지지하는 법안은, 하원을 확실히 통과한다. 그런데 법안이 상원을 통과하려면, $(1-p)Y > U/2$ 혹은 $(1-p)(Y/H) > (1-p^*)/2$ 혹은 다음과 같아야 한다.

$$\frac{Y}{H} > \frac{1}{2}\frac{1-p^*}{1-p}$$

〈그림 6-1〉은 상·하원의 상대적 크기(p^*)와 상·하원이 임의적이지 않은 방식으로 나뉘는 정도에 따라, 법안이 상·하원 모두를 통과하는 데 필요한 다수의 크기를 보여 준다. $p^*=0.5$는 상·하원의 크기가 같은 경우이다. $p^*=0.81$은 미국의 경우다. $p-p^*$는 법안에 찬성하는 의원 Y를 불균형하게 하원에 배치하는 편향으로 생각할 수 있다. 가로로 그은 선

은 3분의 2의 초과 다수를 의미한다. 그림을 보면 상대적으로 작은 편향만 있어도 [법안이 통과되는 데] 큰 초과 다수가 필요하다는 것을 볼 수 있다.

입법 과정을 다룬 더 복잡한 모형도 똑같은 결론으로 이어진다. 예를 들어 마이클 커트론과 놀런 매카시는 다음과 같은 결론을 내렸다. "상·하원의 중위 의원median legislator이 서로 다른 선호를 가진다면, 이 두 중위 의원의 선호 사이에 있는 어떤 현상 유지 법안도 상·하원 모두에서의 다수결 투표로 부결될 수 없다."[45] 마티아스 이에릭조워와 게이브리얼 카츠, 사례에 따르면, [미국에서] 하원을 통과한 법안 가운데 25퍼센트가 상원에서 크게 수정됐고, 무려 45퍼센트는 아예 표결에 부쳐지지도 않은 것으로 조사됐다.[46] 그들이 연구한 모형에서, 하원의 다수파 규모는 상원 의원들에게 [통과 가능성과 관련된] 법안의 질에 대한 정보를 제공한다. 그 결과 하원에서 5분의 4가 동의해야 하원에서 발의된 법안이 상원을 통과하는 것으로 나타났다. 상·하원의 크기를 고려해 보면, 이는 [전체 의원의] 74.4퍼센트라는 초과 다수가 동의해야 한다는 것을 의미한다.

3. 몇 가지 사실

그러므로 양원제는 현상 유지를 위한 한 방법이다. 또 다른 방법은 입법부 외부에 있는 누군가에게 부여된 거부권이다. 즉, 법안이 상·하원을 모두 통과하더라도 대통령, 군주, 혹은 사법기관이 현 상태를 바꾸지 못하게 막을 수 있다.

[입법부에서] 거부권이 사용된 빈도는 놀랍다. 〈표 6-1〉은 1788년 이후 자료가 있는 전 세계 의회에 대한 모든 연간 정보를 보여 준다. 단원

표 6-1 | 의회의 구성에 따른 거부권 행사(연간 사례)

의회 유형	하원의 거부권 행사		상원의 거부권 행사		합계
	하원에만 거부권 있음	상원에는 거부권 없음	유보적 거부권	우월적 거부권	
단원제	7,031				7,031
양원제		75	1,291	4,653	6,019
삼원제				28	28
합계	7,031	75	1,291	4,681	13,078

표 6-2 | 의회 외부에서의 거부권 행사(사법부 제외)

의회 유형	거부권	의회 외부에서의 거부권 행사		합계
	의회 외부에 없음	유보적 거부권	우월적 거부권	
단원제	1,184	1,990	2,984	6,158
양원제	1,763	2,993	1,822	6,578
삼원제	5	5	22	32
합계	2,952	4,988	4,828	12,768

제 의회[에서 거부권이 행사된 경우]가 전체 연간 사례 가운데 절반을 살짝 넘는다. [양원제 의회에서 거부권이 행사된 경우를 보면] 거의 모든 양원제 의회에서는 상·하원 모두 입법에 영향을 미칠 수 있었다. 약 20퍼센트에서, 상·하원 가운데 하나에서 법안 통과를 지연하거나 재심의를 요청할 수 있는 '유보적'suspensive 거부권이 행사되었다. 반면 나머지 경우에는 상·하원 모두의 동의를 얻을 때만 법안이 통과되었다.

〈표 6-2〉는 여러 유형의 의회를 통과한 법안이 의회 외부에서 가로막힐 가능성의 빈도를 보여 준다. 사법부가 막을 수 있는 경우는 제외했다. 의회를 통과한 법안이 의회 외부에서 막힐 가능성이 없는 경우는 약 25퍼센트에 불과했다. 나머지는 [의회 외부에] 유보적 거부권이 있는 경우

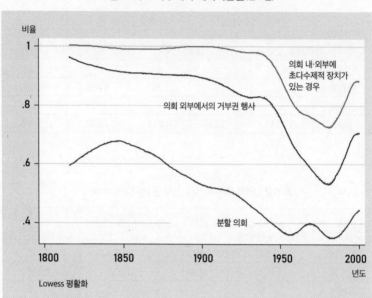

그림 6-2 | 초다수제적 메커니즘들(연도별)

비율

1

.8

의회 외부에서의 거부권 행사

의회 내·외부에
초다수제적 장치가
있는 경우

.6

.4

분할 의회

1800　　1850　　1900　　1950　　2000

년도

Lowess 평활화

와 [우월한 위치에서 법안을 통과시키지 않는] 우월적derogative 거부권⁺이 있는 경우가 거의 반반이었다.

　마지막으로 〈그림 6-2〉는 시간에 따라 이들 초다수제적 메커니즘이 있었던 빈도를 보여 준다. 1950년대까지 거의 모든 대의제에서 의회 내부 혹은 외부에 초다수제적 장치가 있었다. 입법에 영향을 미칠 수 있는 권한을 가진, 둘 이상으로 쪼개진 의회를 뜻하는 이른바 분할 의회

+ [옮긴이] 여기서 저자는 하원을 통과한 법안에 대해 상원이 동의를 하지 않음으로써 통과시키지 않는 경우를 거부권 행사의 한 유형으로 보고 있다. 저자는 이를 derogative veto로 표현하는바, 이는 상원이 우월한 위치에서 하원의 결정에 구속되지 않고 법안 통과를 결정하는 것을 의미한다. derogation을 법적인 맥락에서 '면제', '예외' 등으로 옮기는데, 여기서는 우월적 거부권으로 옮긴다.

divided legislature는 19세기 중엽부터 점차 줄어들었다. 아프리카에서 식민 지배로부터 독립한 국가들이 등장하면서, 의회 외부의 거부권 행사자 (사법부 제외)는 확연히 그 빈도가 줄었다. 그러나 20세기 말이 될 때까지, 이런 초다수제적 메커니즘 가운데 한 가지 이상이 대의제 국가 가운데 약 80퍼센트에 존재했다.

4. 민주주의와 다수 지배

[앞의 "2. 양원제와 초다수제" 부분에서 설명한 것처럼] 단원제의 단순 다수로는, 그 의회가 [상원과 하원으로] '다르게 구성'될 경우 상·하원에서 이길 수가 없다. 레브모어가 관찰했듯이, "법안이 한 개의 장애물이 아니라 두 개의 장애물을 넘어야 하면, 거의 확실히 정부의 개입은 줄어들고, 성급한 입법은 감소하며, 현 상태는 더 잘 유지될 것이다."[47]✦

현존 민주주의국가들 가운데 단순 다수제를 따르는 나라는 거의 없다. 헌법에 따른 특별 정족수, 위헌법률심사, 양원제, 정부 기관의 독립성, 자율적인 관료제 등 단순 다수제를 가로막는 장치는 다양하고 복잡

✦ 양원제를 보수적이지 않은 입장에서 옹호한 이는 내가 알기로 뷰캐넌과 털록(Bu-chanan and Tullock 1962)이 유일하다. [이들에 따르면] 단순 다수제 선거제도에서는 유권자의 4분의 1만으로 의회 다수를 뽑을 수 있으며, 그렇기 때문에 양원제는 소수 지배를 막는 장치다. 양원제는 선거제도 때문에 생기는 구멍을 막는 제도라는 것이다. 나는 이 주장이 이상하다고 생각한다. 소수 지배를 막는 가장 간단한 방법은 비례대표제를 도입하는 것이기 때문이다. 게다가 양원제에 대한 뷰캐넌과 털록의 옹호는 허약하다. 그들의 주장을 따라가 보면, 상·하원을 다른 방식으로 선출하는 경우 어떤 법안이 통과되려면, 의원 가운데 초과 다수가 아니라 유권자의 초과 다수가 여전히 필요하기 때문이다.

하며 모호하다. 양원제는 보수주의가 선호하는 '유일한' 수단이 아닐 수 있고, 레브모어는 그렇기를 바랐다. 그러나 "[의결 조건으로] 초과 다수를 규정하는 것은 지극히 비민주적으로 보이지만", 양원제는 "훨씬 교묘한 장치"라는 레브모어의 지적은 타당하다.[48] 내가 놀랍다고 생각하는 점은 초다수제적 장치들이 모든 영역에서 현 상태를 포괄적으로 보호한다는 것이다. 현 상태가 단순 다수제가 아닌 다른 기준에서도 좋든 나쁘든 말이다. 초다수제는 특별한 절차나 기구에 의해 보호되는 권리뿐만 아니라 통상적인 기득권까지 보호한다.

분명 초다수제를 통해 누가 이득을 얻는지는 현 상태가 무엇인지, 기득권이 무엇인지에 따라 정해진다. 역사적으로는 유산계급이 이득을 보았다. 커트론과 매카시가 주장했듯이, "영국과 식민지 시절 미국에서 양원제의 출현을 옹호하는 가장 흔한 주장 가운데 하나는 … 양원제가 사회 상류층이 보호받을 수 있도록 보장한다는 것이었다."[49] 또한 D. 로더릭 키웻과 매슈 맥커빈스는 미국 대통령이 거부권을 비대칭적으로 행사해 지출을 줄인다는 사실을 발견했다.[50] 즉, "대통령의 거부권 위협은 오직 대통령이 의회보다 더 적은 예산 지출을 원할 때만 효과적이었다." 한편 경험적인 증거에 따르면, 의회 외부에 거부권이 없고 위헌법률심사도 없는 단원제 국가라 해서 [시민들의] 권리를 더욱 빈번히 침해하고, 정책이 변덕스럽게 바뀐다고 보기 어렵다.[51] 흥미롭게도 아비나시 딕싯과 그로스먼, 파루크 굴은 초다수제가 좀 더 불평등한 결과를 낳는 경향이 있다는 결론에 도달했다. "이런 [초다수제적인] 장치는 소수의 복지를 보호하려고 도입됐지만 반드시 의도한 결과를 낳지는 않는다. 사실 단순 다수제보다 초다수제 체제에서 파이의 분배는 더욱 불평등해질 것이며, 따라서 이 체제는 덜 효율적일 것이다."[52]

딕싯과 그로스먼, 굴의 주장은 좀 더 일반적이다.[53] 투표자의 효용 함수가 오목함수[+]인 한[즉, 위험risk을 피하려는 선호를 갖는 한], 투표자는 선거에서 승리한 정당의 이상점을 실현하는 정책보다, 정권 교체 때마다 급격히 뒤집히지 않는 정책을 더 선호한다.[54] 그런 정책들은, 투표자들이 설령 자신의 선호에 근접하더라도 극단적인 정책을 채택하는 정당을 지지하지 않겠다고 위협함으로써 시행될 수 있다. 따라서 현재 집권한 다수파는 정권을 잃을 가능성 때문에, 단순 다수제의 상황에서 그 결정으로부터 소수파를 보호하는 외부적 장치가 없는 경우에도 소수파의 선호를 고려하게 된다. 말하자면 타협은, 심지어 아무런 반다수제적 장치가 없을 때에도 정권 교체 가능성으로 인해 유도되는 것이다. 나아가 정권 교체 가능성 때문에 정부 권력은 온건해진다. 즉, "집권층은 자신의 집권이 끝날 수 있다는 가능성을 인식해야만 한다. … 또 권력을 잃은 후에 되찾아 올 가능성도 예견해야 한다."[55]

내가, 민주주의에서 충분히 큰 다수파가 자신의 의사를 관철하지 못한다고 주장하는 것은 아니다. 또 순수한 다수 지배를 옹호하려는 것도 아니다. 다수파가 어리석고, [그들의 의견은] 일시적이며, 또 악의적일 수도 있다. 그러나 [소수를 보호하겠다고] 부property를 둘러싸고 숨겨진 참호를 세우느니, 분명한 규칙을 통해 어떤 이슈가 어떤 기준에 따라 결정되는지를 규제하는 편이 낫다.

[+] [옮긴이] 여기서 오목함수는, 예를 들어 X축을 소득, Y축을 효용으로 하는 그래프를 그렸을 때 위로 볼록한 함수를 의미한다. 대표적으로 한계효용 체감은 오목함수로 나타난다.

시민과 정부

'대표'representation는, 그것과 같은 어원을 지닌 여러 개념들과 함께, 민주주의에 본질적인 것으로 흔히 간주된다. 비록 그것만이 민주주의를 정의하는 것은 아니라 해도 말이다. 로버트 달은 "민주주의의 핵심은 정부가 시민 선호에 끊임없이 반응하는 것"이라고 했다.[56] 라이커는 "민주주의는 통치자가 피통치자에게 완전히 책임을 지는 정부 형태"라고 했다.[57] 필립 슈미터와 테리 린 칼은 "현대의 정치적 민주주의란 통치자가 공적 영역에서 이루어지는 자신의 활동에 대해 시민에게 책임을 지는 통치 체제"라고 했다.[58] 우선 시민과 정부 행위 사이의 관계가 반응성responsive-ness, 책임성responsibility, 결과 책임성accountability+ 등으로 다양하게 표현된다는 점에 유의하라. 여기서 이들 사이의 차이를 자세히 논하지는 않겠지만,[59] 핵심은 정부가 원하는 것과 그 정부의 지지자가 원하는 것이 정확히 일치하지 않는 한, 어느 정도의 대리인 비용이 불가피하다는 것이다.

비록 정부가 전체 인민의 의사를 대표할 수 없다 해도, 특정 정당을 지지하는 사람들은 당파적 이해관계라는 개념이 의미가 있을 정도로 충분

+ [옮긴이] 세보르스키에 따르면, '구성원의 선호 → 시그널 → 위임 → 정책 형성 → 정책 결과'로 이어지는 정치과정에서, 반응성은 구성원들의 선호가 담긴 시그널이 정책 형성으로 이어지는 것이고, 결과 책임성은 정책 결과가 구성원들의 재가로 이어지도록 하는 것이다. 즉, 반응성은 시민이 바라는 바가 무엇인지 알아서 그에 응하는 것이며, 결과 책임성은 정책 수행 이후 그 결과에 대해 평가받는 과정을 가리킨다. 책임성은 이 전체 정치과정을 시민에게 책임지고 수행하는 포괄적인 측면을 가리키기도 하고, 위임된 권한에 기초해 공직자 본인이 자율적으로 사안을 처리할 수 있는 능력과 그 의무로서의 직무 책임성을 의미하기도 한다(Przeworski, Stokes, and Manin 1999, 5-16).

히 동질적일 수 있다. 물론 특정 정당을 지지하는 사람들의 의사 역시 여전히 다차원적이므로 당파적 이해관계가 하나로 결정되지 않을 수도 있다. 그러나 다른 정당의 강령 — 여기서 강령이란, 입장을 취해야 하는 쟁점과, 정당이 그 쟁점에 대해 취하는 입장 모두를 의미한다 — 이 주어져 있을 때, 특정 정당 지지자들이 동의할 만한 강령들은 제한된다.[+] 선거에서 사람들은 각 정당의 강령에 따라 자신들의 서로 다른 의사를 몇 가지로 분류하며, 정당은 사람들이 어떻게 나뉠지 예측해야 한다. 결국 사람들이, 다른 정당보다 자신을 잘 대표할 것이라 생각하기에 특정 정당에 투표하는 '선거 균형'electoral equilibrium이 만들어진다. 그리하여 당파적 이해관계가 구분된다.

이 과정을 이해하기 위해, 가령 재분배 수준과 같은 일차원적 공간에서 정책을 선택하는 두 정당(또는 정당 연합) 사이의 선거 경쟁을 검토해 보자. 정당이 서로 다른 강령을 제안 또는 실행하는 한, 자신이 이상적으로 생각하는 선호와, 두 정당 각각의 강령 간의 거리가 동일한 유권자를 제외한, 거의 모든 유권자는 명백히 한 정당을 다른 정당보다 선호한다. 그러나 (중위 투표자 모델에서처럼) 두 정당이 똑같은 강령을 제시하더라도, 각 정당은 여전히 서로 다른 유권자를 대표한다. 선거상의 제약은 정당을 중위 투표자의 위치로 밀어붙이지만, 정당은 여전히 '좌파'와 '우파'로 구분될 수 있다. 이 과정은 이렇게 이해할 수 있다. 만약 선거상의 제약이 한 눈금만 완화된다고 해보자. 그래서 한 눈금만큼 좌파 쪽에 있는 유권자의 이상적인 선호를 실천하겠다고 해도 선거에서 이길 확률이 변하지 않는다고 해보자(즉, 이 사례에서는 50 대 50이다). 그러면 좌파 정

[+] 이런 생각은 존 로머(Roemer 2001)에서 가져왔다.

당은 중위 투표자에서 한 눈금만큼 좌파 쪽에 있는 유권자의 이상적인 선호로 옮겨 갈 것이다. 반면 우파 정당은 그러지 않을 것이다. 따라서 정당이 [중위 투표자에게] 수렴한다고 해도, 그들은 '좌측으로부터' 그리고 '우측으로부터' 이동해 와서 수렴하는 것이다. 그리고 유권자도 이를 안다. 정당은 선거 때마다 목표를 바꿀 수 있고, 투표자도 선호를 바꿀 수 있다. 따라서 각 투표자 집단을 대표하는 정당은 시기마다 다를 수 있다. 그러나 각각의 시기에, 이해관계와 가치는 정당들의 노선에 따라 [나뉘어] 정렬한다.

이것이, 정부가 당파적 이해관계에 따라 행동한다는 사실을 자인해도 된다는 뜻은 아니다. 합의주의 이데올로기가 가진 검열의 힘은 본질적으로 선거가 갖는 당파적 성격과 끊임없이 부딪힌다. 선거는 유권자를 여러 정당 지지자들로 나누고, 선거로 선출된 정부는 매번 선거 때문에 벌어진 상처를 꿰매야 한다. 이례적으로 분열적이었던 [1800년의] 선거가 끝난 뒤, 1801년에 토머스 제퍼슨은 가장 먼저 [자신과 대립한] 연방당에 양보를 제안했다. 마찬가지로 매우 갈등적이던 2004년 선거에서 극단적 복음주의자에게 지지를 호소한 조지 W. 부시는 선거 후 승리 연설에서 서둘러 "국민 통합"을 역설했다.[+] 반면 "나는 모든 칠레인의 대통령은 아니다."라는 살바도르 아옌데의 선언은 엄청난 실수였다. 정당이 인민을 분열시킨다는 비난은 민주주의의 역사에서 끊임없이 제기되어 왔다. 그럼에도 선거는 정당 간 경쟁으로 진화했고, 정부는 선거를 치

[+] 부시가 "우리와 목표를 공유하는 모든 이들"을 언급한 순간, 그가 '통합' 운운한 것이 얼마나 무의미했는지 금세 명백해졌다. 한 공화당 당직자는 "정치는 사람들을 통합하는 것이 아니라 분열시키는 것이다. 그리고 51퍼센트를 차지하는 것이다."라고 무심코 인정해 버렸다(『뉴요커』, 2008년 6월 2일).

러야 한다는 것을 배웠다. 그 결과, 스스로 시인하지는 못더라도, 정부는 당파적인 방식으로 행동할 수밖에 없다.

정부 정책이 선거에서 표출된 다수의 의사와 같은 방향으로 변하는 한 반응성의 공리는 대의제의 틀 내에서 유효하다. 우리가 가정해야 할 것은, 선거에서 정부가 바뀌면, 최소한 일부 정책은 그 정부를 선출한 이들이 더 선호하는 방향으로 변한다는 점이다. 정책이 [선거에서 표출된 의사와] 어긋나는 방향으로 바뀌면, 그 정부를 자치라 할 수는 없다(비록 선거가 끝난 후 유권자가 생각을 바꾼다고 해도 그러하다).[60]

그러나 반응성은 정부가 완벽한 대리인이 될 것을 요구하지는 않는다. 어떤 일이 일어나는지 이해하기 위해, 가장 간단한 결과 책임성 모델을 살펴보자. 정부는 T년 임기로 선출되고, 이 기간에 정부는 시민에게서 $S(T)$의 지대rent를 거둘 수 있다고 가정해 보자. (당파적 이해관계를 가질 정도로 동질적이거나 결정적 투표인) 시민들은 이런 가능성을 예상해, R 이하의 지대를 가져가는 정부는 계속 집권할 수 있지만 R을 넘는 지대를 가져가면 낙선시키는 유인incentive 체계를 고안해 낸다. 이제 정치인들이 최대한 많은 지대를 얻길 원한다고 가정하면, 현 정부는 임기 한 번 동안에 $S > R$을 가져가고 퇴출되거나, R을 가져가고 계속 집권하는 것 가운데 하나를 택해야 한다. [둘 사이에서] 정부가 과도하지 않게 취할 수 있는 지대의 크기는 다음과 같다.

$$U(S) = \frac{1}{1-p}U(R)$$

여기서 $p < 1$은 정치인의 미래 할인율이다.[+] 이 방정식의 해 R은 정부가 시민을 대신해 일을 하도록 하기 위해, 시민이 정부에 제공해야 하는

지대를 의미한다. 이런 대리인 비용, 혹은 칼 샤피로와 조지프 스티글리츠가 말한 "효율 임금"efficiency wage ⁺⁺은 불가피하다.[61] 비록 그 크기는, 사법 심사, 투명성 관련 제도 등 제도적 배치는 물론 현 정부의 동기에 따라 다르지만 말이다.

이 단순한 형태에서 결과 책임성 모델은 사실과 전혀 다른 결론, 즉 현직자는 [시민이 고안한] 유인 체계에 언제나 반응하고 유권자도 항상 이를 지지하므로, 그래서 현직자가 늘 재선에 성공한다는 결론을 도출한다. 그러나 정부가 시민들의 선호에 대해 확신을 갖지 못하거나 시민이 마음을 바꿀 수 있다는 조건만 허용되면, 이 주장은 개연적인 것이 된다. 시민이 약속에 구속되지 않는다는 사실에 주목하라. 사실 계약서를 쓰는 것도 아니고, 쓴다고 해도 그걸 강제할 사람도 없다. 시민은 자신이 원하는 대로 투표할 수 있다. 월드컵 본선 진출에 실패하거나, 심지어 해안가에서 상어가 공격하는 사건[62]이 벌어진 것만으로도 현직자를 내쫓으려 들 수 있다. 불쌍한 현 정부가 그 일과 아무런 관련이 없는 경우라도 그렇다. 그러나 시민들이 제대로 일하는 정부를 다시 뽑아 줄 것이라 믿기 어렵다면, 더욱 넉넉한 유인을 제공해야만 정부는 열심히 일할 것이다.

다양한 방법으로 이 모델을 복잡하게 만들 수 있고, 상당수의 학자

⁺ 정부는 한 번의 임기를 채우면 지대 $U(S)$를 얻는다. 지대 R을 가져가면, 정부는 영원히 집권할 수 있다. 이때 얻는 지대는 다음과 같다.

$$\sum_T p^T U(R) = [1/(1-p)] U(R)$$

이는 선거에 져서 쫓겨난 정치인이 효용 0을 얻는 방식으로 표준화한 효용 수치다.

⁺⁺ [옮긴이] 효율 임금은 생산성을 올리기 위해 시장의 균형 임금보다 높은 수준으로 지급되는 임금을 말한다. 여기서는 정부의 효율성을 올리기 위해 지급되는 비용을 의미한다.

들이 그렇게 했다. 그러나 다음과 같은 결과 책임성 메커니즘의 핵심은 그대로다.

1. 정부가 다수의 의사에 반응하는 이유는 그렇게 하지 않으면 선거에 져서 퇴출될 수 있다는 위협이 있기 때문이다.
2. 정부는 결코 완벽한 대리인이 아니며, 시민은 효과적인 유인 체계를 위해 어느 정도의 대리인 비용을 기꺼이 감수해야 한다.

대리인 비용은 정부가 자신만의 이해관계가 있을 때 발생한다. 또 정부의 선호가, 그들을 지지하는 다수와 다를 때도 발생한다. 대리인 비용은 정부가 통치행위를 수행할 때 일정한 자율성을 누린다는 사실을 시민이 감내해야 한다는 뜻이다. 즉, 시민의 위임mandate이 명령imperative은 아니라는 것이다. 대리인 비용은 부패와 다르다. 대리인 비용은 시민이 감수해야만 하고, 그러길 바라는 불가피한 정도를 의미하지만, 부패는 그 이상의 과도한 물질적 지대다. 따라서 반응성의 공리는 대리인 비용을 배제하지 않는다. 대리인 비용은 어떤 정부 형태에서도 불가피하지만, 모든 정부가 반응성을 충족하는 것은 아니다.

7

자유

7

Liberty

들어가며

자율은 특정한 종류의 자유 — 법 아래에서 살아야 한다고 했을 때, 자신이 원하는 법 아래에서 살 수 있는 자유 — 이다. 루소부터 켈젠에 이르기까지 이 논변은 다음과 같았다. 즉, 함께 살기 위해서는 법의 지배 아래에서 살아야만 하기 때문에, 자율이야말로 유일하게 가능한 자유라는 것이다. 이런 자유가 자연 상태의 자유를 의미할 수는 없다. 법질서는 우리가 자연 상태에서는 불가능했던 일을 할 수 있게 한다. 즉, 자연 상태에서 각 개인은 다른 이들로부터 공격을 받거나 착취당할 수 있으며, 따라서 그 누구도 간섭으로부터 자유로울 수 없다. 자유는 오직 사회 상태에서만 가능하며 사회 밖에서는 불가능하다.

그러나 [법이] 필수적이라고 해서 그것이 자유를 만드는 것은 아니다. 루소의 약속 — 우리가 [사회계약을 맺기] "전과 마찬가지로" 자유로울 것이다 — 에도 불구하고, 이와 같은 반사실적 비교는 부적절하다. 모든 법적 질서는 일종의 억압이다. 설령 우리가 만장일치로 특정 질서에 동의한다고 해도, 각 개인이 법질서에 종속되는 것을 즐긴다고 할 수는 없다. 법질서란 힘의 위협을 통해 강요되는 협력에 불과하다. 다수에 의해 부과되는 법질서는 더욱 부담스러운데, 그것 역시 협력을 부과하는 여러 가능한 형태 가운데 하나이기 때문이다.

게다가 어떤 법적 질서는 다른 법적 질서보다 더욱 부담스럽다. 비록 우리가 법체계 아래에서 살아야 할지라도, 삶의 모든 측면이 규제되어야 하는 것은 아니다. 콩도르세가 지적하듯이, "모든 입법에는 서로 구분되는 두 개의 부분이 있다. [하나는] 정당하게 입법 가능한 대상은 어떤 것인지 결정하는 것이며, [다른 하나는] 그 법이 무슨 내용이어야 하는지 결정하는 것이다."[1] 결정성의 공리는 모든 것이 집단적 결정의 대상이어야 하거나 집단적으로 결정되는 것이 바람직하다는 의미가 아니다. 그것은 단지 [개인들의] 선호가 드러나면, 무엇이 집단적으로 결정되어야 하는지 알 수 있다는 의미일 뿐이다. 사람들은 흔히 공적으로 규제해야 할 대상이 무엇인지에 대해 서로 다른 선호를 가진다. 즉, 음란물, 마약 복용, 동거의 형태 등과 같은 문제에서 벌어진 논란이 최근의 그런 사례다. 어떤 집단적 의사 결정 규칙은 결정성을 갖는다. 가령 마약을 복용하면 징역 20년형에 처할지 혹은 30년형에 처할지뿐만 아니라 마약 복용을 개인의 재량에 맡길 것인지 여부까지 명확하게 명시하는 경우가 그러하다. 예를 들어, 미국 헌법의 창설자들은 종교 문제에 대해서는 입법을 하지 않기로 결정했지만,[2] 일부 민주주의국가는 특정 종교를 공식적으로 인정한다.

어떤 문제들을 법의 영역 밖에 둘 수 있다는 것이 함축하는 한 가지 의미는, 로버트 달[3]의 주장[+]과 달리, 자율이 복지 중심적인 기준이 아니

[+] [옮긴이] 여기서 로버트 달은 효용과 만족을 포함한 그 무엇이든 법률이 구성원의 이득과 손해를 배분한다고 다음과 같이 가정한다. "데모스가 법안에 대해 직접 투표한다고 합시다. 다수가 지지하는 어떠한 제안도 그 제안이 채택되면 다수에 속한 각 시민들은 적어도 소수에 속한 각 시민들이 잃어버리는 것만큼의 이득(혹은 효용, 혹은 만족, 혹은 그 무엇이든)을 획득할 것입니다. 이러한 가정 위에서 다수결은 전체 시민 가운데 법률의 평균적 이득을 필연적으로 극대화할 것입니다"[국역

라는 것이다. [자율과 달리] 복지는 개인이 효용을 얻는 대상에 따라 정의된다. 법이 소비재를 분배하고 자원을 공공재와 사유재 사이에서 할당하기 때문에, 어떤 법적 질서에 대한 선호는 복지의 분배에 대한 선호일 뿐이라고 생각할 수도 있다. 그러나 법체계에 따라, 그것이 창출하는 것뿐만 아니라 개인이 자신의 행위로 성취할 수 있는 것 역시 달라진다. 즉, 법체계마다 개인의 선택을 허용하는 정도가 다르다. 특정 소득을 버는 개인에게 일정 금액의 세금을 내라고 하는 법도 가능하고, 다른 이의 복지에 얼마만큼 이바지할지를 개인의 재량에 맡기는 법(이것은 아버지 부시 대통령의 아이디어였다)도 가능하다. 또 모든 이에게 『성경』을 읽도록 강요하는 법이 있을 수도 있다. 반면 『성경』을 읽을지, 『채털리 부인의 사랑』을 읽을지, 둘 다 읽거나 또는 둘 다 안 읽을지 개인의 선택에 맡기는 법도 있을 수 있다. 법은 센[4]이 말하는 '토대 역량 집합'capability set[+]을 형성한다. 역량 집합이란 개인이 그의 행위를 통해 달성할 수 있는 '기능들'의 묶음으로 정의된다. 역량 집합에는 선택권을 행사할 수 있는 능력이 포함되기 때문에, 상품의 소비, 여가, 존 롤스가 말한 기본 가치primary goods,[++]

본, 278쪽].

[+] [옮긴이] 센의 토대 역량은 개인이 가치 있다고 여기는 삶을 선택해 나갈 수 있는 능력, 혹은 자유의 잠재적 능력을 의미한다. 토대 역량은 실질적인 자유를 행사할 수 있는 상태를 목표로 하고, 이런 자유를 행사한다는 것은 개인의 가치 있는 삶의 결과물인 기능function들의 조합을 선택하는 것을 의미한다. 예를 들어, 좋은 영양 상태, 글을 읽고 쓸 수 있는 것, 학교를 가는 것 등이 어떤 성취 결과라면, 토대 역량은 이런 다양한 기능들 중에 개인이 가치 있는 삶을 위해 원하는 것을 자유롭게 선택할 수 있는 능력을 의미한다(유성상·이은혜. 「Amartya Sen의 토대역량접근과 교육개발협력에의 적용 가능성 탐색」, *The SNU Journal of Education Research* Vol. 25 No. 1, 2016 참고).

[++] [옮긴이] 롤스는 『정의론』에서 기본 가치를 자존감의 기반이자 "합리적인 사람이라면 누구나 갖고자 하는 것"으로 포괄적으로 규정하고, 권리·자유·기회·소

또는 효용 등을 열거한다고 해도 그 전체가 망라되는 것은 아니다. 이처럼 개인이 어떤 일을 하는지뿐만 아니라 무엇을 달성할 수 있는지도 법에 따라 결정되기 때문에[즉, 법이 개인의 역량에 영향을 미치므로], 자율은 복지 중심적인 기준이 아니다.

자유는 루소나 켈젠이 말한 자율을 넘어선다. 자유는 법 아래에서 영위하는 삶을 통해 주어지는 자유뿐만 아니라, 정부의 간섭으로부터의 자유도 포함한다. 즉, 법을 통한 자유freedom through law와 법으로부터의 자유freedom from law 둘 다 포함한다. 이 두 가지 자유는 쉽게 양립할 수 없으며, 둘 사이의 적절한 균형도 명확하지 않다. 그러므로 진정한 민주주의를 특징짓는 한 방법은, "나는 얼마나 통치를 받고 있는가?"라는 벌린[5]이 던진 질문을 제기하는 것이다.[+] 토크빌[6]부터 마르쿠제[7]에 이르기까지 민주주의 연구자들은, 민주주의가 지나치게 많은 것을 규제할 수 있다는 유령을 끄집어냈다. 다시 말해, 한 명의 전제가 다수의 전제로 대체될 수 있다는 것이다. 자유가 "모든 것"이라 여겼던 대의제의 창설자들은, 정당한 법의 적용으로 보장되는 안전에 대한 욕망과, 사적인 삶을 간섭하는 것에 대한 저항 사이에서 동요했다. 이 쟁점을 둘러싸고 '보수주의자'와 '자유주의자' 사이의 정치적 균열이 생겼고, 이는 많은 국가에

득·재산 등을 사례로 제시했다. 이 규정은 1980년 "Kantian Constructivism in Moral Theory"에서 "일반적으로 인간들로 하여금 자신들의 도덕적 능력을 깨닫고 행사할 수 있게 하고, 또 그들의 최종 목적을 추구하게 하는 데 필수적인 사회적 목적들이나 다목적적인 수단들"로 좀 더 구체화된다.

[+] [옮긴이] 셰보르스키가 벌린이 던진 또 다른 질문인 "나는 누구에 의해 통치되는가", 곧 "누가 주인인가"를 거론하고 있지 않다는 점에 주목할 필요가 있다. 이 질문은 참여를 자치의 근본적인 목적으로 보는 적극적 자유의 관점으로 이어진다. 앞서 5장에서 셰보르스키는 이런 관점을 비판했다.

서 정당 균열로 조직됐다. 그것은 많은 현대 민주주의국가에서도 여전히 깊은 정치적 균열이다.

'못 하게 하는 것'이 곧 '할 수 있게 하는 것'이다

왜 인민의 자유를 위해 법이 필요할까? 이와 관련된 논쟁은 [루소나 켈젠 등이 살았던] 시대와는 맞지 않는 분석 도구, 즉 게임이론을 써서 잘 보여줄 수 있다.

개인의 [사적] 이익 추구가 집단적으로는 최적에 못 미치는 결과를 초래할 때, 우리는 법을 통해 자유로워질 수 있다. 이런 상황의 전형은 죄수의 딜레마다.

		j	
		협력	배신
i	협력	3, 3	1, 4
	배신	4, 1	2, 2

다음과 같은 상황을 검토해 보자. i와 j라는 두 개인이 있다. 둘은 배신하거나 협력한다. 각자는 더 큰 보수를 선호한다. i가 무엇을 하든 j는 배신하길 원하며, j가 무엇을 하든 i도 배신하길 원한다. 그렇다면 결과적으로 둘 다 배신하고, 각자 보상을 2씩 얻는다. 그러나 모든 외생적 조건을 고려하면, [둘 다 협력해] 각자 보상 3씩 얻을 수도 있었다. 즉, [둘 다 배신한 경우는] 두 사람 모두 최선에 못 미치는 결과를 얻는다. 이 같은 사례는 널려 있다. 고전적인 예시는, 사람들이 자신의 재산을 가로챌까봐 두려워하며 서로 상대방의 재산을 빼앗으면서, 아무도 투자하지 않

는 상황이다. 이 주제는 혼란을 일으키는 경우가 많기 때문에, 여기에서는 개인 선호의 내용과 관련해 그 어떤 가정도 하지 않았다는 점을 강조해 두고 싶다. 예컨대 모두가 완벽히 이타적이고, 다른 사람이 자신의 재산을 자유롭게 쓰기만을 바란다는 식으로 가정하면, 모두가 아무것도 잃지 않는다는 결론이 따라 나올 것이다. 여기서 중요한 것은 선호의 내용이 아니라 각자가 독립적으로 행동한다는 것이다.

이런 상황을 어떻게 개선할 수 있을까? 법을 제정하면 된다. 이 법은 모든 사람은 협력해야 하며, 그렇지 않을 경우 처벌을 받는다고 명시한다. 우리가 이 법을 채택할지 아니면 모든 것을 "전과 마찬가지로" 둘지를, 각 개인이 모두 독립적으로 결정해서 투표를 한다고 가정해 보자. 이 법을 준수하면 모든 사람이 자연 상태에서보다 더 잘살게 되기 때문에, 이 법은 만장일치로 통과될 법하다. 공동 이익은 모든 이가 보상을 3씩 얻는 것이며, 우리의 일반의지는 모두가 협력해야 한다는 것이다. 게다가 모든 사람이 이런 방식으로 행동하도록 법이 강제할 때에만 개인들은 자유롭게 협력할 수 있다. 자연 상태에서는, 내가 투자를 하면 다른이가 내 자산을 가로챌 것을 알기 때문에 나는 투자할 수 없다. 다시 말해, 자연 상태에서는 투자할 자유가 없다.

그러나 보상을 3씩 얻는 것이 각 개인의 입장에서 최선은 아니다. 당신이 내 자산에 손대지 않는다 해도, 나는 당신의 자산을 가로채는 편이 여전히 더 낫다. 당신이 협력한다고 해도, 나는 여전히 배신하길 원한다. [그러므로 우리가 배신하지 않으려면] 우리는 배신하지 않도록 강제되어야 한다. 그것이 우리의 개인적인 의지에 반하더라도 말이다. 일반의지는 특수 의지의 총합이 아니다.[+]

집합적으로 이득이 되는 결과는 합리적인 도덕성으로 뒷받침될 수 있다. 만약 "다른 사람이 나에게 하지 않기를 바라는 일은 무엇인가?"라고 자기 자신에게 물어본다면, "해를 끼치는 것"이라 대답할 것이다. 따라서 내가 다른 모든 사람이 채택하기를 바라는 행동 규칙은 "해를 끼치지 않는 것"이다. 각 개인은 다른 사람들이 모두 이 규칙을 따르기를 바랄 것이다. 그렇다면 이것이 보편적으로 채택될 수 있는 유일한 규칙이며, 우리가 보편적 이성을 따른다면 우리 모두는 이 규칙을 채택할 것이다.

이것이 루소나 칸트가 염두에 두었던 것일까? 지금 사상사를 다루고 있는 것이 아니므로 이 점이 현재 논의의 핵심은 아니라고 생각한다. 다만 루소가 이런 해석에 반대하지 않았을 것이라고 암시하는 구절(이는 그의 말들 속에 의도적으로 표현되어 있다)은 충분히 있다.[++] 루소는 사회계약이 자연 상태보다 반드시 파레토 우월이며, 그렇지 않으면 자발적으로 사회계약이 체결될 리 없다고 생각했다. 그는 또 "개별의지가 일반의지를 대표할 수 없는 것과 마찬가지로, 일반의지도 그 본성을 바꾸지 않고는 개별의지가 될 수 없다."라고 생각했다.[8] 여기서 중요한 점은, 어떤 상황에서는 개인들이 자신의 이익을 위해 강제되어야 한다는 생각과, 각 개인이 법을 제정함으로써 스스로를 강제하길 원한다는 생각, 이 두 가지가 완전히 일관된다는 사실이다. 그들이 "전과 마찬가지로 자유로운"

[+] 이 쟁점에 대해서는 버나드 그로프먼과 스콧 펠드, 데이비드 에스트룬드, 제러미 월드론(Estlund, Waldron, Grofman, and Feld 1989) 사이의 논쟁을 참조하라.

[++] 다음은 이와 관련된 칸트의 언급이다(Kant 1881[1793], 34, 35). "일반적으로 권리는, 보편 법률에 의해 가능한 한, 어떤 개인의 자유를 다른 이의 자유와 일치하게끔 제한하는 것으로 정의될 수 있다. … 그런데 타인의 의지가 표현된 외적인 행위가 자유를 제한하는 것은 모두 강제 혹은 강요의 한 형태이다. 따라서 시민 헌법 Civil Constitution은, 다른 사람과의 관계 전체에서 타인의 자유를 침해하지 않고, 강제적인 법 아래에서 사는 자유로운 인간 사이의 관계라 할 수 있다는 결론이 나온다."

상태로 남을 수 있는지는 다른 문제다. 다만 분명한 것은, 일단 사람들이 사회 상태에서 살면 이전과 같은 방식으로 자유롭길 바라지는 않을 것이라는 점이다. 공공선을 추구하려면 개인들은 설령 자신의 특수 의지에 반하더라도 반드시 법으로 제정된 일반의지를 따라야 한다.

좀 더 넓은 시각에서 보면, 이 주장은 어떤 행동을 하지 못하도록 막아야 사람들이, 그렇게 하지 않았을 때에는 불가능했을 행동을 할 수 있으며, 또 그렇게 할 때 더 나은 삶을 살 수 있다는 것이다. 수 세기에 걸쳐서, 이런 견해는 루소, 버크,[9] 셸링,[10] 엘스터,[11] 하딘,[12] 홉스[13] 등에게서 공통적으로 나타났다. 다음은 이 가설을 적용한 몇몇 사례다.

1. 국왕은 전임 국왕의 부채도 승계할 의무를 진다. [전임 국왕의 부채를 부정하는 것이 금지된] 덕분에 국왕은 오히려 돈을 빌릴 수 있다. 확약commitment이라는 개념은 이런 맥락에서 기원한다.[14]

2. 국왕은 [직접 세금을 거두는 것이 금지되어] 의회에 조세권을 위임함으로써 전쟁 수행에 필요한 세금을 거둘 수 있었다.[15]

3. 주州 사이의 관세를 금지함으로써, 각 주는 교역에서 오는 이득을 거둘 수 있었다. 이는 하딘[16]이 즐겨 쓰는 예시다.

4. 표현의 자유를 억압하는 걸 금지함으로써, 각 개인은 물론 집단으로서 우리 모두는 더 많은 정보를 토대로 더욱 합리적인 결론에 도달할 수 있다. 이는 존 스튜어트 밀[17]의 주요 주제다.

이런 다양한 사례들을 인용한 까닭은 이 주장이 강력하기 때문이다. 비록 우리가 지켜야 하는 법을 우리 스스로 만들지 않았다고 해도, 법의 지배를 받음으로써 우리는 우리가 원하는 것을 이룰 수 있다. 홉스는 매디슨의 견해를 요약하면서, "과거에 확립된 특정 절차와 제도를 당연하게 받아들이면, 정치적 삶의 기본 틀을 반복적으로 만들어야 해서 계속해서 곁길로 샐 때보다 현재의 목표를 훨씬 더 효율적으로 달성할 수 있다."라고 말했다.[18] 또 하딘은 일단 가능한 여러 방식 가운데 특정한 한 가지 방식으로 협력하도록 사람들이 강제되면, 사람들은 그와 같은 협력 형태를 유지할 유인을 갖게 된다고 주장했다.[19] 즉, 헌법이 [지키기로 한] "규약"convention이 되는 셈이다.

따라서 법은 우리를 자유롭게 한다. 법은 우리에게 안심하고 협력할 자유를 주며, 그 덕분에 우리는 협력의 과실을 누릴 수 있다.

"자유가 전부다"

자유는 대의제 정부를 수립하려 했던 이들에게 동기를 불어넣은 궁극적인 가치였다. 한 기구가 정부의 [입법, 행정, 사법의] 세 가지 권력을 모두 휘두르면 "전부를 잃게 될 것"이라고 했을 때, 그 "전부"는 바로 자유였다.[20] [미국 독립혁명 지도자] 패트릭 헨리는 1788년 연설에서 "자유는 지고의 축복"이라고 했다.[21] 시에예스는 자유의 상실이 "최악의 악"이라고 했다. 그런데 자유가 모든 것이라면, 도대체 그 '자유'라는 것은 무엇일까?

이 같은 질문을 제기하는 것에는 위험이 따른다. [현대의 기준으로 당시 사람들을 판단함으로써] 시대착오적인 관점에 빠지기 십상이기 때문이다. 이사야 벌린의 1958년 강연[「자유의 두 개념」]과 이 강연이 불러일으킨 격렬한 논쟁의 여파로, [오늘날 우리는] 이 논쟁을 통해 알려진 주장과 [소극적 자유와 적극적 자유라는] 구분을 떠나서 자유라는 개념에 대해 생각하기 어렵게 되었다. 또한 이것만이 유일한 위험인 것도 아니다. 우리는 철학자들의 견해에 지나치게 의존하는 것도 경계해야 한다. 모든 이의 자유를 위해 기꺼이 목숨을 내건 사람들의 열정이 철학자의 논리적 일관성과 언제나 일치한 것은 아니었다. [칸트의 고향인] 쾨니히스베르크나 [루소의 고향인] 제네바에서 생각하는 것은 [미국 독립 전쟁의 시발이 된 전투가 벌어진 장소인] 콩코드나 [시몬 볼리바르가 스페인군과 싸운] 아야쿠초의 전쟁터에서 생각하는 것과 다르다. 심지어 [미국 헌법이 만들어진] 필라델피아나 [아르헨티나가 독립을 선언한] 투쿠만 의회에서 생각하는 것과도 다르다. 삼단논법은 이해를 도울 수 있지만 행동을 끌어내지는 않는다. 자유를 향한 외침은 논리적인 논증이 아니라 거센 함성이다.

철학자들이 체계화한 견해에 따르면, 자유는 정부의 합법적인 권력 행사로 보장되는 안전 또는 평온함으로 이뤄진다. 정부가, 인민의 의지를 표현하는 법에 따라서만 통치한다면 인민은 자유롭다. 이런 법이 적절한 방식에 따라 채택되고 집행되면, 인민이 그 아래에서 살길 바라는 사회질서가 유지된다. 또한 그와 같은 법은, 사람들 사이의 갈등이나 정부의 자의적인 행위로부터 인민과 그들의 재산을 보호한다.

주목할 것은 [인민의] 안전이 두 방향에서 위협받을 수 있다는 점이다. 존 던이 통찰력 있게 표현한바, 정부를 갖는다는 것은 "수평적" 위험을 "수직적" 위험으로 전환하는 것이다.[22] 즉, 질서를 유지할 권력을 가진 정부는 억압할 권력 또한 갖는다. 이런 위험의 이중성은 명백했다. 패트릭 헨리는 이렇게 주장했다. "우리는 파벌과 혼란을 조심하라는 경고를 듣는다. 나는 무법 상태가 위험하며 반드시 막아야 한다는 것을 인정한다. 또한 새 정부가 이를 효과적으로 막을 수 있다는 점도 인정한다. 그러나 정부가 효과적으로 할 수 있는 일이 또 있다. 그것은 인민을 억압하고 파멸시키는 것이다."[23] 홉스는 "수평적" 위험[만인의 만인에 대한 투쟁]을 강조 했지만, 몽테스키외와 그의 수많은 후계자는 "수직적" 위험을 강조했다.

몽테스키외는 자유가 독립과 같은 것이 아니라고 언급하긴 했지만,[24] 오직 자유에만 집중했다. 그가 자유에 대해 한 말을 살펴보면 혼란스럽다. 나는 철학자가 아니므로 나보다 유능한 학자라면 그의 사상을 일관되게 해석해 낼지도 모르겠다. 그러나 [미국 헌법을 제정한] 필라델피아 제헌회의나 [프랑스혁명 당시 제3신분 대표가 모인] 파리 국민의회에 참여한 사람들도 나처럼 철학자가 아니었다. 그들이 [몽테스키외에게서] 더 명확한 교훈을 얻었으리라 생각하기는 힘들다. 몽테스키외는 그가 "철학적 자유"라고 부른 것과 "정치적 자유"라고 부른 것을 구분했는데, 이는 콩스탕[25]과 벌린[26]의 주장을 예측한 것처럼 보일 정도다. 여기서 철학적 자유란 "자기 의지의 행사, 또는 최소한 … 자기가 자신의 의지를 행사하고 있다는 견해"를 의미한다. 정치적 자유는 "안전, 또는 최소한 자기 자신의 안전에 관해 그가 갖는 견해"를 말한다.[27] 그는 철학적 자유는 제쳐놓고 정치적 자유를 자세히 설명한다. "시민의 정치적 자유란, 각자가 자신의 안전을 확신할 수 있어서 갖게 되는 정신적 평온함을 의미한다. 이같은 자유가 존재하기 위해서는 정부가 나서서 한 시민이 다른 시민을 두려워하지 않을 수 있도록 만들어야 한다."[28] 정부는 각 시민을 다른 시민으로부터 보호해야 한다. 이것이 바로 정부가 존재하는 이유다.✝ 몽

✝ 1988년 윌리엄 렌퀴스트 연방 대법원장이 드셰이니 대 위너베이고 카운티 사회 복지국 사건DeShaney v. Winnebago County Department of Social Services, 57 US LW 4218, 4219에서 표현한 견해를 나는 어떻게 이해해야 할지 모르겠다. 그는 헌법의 목적이 "인민을 국가로부터 보호하는 것이지, 국가가 인민들을 서로로부터 지키도록 보장하는 것이 아니다."라고 했다. 국가가 단지 위험일 뿐이라면 국가는 왜 있는가?

테스키외는 정부가 수평적 위험을 없앤다는 사실을 당연시한 것 같다. 그는 통일되고 강력한 정부가 질서를 더 잘 유지하고, 시민들을 서로로 부터 더 안전하게 보호할 수 있다고 말하지 않았다. 그는 오직 전제정을 막고, 시민을 통치자에게서 보호하는 것에만 관심을 가졌다. 그래서 정부 권력을 분립하지 않으면 자유도 없다고 말한 것이다.

자유는 법에 반하는 행동을 의미할 수 없으며 과거에도 그런 의미를 갖지 않았다. 몽테스키외는, "만약 어떤 시민이 [법으로-지은이] 금지되어 있는 일을 한다면, 그는 더 이상 자유를 누리지 못하게 될 것이다. 왜냐 하면 다른 모든 동료 시민들도 그렇게 할 수 있기 때문이다."라고 주장했 다.[29] 개인들이 법을 어기며 행동하고자 할 수도 있다. 하지만 만약 인민 이 만장일치로 지지하는 법을 인민 스스로 어긴다면 사회는 붕괴된다. 우리는 이런 사실을 루소와 칸트를 통해서도 알고 있다.

그러므로 자유는 자연 상태의 자유가 아니며, 법을 마음대로 어길 수 있는 권리도 아니다. 자유란 법 아래에서 살면서 누리게 되는 안전이다. 대의제의 창설자들도 이와 비슷한 생각을 했을 것이다. 그러나 그들이 불안감을 느꼈던 것은, 그것만이 전부일 리 없다고 생각했기 때문이다.

몽테스키외는, 루소와 칸트 역시 되풀이했듯, 자유가 개인이 원하는 것은 무엇이든 할 수 있다는 의미가 아니라고 했다.[30] 몽테스키외에 따 르면, 자유란 개인이 윤리적인 기준에 따라 진정 원하는 것은 무엇이든 할 수 있고, 해서는 안 되는 일을 하도록 강제되지 않는다는 의미다. 우 리가 선택한 법 아래에서 산다는 의미에서 자유는, 보편 이성, 덕, 도덕 률, 또는 그것이 무엇이든 간에 시민들로 하여금 "[보편적인] 인간 종의 모사물"이 되도록 하는 것에 의해 인도되는 시민들의 자유이다. 각기 다 른 욕구, 갈망, 이해관계, 환상을 충족하려는 개인들 저마다의 자유가 아니라는 것이다. 이제 두 가지 가능성이 있다. 하나는 "법이 없는 곳에는 자유도 없다."[31]라고 했던 후기 로크의 견해로, 이는 자유란 법으로 보장되는 시민의 안전이라고 보는 시각이다. 다른 하나는, 라슬렛의 주장에 따르면 초기 로크의 견해로서, 자유를 법으로 규제받지 않는 모든 것으로 이해하는 시각이다.[32] 자유를 이렇게 둘로 나누는 것은 고대인의 자유 대 근대인의 자유, 적극적 자유 대 소극적 자유, 법적·정치적 자유 freedom as liberty⁺ 대 독립성으로서의 자유 등 여러 형태로 반복되었고, 이제는 마치 직관적인 구분처럼 보인다. 콩스탕은 다음과 같이 생각했다. "고대인의 목표는 국가의 모든 시민이 사회적 권력을 공유하는 것이었다. 그들은 바로 이것을 자유라고 불렀다. 근대인의 목표는 사적인 행복jouissances에서의 안전이다. 그들은 사적 행복이 제도로 보장되는 것을 자유라고 불렀다."[33] 벌린은 자유를 "자기 자신의 주인이 되기를 원하는 각 개인의 소원에 뿌리를 둔" 적극적인 의미와 "어떤 다른 사람 혹은 집단도 내 활동에 개입하여 간섭하지 않는 정도"를 뜻하는 소극적 의미로 구분했다.[34]

적어도 콩스탕 이래로, 자유주의 사상은 이 같은 두 가지 자유 사이

⁺ [옮긴이] 해나 피트킨은 유럽의 다른 언어와 달리 영어권에서만 freedom과 liberty라는 두 어휘를 통해 자유의 상이한 측면에 접근할 기회를 가진다고 언급했다. 하지만 자유의 두 가지 개념을 논한 벌린조차 freedom과 liberty를 동일한 의미로 사용했다. 한편 모리스 크랜스턴은 freedom과 liberty가 사실상 서로 바꿔 쓸 수 있는 말이라고 하면서도, liberty가 법적·정치적 맥락에서 사용되고 freedom은 철학적인 영역에서 좀 더 일반적인 어휘로 쓰인다는 점에서 차이가 있다고 지적했다(Hanna F. Pitkin. "Are Freedom and Liberty Twins?" *Political Theory* 16, no. 4, 1988). 이를 바탕으로, 그리고 맥락을 고려해 freedom as liberty를 '법적·정치적 자유'로 옮겼다. 이와 달리 freedom과 liberty를 공적·정치적 자유와 사적·시민적 자유로 엄격히 구분한 경우를 하나 아렌트에서 찾아볼 수 있지만, 셰보르스키가 이를 고려하고 있지는 않아 보인다.

의 차이를 인식했다. 콩스탕은 이렇게 역설했다. "각자의 권리를 누리길 바라고, 각자가 자신이 보기에 좋은 방식대로 능력을 발전시키기를 원하는 우리는 근대인이다. … 우리는 국가를 주권자로 세우기 위해 종속되길 바라지 않으며, 인민 전체가 자유롭기 위해 개인이 노예가 되기를 바라지 않는다."[35] 자유가, 개인과 집단 전체의 이익을 증진하는 법 아래에서의 안전만을 의미할 수 없다는 것이다. 다음과 같은 콩스탕의 영향력 있는 구절은 벌린의 '다원주의적 자유주의'pluralist liberalism를 예견한 것처럼 보인다.

권력자는 … 우리에게 이렇게 말할 것이다. "당신이 노력해서 달성하려는 가장 근원적인 목표, 당신이 일하는 동기, 바라는 대상은 무엇인가? 바로 행복이 아닌가? 우리가 알아서 행동하게 내버려두면 우리는 당신에게 행복을 주겠다." 천만의 말씀이다. 우리는 권력자들이 그렇게 하도록 내버려두지 않을 것이다. 아무리 우리에게 감동적일 정도로 다정하게 관심을 쏟는다 해도, 우리는 권력자에게 자신의 범위 안에 머무르라고 요구한다. 그런 권위는 오직 공정하게 행동하는 것으로 스스로를 제한해야 한다. 그러면 우리는 스스로 알아서 행복할 것이다.[36]

대의제의 창설자들이 직면한 문제는 이 두 가지 자유를 모두 극대화하는 것이었다. 즉, 사적인 삶에 대한 개입을 최소화하면서, 가능한 한 최대한의 안전을 보장하는 것이다. 난점은 두 가지 자유를 동시에 극대화할 수 없고, 둘 사이의 적절한 균형점을 찾기 어려우며, 조건에 따라 적절한 균형점이 달라진다는 것이다. "누군가의 자유가 끝나는 지점에서 다른 누군가의 자유가 시작된다."라는 볼테르의 원리를 떠올려 보라.

1791년 프로이센의 일반 법령Prussian General Code은 "국가의 법률과 조례는 시민의 자연적 자유와 권리를 공공복지를 위해 필요한 한도 내에서만 제한해야 한다."라고 규정했다.[37] 타인에게 영향을 미치는 행동과 그렇지 않은 행동을 가르는 선이 어딘가에는 있다. 만약 내 행동이 타인의 복지에 영향을 미치지 않으면, 즉 그 어떤 외부성도 없으면, 나는 법의 제약으로부터 자유로워야 한다. 심지어 사회적 차원에서도 우리의 모든 행동이 상호 의존적인 것은 아니다. 그리고 외부성이 없는 행동에 법이 개입하지 않으면 우리는 불간섭이라는 의미에서 자유롭다고 할 수 있다.

그러나 당신의 자유와 나의 자유 사이의 경계는 명확하게 인지되지 않는다. 우리는 어느 방향으로든 실수할 수 있고, 실제로도 실수하곤 한다. 어느 행동에서도 항상 외부성을 찾아낼 수 있다. 예컨대 내가 양치질을 똑바로 안 하면 충치가 생기고, 그러면 [건강보험 등을 통해] 나의 치과 진료비를 사회가 부담하게 된다. 만약 다른 아이들이 『허클베리 핀의 모험』을 읽는 게 허용된다면, 그 아이들 때문에 내 자녀가 비도덕적인 아이가 될 것이다.✦ 『채털리 부인의 연인』을 남몰래 읽는 것이나 양치질 습관까지 포함한 모든 행동이 법으로 규제된다고 해보자. 우리는 루소적인 의미에서 여전히 자유롭다. 루소에 따르면 자유는 법을 통해 가능해지기 때문이다. 그러나 명령으로부터의 자유는 이제 존재하지 않는다. 지나칠 정도로 칸트에게 후했던 벌린은 이 주장의 함의에 대해 당혹스러워했다. "칸트의 엄격한 개인주의는 그의 제자를 자처하는 일부 사상

✦ [옮긴이] 1885년 출간된 마크 트웨인의 소설로, 주인공이 거짓말과 도둑질을 일삼으며 미국의 전통적인 도덕과 교육을 조롱하는 내용이 담겼다는 이유로, 출간 직후부터 미국 전역에서 금서로 지정되기도 했다. 셰보르스키의 비유적인 표현은 이런 점을 배경으로 한 것이다.

가들에 의해 순전한 전체주의 교의 비슷한 것으로 변질되었다. 어떻게 이처럼 이상한 반전이 일어날 수 있었을까?"[38] 1819년에 콩스탕도 루소에 대해 이와 동일한 주장을 제기했다는 점은 주목할 만하다. "이 위대한 천재는, 근대 이전의 사회 권력과 집단 주권의 범위를 근대로 들여오면서, 여러 유형의 전제정을 정당화하는 끔찍한 구실을 제공하고 말았다."[39] 왜냐하면 [자유롭기 위해 강제되어야 한다는] 루소의 주장은, 사람들이 자유롭게 협력한다고는 하지만, 어쨌든 반드시 협력해야 한다는 것을 함축하기 때문이다. 벌린이 주장한 것처럼, 이런 개념에서는 "자유는 권위와 양립 불가능하기는커녕 사실상 권위와 같은 것이 된다."[40] 파시즘을 피해 온 독일 난민 학자들[41]이 미국 사회를 묘사하기 위해 사용한 표현인 "다수의 전제"나 "전체주의적 민주주의"는 모순이 아닌 셈이다. 벌린은 "억압할 — 또는 간섭할 — 수 있는 동등한 권리는 자유와 같은 것이 아니다."라고 했다.[42] 에리히 프롬이 쓴 책 제목은 『자유로부터의 도피』*Escape From Freedom*였다. 허버트 마르쿠제는 프로이트 심리학의 틀을 빌려, 사람들이 함께 삶을 영위하고 협력하는 데 필요한 수준을 넘는 억압을 '과잉 억압'이라고 표현했다.[43] 이를 달리 표현하면, 복지의 극대화는 이질적인 선호들을 관용하는 것과 양립하기 어렵다는 것이다. [구성원들의 선호가 다를 경우, 어떤 파레토최적도 모든 사람들에게 이익이 되지는 않고 종종 사회 전체의 복지를 극대화하기 위해 개인의 자유를 제한해야 하는 상황이 발생하므로] 센은 이를 파레토식 자유주의Pareto liberal의 불가능성이라 불렀다.[44]

1819년 콩스탕은 자신이 처음으로 자유를 두 종류로 구분했다고 주장했다. 실제로 그는 1806년에 쓴 미출판본 『정치의 원리』*Principes de politique*에서 처음으로 이런 구분을 했다. 거기에서 그는 "고대인의 사회 상태와 근대인의 사회 상태 사이의 첫 번째 차이점"은 "다수의 행복이 더 이상 권력의 향유에 있지 않고 개인의 자유에 있다는 것"이라고 했다.[45] 그러나 자유를 이처럼 두 가지 종류로 나누는 것이 콩스탕의 주장처럼 참신한 일이라면, 자유를 지키고 확장하기 위해 정부 체계를 설계한 사람들에게 '자유'는 도대체 어떤 의미였을까? 아쉽게도, 나는 그 답을 모른다. 사실 자유가 "전부"라는 것에 해답이 담겨 있을지 모른다. 즉, 자유는 자기 결정의 권리, 적절한 절차에 따라 실행되는 법 아래에서 살며 누리는 안전, 부당한 간섭으로부터의 보호, 개인이 자신의 행복을 선택할 자유 그 모두라는 것이다. 대의제 창설자들의 마음속에서 자유에 관한 이런 구분을 찾는 것은 [시대착오적인] 헛된 노력으로 보인다. 그들은 자유를 콩스탕의 구분보다 훨씬 단순하게 보았을 것이다. 즉, 수평적 위험을 줄이기 위해 질서가 필요하고, 질서를 유지하기 위해서는 개인의 욕구, 욕망, 심지어 [각자가 소중하게 여기는] 가치를 어느 정도 억압할 필요가 있다는 것이다. 그러나 [일정한 억압으로 유지되는] 질서가, 필수적인 영역을 넘어설 수 있고 자의적으로 집행될 수도 있다. 내가 보기에 대의제의 창설자들은 안전과 불간섭 사이에서 모호한 태도를 보였다. 이 둘 사이의 모호함은 쉽게 풀 수 없고, 일거에 영구적으로 해결할 수도 없다.

열거된 권리로서의 자유

다수의 헌법들에는, 공적인 개입으로부터 보호받아야만 하는 개인적 삶의 영역들이 "권리들"로 명시되어 있다. 우리가 알고 있듯, 권리에는 다양한 것들이 포함된다. 즉, 시민들에 대한 정부의 특정 행동을 금지하는 것, 또는 정부가 특정 행동(전통적으로 누군가의 신체를 구속하거나 재산을 몰수하는 등)을 취할 때 반드시 준수해야 하는 절차에 대한 명령 등도 권리에 포함된다. 또한 집단적 의사 결정 과정에 시민들이 동등한 영향력을, 방해받지 않고 행사하는 것도 권리에 포함된다.

권리는 통상적인 정치로부터 제외되어야 하는 영역, 특히 단순 다수제의 적용을 받지 않아야 하는 영역을 규정한다. 홈스는 "헌법의 기본 기능은 민주주의의 절차로부터 특정 결정을 배제하는 것"이라고 했다.[46] 그는 1943년 로버트 잭슨 판사가 [웨스트버지니아 교육부 대 바넷 사건에서] 판시한 내용을 인용했다.

> 권리장전의 목적은 특정 주제들을 변화무쌍한 정치적 논쟁에 휩쓸리지 않도록 다수파나 관료의 손이 닿지 않는 곳에 두어 사법부가 적용할 법적 원칙으로 확립하는 것이다. 생명·자유·재산에 대한 권리, 언론과 표현의 자유, 종교와 집회의 자유, 기타 기본권들은 투표에 부쳐질 사항이 아니며, 선거 결과에 따라 달라져서도 안 된다.

그러나 권리들이 규정된다 하더라도, 항상 논쟁의 여지가 있는 두 가지 문제가 남는다. 무엇이 권리로 보호되는 영역에 속하는지는 법적으로 논쟁거리일 뿐만 아니라 정치적으로도 논쟁적이다. 초기 헌법들에 보편적으로 명시된 권리인, 재산을 보유하고 획득할 권리는, 가령 관세 철폐나 택시 영업 면허의 추가 발급 등과 같이 재산의 가치를 떨어뜨리는 어떤 정책도 못 쓰게 하면서까지 보호되는 것은 아니다. 예를 들어, 소득세는 일반적으로 재산권과 양립할 수 있다고 간주되어 왔지만, 보상 없이 재산을 몰수하는 것은 재산권을 침해한다고 여겨졌다.[47] 그렇지만 아마 좀 더 근본적인 문제는, 여러 권리들이 거의 항상 충돌한다는 점일 것이다. 더욱이 제러미 월드론이 말했듯이, "여러 권리들에 대해 사람들이 서로 다른 의견을 갖는다고 해서, 논쟁하는 당사자 가운데 한쪽이 반드시 어떤 권리를 가볍게 여기는 것은 아니다."[48]

다수결로 결정해야 하는 영역과 권리로 보호해야 하는 영역의 한계를 정하는 것에 내재한 모호성은 때로 민주주의와 법치 사이의 대립이나, 추상적인 인민주권의 원리 대 정의의 원리 사이의 갈등으로 표현된다. 요세프 라즈에 따르면, "입법부는 현안에 사로잡혀 있기 때문에, 또한 단기적인 문제에 너무 민감한 대중을 대상으로 재선을 보장받아야 할 필요를 느끼기 때문에, [입장의] 극심한 변화를 보이거나 혼란스러운 조치를 취하기 십상이다."[49] 그는 "현대 민주주의에서는 법치가 민주적 입법부의 권한과 전통에 기반한 교리의 힘 사이에서 미묘한 균형을 보장하는 기능을 한다."라고 덧붙였다.[50] 로널드 드워킨은 한 걸음 더 나아가, "따라서 헌법 전체에 대해 가능한 해석은, … 어떤 헌법상의 권리는 다수로 하여금 정의가 요구하는 바가 무엇인지에 관한 자신만의 신념을 따르지 못하도록 명확하게 고안된 것이라는 점을 인정해야 한다."라고 주장한다.[51] 이런 시각에 따르면, 카를로 과르니에리가 지적하듯이, "독립적인 판사가 공적 기능의 수행을 심사하는 것은 정치권력의 행사를 견제하기 위한 효과적이고도 필수적인 수단이다. 이는 법의 우위를 확고히 하고 시민의 권리를 보장해 준다."[52]

그러나 도대체 어떤 근거에서, 신중하지 못한 입법자들과 이른바 '법', '전통', 심지어 '정의'의 사제[즉, 판사]를 대비하는 것일까? 우리는 왜 판사는 '법'을 집행하는 것 외에 그 어떤 이해관계도 없고, 판사의 결정권은 자의적이지 않으며, [사법부의] 독립이 공정성을 보장한다고 믿어야 하는가? 판사의 지배가 곧 '법의 지배'는 아니다.[53] 육체가 없는 존재는 지배할 수 없다. 오직 사람만이, '지배한다'라는 동사의 주어가 될 수 있다.[54] '법'이나 '정의'는 지배할 수 없다. 오직 사람만이 지배할 수 있다.✦ 오히려 월드론이 강력히 주장했듯이,[55] 의회가 반드시 법원보다 덜 신중하거나 권리를 덜 존중하는 것은 아니다. 다수파에게 더 많은 권한을 주는 제도가, 견제와 균형을 통해 정부의 행동에 장애물을 두는 제도보다 더 권력을 남용하고 변덕스럽다고 말할 증거는 없다. 법원과 의회는 결국 "사람들이 운영하는 제도"populated institutions다. 그들 간의 갈등 "역시 정치적인 것이다. 왜냐하면 그것은 권한을 유지하거나 확대하려는 욕구에 뿌리를 두고 있으며, 반드시 합법성의 규범 자체와 연결되지는 않기 때문이다."[56] 그러나 다수 지배를 억제하거나, 더 나아가 그에 대항하길 원하는 이들의 목소리는 여전히 크다. 예컨대, 로장발롱은 "이제 권력이 다수의 [의사] 표현에 따르더라도 그와 동시에 발생하고 상호 보완적인 통제 및 검증 절차의 시험을 통과하지 않는 한, 그 권력은 완전히 민주적인 것으로 간주되지 않는다."고 생각한다.[57] 인민에 대한 공포[다

✦ [옮긴이] 저자가 참조하고 있는 이그나시오 산체스-쿠엔카는 다음과 같이 이야기한다. "이는 법의 지배를 논하는 사람들이 흔히 오해하는 부분이다. 그들은 대체로 '인간이 아닌 법에 의한 통치'를 실천에 옮기는 것이 법의 지배의 핵심이라고 단언한다. 그러나 이는 매우 모호한 주장에 지나지 않는다. 통치는 법으로 이루어질 수 없다. 법에 의한 통치란 통치자들이 법률이 정한 바에 구속되어 있다는 것, 즉 통치는 인간이 하더라도 그 통치행위는 법률에 따른다는 것을 의미할 뿐이다. 이런 근본적인 혼동은 다른 표현들에서도 명확히 나타나는데, 이를테면 사람들이 흔히 법의 지배와 연결해 이야기하는 '법 주권'sovereignty of the law이나 '법률 지상'supremacy of the law 같은 표현들에서도 똑같은 오해가 발생한다. 이 모두는 공허한 수사일 뿐이다. 인간의 창조물인 법은 반드시 인간 의지의 지배를 받아야 한다. 사실, '법의 지배'라는 용어 그 자체가 본질적으로 수사적인 표현이다. 법은 지배할 수 없다. 지배는 행위이며, 법이 직접 행위를 행할 수는 없는 것이다." 『민주주의와 법의 지배』, 135, 136쪽.

수에 대한 공포]는 인민의 자치라는 이데올로기의 신봉자에게 선천적으로 존재했던 것 같다. 이는 [그 이데올로기가] 시작될 때부터 있던 모순 가운데 하나였고, 오늘날에도 여전히 살아 숨 쉬고 있다.

다시 한번 월드론의 주장[58]을 따라가 보자. 법원은 일상적인 입법이나 행정부의 활동 가운데 권리와 관련된 부분으로 정치적 관심을 집중하는 데 중요한 역할을 할 수도 있다. 법원은 의회와 행정부에 정보를 제공할 수 있고, 심지어 의회와 행정부에 지시를 할 수도 있다. 그럼에도 궁극적인 결정권은 선출된 대표의 수중에 있어야 한다. [선호가] 이질적인 사회, 곧 권리에 대한 견해가 엇갈리는 사회에서 자율이라는 이상은, 오직 법이 제도적 틀 내에서 구조화된 다수의 의지일 때에만 발전한다.

우리 시대 자치의
구현으로서의 민주주의

오늘날 우리가 이해하는 '민주주의'라는 용어는, 대의제가 최초로 확립 되었을 당시에 정식화된 이상인 '자치'의 구현으로 볼 수 있는가? 증거는 엇갈린다. 역사를 거꾸로 읽어서, 대의제를 창설한 이들의 의도를 오늘날 우리가 민주주의를 이해하는 방식으로 이해하는 것은 시대착오적이다. 자치, 평등, 자유라는 그들의 이상은 중요한 출발점이었다. 200년이 넘는 시간 동안, 그들의 이상은 대의제가 오늘날 우리가 민주주의라 부르는 것으로 발전하도록 생기를 불어넣었다. 이것이 바로 우리가 대의제의 창설자들을 존경하는 이유이다. 그러나 유감스럽게도 그들의 아이디어 가운데 일부는 논리적으로 앞뒤가 맞지 않거나, 현실적으로 실현 불가능했고, 또 일부는 명백히 그들의 이익을 합리화한 것이었다.

[대의제 창설자들의] 의도를 둘러싼 쟁점은 해결될 수 없다는 점을 다시 한번 말해 두고 싶다. 예를 들어 고든 우드는 다음과 같이 주장했다.

미국인들은 단순히 인민을 모든 정치적 권위의 모호하고 실체 없는 근원으로 만들지 않았다. 헌정 체제에 대한 새로운 관점, 법률에 의해 제한받지 않는 인민의 제헌회의+라는 생각의 발전, [인민의] 지시에 대한 의존,

---

+ [옮긴이] 'extralegal conventions'를 맥락을 고려해 풀어서 옮겼다. 우드(Wood 1969, 3부 9장 4절)는 주로 노아 웹스터를 통해 1780년대 미국의 직접민주주의자들의 주장을 다루고 있다. 그들은 소수의 대표가 모여 영속적인 헌정 체제를 구축

[의사당] 외부에서 전개되는 정치에 대한 인민의 참여, 대표의 성격에 대한 명료화, 경쟁하는 공직자들의, 인민에 대한 끊임없는 호소, 이 모든 것이 인민주권이라는 진부한 표현에 일관성과 현실성, 심지어 법적 실재성을 부여했다.[1]

그러나 이 인용문은 인민과 대표 사이의 관계, 선거와 선거 사이 기간에 인민이 수행하는 역할, [헌법 제정 권력의 근원을 둘러싼] 주권의 소재所在 등에 내재된 모호성 및 그에 대한 논쟁을 다룬 부분[3부 9장 4절]의 결론이다. 게다가 언급된 목록 가운데 오직 "경쟁하는 공직자들의, 인민에 대한 끊임없는 호소"만이 미국 헌법에 살아남았다. 그러므로 모건의 다음과 같은 주장에 쉽게 동조할 수 있다. "[그러나] 실제 인민들의 소망, 필요, 권리를 허구적fictional 주권자인 인민의 최고 의지overriding will와 조화하는 문제는 일시적인 것이 아니었다. 참으로 이 문제는 [인민주권이라는] 새로운 허구에 내재적인 것이었다."[2+]

한다는 필라델피아 제헌회의의 기본 전제 자체를 비판했다. 그들은 제정 권력은 인민에게 있으므로 인민의 제헌회의가 헌법을 제정 및 개정할 수 있어야 하고, 정치는 인민의 지시에 따라야 한다는 등의 급진적인 주장을 펼쳤고, 이를 통해 '모든 정치권력은 인민으로부터 나온다'는 명제를 현실에서 구현하려 했다. 우드는 'extralegal conventions'에 관해 "법 외부의 조직, 이 특별히 구성된 제헌회의에서 인민 스스로 자신의 주권적 역량으로 비준할 수 있는 상위의 법을 제정하며, 이 법은 입법부에 있는 인민의 임시적인 대리인들에 의해 변경될 수 없다."라고 부연한다. 언제나 정부 외부에 있는 인민의 권력만이 절대적이고 구속받지 않는 것이지, 정부 내의 다양한 대표, 대리인은 결코 그럴 수 없다는 것이다(Wood 1969, 388, 389).

+ [옮긴이] 이 인용문은, 일반적인 논지를 담고 있지만, 사실 모건이 영국 크롬웰의 독재에 대해 논하는 대목에서 나온 것이다. 모건에 따르면, 크롬웰은 1653년 호국경에 취임하면서 이전에 왕이 가졌던 대부분의 권력을 취했으며, 1657년에는 그를 왕으로 만들려는 시도도 있었다. 이 모든 것은 인민주권의 이름으로 이뤄졌지만, 대다수 왕당파는 이와 같은 '왕의 귀환'을 환영하고 있었다. 인민주권이 특정

모건이 지적하듯이, "문제는 인민의 권력을 인정하면서도, 동시에 그것의 직접적인 표현을 현존 권위에 대한 지지로 이끌 수 있는 제도와 사고방식을 발전시키는 것이었다."[3] 대의제 정부의 체계들은 가난하고 글도 읽을 수 없는 광범위한 대중이 정치에 참여할 수 있다는 두려움 아래에서 태어났다. 거의 모든 곳에서 대의제 창설자들이 직면한 전략적 문제란 부자를 위한 대의제 정부를 만들고 그것을 가난한 이들로부터 보호할 방법을 찾는 것이었다고 생각해도 크게 틀리지 않을 것이다. 앞서 살펴보았듯이 애초의 대의제도는, 그 고귀한 선언에도 불구하고, 심지어 정치 영역에서조차 평등주의적이지 않았다. 대의제 창설자들이 생각한 자치는 이성과 덕성을 갖춘 이들에 의한 정부를 의미했다. 그러나 이성과 덕성은 부, 성별, 인종에 따라 다른 사람들과 구별되는 이들[예컨대 부자, 남성, 백인]만이 보유한 것이었다. 정부가 선거를 통해 선출되어야 했고, 선거가 통치할 권위를 부여하는 유일한 근원이기는 했지만, 선거의 역할은 단지 사회경제적 지위에 의해 통치할 자격이 있는 자들의 우월성을 비준해 주는 것에 불과했다. 대의제도들은 종교적·경제적 갈등의 그늘 아래에서 만들어졌다. 그 탓에 대의제는 선거와 선거 사이 기간에 인민이 목소리를 내지 못하게 하거나 그것을 최소화하는 방식으로 설계되었으며, 모든 '중간 조직들' — 사교 클럽, 결사체, 노동조합, 정당

정부 형태일 필요가 없다는 점이 분명해졌고, 심지어 인민주권이 왕정복고의 장애물이 되지도 못하게 되었다. 인용문의 앞 구절을 좀 더 옮기면 다음과 같다. "'누가 인민을 위해 말할 수 있는가'라는 문제는 복잡해져 버렸다. 인민을 위해 가장 말하고 싶어 하는 사람들, 인민주권을 가장 역설한 사람들이 인민의 다수를 소외시켰다는 점이 인식되었기 때문이다. 처음에 많은 이들은 이 문제가 일시적인 것이고, 정세에 따른 난점이라고 보았다. 시간이 흐른 뒤에는 군주정의 지지자들도 결국 인민주권의 이점을 인정할 것이라고 추론했다."

등과 같은 — 은 사회 평화를 위협하는 것으로 간주되었다. 전제정에 대항하기 위한 보루로 의도된 이 제도는 권력에 대한 견제와 균형에 의해, 그리고 다수의 의지에 맞서 현 상태를 보호함으로써, 정부가 할 수 있는 일(그것이 좋은 일이든 나쁜 일이든)이 거의 없도록 설계되었다. 자유라는 가치를 막연하게만 이해한 많은 이들은, 대의제도를 설계하면서 거기에 도덕적 가치 심지어는 노골적으로 종교적인 가치까지도 불어넣었으며, 결국 상당히 권위주의적인 결과를 만들고 말았다.

자애로운 가부장주의라는 외양은, 그것이 가난한 사람, 여성 또는 '문명화되지' 못한 사람들에게까지 미쳤는지 여부와 상관없이, 이해관계를 숨기는 가면에 불과했다. 게다가 그 가면은 너무나도 얄팍해, 재산권이 침해당하는 순간 곧바로 벗겨졌다. 권력과 부는 밀접한 관계였으며 때론 뻔뻔하기까지 한 정도였다. 노골적인 무력이, 재산권에 대한 위협을 막는 최후의 방벽으로 자리 잡았다. 제도적인 체계는 대체로 충분히 효과적인 해자垓子가 되었다. 가난한 이들은 부자들이 그들의 이익을 대변해 줄 것이라고 배웠고, 여성은 남성이 그들의 이익을 지켜 줄 것이라고 배웠으며, '문명화'되지 않은 이들은 식민주의자가 그들을 인도해 주어야 한다고 배웠다. 재산권이 침해될 것이라는 두려움이 팽배해지자 자치, 평등, 자유가 지적으로 정교하게 꾸며져 소수의 지배와 양립할 수 있게 되었다. 몇몇 목소리들이 매우 흥미롭게 보이는 까닭은 바로 이 때문이다. 이 목소리들은 대의제 창설자들의 진짜 믿음, 진짜 의도를 드러냈을 따름이다. 인민은 "오류를 범할" 수 있으므로 인민을 신뢰할 수 없다고, 제임스 매디슨, 시몬 볼리바르가 말했으며 헨리 키신저 역시 그러했다. 나아가, 인민이 저지를 수 있는 가장 심각한 오류는 사회경제적 평등을 쟁취하기 위해 정치적 권리를 사용하고, 더 높은 임금, 더 나은 노동

조건, 물질적인 안정을 위해 연대함으로써 '재산권'을 침해하는 것이라고 했다. 심지어 가난한 계층을 더는 배제할 수 없게 되었을 무렵에는 온갖 기발한 장치로 그들이 획득한 정치적 권리의 효과를 무력화했다. 대다수 인민이 투표권을 획득하자 다양한 제도적 규칙[예컨대 선거제]과 현직자의 정치적 영향력을 통해 [현직자에게 유리하도록] 투표와 선출의 관계가 보호되었다. 1889년 스페인 의회에서 벌어진 보통선거권 관련 토론에서, 한 발언자는 이렇게 주장했다. "우리는 보통선거권을 확립하려 합니다. 그러면 우리나라 정치사에는 어떤 일이 벌어질까요? 아무 일도 벌어지지 않습니다. … 하원은 지금처럼 계속 작동할 것입니다. 국왕은 [스페인 의회인] 코르테스+와 함께 입법권을 행사할 것입니다. 국왕은 … 1876년 헌법에 따라 부여된 모든 [권력] 보증과 특권을 누릴 것입니다."[4]

분명히 재산권만이 유일하게 갈등적인 쟁점은 아니었다. 대의제는 종교전쟁의 그늘 속에서 출현한 것이기도 했다. 올리비에 크리스틴이 보여 주었듯이,[5] 16세기 유럽에서 정치제도는 종교적 갈등을 조율하는 틀로서 자율성을 얻었다. 라틴아메리카 보수주의자와 자유주의자는 경제적 이익보다는 종교 문제를 놓고 갈등을 벌였다. 게다가 정치인들은 권력을 자신의 이익을 얻기 위한 수단으로 추구할 뿐만 아니라 권력 그 자체를 목적으로 삼기도 한다. 그리고 권력에 대한 추구에는 집요하기 짝이 없다. 통치자들은 정치적 권리를 독차지하거나, 절차를 조작하거나, 노골적으로 부정을 저지르거나, 정부의 특권을 당파적으로 뻔뻔스럽게

+ [옮긴이] 스페인 의회는 전통적으로 Cortes Generales라 불리는데, 이 의회는 상원 Senado과 하원Congreso de los Diputados으로 구성되어 있다. Corte라는 말은 원래 국왕의 충복들 가운데 가장 영향력이 강했던 신하들로 구성된 일종의 진언 위원회를 가리켰다.

이용하는 등 모든 수단을 동원해 권력을 유지하고자 했다. 돌이켜보면 그들이 얼마나 성공적이었는지, 그리고 정치적 반대파가 제도적 규칙을 따르면서 현직자를 대체하는 것이 얼마나 드물었는지 놀라울 따름이다.

이런 제도적 특징 가운데 몇몇은 오늘날에도 지속되고 있지만 이데 올로기적·실제적 측면 모두에서 엄청난 변화가 나타났다.

이성과 덕성을 갖춘 사람이라면 모두의 공공선이 무엇인지에 대해 동일한 결론에 도달하리라 가정한 합의주의consensualism는 물질적·문화 적 차이로 비롯된 갈등 앞에서 무너졌다. 계급 갈등의 불가피성을 강조 한 사회주의 운동이 19세기 후반에 대두하면서, 사유재산권에 기초한 사회의 토대를 위협했다. 사회주의라는 유령으로 인해, 깊은 갈등이 현 존하는 상황에서 사회가 어떻게 평화를 유지하며 존속할 수 있는지가 정치적 의제의 전면으로 부상했다. "하나로 뭉치자."라고 외치기는 쉬 웠지만, 분열되어 있으면서도 함께 살아가는 방법을 찾기는 더 어려웠 다. 그리하여 몇몇 정치철학자들 사이에는 여전히 합의를 그리워하는 향수가 남아 있지만 우리는 민주주의를, 규칙에 따라 갈등을 평화적으 로 처리하는 한 가지 방법으로 인식하게 되었다. 정당 간 정권 교체를 당 연한 것으로 받아들이기까지 대략 200년이 걸렸다. 오늘날 우리는, 비 록 우리가 누군가의 통치를 받고 있더라도 우리가 원한다면 다음번에는 다른 누군가의 통치를 받을 수 있다는 사실을 안다.

사회가 부유해짐에 따라 갈등은 완화되어 대체로 평화롭게 해결되 는 경향을 보였지만, 경제적 불평등은 여전히 만연했다. 몇몇 사람들은 인민의 의지로 경제적 격차가 사라질 것이라는 희망을 품었고, 다른 몇 몇 사람들은 그런 사태가 벌어질까 두려움을 가졌지만, 경제적 불평등 의 만연은 이런 상반된 시각이 모두 섣부른 것임을 보여 주기에 충분했다. 심지어 가장 평등한 민주주의 사회들에서조차 상당한 수준의 불평등이 지속되고 있고, 이런 상황이 앞으로도 지속될 것이라 예상할 수 있는 근거도 있다. 그럼에도 이제 [과거와 달리] 우리는 불평등이 경제 법칙의 필연적 결과라고 보지 않는다. 실제로 수많은 여론조사가 증명하듯이, 세계 각국의 사람들은 민주주의가 경제적·사회적 평등을 증진할 것이라 기대한다. 나아가 아마도 가장 근본적인 차원에서의 변화를 꼽자면, 이제 우리는 경제적 불평등을 비롯한 어떤 사회적 불평등도 정치적 불평등으로 제도화되거나 그 외 다양한 방식으로 변형되어 정치적 불평등을 강화하는 것을 용납하지 않는다.

이제 우리는 단순히 시민을 다른 시민으로부터 보호하는 것 이상의 무언가를 하라고 정부에 요구한다. 정부가 권력을 남용할 수 있다고 여전히 우려하지만 오늘날 우리는 국가를, 번영을 촉진하고 시장을 규제하며 모든 시민의 경제적 복지를 보장하는 제도로 본다. 나는 우리가 국가의 역할에 대해 합의에 도달했다고 주장하는 것은 아니지만, 역사적인 관점에서 볼 때 이데올로기와 현실 모두에서 엄청난 변화가 일어났다. 오늘날 전 세계적으로 인구 10만 명 정도의 도시들도 1789년에 미국 정부가 고용했던 인원만큼 많은 사람들을 고용한다. 우리는 정부가 우리 삶의 질을 증진하길 기대한다. 우리는 정부의 활동과 그것이 우리 복지에 미치는 영향을 기준으로 정부를 평가한다. 이와 동시에, 국가가 [모든 시민을] 동등하게 대우해야 한다는 것은 강제력 있는 권리enforceable right로 자리 잡았다. 막스 베버의 말처럼, 관료가 모든 시민을 동등하게 대우하는 것과 민주주의는 동의어가 됐다.

자유는 정해진 제도와 절차에 따라 보호되어 제도적으로 보장되는 권리라는 형태를 취한다. 이런 권리에는 정부의 침해로부터 사적 영역을 보호받을 권리뿐만 아니라 선거와 선거 사이 기간에 선출된 정부에 반대할 수 있는 권리, 여론 형성의 자유, 집회 및 탄원의 자유 등도 포함된다. 게다가 우리는 권리[가 있다는 사실]만으로는 충분하지 않고, 권리를 행사하기 위해서는 자원이 필요하며, 권리가 실효성을 가지려면 국가가 이런 자원을 적극적으로 제공해야 한다는 점을 배웠고, 어쩌면 현재에도 여전히 배워 가고 있다.[6]

따라서 [과거에] 자치를 꿈꿨던 이데올로그들은 현대의 민주주의가 자신들이 애초 의도했던 대로 만들어진 것이라고는 전혀 생각하지 않을 것이 분명하다. 그렇다면 왜 현대 민주주의가 '인민의 자치'와 관련이 있다고 주장하는가? 당파적 분열의 불가피함을 인정하고, 정치적 불평등을 더는 용인하지 않으며, 우리 삶을 개선하기 위한 정부 역할을 강조하고, 정치적 자유를 확고히 하는 이념들을 위해, [자치의 이데올로그들이 생각했던] 이 독특한 이상이 폐기되었다고 말하지 않는 이유는 도대체 무엇일까?

자치라는 관념에서 '인민'의 두 가지 역할을 구분해 보는 것이 유용하다. 즉, 자치에서 인민은 정치적 주체로서의 인민과, 통치할 권위를 부여하는 원천으로서의 인민으로 구분된다. 정치적 주체로서의 인민은 분열되어 있고 원자화되어 있다. 그들은 오직 '중간[매개] 집단'을 통해 조직되어야만 뭉칠 수 있다. 중간[매개] 집단을 통한 인민의 조직화는 프랑스혁명에서 금지되었고, 다른 곳에서는 두려움의 대상이었다. 개인마다 이해관계, 가치, 정념이 다르다는 사실 때문에, 정치적 주체로서의 인민을 이론적으로 재구성하기는 어렵다. 나는 인민이, 선거를 통해 선출된 사람들에 의해 통치되는 체계에서, 인민의 통치가 어떻게 행사되는지를 많은 사람들이 여전히 이해하지 못한다고 주장해 왔다. 많은 사람들이, 자신에게 명확한 선택지들이 제시되지 않는다는 사실에 낙담하고, 자신의 정치적 행위가 [집단적 의사 결정 결과에] 거의 영향을 못 미친다는 사실에 무력감을 느낀다. 이들은 민주주의 메커니즘을 중요하게 여기지만, 그것이 작동하는 과정에서 자신의 역할은 미미할 뿐이라고 생각한다.

그러나 비록 정치적 주체로서의 '인민'이 당파적으로 분열되어 있다고 해도, 인민은 현대 민주주의를 정당화하는 유일한 준거점이다. [민주주의의] 창설자들은 어디에서나 "선거 없이 대표 없다."라고 했으며, 오늘날에도 민주주의자라면 다르게 말할 수 없다. 신의 의지에 호소하는 것이 민주적 권위의 원천이 될 수 없다는 것은 분명하다. 다양한 유형의 권위주의자들이 약속하는 질서나 합리성 역시 민주주의에 권위를 부여하지 못한다. 오늘날에도 여전히 그 실체가 불분명한 '정의'에서 정당성을 찾는 이들이 있지만, 정의는 기껏해야 민주주의와 불안하게 조화를 이룰 수 있을 따름이다.[7] 우리는 타인의 지배를 받는다. 이 사실을 정당화할 수 있는 유일한 권위는, 통치자가 선거에서 표출된 '인민'의 의사에 따라 행동한다는 것뿐이다.

민주주의에 대한 가장 진부한 정의는, 정부가 내리는 결정이 시민이 원하는 것을 반영하거나 그에 부합하는 체제라는 것이다. 그러나 이는 그렇게 엄격한 기준이 아니다. 이 정의에 따르면 거의 모든 통치자가 [자신의 체제를] 민주주의라고 주장할 수 있고, 실제 그러고 있기 때문이다. 통치자들은 거의 언제나 자신이 '인민'의 뜻에 따라 그들을 대신해 통치한다고 주장한다. 오늘날 이런 주장이 거의 보편적으로 제기됨에도 불구하고, 정치체제들의 실제 형식은 전 세계적으로 크게 다르다. 예컨대 러시아 '주권 민주주의'sovereign democracy 개념의 주창자인 미하일 레온티예프는 (2008년 1월 19일 폴란드 신문 『지엔느닉』*Dziennik*과의 인터뷰에서) "러시아의 정치 체계는 — 형식에서는 다르더라도 그 본질에서는 — 실질적이고 진정한 서구 민주주의와 전혀 다르지 않다."라고 말했다. 하지만 형식이 다르면 본질 또한 다르지 않겠는가? 따라서 이런 주장을 뒷받침하기 위해 어떤 증거가 필요한지가 문제다.

이런 주장들을 평가하기 위해 우리는 서론에서 언급한 방법론적 틀로 돌아갈 필요가 있다. 모든 정치적 주장은 모건이 말한 "신화"[8]이거나 그람시가 말한 "이데올로기"[9]에 해당한다. 모든 정치적 주장이 과학적 명제라기보다는 신화에 속하는 까닭은, 그것이 어떤 공식화된 절차를 통해 입증되기보다는 일상의 경험을 통해 확인될 수 있기 때문이다. 그러나 신화가 한 사회가 지향하는 바를 말해 주고, 각 개인을 하나의 '인민'으로 뭉치게 하며, 그람시가 말한 "능동적 동의"active consent를 얻으려면 반드시 어느 정도는 사실에 부합해야 한다.

'인민'이 통치한다는 주장을 신뢰할 수 있게 만드는 사실적 근거는 무엇일까? 몇몇 통치자들은 민주주의를 들먹이지 않고, 단지 자신들이 인민이 가장 원하는 것, 주로 질서와 번영을 제공한다고 주장하면서 자신의 정당성을 내세운다는 점에 주목하라. 많은 이들에게 싱가포르나 중국의 성공은 이런 주장이 충분히 근거가 있는 것처럼 보이게 만들었다. 심지어 노골적인 억압을 통해 질서가 유지되더라도 말이다. 다음과 같은 헌팅턴의 고전적인 명제는 오늘날에도 여전히 광범위하게 회자되고 있다. "국가들 사이의 가장 중요한 정치적 차이점은 통치의 형식form of government이 아니라 통치의 정도degree of government와 관련된다. 민주주의와 독재 사이의 차이는 합의, [제도적인] 연속성, 정당성, 조직화, 효율성, 안정성을 구현한 국가들과 그렇지 않은 국가 사이의 차이보다 작다."[10]

링컨이 소중하게 품고 있었던 [인민의, 인민에 의한, 인민을 위한 정치라는]

공식에도 불구하고, 민주주의는 '인민에 의한by 통치'일 수 없다. 이미 존 스튜어트 밀이 주장했듯이,[11] '인민'은 통치할 수 없다. 오직 다른 사람들[통치자]에 의해 통치될 뿐이다. 그러므로 링컨의 공식 가운데 '인민의of 정부'인지, '인민을 위한for 정부'인지만 평가의 대상이 될 수 있다. 그렇다면 통치자가 인민의 뜻에 따라, 그리고 인민을 대신해 통치한다고 믿을 수 있게 만드는 것은 무엇일까?

인민이 악당[현직자]을 쫓아낼 기회가 있었지만 그러지 않았다는 것이 아마 유일한 답이 될 것이다. 반사실적 가정을 평가하기는 쉽지 않지만 '쫓아낼 기회가 있었다'는 것이 결정적이다. 경쟁적인 선거 ─ 인민이 합리적으로 공정한 규칙과 절차에 따라 투표해 결정하면 현직자가 공직에서 퇴출될 가능성이 있는 선거 ─ 만이 인민의 정부라는 신화의 타당성을 검증할 수 있는 유일한 기준이다. 보비오의 구분[12]을 한 번 더 반복하면, 엘리트가 자신을 제안하는propose 체제와 자신을 강요하는impose 체제는 다르다.

경쟁적인 선거는 중요하다. 선거를 통해 퇴출될 가능성이 있으면 통치자는 이 같은 위협을 예상하면서 통치해야 하기 때문이다. 물론 권위주의 통치자도 쫓겨날 수 있다. 그러나 혁명은, 설령 벨벳[+]을 입고 나타나더라도, 고통이 따르고 혼란스러운 일이다. 선거는 최소한의 비용으로 정부를 교체하는 방법이며, 따라서 선거는 [다른 수단에 비해] 통치자에 대해 더 강력한 견제 효과를 갖는다. 물론 책임성을 강제하는 선거의 역할을 이상화해서는 안 된다. 선거는 무딘 도구다. 현직자는 선거 규칙을

[+] [옮긴이] 무혈혁명인 1989년 체코 혁명을 '벨벳처럼 부드럽게 정권 교체가 이뤄졌다'는 의미로 '벨벳 혁명'이라 부른 데서 연유한다.

조작할 수 있고, 미디어에 영향력을 행사해 여론을 관리할 수도 있으며, 국가의 자원을 동원해 정부에 우호적인 후보들을 지원할 수도 있다. 실제로 1788~2000년 사이에 전 세계적으로 치러진 선거 가운데 약 80퍼센트에서 현직자가 승리했다. 어쩌면 이들 가운데 상당수는 진정으로 인민의 지지를 받아서 이겼을지도 모르지만, 자신이 손에 쥐고 있는 수단을 사용해 선거 결과에 영향을 미쳐 이긴 경우도 꽤 있을 것이다. 그럼에도 불구하고 현직자가, 패배할 수도 있는 선거를 치를 준비가 돼있다면 그들은 낙선할 수 있다는 점도 걱정해야 한다.

질서를 잘 유지하고 경제 번영을 이룬 정부들이 있다고 해보자. 그들은 사람들이 배불리 먹고 반란을 일으키지 않는다는 것을 증거로 내세우면서, 인민이 원하는 바를 충족했기 때문에 자신들의 체제가 민주주의라고 주장한다. 이런 관점에서 보면, 선거는 체제에 대한 인민의 지지를 보여 주는 형식적인 행사에 불과해 보일 수 있다. 그럼에도 이런 체제들 역시 대부분 '선거'를 실시한다. 선거 결과 실제로는 아무도 [인민의 의사를 그대로 반영해] 선출되지 않도록 주시하면서 말이다. 이런 [비경쟁적인] 선거가 대의제만큼 오래됐다는 점을 강조할 필요가 있다. 역사에 무지한 미국의 정치학자들만이 '선거 권위주의'를 새로운 것으로 봤을 뿐이다. 그러나 인민이 원하는 것을 얻어서 진정으로 만족한다면, 도대체 왜 [인민을 이렇게나 만족시킨] 통치자들은 패배할 가능성이 있는 진정한 경쟁[선거]에 과감히 뛰어들지 않을까? 이반 크라스테브는 (2006년 8월 28일 『지엔느닉』에서 '주권 민주주의'에 관해 논평하며) "[주권 민주주의라는] 위조 민주주의를 만드는 것은, 원본이 더 바람직하다는 것을 위조자가 자인하는 셈"이라고 했다. [권위주의적] 통치자가 진짜 민주주의를 두려워한다면, 그들도 자신의 주장을 안 믿기 때문이 아닐까?

경쟁적인 선거는 통치자가 인민의 뜻에 따라, 그리고 인민을 대신해 통치한다는 믿음을 인민에게 줄 수 있는 유일하게 신뢰할 만한 메커니즘이다. 선거는 [정부가 민주적인지를 시험하는] 회의주의자의 장치다. 선거는 정부가 인민의 적극적인 동의를 얻어 통치한다는 주장을 입증한다. 주기적으로 표를 헤아려 이 주장을 검증하기 때문이다. 동의를 얻지 못한 정부가 투표로 퇴출될 수 있다면, 반대로 그들이 자유롭고 공정한 선거에서 이겼다는 사실은 [정부가 인민의 동의를 확보하고 있다는] 정보를 제공한다. 그리고 이것이 신뢰할 수 있는 정보의 유일한 원천이다.

하지만 선거는 언제 경쟁적일까? 이 질문에 대한 답은 명백하지 않다. 심지어 국제 선거 감시단조차 선거가 공정하게 치러졌다고 인증할 기준에 관해 완전한 합의에 이르지 못했다. [국제 선거 감시단 가운데] 미국인은 '자유롭고 공정한'free and fair이라는 기준으로 분류하는 것을 선호하는 반면, 유럽인은 '경쟁적이고 정확한'competitive and accurate이라는 표현을 쓴다. 가장 큰 어려움은 현직자가 선거에서 지고 평화적으로 물러났을 때만 선거가 제대로 치러졌는지에 대한 검증 결과가 확실하게 나온다는 것이다. 현직자가 이긴다면 증거는 없다. 인민이 현직자가 이기길 바랐기 때문에 그들이 이겼을 수도 있고, 인민이 그들을 쫓아낼 기회가 없었기 때문에 그랬을 수도 있다. (앞서 인용한 인터뷰에서) 레온티예프는 이런 모호함을 놓고 이렇게 말장난을 했다. "압도적인 사회적 지지를 받는 세력이 선거에서 이기는데, 뭐가 비민주적이라고 하는지 도무지 이해할 수 없다." 그러나 선거에서 패배하지 않으려고 정부 권력을 노골적으로 휘두르는 일이 자주 벌어진다. 선거는 규칙에 따라 치러져야 하지만, 그 규칙은 조작될 수 있고, 때로는 너무나 노골적으로 조작되어 반대파가 승리할 가능성이 아예 없을 때도 있다. 게다가 선거 조작에 실패하면 현직자는 선거 부정을 저지르기도 한다. 최소한 [제대로 된 선거라면] 모든 사람이 그 선호의 내용이 무엇이든 자신의 당파적 선호를 표현할 동등한 기회를 얻어야 하며, 규칙이 달라져도 선거의 최종 결과가 바뀌지 않아야 한다. 이것이 바로 '자유롭고 공정한' 선거의 의미다.

자치라는 신화를 영속화하고 민주주의에 생명력을 불어넣는 데 선거가 발휘하는 힘은 놀라울 정도다. 선거 결과에 따라 정부가 바뀔 수 있다는 작은 가능성만으로도 사람들은 충분히 [민주주의에 대한] 희망을 품을 수 있다. 선거는 민주주의의 세이렌이다. 즉, 과거가 어땠든, 사람들이 정치에 얼마나 지치고 혐오감을 느끼든, 선거는 언제나 다시 희망을 불러일으킨다. 그리고 선거는 아마도 희망을 품기에 충분한 근거일 것이다. 조지 W. 부시와 딕 체니를 뽑고 또 재선까지 시켜 준 나라에서, 버락 오바마를 대통령으로 뽑을 수 있다고 누가 상상이나 했겠는가? 결국 인민의 투표 결과에 따라 정부가 언젠가 바뀔 수 있다는 가능성만으로도 평등, 결과 책임성, 대표 등의 신화는 충분히 그럴듯해 보이게 된다.

그렇기 때문에, 이데올로기와 현실의 그 모든 변화에도 불구하고, 나는 현대 민주주의가 인민의 자치라는 이상을 구현하고 있다고 본다.

지난 200년 동안 우리는 자치라는 이상을 좀 더 일관성 있고, 좀 더 명실상부하게 만들었다고 나는 생각한다. 우리는 어떤 갈등은 피할 수 없다는 것을 이해했으며, 또 그와 같은 갈등은 정당을 통해 가장 잘 조직될 수 있다는 사실을 배웠다. 우리는 대의제의 창설자들이 정치적 평등에 대해 가진 생각을 비판적으로 검토했다. 우리는 정부가 복지를 증진하려고 나설 준비가 되어 있을 때 우리 삶이 더 나아진다는 것도 배웠다. 자유는 구체적인 권리로 공식화될 때 가장 잘 보호되며, 이런 권리를 행사하려면 특정 조건이 충족되어야 한다는 점 역시 배웠다.

이제 전 세계의 많은 나라에서 보통선거권, 빈곤층과 여성에게 호소하는 정당, 합리적으로 경쟁적인 선거와 효과적인 제도, 기본권에 대한 관심, 상당한 정치적 자유가 보장되고 있다. 진보가 이루어진 것은 명백하다. 우리는 과거보다 자치, 평등, 자유라는 이상을 실현하는 데 한층 더 가까워졌다. 그렇다면, 우리는 드디어 그 이상에 도달했을까? 안타깝게도 대답은 여전히 간단하지 않다.

나는 이 책 내내 민주주의에 한계가 있다고 주장했다. 즉, [민주주의를 포함해] 그 어떤 형태의 정치제도도 우리가 소중히 여기는 모든 가치를, 적어도 동시에, 달성할 수는 없다. 시장경제에서 경제적 평등을 달성하는 데에는 순전히 기술적인 한계, 어쩌면 불가피한 한계가 있다. 게다가 빈곤을 줄이는 것이 최우선 목표라면 소비재를 재분배하는 것보다 경제 성장이 더 효율적인 수단일 수도 있다. 그러나 대다수의 현존 민주주의 국가들은 [경제적 불평등을 줄일 수 있는] 가능한 정도에도 훨씬 못 미치고, 끔찍할 정도로 불평등한 나라도 꽤 있다. 다른 모든 정치제도 역시 불평등을 줄이지 못했다고 해서 민주주의가 면죄부를 받을 수 있는 것은 아니다. 경제적·이데올로기적·조직적 자원을 불균형적으로 [많이] 부여받은 이들이 이를 활용해 자신의 특권을 성공적으로 지켜 낸다고 해서, 경제적·사회적 평등을 위한 투쟁이 무의미해지는 것도 아니다. 최소한 우리는 사람들이 정치에 좀 더 평등하게 접근할 수 있도록, 돈이 정치에 미치는 영향력에 적극적으로 맞설 수 있다. 오늘날 사회경제적 불평등에 대해 우리가 용인할 수 있는 유일한 한계는, 민주주의가 시장경제 아래에서 작동하고 있고 앞으로도 그럴 것이라는 사실에서 비롯된 한계이지, 정치적 불평등을 반영하는 한계여서는 안 된다.

나는 [선거라는 방식을 넘어서] 정치 참여의 범위를 확대하려는 시도에

회의적이다. 선거 참여가 아주 평등하지는 않다고 해도, 결국 선거는 우리가 가지고 있고, 가질 수 있는 가장 평등한 정치 메커니즘이다. 정치 참여의 범위를 늘려야 한다는 주장은 정치 참여에 쓸 자원이 많은 사람에게 더 많은 특권을 부여하는 경우가 너무 많다. 참여는 평등할 수 없고 [결과에 영향을 미칠 수 있다는 의미로] 효과적일 수 없다. 분명 토크빌이 꿈꾼, 서로 연대를 맺고 적극적으로 참여하는 시민들에 대한 비전은 매우 매력적이다. 그러나 단위가 작을수록 참여가 더욱 효과적으로 이루어진다는 [토크빌식 비전의] 주장은 모든 나라에서 지방선거 투표율이 총선 투표율보다 낮다는 난제에 봉착한다. 우리가 할 수 있는 최선은 선거를 자유롭고 공정하게 치를 수 있도록 더욱 노력하는 것이다.

경제 발전을 촉진하고, 소득 창출의 기회를 평등하게 하며, 소득이 부족한 이를 보호함으로써, 정부는 전반적인 복지를 향상하는 중요한 역할을 할 수 있다고 나는 확신한다. 대의제의 설계자들은 통치자의 동기에 대해 지나치게 회의적이었고 기득권을 보호하는 데 급급했다. 물론 정부는 자신 또는 측근의 이익을 위해 행동할 수 있다. 또한 단순히 실수를 저지를 수도 있다. 그러나 적절하게 제도를 설계하면 좀 더 효과적이고 책임감 있는 정부를 만들 수 있다. 즉, 우리는 정부의 권위를 높이면서 동시에 정부 행위의 투명성도 증진할 수 있다.[13]

나는 기본권들이 잘 보장되고 있는지 여부는 반드시 전문 기관에 의해 모니터링되어야 한다는 의견에 공감한다. 하지만 법과 공공 정책은 결국 다수결에 따라 결정되어야 한다. 이 문제는 다수의 지배가 '법의 지배'와 대조적인 것인 양 제시하는 이데올로기적 정식화에 의해 왜곡되어 왔다. 마치 법이 제도적 틀 내에 구조화된 다수의 의지와 무관할 수 있는 듯이 말이다. 그러나 다수파에게 더 많은 권한을 부여하는 제도가,

견제와 균형을 통해 정부 행위에 장애물을 두는 제도보다 더 권력을 남용하고 더 변덕스럽다고 말할 증거는 없다.

결국, 비록 몇몇 한계는 일반적일 수 있지만, 각각의 민주주의는 또한 각자의 결함으로 말미암아 어려움을 겪는다. 상당수의 국가는 단순히 빈곤 때문에 고통받는다. 일부 국가 — 브라질이 먼저 떠오르는데 — 는 참기 어려울 정도로 경제적으로 불평등하다. 많은 국가에서 돈이 정치를 지배한다. 몇몇 나라에서는 돈으로 정치적 영향력을 살 수 없도록 하는 것이 가장 결정적인 개혁 조치가 될 것이다. 다른 민주주의국가들 — 이번에는 아르헨티나와 프랑스가 떠오른다 — 에서는 정당 체계와 제도적 틀이 사회적 갈등을 흡수하고 제도적 규칙에 따라 갈등을 처리하는 데 계속 실패한다. 일부 민주주의국가 — 스웨덴이 사례로 자주 언급된다 — 에서는 국가 행정이 사적인 삶에 너무 깊숙이 침투한다. 몇몇 사실은 정말이지 여전히 당혹스러울 만큼 충격적이다. 어떻게 대의제를 200년 넘게 유지해 온 나라[미국]가 선진국 가운데 가장 경제적으로 불평등할까? 또 감옥에서 신음하는 인구 비율이 세계에서 가장 높을 수 있을까? 심지어 가장 억압적인 전제정보다 높은 수준으로 말이다. 어떻게 이 나라 유권자 가운데 절반 정도가 4년에 한 번도 투표하지 않을 수 있을까? 어떻게 이 나라 국민은 돈이 정치에 노골적으로 영향을 미치는 것을 용인할 수 있을까?

더 많은 이야기를 할 수 있지만, 내가 각 민주주의국가들이 겪고 있는 결함을 정확히 진단할 수 있는 척하지는 않겠다. 다만 내가 강조하고 싶은 것은, 민주주의의 한계를 인정하는 것이 곧 현실에 안주하라는 의미가 아니라는 점이다. 우리가 민주주의의 한계를 알아야 하는 이유는, 그러지 않으면 많은 경우, 그 누구에 의해서도 또 그 어떤 곳에서도 실현될 수 없는 공약을 내세우며 정치적 권력을 잡으려 하는 데마고그의 선동적인 호소에 쉽게 넘어갈 수 있기 때문이다. 우리는 또한 개혁이 가능하다고 해서 반드시 개혁이 이뤄지는 것은 아니라는 사실을 알아야 한다. 하지만 어떤 개혁은 시급하며, 많은 개혁이 실현 가능하다.

옮긴이 후기

이 책은 애덤 셰보르스키의 *Democracy and the Limits of Self-Govern-ment*[+]를 번역한 것이다. 원제대로라면 『민주주의와 자치의 한계』로 옮겨야 했겠지만, 책의 전체 맥락을 고려해 저자의 의도가 잘 살도록 『민주주의, 할 수 없는 것과 할 수 있는 것』이라는 제목을 붙였다. 저자는 이 책에서 "민주주의가 달성할 수 있는 것과 달성할 수 없는 것"을 확인하고, "[민주주의가 할 수 있는 일의] 한계선을 긋는 것"을 자신의 궁극적인 관심사라고 밝히고 있기 때문이다(17, 24, 25쪽).

셰보르스키 자신이 여러 차례 언급하는 것처럼, 민주주의가 무엇을 이룰 수 있고 또 무엇을 이룰 수 없는지는 민주주의를 어떻게 규정하는가에 따라 달라질 것이다. 그렇다면 셰보르스키는 민주주의를 어떻게 바라보는가? 그는 사회주의정당의 선거 참여에 관한 일련의 연구를 수행한 후, 『민주주의와 시장』[++]에서부터 민주주의에 관한 최소주의적 정의를 제시했다. 그에 따르면 민주주의는 "정당들이 선거에서 패배할 수 있어야 하는 체계"로서, 민주적 과정의 결과는 미리 결정되어 있지 않아 불확실하며, 자신들의 이익과 가치를 증진하고자 하는 인민들에 의해

[+] Adam Przeworski, *Democracy and the Limits of Self-Government*, Cambridge: Cambridge University Press, 2010.

[++] Adam Przeworski, *Democracy and the Market: Political and Economic Reforms in Eastern Europe and Latin America*, Cambridge: Cambridge University Press, 1991 (『민주주의와 시장』, 임혁백·윤성학 옮김, 한울아카데미, 1997).

그 결과가 결정된다는 특징을 갖는다.[+] 모든 사람에게 참여가 개방된 선거 경쟁으로 통치자가 선출되고 그 과정을 통해 인민주권이 작동하는 것이 민주주의의 다양한 제도적 유형을 관통하는 기본적 특징이다. 시민들이 이런 민주적 과정에 참여하기 위해서는 결정의 결과가 불확실해야 한다. 그러므로 민주화란 "모든 이익 실현을 경쟁에 맡기는 것, 즉 불확실성을 제도화하는 것"이고, 특정인이나 특정 집단으로부터 "규칙 체계로의 권력 이전이야말로 민주주의로 가는 결정적인 발걸음"이다.[++] 그리고 "어떤 사람도 민주적 제도 밖에서 행동한다는 것을 상상조차 할 수 없게 되었을 때, 패배자들이 원하는 모든 것은 그들이 패배한 바로 그 제도 내에서 다시 경쟁하는 것일 때", 곧 민주주의가 "우리 동네에서 유일한 게임이 되었을 때" 민주주의는 공고화된다.[+++] 셰보르스키의 이런 관점은 흔히 '불확실성의 제도화로서의 민주주의'로 요약된다.

이와 같은 관점은 셰보르스키의 최근 저작에서도 일관되게 나타난다. 민주적 과정으로 선출된 정권이 법과 제도를 반민주적 목적으로 사용해 민주적인 제도와 규범을 서서히 무너뜨리고 있는 현실에 대해 강한 우려를 표명하고 있는 『민주주의의 위기들』에서도 그는 자신이 선거를 중심으로 한 최소주의적 관점으로 민주주의를 정의하고 있다고 밝힌다.[++++] 최근 논문인 「민주주의를 옹호하며」에서도 마찬가지다. "민주주의는 누구에 의해 통치될지, 그리고 어느 정도는 어떻게 통치될지도 시

[+] 『민주주의와 시장』, 28쪽.

[++] 같은 책, 34쪽.

[+++] 같은 책, 49쪽.

[++++] Adam Przeworski, *Crises of Democracy*, Cambridge: Cambridge University Press, 2019, p. 5.

민들이 집단적으로 결정하는 시스템이다. 인민이 정부를 자유롭게 선택하고 해임할 수 있을 때만 그 체제는 민주적이다. 최소주의적 개념에서는 이것이 민주주의의 전부다."[+]

이에 반해 최대주의적 개념은 민주주의 자체가 아니라 대표성, 책임성, 평등, 참여, 정의, 존엄, 합리성, 안전 등 어떤 본질적 가치나 이상 혹은 이익의 실현과 민주주의를 결부하는 것이다. 그는 민주주의에 이런 외재적 가치를 부여할수록 민주주의를 훼손하는 경향이 줄어들 수 있다는 점을 인정한다.[++] 그렇다면 왜 민주주의에 관한 최소주의적 관점이 중요할까? 이 책『민주주의, 할 수 없는 것과 할 수 있는 것』은 셰보르스키의 저작 가운데 이 문제에 관한 가장 포괄적인 답변을 담고 있다. 그리고 이를 위해 역사적 관점과 분석적 모형을 결합한다. 그는 대의제가 민주주의로 진화한 과정을 살펴봄으로써 민주주의의 이상과 현실을 구별해, 대의제의 창설자들이 설파했고 또 오늘날까지 이어져 온 이상을 잣대로 민주주의가 불완전하다고 평가하는 것이 오해라는 점을 밝히려 한다. 다른 한편 사회적 선택이론을 재해석함으로써 민주주의의 한계를 좀 더 명확하게 규정하고 가능한 개선 방향을 제시한다.

민주주의는 18세기 후반, 인민이 스스로 통치해야 한다는 혁명적 사상에서 비롯되었다. 자치의 이상에 따르면, 평등한 시민이 자신이 따라야 할 법을 스스로 정할 때 그들은 자유로울 수 있다. 따라서 자치, 평등, 자유는 민주주의의 태동기부터 지금까지 민주주의자의 이상이며 분리될 수 없는 가치다. 문제는 '인민이 스스로를 통치한다'는 자치의 이상

[+] Adam Przeworski, "Defending Democracy", *SSRN*, 21 Feb. 2024, p. 1. https://papers.ssrn.com/sol3/papers.cfm?abstract_id=4701964 (검색일: 2024.7.1.).

[++] 같은 글, pp. 2, 3.

은, 그것이 대의제 창설자들이 말한 것처럼 "모든 이들의 평등과 모두를 위한 자유"(41쪽)를 함의한다면, "논리적으로 일관되지 않고, 현실적으로 실현 가능하지도 않"다는 점이다(53쪽).

"인민이 스스로를 통치한다."는 이상에 따라 자신을 지배하는 법을 제정할 수 있는 유일한 권위체인 '인민'은 언제나 단수형이다. 그러나 단수형 인민은 이론적·이념적으로 상정되는 개념일 뿐 실제로 행동하는 실체가 아니다. 서로 다른 생각, 이해관계, 정서를 지닌 복수형의 인민들이 스스로를 통치하며 자유로울 수 있는 조건은 "각자가 그리고 모두가 동일한 법 아래에서 살기를 원하는 것"(58쪽)이다. 모두가 동일한 질서를 추구하지 않을 때 누군가의 의사는 집단적 결정에 반영되지 않으며, 어떤 질서든 강제를 수반하므로 누군가는 강제를 받을 수밖에 없다. 대의제의 창설자들은 "자신들이 살고 싶어 하는 법적 질서가 무엇인지에 대해 모든 사람이 동일한 선호를 가진다."(77쪽)고, 사회적 분열이 불가피하다고 인정할 때조차 "인민은 자연적으로 통일되어 있으며, 오직 인위적으로만 분열될 수 있다."(60쪽)고 가정했다. 그러나 "공동선, 이상적인 선호, 집단적 의지"에 관한 이들의 이론은 모두 민주주의가 "누군가는 늘 통치만 하고 누군가는 늘 통치받기만 할 가능성을 배제하지 않는다."는 기본적인 사실을 은폐한다(77쪽). "어떤 개인이나 단체도 전체 인민의 의지를 대표할 수 없다"(69쪽).

이것은 자치의 불가능성을 의미하는 것일까? 그렇지 않다. 셰보르스키는 자치의 의미를 최소주의적 개념에 맞춰 수정함으로써 민주주의를 옹호하는 한편 그 한계를 식별하고 실천 가능한 제안을 제시하려고 한다. 선호가 이질적인 대규모 사회에서 자치는 "누군가는 최소한 일시적으로라도 자신이 선호하지 않는 법 아래에서 살아야" 하겠지만, 그럼에도 "개인의 선호를 가장 잘 반영하고, 최대한 많은 사람이 가능한 한 가장 자유로울 수 있는 집단적 의사 결정 체계"로 재규정된다(77, 78쪽). 정치적 주체로서의 인민이 당파적으로 분열되어 있다고 해도, 인민은 민주주의를 정당화하는 유일한 준거점이다. 인민이 통치한다는 주장은 통치자가 인민의 뜻에 따라, 그리고 인민을 대신해 통치한다는 것이고, 현직자를 쫓아낼 합리적 가능성을 가진 경쟁적인 선거가 그 주장을 검증할 유일한 기준이다(317-319쪽). 이런 관점에서 민주적 정부는 특정 시점에서 전체를 대표하지는 않지만 최대한 많은 이를 대표한다. 또 다수가 원하면 정부가 바뀌고, 그렇게 되면 대다수가 언젠가는 대표된다.

다른 한편 이와 같은 자치의 개념은 평등, 참여, 대표, 자유의 조건을 충족할 것을 요구한다. 즉, 모든 참여자는 집단적 의사 결정에 동등한 영향력을 행사해야 하며, 모든 참여자는 집단적 의사 결정에 효과적으로 영향을 미칠 수 있어야 한다. 또 집단적 의사 결정은 그 결정을 집행하도록 선출된 사람에 의해 시행되어야 하고, 법적 질서 아래에서 부당한 간섭 없는 안전한 협력 관계가 가능해야 한다(78쪽). 하지만 바로 이 조건들에서 민주주의는 한계를 보여 주고 있기도 하다. 이 책의 4~7장은 평등, 참여, 대표, 자유를 중심으로 자치의 조건이자 한계를 좀 더 상세히 검토한다.

4장 「평등」에서 셰보르스키는 끊임없이 불평등을 재생산하는 시장 경제 체계 안에서 작동하는 민주주의가 경제적 불평등과 양립하고, 어떤 정치 체계도 완벽한 사회경제적 평등을 이룰 수 없다는 점을 강조한다. 자치의 이상은 모든 집단 구성원의 동등한 영향력 행사를 요구하고, 민주주의는 개인의 모든 특성과 무관한 익명성을 통해 민주주의 정치에서의 평등을 구현한다. 그러나 익명성은 "사회에 존재하는 불평등을 덮는 장막"(138쪽)일 뿐이며, 사회경제적 불평등은 다양한 방식으로 정치 영역에 스며든다.

5장 「선택과 참여」에서는 민주주의에서 선거가 갖는 의미가 고찰되고 있다. 자치는 선거를 통해 실행되며, 유권자는 단지 경쟁하는 후보들이 제시한 정책들 가운데에서 선택할 수 있을 뿐이다. 만장일치를 제외하면, 개인으로서 유권자는 집단적 결정에 인과적 영향력을 미치지 못한다. 그러나 집단의 결정은 개인 선호의 분포를 반영하기 때문에, 집단으로서 유권자가 선거 결과를 결정한다는 점은 변하지 않는다. 스스로 통치한다는 것은 모든 개별 유권자가 최종 결과에 인과적으로 영향을 미친다는 의미가 아니라 모든 개인의 의사가 집계되어 집단의 결정이 내려진다는 의미이다.

6장 「대리인」에서는 정당 간의 경쟁으로 진화한 선거를 통해 선출된 정부는 당파적으로 행동할 수밖에 없고, 따라서 일정한 대리인 비용은 불가피하다는 점이 강조된다. 민주주의 역시 통치의 한 형태이기 때문에 질서를 유지하기 위해 강제를 수반하며, "거리에 질서가 없으면 민주주의는 살아남을 수 없다"(245쪽). 좋은 이유에서든 나쁜 이유에서든 정부가 원하는 것이 정부를 선출한 인민이 원하는 것과 다를 수 있으며, 정부는 통치행위 가운데 일부가 유권자를 희생시키는 것일지라도 반드시 통치할 수 있어야 한다. 정부는 결코 완벽한 대리인이 아니며, 정부를 선출한 위임은 정부에 대한 명령이 아니다. 시민은 정부가 통치행위를 수행할 때 일정한 자율성을 누린다는 사실을 감내해야 한다.

7장 「자유」에서 셰보르스키는 법으로 보장되는 시민의 안전, 즉 "법을 통한 자유"freedom through law와 정부의 간섭에서 벗어나 법으로 규제받지 않는 모든 것을 누릴 자유, 즉 "법으로부터의 자유"freedom from law가

쉽게 양립할 수도 없고, 적절한 균형을 찾기도 어렵다는 점을 강조한다(288쪽). 시민들 사이의 갈등으로부터 오는 위험을 줄이기 위해서는 질서가 필요하고, 질서를 유지하기 위해서는 개인의 욕구, 욕망, 가치를 어느 정도 억압할 필요가 있다. 그러나 이렇게 유지되는 질서는 지나칠 수도 있고, 자의적으로 집행될 수도 있다. 자유는 제도적으로 보장되는 권리라는 형태를 취하지만, 권리들은 거의 항상 충돌하기 때문에 무엇을 권리로 보호해야 할지를 정하는 것에도 모호성이 내재한다. 대의제 창설자들은 안전과 불간섭 사이에서 모호한 태도를 보였으며, 오늘날에도 이는 보수주의자와 자유주의자 사이에 깊은 정치적 균열을 이루고 있다.

요컨대 민주주의는 경제적 평등, 효과적 참여, 완벽한 대리인, 자유라는 점에서 모두 한계를 갖는다. 민주주의는 사회경제적 영역에서 평등을 이루지 못하고, 인민은 자신의 정치 참여가 결과에 아무 영향을 미치지 않는다고 느끼며, 정부로 하여금 약속한 일을 하도록 하고 권한을 위임받지 않은 일은 하지 못하도록 보장하지 못하고, 질서와 불간섭 사이에 균형을 잡지 못한다는 것이다(24쪽). 하지만 이는 모든 정치체제의 한계이기도 하다. "현대사회에서, 많은 사람들이 원하는 만큼 경제적 평등을 만들어 내고 유지할 수 있는 정치체제는 없다. 사람들의 정치적 참여가 개별적으로 모두 결과에 영향을 미칠 수 있는 그런 정치체제는 없다. 정부로 하여금 완벽한 시민의 대리인이 될 수 있게 하는 정치체제도 없다. 민주주의에서는 질서와 불간섭이 불편하게 공존하지만, 그 어떤 정치체제도 이 문제를 민주주의만큼 잘 해결할 수 없다." 민주주의는 하나의 틀에 불과하지만, 그 틀 속에서 인민은 "다소나마 평등하고 자유롭게, 그리고 어느 정도 효과적으로 참여하여, 서로 다른 희망·가치·이익에 따라 더 나은 세상을 만들기 위해 평화적으로 투쟁할 수 있다."는 것이다(48, 49쪽).

여기서 이 책의 문제의식을 되돌아볼 필요가 있다. 셰보르스키는 자치, 평등, 자유라는 민주주의의 이상과 민주주의의 현실을 혼동하는 것은 "환영에 불과한 기획을 하게 하는 불합리한 희망을 부추기고, 그 결과 실현 가능한 개혁 방향을 보지 못하게 하"는 유해한 결과를 가져온다고 지적한다(23쪽). 민주주의의 한계를 알아야 "어떤 정치체제도 할 수 없는 일을 하지 못한다는 이유로 민주주의를 비난하지 않을 수 있"고, 한계를 극복하기 위한 개혁의 방향을 알 수 있다는 것이다(49쪽). 따라서 평등, 참여, 대표, 자유에 대한 민주주의의 한계를 인정하라고 지적하는 것은 현실에 안주하라는 의미가 아니라 민주주의의 질을 높이기 위해 무엇을 경계하고, 무엇을 실천해야 하는지를 식별해야 한다는 뜻이다. 셰보르스키는 민주주의가, 바람직한 모든 가치를 적어도 동시에 달성할 수는 없지만 선거를 자유롭고 공정하게 치를 수 있도록 노력하는 것, 정부가 경제 발전을 촉진하고 소득 창출의 기회를 평등하게 하며 소득이 부족한 사람들을 보호해서 전반적인 복지를 향상하는 것, 적절한 제도를 통해 정부의 권위를 높이면서 동시에 정부 행위의 투명성을 증진하는 것, 법을 제도적 틀 내에서 구조화된 다수의 의지에 따라 결정되도록 함으로써 자유를 보장하는 것이 중요하다고 언급한다(324, 325쪽).

이언 샤피로는 『민주주의, 할 수 없는 것과 할 수 있는 것』에, 셰보르스키가 수십 년 동안 발전시킨 주장이 풍부한 역사적·현대적 데이터를 바탕으로 종합되어 있다면서 "민주주의에 관한 책을 단 한 권만 읽을 시간이 있다면 바로 이 책을 읽어야 한다."고 평한 바 있다. 샤피로가 평한 것처럼, 셰보르스키가 이 책에서 펼친 내용의 대부분은 이후 저작들의 바탕을 이룬다. 그의 저작들을 관통하는 일관된 관점은, 과잉된 가치들을 덧칠하지 않고 민주주의를 냉정하게 바라볼 때, 민주주의 자체를 지킬 수 있을 뿐만 아니라 민주주의를 통해 수호하려는 가치들을 현실적으로 증진할 수 있다는 것이다. 이는 셰보르스키가 최소주의적 개념의 대표적인 논자일지라도 그의 주장이 최대주의적 주장과 단절되어 있는 것이 아님을 보여 준다. 그는 이미 1991년 저작인 『민주주의와 시장』에서도, "시민권과 정치적 자유에 의해 뒷받침된, 정직하고 경쟁적인 선거"를 실시하더라도 그 경쟁적 선거가 합리성, 정의, 책임성, 평등을 창출하기에 충분하다는 것을 의미하는 것은 아니며, 민주화 연구자들의 새로운 과제는 "민주주의의 질"이 되어야 한다고 주장한 바 있다.[+] 『민주주의, 할 수 없는 것과 할 수 있는 것』에서, 평등, 참여, 대표, 자유라는 기준에서 민주주의가 갖고 있는 한계로 지적되고 있는 바는 자유롭고 공정한 선거를 넘어 민주주의의 질을 높이기 위해 우리의 노력이 투여되어야 할 지점들을 의미하는 것이기도 하다. 오늘날 많은 논자들이 우려하고 있는 민주주의의 위기는 근본적으로 이런 노력이 적절한 성과를 내지 못했음을 뜻할 것이다. 그리고 셰보르스키 역시 자신이 다져 놓은 이론적 지반 위에서 위기를 고찰하는 작업을 멈추지 않고 있다.

『민주주의, 할 수 없는 것과 할 수 있는 것』으로부터 9년이 지난 이후 출간된 『민주주의의 위기들』에서, 셰보르스키는 법적·정치적 자유의 축소, 법치주의의 붕괴, 사법부의 독립적 권한 약화, 대의제에 대한 신뢰 상실, 심각한 사회경제적 불평등, 공공질서 유지를 내세운 억압의

[+] 『민주주의와 시장』, 288쪽.

남용 등 시민이 정부를 선택할 수 있는 능력에 대한 잠재적 위협을 강조했다.[+] 또 민주주의에 대한 현재의 불만은 선거라는 정치적 외양은 유지되는 가운데 사회적·경제적 영역의 깊은 갈등에 뿌리를 두고 터져 나오기 때문에, 이런 민주주의의 위기는 선거를 포함한 정치적 영역의 변화로는 완화되지 않을 수 있다는 우려를 표명하기도 했다. 그가 보기에 오늘날 민주주의는 민주주의가 무너졌다는 명백한 징후 없이, 법적 질서의 위반을 수반하지 않으면서, 은밀하게 전복될 위험에 처해 있다.[++] 이런 위기는 셰보르스키가 이 책에서도 지적한 민주주의의 일상, 즉 "끊임없이 옥신각신하는 치졸한 야심가들, 진실을 숨기고 왜곡하기 위해 만들어진 번지르르한 말들, 권력과 자본 사이의 부정한 관계, 정의로운 척조차 안 하는 법, 특권을 더 공고하게 만들 뿐인 정책"(14쪽)이 바뀌지 않은 결과일 것이다.

셰보르스키는 민주주의에 대한 기대가 합당한 것인지 살펴보기 위해서는 민주주의의 한계들 가운데 무엇이 조건부적인 것이고, 무엇이 구조적인 것인지를 질문해야 한다고 주장한다(24쪽). 어떤 한계들은 특정 조건이나 제도로 인해 발생하고, 상황에 따라 가변적이며, 바로잡을 수도 있는 것이다. 이 부분과 관련해, 민주주의의 위기를 주제로 한 최근 연구에서 보이는 논점의 변화가 흥미롭다. 예컨대 셰보르스키는, 민주주의의 선거 경쟁은 혁신적인 정책을 쉽게 허용하지 않으며, 유권자들 역시 정치투쟁에 갇히지 않고 상대 정당이 추진했던 정책이라도 합리적인 판단에 근거해 동일하게 추진하는 정당만을 책임감 있는 정당이라고

[+] *Crises of Democracy*, p. 5.
[++] 같은 책, p. 15.

판단한다(203쪽)는 주장을 명시적으로 철회했다. 사회경제적 불평등이 심각하고, 선거가 정상적으로 이어지더라도 그 결과가 삶의 개선으로 이어지지 못할 때, 사람들은 "말기 암 환자처럼" 온갖 종류의 망상을 지푸라기라도 잡는 심정으로 받아들인다는 것이다.[+] 일정한 사회경제적 조건 속에서 민주주의는 기존에 시도되지 않았던 극단적 주장을 선거 경쟁에서 배제할 힘을 잃었고, 오히려 그런 주장에 민주적 외피를 둘러 주게 되었다.

그러나 민주주의에 대한 최소주의적 관점에 바탕을 두고 민주주의의 질을 어떻게 높일 수 있을까를 고민하는 셰보르스키의 시각은 민주주의의 위기에 대한 분석에서도 일관된다. 거듭 말하지만, 그가 최소주의적 개념의 대표적인 논자일지라도 그의 시야는 최소주의에 갇혀 있지 않다. 그는 모든 정치 세력이 민주주의를 내세울 때, 시민들의 권리를 침해하는 반이민 정책, 낙태(임신중절) 반대, 성소수자 반대 등의 정책을 주장하는 극우 정당이라도 그들이 제도적 규칙을 준수하는 한 최소주의적 기준으로는 반민주적이지 않다는 점을 인정한다. 민주주의의 위기를 부르는 극우파의 부상, 포퓰리즘적 데마고그의 출현 등도 최소주의적 의미에서는 민주주의에 대한 위협으로 간주되지 않을 수 있다. 사회경제적 양극화가 심화되는 상황에서 민주주의가 실현해야 할 가치에 대해 사람들의 의견이 엇갈릴 때, 갈등은 민주주의 자체가 아니라 민주주의의 가치를 둘러싸고 발생하는 것이다. 이 지점에서 그는 두 가지 주장으로 최소주의적 개념의 중요성을 강조한다. 첫째, 민주주의의 가치를 둘러싼 갈등이라 하더라도 그 갈등을 평화롭게 처리할 수 있는 유일한 메

[+] "Defending Democracy", p. 7.

커니즘은 선거다. 민주주의자는 설령 자신이 주장하는 가치가 위협받더라도 패배를 받아들일 준비가 되어 있어야 한다. 둘째, 그는 민주주의적 규범의 파괴에 반대하는 집단들이 민주주의에 서로 다른 가치를 부여할 때 민주주의의 후퇴에 대한 거부는 다수를 이루더라도 개혁에 대한 구체적인 제안은 소수가 될 수 있다고 주장한다. 단적인 사례로 야당이 공동의 적에 맞서 단결하지 못하는 사태가 벌어진다는 것이다. 그는 "최소주의는 단결하고, 최대주의는 분열한다."고 언급한다.[+]

민주적 가치가 위협받더라도 선거 패배를 받아들여야 한다는 점을 원론적으로 인정하더라도 선거와 선거 사이 기간에 반대를 조직할 수 있는 민주적 규범과 제도의 점진적 붕괴에는 어떻게 대처해야 할까? 마치 우리의 민주화를 연상시키는 것처럼, 최소주의가 폭넓은 반대의 연대를 가져올 수도 있겠지만, 민주주의 자체가 아니라 민주주의의 가치를 둘러싸고 발생하는 갈등에서도 최소주의는 과연 유효할 수 있을까? 셰보르스키가 이제 막 '생각할 거리'로 제기한 주장들에 대한 이런 의문을 셰보르스키와 함께 고민하기 위해서도 우리는 민주주의에 관한 그의 가장 폭넓은 고찰이 담긴 이 책, 『민주주의, 할 수 없는 것과 할 수 있는 것』으로 돌아와야 할 것이다.

이 책의 번역 작업은 공역자인 이기훈의 번역으로 시작되었고, 2022년에 이지윤이 공역자로 합류해 작업을 마무리했다. 하지만 후마니타스의 다른 번역서들처럼 이 책의 번역 작업은 후마니타스 편집진의 공동 작업으로 이루어졌다고 해도 과언이 아니다. 이 자리를 빌려 깊이 감사

[+] 같은 글, p. 9.

드린다. 물론 그럼에도 남아 있을 많은 오역은 오롯이 역자의 책임이다.

2024년 7월

역자를 대표하여 이지윤

미주

머리말

1 Bobbio(1987[1984], 157).
2 Shapiro(1999, 2).
3 O'Donnell(1993).
4 아르헨티나 사례를 훌륭하게 분석한

O'Donnell(1985) 참조.
5 Holmes and Sunstein(1999).
6 May(1952).

1. 서론

1 Markoff(1999, 661).
2 Sen(2003).
3 Guha(2008, 119).
4 Dunn(2005), Hansen(2005),
　Manin(1997), Rosanvallon(1995).
5 Hanson(1989, 72), Palmer(1959, 15),
　Rosanvallon(1995, 144).
6 Hansen(2005, 31)에서 인용.
7 Madison(1982[1788])[이하
　'『페더럴리스트』 14번 논설[국역본,
　109쪽]' 형식으로 표기].
8 Hansen(2005).
9 Graubard(2003, 665).
10 Manela(2007, 39 이하).
11 Dunn(2003, 5).
12 Dahl(2002).
13 Wills(1981).
14 Gargarella(2005).
15 『페더럴리스트』 55번 논설[국역본,
　424쪽].
16 Hansen(2005, 17).
17 Hansen(2005, 1[국역본, 박상훈,

『정치적 말의 힘』, 후마니타스, 2023,
　95쪽])에서 인용.
18 Dahl(1971).
19 Schumpeter(1942).
20 Gargarella(2005).
21 Berlin(2002[1958], 49, 50,
　176[국역본, 149, 150, 359쪽]).
22 Schwartzberg(2009).
23 Kant(1891[1793]).
24 Skinner(1973, 299).
25 Palmer(1964).
26 Derathé(1964, 48).
27 Palmer(1959, 223).
28 Morgan(1988, 49, 50).
29 Gramsci(1971).
30 Jaures(1971, 71).
31 Bernstein(1961).
32 Gramsci(1971, 161, 182[국역본,
　206쪽]).
33 Morgan(1988, 13, 14).
34 Dunn(1999).

2. 인민의 자치

1 Rousseau(1964[1762], 182[국역본, 24쪽]).

2 Dunn(1993, vi).

3 Lakoff(1996, 155).

4 Mill(1989[1859], 7, 8).

5 Kelsen(1988[1929]).

6 Derathé(1964, 48).

7 Dunn(1999).

8 Montesquieu(1995[1748], 104[국역본, 36쪽]).

9 Derethé(1964, 47)에서 인용.

10 Fuller(1964).

11 Kant(1891[1793], 43).

12 Rousseau(1964[1762], 184[국역본, 26쪽]).

13 Kant(1891[1793], 35).

14 Descombes(2004, 337).

15 Hume(2002[1742]).

16 Pasquino(1998, 48)에서 인용.

17 Condorcet(1986[1785], 22).

18 Rousseau(1964[1762], 66[국역본, 35쪽]).

19 Ball(1989, 160).

20 Hofstadter(1969, 12).

21 Washington(2002[1796], 48); 네이버 지식백과 조지 워싱턴 대통령 고별사. 주한 미국대사관 공보과 제공.

22 Susan Dunn(2004, 39)에서 인용.

23 Hofstadter(1969, 23).

24 Ball(1989, 139).

25 Rosanvallon(2004, 59)에서 인용.

26 López-Alves(2000, 55).

27 Burke(2002[1770], 40).

28 Peter(2002[1839], 52).

29 Schmitt(1993).

30 Pasquino(1998, 153).

31 『페더럴리스트』63번 논설[국역본, 479쪽].

32 Hofstadter(1969, 9).

33 Lavaux(1998, 140).

34 Hofstadter(1969, 7).

35 Mill(1989[1859]).

36 Kelsen(1988[1929], 27).

37 Kelsen(1988[1929], 28).

38 Schumpeter(1942, 283[국역본, 396쪽]).

39 Downs(1957, 25[국역본, 64쪽]).

40 Kelsen(1988[1929], 29).

41 Dunn(2004, 53)에서 인용.

42 Ketcham(1986, 153)에서 인용.

43 Metcalf(1977).

44 López-Alves(2000).

45 Kelsen(1988[1929], 29).

46 Lavaux(1998, 67, 68).

47 Kelsen(1988[1929], 38).

48 Schumpeter(1942, 269[국역본, 380쪽]).

49 Schumpeter(1942, 250[국역본, 355쪽]).

50 Shklar(1979, 14).

51 Kelsen(1988[1929], 25, 26).

52 Kelsen(1988[1929], 32, 33).

53 Schumpeter(1942, 250 이하[국역본, 355쪽 이하]).

54 Schumpeter(1942[국역본, 357쪽]).

55 Schumpeter(1942[국역본, 371쪽]).

56 Schumpeter(1942, 272, 273[국역본, 385쪽]).

57 Kelsen(1988[1929], 60-63).

58 Kelsen(1988[1929], 34).

59 Kelsen(1988[1929], 65).

60 Gandhi(2008).

61 Kelsen(1988[1929], 64).

62 Bobbio(1987[1984], 116).

63 Hansen(1991).

64 Hansen(1991, 74[아리스토텔레스,
    『정치학』, 김재홍 옮김, 길, 2017,
    444-446쪽]).

65 Castoriadis(1990, 146).

66 Descombes(2004, 327).

67 Manin(1997, 28[국역본, 46쪽]).

68 Hansen(1991).

69 Manin(1997).

70 Beitz(1989).

71 Rousseau(1964[1762]).

72 Paine(1989[1776-94], 170).

73 May(1952).

74 Kelsen(1988[1929]); Rae(1969).

75 May(1952).

76 McGann(2006, 18) 참조.

77 Austen-Smith and Banks(2000, 87).

78 Schumpeter(1942, 250[국역본,
    355쪽]).

79 Buchanan and Tullock(1962).

80 Cohen(1989, 33).

81 Urfalino(2007).

82 Simmel(1950[1908], 241).

83 Condorcet(1986[1785]).

84 Heinberg(1926).

85 Simmel(1950[1908], 240).

86 Bryce(1921, 25, 26).

87 Condorcet(1986[1785], 11).

88 Simmel(1950[1908], 241, 242).

89 Rae(1969).

90 Kelsen(1988[1929], 19).

91 Kelsen(1988[1929], 58).

92 Rae(1969, 52).

93 Rae(1969, 42).

94 Riker(1982).

95 Arrow(1951).

96 대표적으로 Mackie(2004) 참조.

97 Black(1958), Downs(1957).

98 Bird(2000).

99 Ordeshook(1986).

100 McKelvey(1976).

101 Riker(1982).

3. 대의제의 간략한 역사

1 Jędruch(1998).

2 Sabato(2008).

3 Canedo(1998, 188, 189).

4 Annino(1995; 1998).

5 Bahamonde and Martinez(1998).

6 Jędruch(1998) 참조.

7 Roberts(2002).

8 Schmitt(1993, 478-483).

9 매디슨이 워싱턴에게 보낸 편지.
   Ketcham(1986, 34)에서 인용.

10 Pasquino(1998, 136)에서 인용.

11 Schmitt(1993, 432)에서 인용.

12 López-Alves(2000, 179).

13 Rippy(1965, 89).

14 Diniz(1984, 115).

15 Bolívar(1969, 130).

16 De Luca(1998, 155).

17 Palacio and Moraga(2003, 102).

18 Schmitt(1993, 497).

19 Cheibub(2007, 45).

4. 평등

1 Palmer(1959; 1964).

2 Sieyès(1970[1789], 29[국역본, 20쪽]).

3 Dunn(2003, 10).

4 Palmer(1964, 10).

5 Fontana(1993, 119).

6 Collier and Sater(1996, 42).

7 Sieyès(1970[1789], 3).

8 Palmer(1964, 513).

9 Rosanvallon(2004, 121).

10 Finer(1934, 85).

11 Locke(1988[1689-90][국역본, 73쪽]).

12 Rousseau(1964[1762], 129[국역본, 44쪽]).

13 Pasquino(1998, 149, 150).

14 Schmitt(1993, 364).

15 Kelsen(1988[1929], 17).

16 Montesquieu(1995[1748], 261[국역본, 137쪽]).

17 Rosanvallon(1995, 149).

18 Tocqueville(1961[1835], 41[국역본, 16쪽]).

19 Palmer(1964, 109)에서 인용.

20 Pasquino(1998, 109).

21 Beitz(1989, 4).

22 Schmitt(1993, 372).

23 Ketcham(1986, 18)에서 인용.

24 Manin(1997).

25 Michles(1962, 270[국역본, 383, 384쪽]).

26 Konopnicki(1979, 53).

27 Montesquieu(1995[1748], 155 [국역본, 69, 70쪽]).

28 Crook(2002, 13)에서 인용.

29 Montesquieu(1995[1748], 155 [국역본, 70쪽]).

30 Maza Valenzuela(1995, 153)에서 인용.

31 Bolívar(1969, 19).

32 Seymour(1915).

33 Crook(2002, 32)에서 인용.

34 Loveman(1993, 371).

35 Gargarella(2005, 93)에서 인용. 이 책에서 다른 예시도 찾을 수 있다.

36 Condorcet(1986[1785], 293).

37 Valenzuela(1995, 156)에서 인용.

38 Schumpeter(1942, 244[국역본, 347쪽]).

39 Beitz(1989, 35).

40 Dunn(2004, 23)에서 인용.

41 Crook(2002, 46)에서 인용.

42 Gutiérrez Sanin(2003, 185).

43 Sobrevilla(2002, 196).

44 Gargarella(2005, 120).

45 Bagehot(1963[1867], 277[국역본, 24, 25쪽]).

46 후안 히네스 데 세풀베다Juan Gines de Sepulveda, Young(1994, 59)에서 인용.

47 Young(1994, 89)에서 인용.

48 Wootton(1993, 71).

49 Harrington(1977, 460).

50 Fontana(1993, 122).

51 Palmer(1964, 240, 241)에서 인용.

52 Rousseau(1964[1762], 154[국역본, 67쪽]).

53 Sharp(1998, 113, 114)에서 인용.

54 Palmer(1964, 230)에서 인용.

55 Collini, Winch, and Burrow(1983, 98).

56 Collini, Winch, and Burrow(1983, 107).

57 Macaulay(1900, 263).

58 Marx(1952[1851], 62[국역본, 91, 92쪽]).

59 Marx(1934[1852], 18[국역본, 23, 24쪽]).

60 Marx(1971[1872], 198).

61 Maier(1975, 127).

62 Beitz(1989, xvi).

63 Tingsten(1973, 118, 119).

64 Ensor(1908, 51)에서 인용.

65 Ensor(1908, 345 이하).

66 Tingsten(1973, 119, 120).

67 Tingsten(1973, 361).

68 Schorske(1955, 43)에서 인용.

69 Dunn(2003, 22).

70 Meltzer and Richards(1981).

71 Alaminos(1991).

72 Bruszt and Simon(1991).

73 Li, Squire, and Zou(1997).

74 Piketty(2003).

75 Bartels(2008, 35).

76 Anderson(1977).

77 Frank(2004), Roemer(2001).

78 Bénabou and Ok(2001).

79 Bartels(2008).

80 Piketty(1995).

81 Lindblom(1977), Miliband(1970).

82 Przeworski and Wallerstein(1988).

83 Banerjee and Dufflo(2003).

84 이에 대한 참고 문헌과 논의를 살펴보려면 Beramendi and Anderson(2008) 참조.

85 Montesquieu(1995[1748], 151-155[국역본, 66-69쪽]).

86 Marx(1844[국역본, 33쪽 참조]).

87 Guha(2008, 133)에서 인용.

88 Bryan and Baer(2005, 3).

89 Anduiza Perea(1999, 102).

90 Norris(2002, 93-94).

91 Norris(2004, 174).

92 Yadav(2000).

93 Krishna(2008).

94 Bratton(2008).

95 Booth and Seligson(2008).

96 Verba, Schlozman, and Brady(1995, 190).

97 Bratton(2008).

98 Booth and Seligson(2008).

99 Norris(2002, 93, 94).

100 Norris(2004, 175).

101 Anduiza Perea(1999, 99).

102 Goodrich and Nagler(2006).

103 Bratton(2008), Gallergo(2009).

104 Bryan and Baer(2005, 13).

105 Grossman and Helpman(2001).

106 Grossman and Helpman(2001, 339).

107 Stratman(2005).

108 Pierre, Svåsand, and Widfeldt(2000).

109 https://www.idea.int/parties/finance.

110 http://aceproject.org.

111 Pierre, Svåsand, and Widfeldt(2000).

112 Prat(1999).

113 Stratman(2005, 140).

5. 선택과 참여

1 Bobbio(1987[1984], 25).

2 Dunn(2000, 146, 147).

3 Downs(1957), Roemer(2001).

4 Jędruch(1998).

5 Lindbeck and Weibull(1987).

6 Roemer(2001).

7   Austen-Smith(2000).

8   Downs(1957).

9   Skidelsky(1970, 6).

10 Tingsten(1973, 26).

11 Tingsten(1973, 251).

12 Miliband(1959).

13 Cohn-Bendit and
    Cohn-Bendit(1968).

14 Friedman(2001[국역본, 163, 164쪽]).

15 Barbera, Bossert, and Pattanaik(2001).

16 Sen(1988, 292).

17 Przeworski and Meseguer(2006).

18 Harding(2009).

19 Dunn(2000).

20 Dunn(2000, 152).

21 Kelsen(1949, 284).

22 Sen(1988).

23 Barber(2004), Roussopoulos and
    Benello(2003).

24 Becker(1983).

25 Berlin(2002[1958], 49[국역본,
    149쪽]).

26 Bird(2000, 567).

27 Kelsen(1988[1929], 35).

28 O'Donnell(1994).

29 Lippmann(1956).

30 Schumpeter(1942[국역본, 412쪽]).

31 Manin(1997, 167[국역본, 209쪽]).

32 라틴아메리카에 대해서는
    Loveman(1993), 프랑스에 대해서는
    Rosanvallon(2004), 미국에 대해서는
    Stone(2004) 참조

33 Hofstadter(1969, 7).

34 Carvajal(1992), Franklin(1969).

35 Beza(1969[1574]).

36 Bardach, Leśnodorski, and
    Pietrzak(2005), Jędruch(1982),
    Roháč(2008).

37 Sabato(2008), Sabato and
    Lettieri(2003).

38 Alonso(2000, 111).

39 Miliband(1975[1969], 69)에서 인용.

40 Dahl(1966, xix).

41 Guha(2008, 132).

42 Morgan(1988, 9장), Wood(1969,
    9장).

43 Saiegh(2009).

44 Manin(1997, 170[국역본, 212,
    213쪽]).

45 Sen(1981).

46 Holmes(1995; 2007).

47 Lin and Nugent(1995, 2306).

48 Banks(1996).

49 Przeworski(1991).

50 Crook(2002).

51 Zeldin(1958).

52 Zeldin(1958, 79)에서 인용.

53 이에 대해서는 Valenzuela(1995) 참조.

54 Halperin-Donghi(1973, 116).

55 Sánchez-Cuenca(2003, 81,
    82[국역본, 166쪽]).

56 Lehoucq(2003), Simpser(2006).

57 Benhabib and Przeworski(2006),
    Przeworski(2005).

58 Bryce(1921, 25, 26)에서 인용.

59 Condorcet(1986[1785], 11).

60 Fearon(2006).

61 Alesina(1988).

62 Przeworski(2005).

63 Fearon(2006).

64 Londregan and Vindigni(2006).

65 Simmel(1950[1908], 241, 242).

66 Weingast(1997).

67 Fearon(2006).

68 Gandhi and Przeworski(2006).

69 Bravo(2003, 248).

70 Sabato(2008), Sabato and Lettieri(2003).

71 Magaloni(2007).

72 Przeworski(1988).

73 Barros(2002).

74 Bobbio(1987[1984], 156).

6. 대리인

1 Tsebelis(2002).

2 Rae(1971).

3 Condorcet(1986[1788]).

4 McGann(2006).

5 『페더럴리스트』(51번 논설[국역본, 399쪽]).

6 시에예스, Pasquino(1998, 76)에서 인용.

7 Lechner(1977).

8 Bobbio(1987[1984], 93).

9 Kelsen(1988[1929], 23).

10 Locke(1988[1689-90], 11번 단락[국역본, 23쪽]).

11 Pasquino(1996, 19)에서 인용.

12 Montesquieu(1995[1748], XI, 3[국역본, 179, 180쪽]).

13 Manin(1994, 27).

14 Soriano(1969, 27).

15 Manin(1994) 참조.

16 Condorcet(1986[1788], 243).

17 Vile(1998[1967], 204, 205).

18 Alamán(2008[1832]).

19 Aguilar Rivera(1998, 74).

20 Gargarella(2005).

21 1783년의 언급. Palmer(1959, 270)에서 인용.

22 Manin(1994, 30).

23 Wills(1982, xvi)에서 인용.

24 Manin(1994, 29).

25 Pasquino(1999).

26 Palmer(1959, 262).

27 Manin(1994) 참조.

28 『페더럴리스트』(49번 논설[국역본, 387쪽]).

29 Manin(1994, 55).

30 Montesquieu(1995[1748], 19권 27장[이 문단의 인용문은 국역본, 338, 339쪽]).

31 Weingast(1997).

32 Holmes(1995, 165, 166).

33 Montesquieu(1995[1748], 326[국역본, 178쪽]).

34 Mill(1989[1859], 6, 7[국역본, 16-18쪽]).

35 Vile(1998[1967]).

36 McIlwain(1939, 246).

37 Finer(1934, 85).

38 Finer(1934, 89).

39 Vile(1998[1967]).

40 May(1952).

41 Kelsen(1988[1929]), Rae(1975).

42 Levmore(1992).

43 양원제의 역사와 그를 옹호하는 주장을 간략히 살펴보려면 Muthu and Shepsle(2007)을 참조하라.

44 Buchanan and Tullock(1962).

45 Cuttrone and McCarthy(2006, 184).

46 Iaryczower, Katz, and Saiegh(2009).

47 Levmore(1992, 151).

48 Levmore(1992, 155).

49 Cuttrone and McCarthy(2006, 180, 181).

50 Kiewet and McCubbins(1988).

51 McGann(2006).

52 Dixit, Grossman, and Gul(2000, 535, 536).

53 Dixit, Grossman, and Gul(2000).

54 Alesina(1988).

55 Dixit, Grossman, and Gul(2000, 533).

56 Dahl(1971, 1).

57 Riker(1965, 31).

58 Schmitter and Karl(1991, 76).

59 Przeworski, Stokes, and Manin(1999) 참조.

60 Stokes(2001) 참조.

61 Shapiro and Stiglitz(1986).

62 Achen and Bartels(2002).

7. 자유

1 Condorcet(1986[1788], 206).

2 Holmes(1988).

3 Dahl(1989, 142 이하[국역본, 278쪽 이하]).

4 Sen(1988).

5 Berlin(2002[1958], 35[국역본, 124쪽]).

6 Tocqueville(1961[1835]).

7 Marcuse(1971).

8 Rousseau(1964[1762], 129[국역본, 43쪽]).

9 Burke(1790, 152).

10 Shelling(1954).

11 Elster(1985).

12 Hardin(1989; 1999, 134).

13 Holmes(1995; 2003).

14 푸센도르프Pusendorf, holmes(1995)에서 참조.

15 North and Weingast(1989).

16 Hardin(1989; 1999, 96).

17 Mill(1989[1859]).

18 Holmes(1995, 153).

19 Hardin(1999), 이에 대한 비판은 Goodin(2001) 참조.

20 Montesquieu(1995[1748], 328[국역본, 179쪽]).

21 Ketchum(1986, 200)에서 인용.

22 Dunn(1999).

23 Ketchum(1986, 201)에서 인용.

24 Montesquieu(1995[1748], 325[국역본, 178쪽]).

25 Constant(1997[1819]).

26 Berlin(2002[1958]).

27 Montesquieu(1995[1748], 376[국역본, 210쪽]).

28 Montesquieu(1995[1748], 327[국역본, 179쪽]).

29 Montesquieu(1995[1748], XI[국역본, 178쪽].

30 Montesquieu(1995[1784], 325[국역본, 178쪽]).

31 Locke(1988[1689-90], 57번 단락[국역본, 75쪽]).

32 Laslett(1988, 20).

33 Constant(1997[1819], 603).

34 Berlin(2002[1958], 178, 169[국역본, 362, 344쪽]).

35 Constant(1997[1819], 611).

36 Constant(1997[1819], 616, 617).

37 Palmer(1959, 406)에서 인용.

38 Berlin(2002[1958], 198[국역본, 394쪽]).

39 Constant(1997[1819], 604).

40 Berlin(2002[1958], 194[국역본, 388쪽]).

41 Fromm(1994[1941]), Marcuse(1971).

42 Berlin(2002[1958], 209[국역본, 411쪽]).

43 Marcuse(1962).

44 Sen(1970).

45 Constant(1997[1815], 834, 각주 2).

46 Holmes(1988, 196).

47 Halbac(2008).

48 Waldron(2006, 1352).

49 Raz(1994, 260).

50 Raz(1994, 361).

51 Dworkin(1986, 376[국역본, 526쪽]).

52 Guarnieri(2003).

53 Maravall and Przeworski(2003) 참조.

54 Sánchez-Cuenca(2003, 62[국역본, 136쪽]).

55 Waldron(2006, 1349).

56 Ferejohn and Pasquino(2003[국역본, 421쪽]).

57 『르몽드』(2009년 4월).

58 Waldron(2006, 1370).

8. 우리 시대 자치의 구현으로서의 민주주의

1 Wood(1969, 383).

2 Morgan(1988, 82).

3 Morgan(1988, 152).

4 Garrido(1998, 213)에서 인용.

5 Christin(1997).

6 Holmes and Sunstein(1999).

7 Shapiro(1999).

8 Morgan(1988).

9 Gramsci(1971).

10 Huntington(1968, 1[국역본, 13쪽]).

11 Mill(1989[1859]).

12 Bobbio(1987[1984]).

13 Ferejohn(1999).

참고문헌

Aberdam, Serge et al. 2006. *Voter, élire pendant la Révolution française 1789-1799*. Paris: Éditions du CTHS.

Achen, Christopher, and Larry Bartels. 2002. "Blind retrospection: Electoral responses to drought, flu, and shark attacks." Paper presented at the Annual Meeting of the American Political Science Association, Boston, August 29-September 1.

Aguilar Rivera, José Antonio. 1998. "Oposición y separación de poderes. La estructura institucional del conflicto 1867-1872." *Metapolitica 2:* 69-92.

_____. 1999. *Cartas Mexicanas de Alexis de Tocqueville*. Mexico City: Ediciones Cal y Arena.

_____. 2000. *En pos de la quimera. Reflexiones sobre el experimento constitucional atlántico*. Mexico City: CIDE.

_____. 2009. "Manuel Lorenzo de Vidaurre: la imaginación política y la república incierta." Mexico City: CIDE.

Alamán, Lucas. 2008 [1832]. *Examen imparcial de la administración de Bustamante*. Edited by José Antonio Aguilar Rivera. Mexico City: Conaculta.

Alaminos, Antonio. 1991. "Chile: transición politica y sociedad." Madrid: Centrode Investigaciones Sociologicas.

Alesina, Alberto. 1988. "Credibility and convergence in a two-party system with rational voters." *American Economic Review 78:* 796-805.

Alonso, Paula. 2000. *Between Revolution and the Ballot Box: The Origins of the Argentine Radical Party*. Cambridge: Cambridge University Press.

Alvarez, Michael E., and Leiv Marsteintredet. 2007. "Presidential interruptions and democratic breakdown in Latin America: Similar causes, different outcomes." Paper presented at GIGA, Hamburg, December 13-14.

Anderson, Perry. 1977. "The Antinomies of Antonio Gramsci." *New Left Review 100:* 5-78.

Anduiza Perea, Eva. 1999. *Individuos o sistemas? La razones de la abstención en Europa Occidental*. Madrid: CIS.

Annino, Antonio. 1995. "Introducción." In Antonio Annino (ed.), *Historia de las elecciones en Iberoamérica, siglo XIX*. Mexico City: Fondo de Cultura Económica.

_____. 1998. "Vote et décalage de la citoyenneté dans les pays andins et meso-americains." In Raffaele Romanelli (ed.), *How Did They Become Voters? The History of Franchise in Modern European Representation* (pp. 155-182). The Hague: Kluwer.

Arrow, Kenneth A. 1951. *Social Choice and Individual Values*. New Haven: Yale University Press.

Atkinson, A. B. and T. Piketty (eds.). 2007. *Top Incomes over the Twentieth Century: A Contrast*

Between European and English-Speaking Countries. Oxford University Press.

Austen-Smith, David. 2000. "Redistributing income under proportional representation." *Journal of Political Economy 108:* 1235-1269.

Austen-Smith, David, and Jeffrey Banks. 1988. "Elections, coalitions, and legislative outcomes." *American Political Science Review 82:* 405-422.

_____. 2000. *Positive Political Theory I: Collective Preference.* Ann Arbor: University of Michigan Press.

Bagehot, Walter. 1963 [1867]. *The English Constitution.* Ithaca, NY: Cornell University Press[『영국 헌정』, 이태숙·김종원 옮김, 지식을만드는지식, 2012].

Bahamonde, Ángel, and Jesús A. Martinez. 1998. *Historia de España Siglo XIX.* Madrid: Catedra.

Ball, Terence. 1989. "Party." In Terence Ball, James Farr, and Russel L. Hanson (eds.), *Political Innovation and Conceptual Change* (pp. 155-176). Cambridge: Cambridge University Press.

Banerjee, Abhijit, and Esther Dufflo. 2003. "Inequality and growth: What can the data say?" *Journal of Economic Growth 8:* 267-299.

Banks, Arthur S. 1996. Cross-National Time-Series Data Archive. http://www.databanks.sitehosting.net.

Barber, Benjamin R. 2004. *Strong Democracy: Participatory Politics for a New Age.* Berkeley: University of California Press.

Barbera, Salomon, Walter Bossert, and Prasanta K. Pattanaik. 2001. *Ranking Sets of Objects.* Montreal: Cahier University of Montreal, Centre de recherche et développement en économique.

Bardach, Juliusz, Bogusław Leśnodorski, and Michał Pietrzak. 2005. *Historia Ustroju i Prawa Polskiego.* Warszawa: LexisNexis.

Barros, Robert. 2002. *Constitutionalism and Dictatorship.* New York: Cambridge University Press.

Bartels, Larry M. 2008. *Unequal Democracy: The Political Economy of the New Gilded Age.* New York: Russell Sage Foundation.

Becker, Gary S. 1983. "A theory of competition among interest groups for political influence." *Quarterly Journal of Economics 98:* 371-400.

Beitz, Charles R. 1989. *Political Equality.* Princeton: Princeton University Press.

Bénabou, Roland. 1996. "Inequality and growth." In Ben S. Bernanke and Julio J. Rotemberg (eds.), *NBER Macro-Economics Annual 1996* (Vol. 11, pp. 11-92). Cambridge, MA: MIT Press.

_____. 2000. "Unequal societies: Income distribution and the social contract." *American Economic Review 90:* 96-129.

Bénabou, Roland, and Efe A. Ok. 2001. "Social mobility and the demand for redistribution: The PUOM hypothesis." *Quarterly Journal of Economics 116:* 447-487.

Benhabib, Jess, and Adam Przeworski. 2006. "The political economy of redistribution under bobbio The Future of Democracydemocracy." *Economic Theory 29:* 271-290.

Benhabib, Jess, and Alberto Bisin. 2007. "The distribution of wealth: Intergenerational transmission and redistribute policies." Working paper, Department of Economics, New York University.

Beramendi, Pablo, and Christopher J. Anderson (eds.). 2008. *Democracy, Inequality, and Representation*. New York: Russell Sage Foundation.

Berlin, Isaiah. 2002 [1958]. *Liberty*. Edited by Henry Hardy. Oxford: Oxford University Press[『이사야 벌린의 자유론』, 박동천 옮김, 아카넷, 2014].

Bernstein, Eduard. 1961. *Evolutionary Socialism*. New York: Schocken Books.

Beza, Theodore. 1969 [1574]. *Concerning the Rights of Rulers over Their Subjects and the Duty of Subjects Toward Their Rulers*. New York: Pegasus Books.

Bird, Colin. 2000. "The possibility of self-government." *American Political Science Review 94:* 563-577.

Black, Duncan. 1958. *The Theory of Committees and Elections*. Cambridge: Cambridge University Press.

Bobbio, Norberto. 1987 [1984]. *The Future of Democracy*. Minneapolis: University of Minnesota Press[『민주주의의 미래』, 윤흥근 옮김, 인간사랑, 1989].

_____. 1989. *Democracy and Dictatorship*. Minneapolis: University of Minnesota Press.

Bolingbroke, Henry Saint-John Viscount. 2002 [1738]. "The patriot king and parties." In Susan E. Scarrow (ed.), *Perspectives in Political Parties* (pp. 29-32). New York: Palgrave Macmillan.

Bolívar, Simon. 1969. *Escritos politicos*. Edited by Graciela Soriano. Madrid: Alianza Editorial.

Booth, John A., and Mitchell A. Seligson. 2008. "Inequality and democracy in Latin America: Individual and contextual effects of wealth on political participation." In Anirudh Krishna (ed.), *Poverty, Participation, and Democracy: A Global Perspective* (pp. 94-124). Cambridge: Cambridge University Press.

Brandolini, Andrea, and Timothy M. Smeeding. 2008. "Inequality patterns in western democracies: Cross-country differences and changes over time." In Pablo Beramendi and Christopher J. Anderson. (eds.), *Democracy, Inequality, and Representation* (pp. 25-61). New York: Russell Sage Foundation.

Bratton, Michael. 2008. "Poor people and democratic citizenship in Africa." In Anirudh Krishna (ed.), *Poverty, Participation, and Democracy: A Global Perspective* (pp. 28-64). Cambridge: Cambridge University Press.

Bravo, María Cecilia. 2003. "La política 'armada' en el norte argentino: El proceso de renovación de la elite política tucumana (1852-1862)." In Hilda Sabato and Alberto Lettieri (eds.), *La vida política en la Argentina del siglo XIX: Armas, votos y voces* (pp. 243-258). Buenos Aires: Fondo de Cultura Económica.

Bruszt, László, and János Simon. 1991. "Political culture, political and economical orientations in Central and Eastern Europe during the transition to democracy." Manuscript. Budapest: Erasmus Foundation for Democracy.

Bryan, Shari, and Denise Baer (eds.). 2005. *Money in Politics: A Study of Party Financing Practices in 22 Countries*. Washington, DC: National Democratic Institute for International Affairs.

Bryce, James. 1921. *Modern Democracies*. London: Macmillan.

Buchanan, James M., and Gordon Tullock. 1962. *The Calculus of Consent: Logical Foundations of Constitutional Democracy*. Ann Arbor: University of Michigan Press.

Burda, Andrzej. 1990. "Charakterystyka postanowień konstytucji PRLz 1952r." In *Konstytucje Polski: Studja monograficzne z dziejów polskiego konstytucjonalizmu* (Vol. 2, pp. 344-376). Warszawa: Państwowe Wydawnictwo Naukowe.

Burke, Edmund. 2002 [1770]. "Thoughts on the cause of the present discontents." In Susan E. Scarrow (ed.), *Perspectives in Political Parties* (pp. 37-44). New York: Palgrave Macmillan.

_____. 1774. "Speech to the Electors of Bristol." http://oll.libertyfund.org 참조.

_____. 1790. "Reflections on the Revolution in France." http://oll.libertyfund.org 참조.

Castoriadis, Cornelius. 1990. *Le monde morcelé*. Paris: Seuil.

Canedo, Leticia Bicalho. 1998. "Les listes électorales el le processus de nationalisation de la cityoennetè au Brésil (1822-1945)." In Raffaele Romanelli (ed.), *How Did They Become Voters? The History of Franchise in Modern European Representation* (pp. 183-206). The Hague: Kluwer.

Caramani, Daniele. 2003. "The end of silent elections: The birth of electoral competition, 1832-1915." *Party Politics 9*: 411-444.

Carvajal, Patricio A. 1992. "Derecho de resistencia, derecho a la revolución, desobedencia civil." *Revista de Estudios Politicos (Nueva Epoca) 76*: 63-101.

Cheibub, José Antonio. 2007. *Presidentialism, Parliamentarism, and Democracy*. New York: Cambridge University Press.

Cheibub, José Antonio, and Adam Przeworski. 1999. "Democracy, elections, and accountability for economic outcomes." In Adam Przeworski, Susan C. Stokes, and Bernard Manin (eds.), *Democracy, Accountability, and Representation* (pp. 222-250). New York: Cambridge University Press.

Christin, Olivier. 1997. *La paix de religion*. Paris: Éditions du Seuil.

Clogg, Richard. 1992. *A Concise History of Greece*. Cambridge: Cambridge University Press.

Cohen, Joshua. 1989. "The economic basis of deliberative democracy." *Social Philosophy & Policy 6*: 25-50.

Cohn-Bendit, Daniel, and Gabriel Cohn-Bendit. 1968. *Obsolete Communism: The Left-Wing Alternative*. New York: McGraw-Hill.

Collier, Simon, and William F. Sater. 1996. *A History of Chile, 1808-1994*. Cambridge: Cambridge University Press.

Collini, Stefan, Donald Winch, and John Burrow. 1983. *That Noble Science of Politics*. Cambridge: Cambridge University Press.

Condorcet. 1986 [1785]. "Essai sur l'application de l'analyse a la probabilité des décisions rendues a la pluralité des voix." In *Sur les élections et autres textes. Textes choisis et revus* par Olivier de Bernon (pp. 9-176). Paris: Fayard.

_____. 1986 [1788]. "Lettres d'un bourgeois de New Heaven a un citoyen de Virginie, sur l'inutilité de partager le pouvoir législatif en plusieurs corps." In *Sur les élections et autres textes. Textes choisis et revus par Olivier de Bernon* (pp. 203-272). Paris: Fayard.

Constant, Benjamin. 1997 [1815]. "Principes de politique." In *Écrits politiques. Textes choisis, présentés et annotés par Marcel Gauchet* (pp. 305-588). Paris: Gallimard.

_____. 1997 [1819]. "De la liberté des anciens comparée à celle des modernes." In *Écrits politiques. Textes choisis, preéentés et annotés par Marcel Gauchet* (pp. 589-622). Paris: Gallimard.

Cox, Gary W. 1999. "Electoral rules and the calculus of mobilization." *Legislative Studies Quarterly* 24: 387-419.

Crook, Malcolm. 2002. *Elections in the French Revolution*. Cambridge: Cambridge University Press.

Cuttrone, Michael, and Nolan McCarthy. 2006. "Does bicameralism matter?" In Barry R. Weingast and Donald A. Wittman (eds.), *Oxford Handbook of Political Economy* (pp. 180-195). Oxford: Oxford University Press.

Dahl, Robert A. 1956. *A Preface to Democratic Theory*. New Haven: Yale University Press[『민주주의 이론을 위한 서설』, 한상정 옮김, 후마니타스, 2022].

_____. (ed.) 1966. "Introduction." In *Regimes and Oppositions*. New Haven: Yale University Press.

_____. 1971. *Polyarchy: Participation and Opposition*. New Haven: Yale University Press.

_____. 1989. *Democracy and Its Critics*. New Haven: Yale University Press[『민주주의와 그 비판자들』, 조기제 옮김, 문학과지성사, 1999].

_____. 2002. *How Democratic is the American Constitution?* New Haven: Yale University Press[『미국 헌법과 민주주의』, 박상훈·박수형 옮김, 최장집 한국어판 해설, 후마니타스, 2016].

Dardé, Carlos, and Manuel Estrada. 1998. "Social and territorial representation in Spanish electoral systems." In Raffaele Romanelli (ed.), *How Did They Become Voters? The History of Franchise in Modern European Representation* (pp. 133-154). The Hague: Kluwer.

Deininger, Klaus, and Lyn Squire. 1996. "A new data set measuring income inequality." *World Bank Economic Review* 10: 565-591.

De Luca, Miguel. 1998. "Los ejecutivos." In Hipólito Orlandi (ed.), *Las Institutciones Políticas de Gobierno* (Vol. I, pp. 89-132). Buenos Aires: Editorial Universitaria.

Derathé, Robert. 1964. "Introduction." In Jean-Jacques Rousseau, *Du contrat social*. Paris: Gallimard.

Descombes, Vincent. 2004. *Le Complément De Sujet: Enquête sur le fait d'agir de soi-même*. Paris: Gallimard.

Diniz, Hinemburgo Pereira. 1984. *A Monarquia Presidential*. Rio de Janeiro: Editora Nova Frontera.

Dixit, Avinash, Gene M. Grossman, and Faruk Gul. 2000. "The dynamics of political compromise." *Journal of Political Economy 108:* 531-568.

Downs, Anthony. 1957. *An Economic Theory of Democracy.* New York: Harper & Row[『경제 이론으로 본 민주주의: 민주주의에서 정당정치는 어떻게 이루어지는가』, 박상훈·이기훈·김은덕 옮김, 후마니타스, 2013].

Dunn, John (ed.). 1993. *Democracy: The Unfinished Journey, 508 BC to AD 1993.* Oxford: Oxford University Press.

_____. 1999. "Situating democratic political accountability." In Adam Przeworski, Susan C. Stokes, and Bernard Manin (eds.), *Democracy, Accountability, and Representation* (pp. 329-344). New York: Cambridge University Press.

_____. 2000. *The Cunning of Unreason.* Cambridge: Cambridge University Press.

_____. 2003. "Democracy before the age of the democratic revolution." Paper delivered at Columbia University.

_____. 2005. *Democracy: A History.* New York: Atlantic Monthly Press.

Dunn, Susan. 2004. *Jefferson's Second Revolution: The Election Crisis of 1800 and the Triumph of Republicanism.* Boston: Houghton Mifflin.

Dworkin, Ronald. 1986. *Law's Empire.* Cambridge, MA: Belknap Press[『법의 제국』, 장영민 옮김, 아카넷, 2004].

Easton, David. 1953. *The Political System: An Inquiry into the State of Political Science.* New York: Knopf.

Elster, Jon. 1985. *Ulysses and the Sirens: Studies in Rationality and Irrationality.* New York: Cambridge University Press.

Ensor, R. C. K. 1908. *Modern Socialism as Set Forth by the Socialists in Their Speeches, Writings, and Programmes.* New York: Scribner's.

Estlund, David, Jeremy Waldron, Bernard Grofman, and Scott Feld. 1989. "Democratic theory and the public interest: Condorcet and Rousseau revisited." *American Political Science Review 83:* 1317-1340.

Fearon, James. 2006. "Self-enforcing democracy." Working Paper No. 14, Institute of Governmental Studies, University of California, Berkeley.

Ferejohn, John. 1986. "Incumbent performance and electoral control." *Public Choice 50:* 75-93.

_____. 1995. "Must preferences be respected in a democracy?" In David Coop, Jean Hampton, and John E. Roemer (eds.), *The Idea of Democracy* (pp. 231-244). Cambridge: Cambridge University Press.

_____. 1999. "Accountability and authority: Toward a theory of political accountability." In Adam Przeworski, Susan C. Stokes, and Bernard Manin (eds.), *Democracy, Accountability, and Representation* (pp. 131-153). New York: Cambridge University Press.

Ferejohn, John, and Pasquale Pasquino. 2003. "Rule of democracy and rule of law." In José María Maravall and Adam Przeworski (eds.), *Democracy and the Rule of Law* (pp.

242-260). New York: Cambridge University Press[『민주주의와 법의 지배』, 안규남·송호창 외 옮김, 후마니타스, 2008].

Fernández Garcia, Antonio. 2002. "Introducción." In *La Constitución de Cádiz* (pp. 9-68). Madrid: Clasicos Castalia.

Finer, Herman. 1934. *The Theory and Practice of Modern Government*. New York: Dial Press.

Finley, I. Moses. 1983. *Politics in the Ancient World*. Cambridge University Press.

Fontana, Biancamaria. 1993. "Democracy and the French Revolution." In John Dunn (ed.), *Democracy: The Unfinished Journey, 508 BC to AD 1993* (pp. 107-124). Oxford: Oxford University Press.

Frank, Thomas. 2004. *What's the Matter with Kansas? How Conservatives Won the Heart of America*. New York: Henry Holt[『왜 가난한 사람들은 부자를 위해 투표하는가: 캔자스에서 도대체 무슨 일이 있었나』, 김병순 옮김, 갈라파고스, 2012].

Franklin, Julian H. (ed.). 1969. *Constitutionalism and Resistance in the Sixteenth Century. Three Treatises by Hotman, Beza, & Mornay*. New York: Pegasus Books.

Friedmann, T. 2001. *The Lexus and the Olive Tree: Understanding Globalization*. New York: Anchor Books[『렉서스와 올리브 나무』, 장경덕 옮김, 21세기북스, 2009].

Fromm, Erich. 1994 [1941]. *Escape from Freedom*. New York: Henry Holt[『자유로부터의 도피』, 김석희 옮김, 휴머니스트, 2020].

Fuller, Lon. 1964. *The Morality of Law*. New Haven: Yale University Press[『법의 도덕성: 법을 가능하게 하는 도덕성에 대한 성찰』, 박은정 옮김, 서울대학교출판문화원, 2015].

Gallego, Jorge. 2009. "Self-enforcing clientilism." Manuscript. Department of Politics, New York University.

Gandhi, Jennifer. 2008. *Dictatorial Institutions*. New York: Cambridge University Press.

Gandhi, Jennifer, and Adam Przeworski. 2006. "Cooperation, cooptation, and rebellion under dictatorships." *Economics and Politics 18*: 1-26.

Gargarella, Roberto. 2005. *Los fundamentos legales de la desigualdad: El constitucionalismo en América (1776-1860)*. Madrid: Siglo XXI.

Garrido, Aurora. 1998. "Electors and electoral districts in Spain, 1874-1936." In Raffaele Romanelli (ed.), *How Did They Become Voters? The History of Franchise in Modern European Representation* (pp. 207-226). The Hague: Kluwer.

Goodin, Robert E. 2001. "Review of liberalism, constitutionalism, and democracy by Russell Hardin." *Journal of Philosophy 98*: 374-378.

Goodrich, Melanie, and Jonathan Nagler. 2006. "A good model of turnout and a cross-national empirical analysis." Manuscript. Department of Politics, New York University.

Graham, Richard. 2003. "Ciudadanía y jerarquía en el Brasil esclavista." In Hilda Sabato (ed.), *Ciudadanía política y formación de las naciones: Perspectivas históricas de América Latina* (pp. 345-370). Mexico City: El Colegio de Mexico.

Gramsci, Antonio. 1971. *Prison Notebooks*. Edited by Quintin Hoare and Geoffrey Nowell Smith. New York: International Publishers[『그람시의 옥중수고 1』, 이상훈 옮김, 거름, 2006].

Graubard, Stephen R. 2003. "Democracy." In *The Dictionary of the History of Ideas*. University of Virginia Library: The Electronic Text Center. http://etext.lib.virginia.edu/cgi-local/DHI/dhi.cgi?id=dv1-78.

Grofman, Bernard, and Scott Feld. 1989. "Rousseau's general will: A Condorcetian perspective." *American Political Science Review 82*: 567-576.

Grossman, Gene M., and Elhanan Helpman. 2001. *Special Interest Politics*. Cambridge, MA: MIT Press.

Guarnieri, Carlo. 2003. "Courts as an instrument of horizontal accountability." In José María Maravall and Adam Przeworski (eds.), *Democracy and the Rule of Law* (pp. 223-241). New York: Cambridge University Press[『민주주의와 법의 지배』, 안규남·송호창 외 옮김, 후마니타스, 2008].

Guerra, François-Xavier. 2003. "El soberano y su reino: Reflexiones sobre la génesis del ciudadano en América Latina." In Hilda Sabato (ed.), *Ciudadanía políica y formación de las naciones: Perspectivas históricas de América Latina* (pp. 33-61). Mexico City: El Colegio de Mexico.

Guha, Ramachandra. 2008. *India after Ghandi: The History of the World's Largest Democracy*. New York: HarperCollins.

Gutiérrez Sanin, Francisco. 2003. "La literatura plebeya y el debate alrededor de la propriedad (Nueva Granada, 1849-1854)." In Hilda Sabato (ed.), *Ciudadanía política y formación de las naciones: Perspectivas históricas de América Latina* (pp. 181-201). Mexico City: El Colegio de Mexico.

Halbac, Claudia. 2008. *Democracy and the Protection of Private Property*. PhD Dissertation, Department of Politics, New York University.

Halperin-Donghi, Tulio. 1973. *The Aftermath of Revolution in Latin America*. New York: Harper & Row.

Hanham, Harold J. 1990. "Government, parties and the electorate in England: a commentary to 1900." In Serge Noiret (ed.), *Political Strategies and Electoral Reforms: Origins of Voting Systems in Europe in the 19th and 20th Centuries* (pp. 118-126). Baden-Baden: Nomos Verlagsgesellschaft.

Hansen, Mogens Herman. 1991. *The Athenian Democracy in the Age of Demosthenes*. Oxford: Blackwell.

_____. 2005. *The Tradition of Ancient Democracy and Its Importance for Modern Democracy*. Copenhagen: Royal Danish Academy of Arts and Letters.

Hanson, Russell L. 1985. *The Democratic Imagination in America*. Princeton: Princeton University Press.

_____. 1989. "Democracy." In Terence Ball, James Farr, and Russell L. Hanson (eds.), *Political Innovation and Conceptual Change* (pp. 68-89). Cambridge: Cambridge University Press.

Hardin, Russell. 1989. "Why a constitution?" In Bernard Grofman and Donald Wittman (eds.), *The Federalist Papers and the New Institutionalism* (pp. 100-120). New York: Agathon

Press.

_____. 1999. *Liberalism, Constitutionalism, and Democracy*. Oxford: Oxford University Press.

Harding, Robin. 2009. "Freedom to choose and democracy: Addressing the empirical question." Manuscript. Department of Politics, New York University.

Haring, C. H. 1947. *The Spanish Empire in America*. New York: Harcourt, Brace & World.

Harrington, James. 1977. *The Political Works of James Harrington*. Edited by J. G. A. Pocock. Cambridge: Cambridge University Press.

Heinberg, John Gilbert. 1926. "History of the majority principle." *American Political Science Review 20:* 52-68.

_____. 1932. "Theories of majority rule." *American Political Science Review 26:* 452-469.

Hochstetler, Kathryn. 2006. "Rethinking presidentialism: Challenges and presidential falls in South America." *Comparative Politics 38:* 401-418.

Hofstadter, Richard. 1969. *The Idea of a Party System: The Rise of Legitimate Opposition in the United States, 1780-1840*. Berkeley: University of California Press.

Holmes, Stephen. 1988. "Precommitment and the paradox of democracy." In Jon Elster and Rune Slagstad (eds.), *Constitutionalism and Democracy* (pp. 195-240). Cambridge: Cambridge University Press.

_____. 1995. *Passions and Constraints: On the Liberal Theory of Democracy*. Chicago: University of Chicago Press.

_____. 2003. "Lineages of the rule of law." In José María Maravall and Adam Przeworski (eds.), *Democracy and the Rule of Law* (pp. 19-61). New York: Cambridge University Press[『민주주의와 법의 지배』, 안규남·송호창 외 옮김, 후마니타스, 2008].

_____. 2007. *The Matador's Cape: America's Reckless Response to Terror*. Cambridge: Cambridge University Press.

Holmes, Stephen, and Cass R. Sunstein. 1999. *The Cost of Rights*. New York: Norton[『권리의 대가』, 박병권 옮김, 박영사, 2012].

Hume, David. 2002 [1742]. "Of parties in general." In Susan E. Scarrow (ed.), *Perspectives on Political Parties* (pp. 33-36). New York: Palgrave Macmillan.

Huntington, Samuel P. 1968. *Political Order in Changing Societies*. New Haven: Yale University Press[『정치발전론: 혁명사회에 있어서의 정치질서』, 민준기·배성동 옮김, 을유문화사, 1971].

Iaryczower, Matias, Gabriel Katz, and Sebastian Saiegh. 2009. "The notso-popular branch: Bicameralism as a counter-majoritarian device." Working paper, California Instututute of Technology and UCSD.

Jaures, Jean. 1971. *L'Esprit de socialisme*. Paris: Denoel.

Jędruch, Jacek. 1998. *Constitutions, Elections and Legislatures of Poland, 1493-1993*. New York: EU Books.

Jespersen, Knud J. V. 2004. *A History of Denmark*. New York: Palgrave Macmillan.

Johnson, Helen Kendrick. 1913. *Woman and the Republic*. http://womanshistory.about.com.

Kant, Immanuel. 1891 [1793]. "The principles of political right." In W. Hardie (ed. and trans.), *Kant's Principles of Politics*. Edinburgh: T & T Clark.

Kelsen, Hans. 1988 [1929]. *La Démocratie. Sa Nature-Sa Valeur*. Paris: Economica.

_____. 1949. *General Theory of Law and State*. Cambridge, MA: Harvard University Press.

Ketcham, Ralph (ed.). 1986. *The Anti-Federalist Papers and the Constitutional Convention Debates*. New York: Mentor Books.

Kiewet, D. R., and Matthew McCubbins. 1988. "Presidential influence on congressional appropriation decisions." *American Journal of Political Science 32*: 713-736.

Klinghoffer, Judith Apter, and Lois Elkis. 1992. "'The petticoat electors': Women's suffrage in New Jersey, 1776-1807." *Journal of the Early Republic 12*: 159-193.

Konopczyński, Władysław. 1918. *Liberum veto: studyum porównawczohistoryczne*. Kraków: A. S. Krzyżanowski.

Konopnicki, Guy. 1979. *Vive le centenaire du P.C.F.* Paris: CERF.

Kowecki, Jerzy. 1991. *Konstytucja 3 Maja 1791*. Warszawa: Państwowe Wydawnictwo Naukowe.

Krishna, Anirudh. 2008. "Do poor people care less for democracy? Testing individual-level assumptions with individual-level data from India." In Anirudh Krishna (ed.), *Poverty, Participation, and Democracy: A Global Perspective* (pp. 65-93). Cambridge: Cambridge University Press.

Krukowski, Stanisław. 1990. "Mała Konstytucja z 1919 r." In *Konstytucje Polski: Studja monograficzne z dziejów polskiego konstytucjonalizmu* (Vol. 2, pp. 7-18). Warszawa: Państwowe Wydawnictwo Naukowe.

Laffont, Jean-Jacques, and Jean Tirole. 1994. *A Theory of Incentives in Procurement and Regulation*. Cambridge, MA: MIT Press.

Lakoff, Sanford. 1996. *Democracy: History, Theory, Practice*. Boulder, CO: Westview Press.

Laslett, Peter. 1988. "Introduction." In *Locke: Two Treaties of Government*. Cambridge: Cambridge University Press.

Latinobarómetro. 2002. *Informe de Prensa*. www.latinobarómetro.org 참조.

Lavaux, Philippe. 1998. *Les grands démocraties contemporaines* (2nd ed.). Paris: PUF.

Lechner, Norbert. 1977. *La crisis del Estado en América Latina*. Caracas: El Cid.

_____. 1986. *La conflictive y nunca acabada construcción del orden deseado*. Madrid: CIS.

Lehoucq, Fabrice. 2003. "Electoral fraud: Causes, types, and consequences." *Annual Review of Political Science 6*: 233-256.

Lenin, V. I. 1959 [1919]. "Letter to the workers of Europe and America." In *Against Revisionism* (pp. 479-486). Moscow: Foreign Languages Publishing House.

Levmore, Saul. 1992. "Bicameralism: When are two decisions better than one?" *International Review of Law and Economics 12*: 145-162.

Li, Hongyi, Lyn Squire, and Heng-fu Zou. 1997. "Explaining international and inter-temporal variations in income inequality." *The Economic Journal 108*: 1-18.

Lin, Jeffrey, and Justin Nugent. 1995. "Institutions and economic development." In *Handbook of Development Economics* (Vol. 3A). New York: Elsevier.

Lindbeck, Assar, and Jurgen Weibull. 1987. "Balanced-budget redistribution as the outcome of political competition." *Public Choice 52*: 273-297.

Lindblom, Charles. 1977. *Politics and Markets*. New York: Basic Books.

Linz, Juan J. 2004. "L'effondrement de la démocratie. Autoritarisme et totalitarianisme dans l'Europe de l'entre-deux-guerres." *Revue Internationale de Politique Comparée 11*: 531-586.

Lippmann, Walter. 1956. *The Public Philosophy*. New York: Mentor Books.

Locke, John. 1988 [1689-90]. *Two Treaties of Government*. Cambridge: Cambridge University Press[『통치에 관한 두 번째 논고』, 문지영·강철웅 옮김, 후마니타스, 2023].

Londregan, John, and Andrea Vindigni. 2006. "Voting as a credible threat." Working paper, Department of Politics, Princeton University.

López-Alves, Fernando. 2000. *State Formation and Democracy in Latin America, 1810-1900*. Durham, NC: Duke University Press.

Loveman, Brian. 1993. *The Constitution of Tyranny: Regimes of Exception in Spanish America*. Pittsburgh, PA: University of Pittsburgh Press.

McGann, Anthony. 2006. *The Logic of Democracy: Reconciling Equality, Deliberation, and Minority Protection*. Ann Arbor: University of Michigan Press.

McIlwain, Charles H. 1939. *Constitutionalism: Ancient and Modern*. Cornell: Cornell University Press.

McKelvey, Richard D. 1976. "Intransitivities in multidimensional voting models and some implications for agenda control." *Journal of Economic Theory 12*: 472-482.

Macaulay, Thomas B. 1900. *Complete Writings* (Vol. 17). Boston: Houghton Mifflin.

Maddox, Graham. 1989. "Constitution." In Terence Ball, James Farr, and Russell L. Hanson (eds.), *Political Innovation and Conceptual Change* (pp. 50-67). Cambridge: Cambridge University Press.

Madison, James. 1982 [1788]. *The Federalist Papers by Alexander Hamilton, James Madison and John Jay*. Edited by Gary Wills. New York: Bantam Books[『페더럴리스트』, 박찬표 옮김, 후마니타스, 2019].

Magaloni, Beatriz. 2007. "Elections under autocracy and the strategic game of fraud." Paper presented at the Annual Meeting of the American Political Science Association, Chicago, August 30-September 2.

Maier, Charles. 1975. *Recasting Bourgeois Europe*. Princeton: Princeton University Press.

Manela, Erez. 2007. *The Wilsonian Moment: Self-Determination and the International Origins of Anticolonial Nationalism*. Oxford: Oxford University Press.

Manin, Bernard. 1994. "Checks, balances, and boundaries: The separation of powers in the constitutional debate of 1787." In Biancamaria Fontana (ed.), *The Invention of the Modern Republic* (pp. 27-62). Cambridge: Cambridge University Press.

_____. 1997. *The Principles of Representative Government*. Cambridge: Cambridge University Press[『선거는 민주적인가』, 곽준혁 옮김, 후마니타스, 2004].

Maravall, José María, and Adam Przeworski (eds.). 2003. *Democracy and the Rule of Law*. New

York: Cambridge University Press[『민주주의와 법의 지배』, 안규남·송호창 외 옮김, 후마니타스, 2008].

Marcuse, Herbert. 1962. *Eros and Civilization*. New York: Vintage Books[『에로스와 문명』, 김인환 옮김, 나남, 2004].

_____. 1971. *Soviet Marxism: A Critical Analysis*. London: Penguin Books.

Markoff, John. 1999. "Where and when was democracy invented?" *Comparative Studies in Society and History 41*: 660-690.

Marx, Karl. 1844. *On the Jewish Question*[『유대인 문제에 관하여』, 김현 옮김, 책세상, 2021]. http://csf.colorado.edu/psn/marx/Archive/1844-JQ 참조.

_____. 1952 [1851]. *Class Struggles in France, 1848 to 1850*. Moscow: Progress Publishers[『프랑스 혁명사 3부작』, 임지현·이종훈 옮김, 소나무, 2017].

_____. 1934 [1852]. *The Eighteenth Brumaire of Louis Bonaparte*. Moscow: Progress Publishers[『루이 보나파르트의 브뤼메르 18일』, 최형익 옮김, 비르투, 2012].

_____. 1971. *Writings on the Paris Commune*. Edited by H. Draper. New York: International Publishers.

May, Kenneth O. 1952. "A set of independent necessary and sufficient conditions for simple majority decision." *Econometrica 20*: 680-684.

_____. 1953. "A note on the complete independence of the conditions for simple majority decision." *Econometrica 21*: 172-173.

Maza Valenzuela, Erika. 1995. "Catolicismo, anticlericalismo y la extensión del sufragio a la mujer en Chile." *Estudios Politicos 58*: 137-197.

Meltzer, Allan G. and Scott F. Richards. 1981. "A rational theory of the size of government." *Journal of Political Economy 89*: 914-927.

Metcalf, Michael F. 1977. "The first 'modern' party system?" *Scandinavian Journal of History 2*: 265-287.

Michels, Roberto. 1962. *Political Parties: A Sociological Study of the Oligarchical Tendencies of Modern Democracies*. New York: Collier Books[『정당론』, 김학이 옮김, 한길사, 2015].

Miliband, Ralph. 1975 [1969]. *The State in a Capitalist Society*. New York: Basic Books.

Mill, John Stuart. 1991 [1857]. *Considerations on Representative Government*. Cambridge: Cambridge University Press[『대의정부론』, 서병훈 옮김, 아카넷, 2012].

_____. 1989 [1859]. *On Liberty and Other Writings*. Edited by Stefan Colini. Cambridge: Cambridge University Press[『자유에 관하여』, 김은미 옮김, 후마니타스, 2024].

Miller, Nicholas. 1983. "Social choice and pluralism." *American Political Science Review 77*: 734-747.

Montesquieu, Baron de. 1995 [1748]. *De l'esprit des lois*. Paris: Gallimard[『법의 정신』, 하재홍 옮김, 동서문화사, 2007].

Mookherjee, Dilip, and Debraj Ray. 2003. "Persistent inequality." *Review of Economic Studies 70*: 369-393.

Moreno Alonso, Manuel. 2000. *Las Cortes de Cádiz*. Cádiz: Editorial Sarriá.

Morgan, Edmund S. 1988. *Inventing the People: The Rise of Popular Sovereignty in England and*

America. New York: Norton.

Muthu, Abhinay, and Kenneth A. Shepsle. 2007. "The constitutional choice of bicameralism." Working paper, Department of Government, Harvard University.

Mutz, Diana C. 2006. *Hearing the Other Side: Deliberative versus Participatory Democracy.* New York: Cambridge University Press.

Neves, Lúcia Maria Bastos P. 1995. "Las elecciones en al construcción del imperio brasile ño: Los límites de una nueva práctica de la cultura politica lusobrasile ña 1820-1823." In Antonio Annino (ed.), *Historia de las elecciones en Iberoamérica, siglo XIX* (pp. 381-408). Mexico City: Fondo de Cultura Económica.

Norris, Pippa. 2002. *Democratic Phoenix: Reinventing Political Activism.* Cambridge: Cambridge University Press.

_____. 2004. *Electoral Engineering: Voting Rules and Political Behavior.* Cambridge: Cambridge University Press.

North, Douglass C. and Barry R. Weingast. 1989. "Constitutions and Commitment: The Evolution of Institutions Governing Public Choice in Seventeenth-Century England." *The Journal of Economic History 49*: 803-832.

O'Donnell, Guillermo. 1985. "Argentina de nuevo?" Working paper, Helen Kellogg Institute for International Studies, University of Notre Dame.

_____. 1993. "On the state, democratization, and some conceptual problems: A Latin American view with glances at some postcommunist countries." *World Development 21*: 1355-1369.

_____. 1994. "Delegative democracy." *Journal of Democracy 5*: 56-69.

_____. 1999. "Horizontal accountability and new polyarchies." In Andreas Schedler, Larry Diamond, and Mark Plattner (eds.), *The Self-Restraining State: Power and Accountability in New Democracies.* Boulder, CO: Lynne Rienner.

O'Donnell, Guillermo, Philippe C. Schmitter, and Laurence Whitehead. 1986. *Transitions from Authoritarian Rule: Tentative Conclusions about Uncertain Democracies.* Baltimore: The Johns Hopkins University Press.

Osborne, M. J., and A. Slivinski. 1996. "A model of political competition with citizen-candidates." *Quarterly Journal of Economics 111*: 65-96.

Paine, Thomas. 1989 [1776-94]. *Political Writings.* Edited by Bruce Kuklick. Cambridge: Cambridge University Press.

Palacios, Guillermo, and Fabio Moraga. 2003. *La independencia y el comienzo de los regímenes representativos.* Madrid: Editorial Sintesis.

Palmer, R. R. 1959. *The Age of the Democratic Revolution: Vol. I. The Challenge.* Princeton: Princeton University Press.

_____. 1964. *The Age of the Democratic Revolution: Vol. II. The Struggle.* Princeton: Princeton University Press.

Paolucci, Caterina. 1998. "Between *Körperschaften* and census: Political representation in the German Vormärz." In Raffaele Romanelli (ed.), *How Did They Become Voters? The*

History of Franchise in Modern European Representation (pp. 251-294). The Hague: Kluwer.

Parsons, Talcott. 1951. *The Social System*. New York: The Free Press.

Pasquino, Pasquale. No date. "Penser la démocratie: Kelsen à Weimar." Paris: CREA.

_____. 1996. "Political theory, order, and threat." In Ian Shapiro and Russell Hardin (eds.), *Political Order. Nomos XXXVIII* (pp. 19-41). New York: New York University Press.

_____. 1997. "Emmanuel Sieyès, Benjamin Constant et le 'Gouvernement des Modernes'." *Revue Française de Science Politique* 27: 214-229.

_____. 1998. *Sieyès et L'Invention de la Constitution en France*. Paris: Editions Odile Jacob.

_____. 1999. "Republicanism and the separation of powers." Paris: CNRS.

Paz, Octavio. 1965. "A democracia en América Latina." *Caderno de Cultura de O Estado de São Paulo*, ano II, numero 128.

Payne, J. Mark, Daniel G. Zovatto, Fernando Carrillo Flórez, and Andrés Allamand Zavala. Considerations on Representative Government2002. *Democracies in Development: Politics and Reforms in Latin America*. Washington, DC: Johns Hopkins University Press.

Persson, Torsten, Gerard Roland, and Guido Tabelini. 1996. "Separation of powers and accountability: Towards a formal approach to comparative politics." Discussion Paper No. 1475. London: Centre for Economic Policy Research.

Peter, Henry, Lord Brougham. 2002 [1839]. "Remarks on party." In Susan E. Scarrow (ed.), *Perspectives in Political Parties* (pp. 51-56). New York: Palgrave Macmillan.

Pierre, Jan, Lars Svåsand, and Anders Widfeldt. 2000. "State subsidies to political parties: Confronting rhetoric with reality." *West European Politics* 23: 1-24.

Piketty, Thomas. 1995. "Social mobility and redistributive politics." *Quarterly Journal of Economics* 110: 551-584.

_____. 2003. "Income inequality in France, 1901-1998." *Journal of Political Economy* 111: 1004-1042.

Piketty, Thomas, and Emmanuel Saez. 2003. "Income inequality in the United States, 1913-1998." *Quarterly Journal of Economics* 118: 1-39.

Pitkin, Hanna F. 1967. *The Concept of Representation*. Berkeley: University of California Press.

_____. 1989. "Representation." In Terence Ball, James Farr, and Russel L. Hanson (eds.), *Political Innovation and Conceptual Change* (pp. 132-154). Cambridge: Cambridge University Press.

Posada-Carbó, Eduardo. 2000. "Electoral juggling: A comparative history of the corruption of suffrage in Latin America, 1830-1930." *Journal of Latin American Studies* 32: 611-644.

Prat, Andrea. 1999. "An economic analysis of campaign financing." Working paper, Tilburg University.

Przeworski, Adam. 1988. "Democracy as a contingent outcome of conflicts." In Jon Elster and Rune Slagstad (eds.), *Constitutionalism and Democracy* (pp. 59-80). Cambridge: Cambridge University Press.

_____. 1991. *Democracy and the Market*. New York: Cambridge University Press[『민주주의와 시장』, 임혁백·윤성학 옮김, 한울, 2008].

_____. 2003. "Freedom to choose and democracy." *Economics and Philosophy 19*: 265-279.

_____. 2005. "Democracy as an equilibrium." *Public Choice 123*: 253-273.

Przeworski, Adam, and Michael Wallerstein. 1988. "Structural dependence of the state on capital." *American Political Science Review 82*: 11-30.

Przeworski, Adam, and Fernando Limongi. 1993. "Political regimes and economic growth." *Journal of Economic Perspectives 7*: 51-69.

Przeworski, Adam, Susan C. Stokes, and Bernard Manin (eds.). 1999. *Democracy, Accountability, and Representation*. New York: Cambridge University Press.

Przeworski, Adam, and Covadonga Meseguer. 2006. "Globalization and democracy." In Pranab Bardhan, Samuel Bowles, and Michael Wallerstein (eds.), *Globalization and Egalitarian Distribution* (pp. 169-191). Princeton: Princeton University Press.

Rae, Douglas W. 1969. "Decision rules and individual values in constitutional choice." *American Political Science Review 63*: 40-56.

_____. 1971. "Political democracy as a property of political institutions." *American Political Science Review 65*: 111-119.

_____. 1975. "The limits of consensual decision." *American Political Science Review 69*: 1270-1294.

Rakove, Jack N. 2002. *James Madison and the Creation of the American Republic* (2nd ed.). New York: Longman.

_____. 2004. "Thinking like a constitution." *Journal of the Early Republic 24*: 1-26.

Rakove, Jack N. Andrew R. Rutten, and Barry R. Weingast. 2000. "Ideas, interests, and credible commitments in the American revolution." Manuscript. Department of Political Science, Stanford University.

Raz, Joseph. 1994. *Ethics in the Public Domain*. Oxford: Clarendon Press.

Riker, William. 1965. *Democracy in America* (2nd ed.). New York: Macmillan.

_____. 1982. *Liberalism against Populism: A Confrontation Between the Theory of Democracy and the Theory of Social Choice*. San Francisco: Freeman.

Rippy, Fred J. 1965. "Monarchy or republic?" In Hugh M. Hamill, Jr. (ed.), *Dictatorship in Spanish America* (pp. 86-94). New York: Knopf.

Ritter, Gerard A. 1990. "The electoral systems of imperial Germany and their consequences for politics." In Serge Noiret (ed.), *Political Strategies and Electoral Reforms: Origins of Voting Systems in Europe in the 19th and 20th Centuries* (pp. 53-75). Baden-Baden: Nomos Verlagsgesellschaft.

Roberts, Michael. 2002. *The Age of Liberty: Sweden 1719-1772*. New York: Cambridge University Press.

Roemer, John. 2001. *Political Competition*. Cambridge: Harvard University Press.

Roháč, Dalibar. 2008. "'It is by unrule that Poland stands.' Institutions and political thought in the Polish-Lithuanian republic." *The Independent Journal 13*: 209-224.

Romanelli, Raffaele. 1998. "Electoral systems and social structures. A comparative perspective." In Raffaele Romanelli (ed.), *How Did They Become Voters? The History of Franchise in Modern European Representation* (pp. 1-36). The Hague: Kluwer.

Rosanvallon, Pierre. 1992. *Le sacre du citoyen: Histoire du suffrage universel en France*. Paris: Gallimard.

_____. 1995. "The history of the word 'democracy' in France." *Journal of Democracy* 5(4): 140-154.

_____. 2004. *Le Modèle Politique Français: La société civile contre le jacobinisme de 1789 á nos jours*. Paris: Seuil.

Rosenblum, Nancy L. 2008. *On the Side of the Angels: An Appreciation of Parties and Partisanship*. Princeton: Princeton University Press.

Rousseau, Jean-Jacques. 1964 [1762]. *Du contrat social*. Edited by Robert Derathé. Paris: Gallimard[『사회계약론』, 김영욱 옮김, 후마니타스, 2018].

Roussopoulos, Dimitrios, and C. George Benello (eds.). 2003. *The Participatory Democracy: Prospects for Democratizing Democracy*. Montreal: Black Rose Books.

Sabato, Hilda. 2003. "Introducción." In Hilda Sabato (ed.), *Ciudadanía política y formación de las naciones: Perspectivas históricas de Améica Latina* (pp. 11-29). Mexico City: El Colegio de Mexico.

_____. 2008. *Buenos Aires en Armas: La Revolución de 1880*. Buenos Aires: Siglo XXI.

Sabato, Hilda, and Alberto Lettieri (eds.). 2003. *La vida política en la Argentina del siglo XIX: Armas, votos y voces*. Buenos Aires: Fondo de Cultura Económica.

Saiegh, Sebastian. 2009. "Ruling by statue: Evaluating chief executives' legislative success rates." *Journal of Politics* 71: 1342-1356.

Saint-John, Henry, Viscount Bolingbroke. 2002 [1738]. "The patriot king and parties." In Susan E. Scarrow (ed.), *Perspectives in Political Parties* (pp. 29-32). New York: Palgrave Macmillan.

Sànchez-Cuenca, Ignacio. 1998. "Institutional commitments and democracy." *European Journal of Sociology* 39: 78-109.

_____. 2003. "Power, rules, and compliance." In José María Maravall and Adam Przeworski (eds.), *Democracy and the Rule of Law* (pp. 62-93). New York: Cambridge University Press[『민주주의와 법의 지배』, 안규남·송호창 외 옮김, 후마니타스, 2008].

Scarrow, Susan E. (ed.). 2002. *Perspectives in Political Parties*. New York: Palgrave Macmillan.

Schmitt, Carl. 1988 [1923]. *The Crisis of Parliamentary Democracy*. Cambridge, MA: MIT Press.

_____. 1993. *Théorie de la Constitition*. Traduit de l'Allemand par Lilyane Deroche. Paris: Presses Universitaires de France.

Schmitter, Philippe, and Terry Lynn Karl. 1991. "What democracy is ... and what it is not." *Journal of Democracy* 2: 75-88.

Schorske, Carl E. 1955. *German Social Democracy 1905-1917: The Development of the Great Schism*. New York: Harper & Row.

Schumpeter, Joseph A. 1942. *Capitalism, Socialism, and Democracy*. New York: Harper &

Brothers[『자본주의·사회주의·민주주의』, 이종인 옮김, 북길드, 2016].

Schwartzberg, Melissa. 2009. *Democracy and Legal Change*. New York: Cambridge University Press.

Sen, Amartya. 1970. "The impossibility of a Pareto liberal." *Journal of Political Economy 78:* 152-178.

_____. 1981. *Poverty and Famines: An Essay on Entitlement and Deprivation*. Oxford: Oxford University Press.

_____. 1988. "Freedom of choice: Concept and content." *European Economic Review 32:* 269-294.

_____. 2003 (October 6). "Democracy and its global roots: Why democratization is not the same as Westernization." *The New Republic*.

Seymour, Charles. 1915. *Electoral Reform in England and Wales: The Development and Operation of the Parliamentary Franchise, 1832-1885*. New Haven: Yale University Press.

Shapiro, Ian. 1999. *Democratic Justice*. New Haven: Yale University Press.

Shapiro, Carl, and Joseph E. Stiglitz. 1986. "Equilibrium unemployment as a worker disciplining device." *American Economic Review 74:* 433-434.

Sharp, Andrew. 1998. *The English Levellers*. Cambridge: Cambridge University Press.

Shelling, Thomas. 1954. *Strategy and Conflict*. Cambridge, MA: Harvard University Press.

Shklar, Judith N. 1979. "Let us not be hypocritical." *Deadalus 108:* 1-25.

Sieyès, Emmanuel. 1970[1789]. *Qu'est-ce que le tiers état?* Edited by Roberto Zapperi. Genève: Droz[『제3신분이란 무엇인가』, 박인수 옮김, 책세상, 2021].

Simmel, Georg. 1950 [1908]. *The Sociology of Georg Simmel*. Translated, edited, and with an introduction by Kurt H. Wolff. New York: The Free Press.

Simpser, Alberto. 2006. "Making votes not count: Strategic incentives for electoral corruption." PhD Dissertation, Stanford University.

Skidelsky, Robert. 1970. "1929-1931 revisited." *Bulletin of the Society for the Study of Labour History 21:* 6-8.

Skinner, Quentin. 1973. "The empirical theorists of democracy and their critics: a plague on both houses." *Political Theory 1:* 287-306.

Sobrevilla, Natalia. 2002. "The influence of the European 1848 revolutions in Peru." In Guy Thomson (ed.), *The European Revolutions of 1848 and the Americas* (pp. 191-216). London: Insitute of Latin American Studies.

Soriano, Graciela. 1969. "Introducción." In Simon Bolívar, *Escritos politicos* (pp. 11-41). Madrid: Alianza Editorial.

Stokes, Susan C. 2001. *Mandates and Democracy: Neoliberalism by Surprise in Latin America*. Cambridge: Cambridge University Press.

Stone, Geoffrey R. 2004. *Perilous Times: Free Speech in Wartime, From the Sedition Act of 1798 to the War on Terrorism*. New York: Norton.

Stratman, Thomas. 2005. "Some talk: Money in politics. A (partial) review of the literature." *Public Choice 124:* 135-156.

Sunstein, Cass. 1995. "Democracy and shifting preferences." In David Coop, Jean Hampton, and John E. Roemer (eds.), *The Idea of Democracy* (pp. 196-230). Cambridge: Cambridge University Press.

Teik, Goh Cheng. 1972. "Why Indonesia's attempt at democracy in the mid-1950s failed." *Modern Asian Studies 6*: 225-244.

Ternavaso, Marcela. 1995. "Nuevo régimen representativo y expansión de la frontera politica. Las elecciones en el estado de Buenos Aires: 1820-1840." In Antonio Annino (ed.), *Historia de la elecciones en Iberoamérica, siglo XIX* (pp. 65-106). Mexico City: Fondo de Cultura Económica.

Thach, Charles C., Jr. 1969 [1923]. *The Creation of the Presidency 1775-1789: A Study in Constitutional History.* Baltimore: The Johns Hopkins University Press.

Tingsten, Herbert. 1973. *The Swedish Social Democrats.* Totowa: Bedminster Press.

Tocqueville, Alexis de. 1961 [1835]. *De la démocratie en Amérique.* Paris: Gallimard[『아메리카의 민주주의 1』, 이용재 옮김, 아카넷, 2018].

Törnudd, Klaus. 1968. *The Electoral System of Finland.* London: Hugh Evelyn.

Trębicki, Antoni. 1992 [1792]. "Odpowiedź autorowi prawdziwemu Uwagi Dyzmy Bończy Tomaszewskiemu nad Konstytucją i rewolucją dnia 3 maja." In Anna Grzékowiak-Krwawicz (ed.), *Za czy przeciw ustawie rządowej* (pp. 193-260). Warszawa: Institut Badań Literackich.

Tsebelis, George. 2002. *Veto Players: How Political Institutions Work.* Princeton: Princeton University Press[『거부권 행사자』, 문우진 옮김, 후마니타스, 2009].

Ungari, Paolo. 1990. "Les réformes électorales en Italie aux XIXe et XXe siècles." In Serge Noiret (ed.), *Political Strategies and Electoral Reforms: Origins of Voting Systems in Europe in the 19th and 20th Centuries* (pp. 127-138). Baden-Baden: Nomos Verlagsgesellschaft.

Urfalino, Philippe. 2007. "La décision par consensus apparent: Nature et propriétes." *Revue Européenne des Sciences Sociales 95:* 47-70.

Valenzuela, J. Samuel. 1995. "The origins and transformations of the Chilean party system." Working Paper No. 215, Helen Kellogg Institute for International Studies, University of Notre Dame.

Verba, Sidney, Kay Schlozman, and Henry E. Brady. 1995. *Voice and Equality: Civic Voluntarism in American Politics.* Cambridge, MA: Harvard University Press.

Verney, Douglas V. 1957. *Parliamentary Reform in Sweden, 1866-1921.* Oxford: Clarendon Press.

Vile, M. J. C. 1998[1967]. *Constitutionalism and the Separation of Powers* (2nd ed.). Indianapolis: Liberty Press.

Waldron, Jeremy. 2006. "The core of the case against judicial review." *Yale Law Journal 115:* 1346-1406.

Washington, George. 2002 [1796]. "Farewell Address to Congress." In Susan E. Scarrow (ed.), *Perspectives in Political Parties* (pp. 45-50). New York: Palgrave Macmillan.

Weingast, Barry R. 1997. "Political foundations of democracy and the rule of law." *American Political Science Review 91*: 245-263.

Weisberger, Bernard A. *America Afire: Jefferson, Adams, and the First Contested Election*. New York: HarperCollins.

Wills, Garry. 1981. *Explaining America: The Federalist*. New York: Penguin Books.

_____. 1982. "Introduction." In *The Federalist Papers by Alexander Hamilton, James Madison, and John Jay*. New York: Bantam Books.

_____. 2002. *James Madison*. New York: Henry Holt.

Wood, Gordon S. 1969. *The Creation of the American Republic, 1776-1787*. New York: Norton.

Wootton, David. 1993. "The levellers." In John Dunn (ed.), *Democracy: The Unfinished Journey, 508 BC to AD 1993* (pp. 71-90). Oxford: Oxford University Press.

Yadav, Yogendra. 2000. "Understanding the second democratic upsurge: Trends of Bahujan participation in electoral politics in the 1990s." In Francine Frankel, Zoya Hasan, Rajeev Bhargava, and Balveer Arora (eds.), *Transforming India: Social and Political Dynamics of Democracy* (pp. 120-145). Oxford: Oxford University Press.

Young, Crawford. 1994. *The African Colonial State in Comparative Perspective*. New Haven: Yale University Press.

Zeldin, Theodore. 1958. *The Political System of Napoleon III*. New York: Norton.

Zolberg, Aristide. 1972. "Moments of madness." *Politics and Society 2*: 183-207.

찾아보기

인명

국명 및 지명

용어